Wolfgang Schnotz

Pädagogische Psychologie

Wolfgang Schnotz

Pädagogische Psychologie

Workbook

BELTZ PVU

Anschrift des Autors:

Prof. Dr. Wolfgang Schnotz
Universität Koblenz-Landau
Fachbereich Psychologie
Allgemeine und Pädagogische Psychologie
Thomas-Nast-Straße 44
76829 Landau (Pfalz)

Programm PVU, Psychologie Verlags Union
http://www.beltz.de

Lektorat: Maren Klingelhöfer
Herstellung: Uta Euler
Reihengestaltung: Federico Luci, Köln
Umschlagbild: Getty Images, Hamburg
Satz und Bindung: Druckhaus „Thomas Müntzer“, Bad Langensalza
Druck: DruckPartner Rübelmann, Hemsbach

Printed in Germany

ISBN 3-621-27534-7
EAN 978-362127534-7

Inhalt

Vorwort IX

1 Einführung: Gegenstand und Aufgaben der Pädagogischen Psychologie 1

1.1 Pädagogische Psychologie als Wissenschaft 1
1.1.1 Beschreibung 2
1.1.2 Erklärung und Prognose 2
1.2 Pädagogische Psychologie als praktische Handlungslehre 3
1.2.1 Bestimmung von Maßnahmen 4
1.2.2 Praktische Aufgaben 7
1.3 Zusammenfassung 9
1.4 Diskussionsfragen 10
Weiterführende Literatur 10

Teil I
Anthropologische Grundorientierungen

2 Humanistische Ansätze 13

2.1 Historische Entwicklung 13
2.2 Humanistische Grundprinzipien 15
2.2.1 Wachstumskräfte und Wachstumshindernisse – Abraham Maslow 15
2.2.2 Die Sicht des Individuums – Arthur Combs 16
2.2.3 Personzentrierte Erziehung – Carl R. Rogers 18
2.3 Anwendung humanistischer Prinzipien in Erziehung und Unterricht 18
2.3.1 Offene Erziehung 18
2.3.2 Offener Unterricht 19
2.4 Zusammenfassung 23
2.5 Diskussionsfragen 24
Weiterführende Literatur 24

3 Empiristisch-behavioristische Ansätze 25

3.1 Lernen durch klassische Konditionierung 25
3.1.1 Grundannahmen der klassischen Konditionierung 26
3.1.2 Pädagogische Anwendungen der klassischen Konditionierung 27
3.2 Lernen durch operante Konditionierung 28

3.2.1 Grundannahmen der operanten Konditionierung 29
3.2.2 Pädagogische Anwendungen der operanten Konditionierung 31
3.3 Lernen durch Beobachtung: Modelllernen 35
3.3.1 Grundannahmen des Modelllernens 36
3.3.2 Pädagogische Anwendungen des Modelllernens 37
3.4 Selbstgesteuertes Lernen 38
3.5 Zusammenfassung 40
3.6 Diskussionsfragen 41
Weiterführende Literatur 42

4 Handlungstheoretisch-konstruktivistische Ansätze 43
4.1 Lernen als Enkulturation 43
4.2 Vergegenständlichung und Aneignung von Wissen 45
4.3 Aneignung geistiger Fähigkeiten 49
4.4 Situiertes Lernen: Soziokonstruktivismus 51
4.5 Zusammenfassung 54
4.6 Diskussionsfragen 55
Weiterführende Literatur 55

Teil II Entwicklungs- und Sozialisationsbedingungen

5 Anlage- und Umwelteinflüsse 59
5.1 Anlageeinflüsse 60
5.2 Umwelteinflüsse 63
5.3 Interaktion von Anlage und Umwelt 66
5.4 Sensible Phasen der Entwicklung und lebenslanges Lernen 67
5.5 Zusammenfassung 69
5.6 Diskussionsfragen 71
Weiterführende Literatur 71

6 Erziehungseinflüsse 73
6.1 Erziehungsziele 73
6.2 Erziehungsmittel und Erziehungsstile 75
6.2.1 Setzen von Grenzen 75
6.2.2 Erziehungsstile 76
6.3 Grunddimensionen des Erziehungsverhaltens 78
6.4 Erziehung und Persönlichkeitsentwicklung 79
6.5 Moralische Erziehung 81
6.5.1 Klärung von Werten 81
6.5.2 Lösung moralischer Konflikte 82
6.5.3 Indirekte versus direkte moralische Erziehung 85

6.6 Zusammenfassung 86
6.7 Diskussionsfragen 87
Weiterführende Literatur 87

7 Motivation 89

7.1 Motivarten 89
7.2 Motivation und Kognition: Kalkulation von Anstrengungen 92
7.3 Motivationseinflüsse auf Bildung und Erziehung 94
7.4 Motivationsförderung 97
7.5 Zusammenfassung 99
7.6 Diskussionsfragen 100
Weiterführende Literatur 101

8 Attribution und soziale Kognition 103

8.1 Pygmalion-Effekt in Bildung und Erziehung 103
8.2 Attributionstendenzen 104
8.3 Soziale Kognition: Die Sicht der Lehrenden 109
8.4 Soziale Kognition: Die Sicht der Lernenden 110
8.5 Zusammenfassung 113
8.6 Diskussionsfragen 114
Weiterführende Literatur 114

Teil III
Lehren und Lernen

9 Didaktische Orientierungen 117

9.1 Systemorientierung 117
9.2 Entdeckungs- und Problemorientierung 120
9.3 Soziokonstruktivistische Orientierung 122
9.3.1 Situiertes Lernen 122
9.3.2 Schulisches Lernen und außerschulische Anforderungen 124
9.3.3 Cognitive Apprenticeship 125
9.4 Integrationsansatz zur didaktischen Orientierung 128
9.4.1 Sind die didaktischen Orientierungen tatsächlich so unterschiedlich? 128
9.4.2 Dimensionen des didaktischen Raumes 129
9.5 Zusammenfassung 131
9.6 Diskussionsfragen 132
Weiterführende Literatur 133

10 Gestaltung von Lehr-Lern-Prozessen 135
10.1 Instruktionstheorien 135
10.1.1 Grundkonzepte 136
10.1.2 Instruktionstheorie von Gagné und Biggs 138
10.1.3 Elaborationstheorie der Instruktion von Reigeluth 140
10.2 Zielanalyse 142
10.3 Bedingungsanalyse 145
10.4 Sequenzierung von Lehrinhalten 148
10.5 Lernhilfen 151
10.6 Zusammenfassung 152
10.7 Diskussionsfragen 154
Weiterführende Literatur 154

11 Lehr-Lern-Medien 155
11.1 Texte 156
11.1.1 Lernen mit Texten 156
11.1.2 Textgestaltung 159
11.2 Bilder 161
11.2.1 Lernen mit Bildern 161
11.2.2 Bildgestaltung 165
11.3 Neue Medien 167
11.3.1 Lernen mit neuen Medien 168
11.3.2 Gestaltung von neuen Medien 171
11.4 Zusammenfassung 173
11.5 Diskussionsfragen 175
Weiterführende Literatur 175

12 Lernstrategien 177
12.1 Lernorientierungen 177
12.2 Globale Lernstrategien 178
12.3 Behaltensstrategien 179
12.4 Verstehensstrategien 181
12.5 Komplexe Lernstrategieprogramme 183
12.5.1 Primärstrategien 183
12.5.2 Sekundärstrategien 184
12.5.3 Wirksamkeit von komplexen Lernstrategieprogrammen 185
12.6 Zusammenfassung 185
12.7 Diskussionsfragen 187
Weiterführende Literatur 187

Glossar 189
Sachverzeichnis 197
Literatur 199

Vorwort

Warum ein weiteres Lehrbuch der Pädagogischen Psychologie? Abgesehen davon, dass ein deutscher Professor angeblich nur die Lehrbücher wirklich gut findet, die er selbst geschrieben hat (wie oft scherzhaft behauptet wird), gab es im vorliegenden Fall noch weitere Gründe. Diese wurzeln in der außerordentlichen Komplexität des Faches. Zum einen ist die Pädagogische Psychologie nicht einfach nur die Psychologie von Familien, Kindergärten und Schulen. Pädagogische Prozesse sind allgegenwärtig, und dementsprechend vielschichtig ist der Gegenstand dieses Faches. Zum anderen lassen sich pädagogische Prozesse aus sehr unterschiedlichen Blickwinkeln analysieren. Erst die Kombination dieser Analyseergebnisse vermittelt ein adäquates Gesamtbild des Gegenstandes.

Es gibt unterschiedliche Möglichkeiten, dieser Komplexität Herr zu werden. Eine in den meisten amerikanischen Lehrbüchern realisierte Möglichkeit besteht darin, die Pädagogische Psychologie auf die Psychologie des Unterrichts zu reduzieren. Im deutschen Sprachraum ist diese Variante durch die Übersetzung des Lehrbuchs von N. L. Gage und D. C. Berliner vertreten. Die Betrachtung des Faches erfolgt hier im Wesentlichen aus der Perspektive des Lehrenden, indem die relevanten Bedingungen und Möglichkeiten seines Handelns dargestellt werden. Das sorgt für eine gewisse Einheitlichkeit der Darstellung, schränkt aber den Gegenstand ein. Es dominiert die Perspektive des pädagogischen Handelnden, der sich – bildlich gesprochen – durch ein komplexes Netz von Wegen oder auch durch unwegsames Gelände zu seinen Zielen arbeiten muss.

Eine zweite Möglichkeit besteht darin, die verschiedenen Teilgegenstände des Faches aus unterschiedlichen Perspektiven darzustellen. Diese Möglichkeit ist in dem von A. Krapp und B. Weidenmann herausgegebenen Lehrbuch Pädagogische Psychologie realisiert. Gleiches gilt auf noch breiterer Basis für die von K. A. Schneewind, F. E. Weinert und H. Mandl herausgegebene vierbändige Serie Pädagogische Psychologie in der Enzyklopädie der Psychologie. Dieses Vorgehen ermöglicht eine umfassende Darstellung des Faches aus unterschiedlichen Perspektiven und macht die Vielschichtigkeit des Gegenstandes deutlich. Allerdings ist es für den Studierenden schwierig, die unterschiedlichen Teildarstellungen zu einem kohärenten Gesamtbild zusammenzufügen.

Eine dritte Möglichkeit ist die Darstellung des Faches in einem Handwörterbuch, das kurze Artikel zu einer großen Zahl von Stichwörtern enthält, die das Themenfeld der Pädagogischen Psychologie weitgehend abdecken. Dies ist in dem von D. Rost herausgegebenen Handwörterbuch Pädagogische Psychologie verwirklicht. Auf diese Weise ist ein schneller Zugang zu den wichtigsten Forschungsergebnissen einer Vielzahl von Teilthemen möglich. Sie macht es für den Studierenden jedoch schwer, die Grundstruktur des Faches zu erkennen. Dem Leser wird gewissermaßen eine Vielzahl von lokalen Detailkarten dargeboten, jedoch ohne Angabe darüber, wie sich aus diesen Detailkarten das Gesamtgebiet der Pädagogischen Psychologie zusammenfügt.

Kurz: Die genannten Darstellungsformen machen es den Studierenden nicht immer leicht, die Gesamtstruktur der Pädagogischen Psychologie zu erkennen. Die Leser haben außerdem einen Umfang von ca. 700 bis 2500 Seiten zu bewältigen.

Das vorliegende Lehrbuch zielt demgegenüber darauf ab, die Grundstruktur des Faches aus einer einheitlichen Perspektive darzustellen. Es beschreibt die Pädagogische Psychologie gewissermaßen aus der Vogelperspektive und versucht, die Kernbegriffe und grundlegenden Zusammenhänge herauszuarbeiten, welche die Struktur des Faches begründen. Man kann hier natürlich einwenden, dass es „die" Grundstruktur der Pädagogischen Psychologie eigentlich nicht gibt. Vielmehr ließe sich das Fach auf unterschiedliche Weise ordnen und strukturieren. Dem kann ich problemlos zustimmen. Die hier vorgelegte Strukturierung ist also sicher nicht die einzig denkbare. Aber sie ist zumindest *eine* Möglichkeit, das Fach als Ganzes aus einer einheitlichen Perspektive darzustellen und dem Lernenden eine Gesamtsicht zu vermitteln, in die sich dann leicht weitere Inhalte einordnen lassen.

Das vorliegende Lehrbuch ist zudem im Vergleich zu den oben genannten Darstellungen verhältnismäßig kurz. Dies hat Vorteile hinsichtlich des vom Lernenden geforderten Arbeitsaufwandes und hinsichtlich des Buchpreises. Es hat natürlich auch Nachteile bezüglich der Vollständigkeit der Darstellung. Auf 200 Seiten kann man Dinge nicht ebenso umfassend und differenziert darstellen wie auf 700 oder gar 2500 Seiten. Dementsprechend konnte nicht jedes aktuelle Thema aufgenommen werden. Auch viele Details mussten unberücksichtig bleiben. Die Grundstruktur des Faches dürfte im Rahmen einer kürzeren Darstellung aber deutlicher werden. Weniger kann in dieser Hinsicht mehr sein. Wenn das Buch sein Anliegen erfüllt, wäre dies für den Autor ebenso wie für den Verlag sehr erfreulich. Rückmeldungen – entweder postalisch über die beigefügte Antwortkarte an den Verlag oder elektronisch an den Autor (schnotz@uni-landau.de, Betrifft: Lehrbuch) – sind stets willkommen.

Das Buch wäre nicht zustande gekommen ohne die Anregung und Unterstützung anderer. Danken möchte ich hier vor allem Frau Dr. Heike Berger und Frau Franziska Lang vom Beltz Verlag, die mir nach Sichtung der in Landau verfügbaren netzbasierten Einführung in die Pädagogische Psychologie den Vorschlag machten, daraus ein relativ knapp gehaltenes Lehrbuch zu entwickeln. Herrn Dr. Christian Kürschner danke ich für die kritische Lektüre einer Vorfassung. Dank schulde ich auch Frau Maren Klingelhöfer, die (zu Anfang gemeinsam mit Frau Iris Heinen) das Buchmanuskript sorgfältig lektoriert hat. Frau Gudrun Pierolt danke ich für ihre Unterstützung bei der Erstellung des Sachverzeichnisses.

Landau, im Januar 2006 Wolfgang Schnotz

1 Einführung: Gegenstand und Aufgaben der Pädagogischen Psychologie

Was Sie in diesem Kapitel erwartet

Pädagogische Psychologie als Wissenschaft und als Anleitung zum Handeln: Nichts ist so praktisch wie eine gute Theorie

Gutes pädagogisches Handeln ist nicht nur eine „natürliche Begabung“. Es ist eine Kunst, die man auch lernen kann. Hierzu gehören unter anderem Einsichten in das pädagogische Handeln, seine Bedingungen und Folgen. Zu diesen Einsichten trägt unter anderem die → Pädagogische Psychologie bei. Was aber ist Pädagogische Psychologie? Welche Aufgaben hat sie und was bedeutet eigentlich „pädagogisch“? Diese Fragen sind Gegenstand des folgenden Kapitels.

Die Pädagogische Psychologie hat einen Doppelcharakter: Sie ist sowohl Wissenschaft als auch Anleitung zum praktischen Handeln.

Als Wissenschaft hat die Pädagogische Psychologie – wie jede andere Wissenschaft auch – einen Erkenntnisgegenstand und versucht, über diesen Gegenstand allgemeine Einsichten zu gewinnen. Die gewonnenen Einsichten fixiert sie in Form von Theorien.

Als Anleitung zum praktischen Handeln soll die Pädagogische Psychologie dazu beitragen, bestimmte pädagogische Ziele zu erreichen. D.h.: Sie soll angeben, wie pädagogisch Erwünschtes realisiert und Unerwünschtes vermieden werden kann. Dabei wendet sie wissenschaftlich gewonnene Erkenntnisse praktisch an. Praktisches pädagogisches Handeln ist ein zielorientiertes Führen von Menschen durch andere Menschen. Bei jeder Art des Führens gibt es einen Ausgangspunkt, einen Ankunftspunkt und einen Weg zwischen beiden Punkten. Auf diesem Weg muss man sich immer wieder orientieren und planen, muss Hindernisse überwinden und Gefahren vermeiden. Die erzielten Ergebnisse sind durch Vergleich mit den gewünschten Ergebnissen zu bewerten. Aus diesen allgemeinen Bestandteilen des Führens und Geführtwerdens lassen sich die praktischen Aufgaben der Pädagogischen Psychologie ableiten.

Lernziele

Sie sollten am Ende des Kapitels wissen bzw. verstanden haben,

- was der Gegenstand der Pädagogischen Psychologie ist,
- dass Pädagogische Psychologie sowohl Wissenschaft als auch Handlungslehre für die pädagogische Praxis ist,
- was die Aufgaben der Pädagogischen Psychologie als Wissenschaft und was deren Aufgaben als Handlungslehre sind,
- warum sich pädagogische Probleme nicht einfach durch direkte praktische Umsetzung von wissenschaftlichen Untersuchungsergebnissen lösen lassen.

1.1 Pädagogische Psychologie als Wissenschaft

Die Pädagogische Psychologie stellt eine Teildisziplin der wissenschaftlichen Psychologie dar. Gegenstand dieser Teildisziplin ist es, die psychischen Aspekte → pädagogischer Prozesse zu beschreiben und zu erklären. – Aber was ist eigentlich Pädagogik und was sind pädagogische Prozesse?

Definition

Das Wort → **Pädagogik** stammt aus dem Griechischen. Es bedeutete ursprünglich die Führung von Knaben, später von Kindern allgemein. Heute versteht man unter Pädagogik die Führung von Menschen zu bestimmten kognitiven, motivationalen und affektiven Zielen ihrer Persönlichkeitsentwicklung. Die damit einhergehenden Vorgänge bezeichnet man als → **pädagogische Prozesse**.

Pädagogische Prozesse finden in unterschiedlichem Umfeld statt: in der Familie, in Kindergarten und Vorschule, in Schule, Hochschule und Weiterbildung. Auch in Betrieben, z.B. wenn Kollegen und Vorgesetzte Kenntnisse, Fähigkeiten oder Werthaltungen vermitteln, und in Kliniken, beispielsweise bei Rehabilitationsmaßnahmen, sind pädagogische Prozesse zu beobachten.

Abbildung 1.1. Kinder erwerben im Umgang mit Erwachsenen Kenntnisse und Fähigkeiten, aber auch soziale Verhaltensweisen, Einstellungen und Werthaltungen. Diese Bildungs- und Erziehungsprozesse sind von frühester Jugend an wirksam und beeinflussen die gesamte Persönlichkeitsentwicklung des Kindes bzw. Heranwachsenden

Bildungs- und Erziehungsprozesse

Pädagogische Prozesse werden untergliedert in → Bildungs- und → Erziehungsprozesse:

- Bildungsprozesse beziehen sich auf kognitive Aspekte der Persönlichkeitsentwicklung – auf den Erwerb von Wissen, Fähigkeiten und Fertigkeiten. → Bildung erfolgt vor allem durch Lehren und Lernen.
- Erziehungsprozesse beziehen sich auf motivationale und affektive Aspekte der Persönlichkeitsentwicklung sowie das Sozialverhalten – auf den Erwerb von Werthaltungen, Einstellungen usw. Erziehung erfolgt im Wesentlichen durch → Sozialisation, durch das Hineinwachsen in eine soziale Gemeinschaft.
  Der Begriff → „Erziehung" wird allerdings oft auch in einem weiteren Sinn verwendet, der sowohl Erziehung (im engeren Sinn) als auch Bildung umfasst.

1.1.1 Beschreibung

Um zu Erkenntnissen über die psychischen Aspekte pädagogischer Prozesse zu gelangen, muss die → Pädagogische Psychologie zunächst die dabei auftretenden Phänomene beschreiben. Sie muss diese hinsichtlich psychologisch relevanter Merkmale analysieren, sie miteinander vergleichen und sie aufgrund der gefundenen Gemeinsamkeiten und Unterschiede mit Hilfe geeigneter Begriffe kategorisieren. Beispielsweise könnte man das Erziehungsverhalten von Eltern entweder als „warmherzig-akzeptierend" oder als „autoritär" beschreiben.

Die Aufgabe der Pädagogischen Psychologie, Phänomene zu beschreiben, hängt unmittelbar mit ihrer zweiten Aufgabe zusammen, Erklärungen für diese Phänomene zu finden und → Prognosen zu stellen.

1.1.2 Erklärung und Prognose

Wissenschaftliche Erklärungen führen beobachtete Phänomene auf allgemeine Gesetzmäßigkeiten zurück. Erklärungen können getestet werden, indem man entsprechende Prognosen vornimmt und dann überprüft, ob das Vorhergesagte auch tatsächlich eintritt. Erklärungen und → Prognosen folgen ein und demselben logischen Prinzip: dem sogenannten Hempel-Oppenheim-Schema.

Das Hempel-Oppenheim-Schema führt ein vorliegendes oder erwartetes Ereignis mit einer allgemeinen Gesetzmäßigkeit auf eine mutmaßliche Ursache des Ereignisses zurück. Hierzu werden drei Aussagen (zwei Prämissen und eine Schlussfolgerung) systematisch miteinander verbunden.

- Die erste Prämisse lautet: „Wenn eine Ursache A vorliegt, dann hat diese die Wirkung B zur Folge" (allgemeine Gesetzmäßigkeit).
- Die zweite Prämisse lautet: „Ursache A liegt vor."
- Die Schlussfolgerung lautet im Fall einer Erklärung: „Deshalb ist Wirkung B eingetreten." Im Fall einer Prognose lautet sie: „Deshalb wird Wirkung B eintreten."

!

Hempel-Oppenheim-Schema bei der wissenschaftlichen Anwendung

Prämisse 1 (allgemeine Gesetzmäßigkeit):	Wenn Ursache A, dann Wirkung B
Prämisse 2 (Ursache):	Ursache A liegt vor
Schlussfolgerung (Wirkung):	Deshalb Wirkung B

Hierzu zwei Beispiele, die den Zusammenhang zwischen elterlichem Erziehungsverhalten und Persönlichkeitsentwicklung der Kinder verdeutlichen: Erklärung und Prognose.

	Erklärung	Prognose
Allgemeine Gesetzmäßigkeit:	▶ Wenn Eltern ihre Kinder autoritär erziehen, werden diese Kinder ängstlich.	▶ Wenn Eltern ihre Kinder autoritär erziehen, werden diese Kinder ängstlich.
Ursache:	▶ Diese Eltern haben ihre Kinder streng erzogen.	▶ Diese Eltern erziehen ihre Kinder streng.
Wirkung:	▶ Deshalb sind die Kinder der Eltern ängstlich geworden	▶ Deshalb werden die Kinder dieser Eltern ängstlich werden.

1.2 Pädagogische Psychologie als praktische Handlungslehre

Der Ausdruck → „Pädagogische Psychologie" bezeichnet nicht nur eine wissenschaftliche Disziplin, sondern auch eine Handlungslehre, die von praktisch tätigen Psychologen angewandt wird. Die Praxisfelder sind vielfältig:

- Erziehungs- und Familienberatung,
- Schulpsychologie,
- psychologischen Gestaltung von Aus- und Weiterbildungsmaßnahmen,
- Erprobung von Unterrichtsverfahren,
- Entwicklung und Evaluation von neuen Lehr-Lern-Medien oder von multimedialen Lernumgebungen sowie E-Learning
- Gestaltung von integrierten Arbeits- und Lernplätzen im Betrieb.

Die → Pädagogische Psychologie als praktische Handlungslehre verhält sich zur Pädagogischen Psychologie als wissenschaftliche Disziplin ähnlich wie eine Ingenieurwissenschaft (z.B. die des Brückenbaus) zu ihren Grundlagenwissenschaften (z.B. der Physik).
Auch beim pädagogisch-psychologischen Handeln werden bestimmte Ziele verfolgt, und die praktische Handlungslehre soll angeben, mit welchen Mitteln diese Ziele erreicht werden können. Dafür greift sie auf allgemeine Gesetzmäßigkeiten der Pädagogischen Psychologie als Wissenschaft zurück. Insofern ist Pädagogische Psychologie als Handlungslehre formal gesehen eine Technologie: Sie gibt Empfehlungen, mit welchen Maßnahmen man Erwünschtes erreichen und Unerwünschtes vermeiden kann.

1.2.1 Bestimmung von Maßnahmen

Grundlage für praktische Empfehlungen als Anleitung zu pädagogischem Handeln ist wieder das Hempel-Oppenheim-Schema. Dieses wird hier allerdings anders genutzt als bei der wissenschaftlichen Anwendung:

- Bei der wissenschaftlichen Anwendung wird eine allgemeine Gesetzmäßigkeit für Erklärungen und → Prognosen verwendet: Im Fall einer Erklärung wird eine Wirkung auf eine Ursache zurückführt, und im Fall einer Prognose wird eine Wirkung ausgehend von einer Ursache vorhergesagt.
- Bei der praktischen Anwendung zur Bestimmung von pädagogischen Maßnahmen wird hingegen eine allgemeine Gesetzmäßigkeit genutzt, um für ein gegebenes Ziel ein geeignetes Mittel zu bestimmen. Ebenso kann eine allgemeine Gesetzmäßigkeit genutzt werden, um Unerwünschtes zu vermeiden.

!

Hempel-Oppenheim-Schema bei der praktischen Anwendung

Prämisse 1 (allgemeine Gesetzmäßigkeit):	Wenn Ursache A, dann Wirkung B
Prämisse 2 (Ziel):	Ziel ist B
Schlussfolgerung (Mittel):	A ist Mittel für B

Die zwei folgenden Beispiele zeigen die Anwendung des Hempel-Oppenheim-Schemas bei der Bestimmung von Erziehungsmaßnahmen: Erreichen von Erwünschtem, Vermeiden von Unerwünschtem.

	Bestimmung geeigneter Erziehungsmaßnahmen	Bestimmung ungeeigneter Erziehungsmaßnahmen
Allgemeine Gesetzmäßigkeit:	▶ Wenn Eltern ihre Kinder warmherzig und mäßig kontrollierend erziehen, werden diese Kinder selbständig und anpassungsfähig.	▶ Wenn Eltern ihre Kinder autoritär erziehen, werden diese Kinder ängstlich.
Ziel:	▶ → Erziehungsziel ist die Selbständigkeit und Anpassungsfähigkeit der Kinder.	▶ Ängstlichkeit von Kindern sollte vermieden werden.
Maßnahme:	▶ Deshalb sollte man Kinder warmherzig und mäßig kontrollierend erziehen.	▶ Deshalb sollte man Kinder nicht autoritär erziehen.

Weitere Beispiele für praktische Fragen nach geeigneten Maßnahmen zum Erreichen pädagogischer Ziele sind unter anderem:

- Was kann man zur frühkindlichen Förderung tun?
- Soll ein Kind eingeschult oder zurückgestellt werden?
- Welche Schullaufbahn soll man einem Kind empfehlen?
- Wie kann man Erwachsene zur Weiterbildung motivieren?
- Wie sind Lehrangebote für bestimmte Formen der Weiterbildung zu gestalten?

Beispiele für praktische Fragen nach geeigneten Maßnahmen zum Vermeiden von Unerwünschtem sind unter anderem:

- Wie lässt sich aggressives Verhalten gegenüber anderen Kindern abbauen?
- Wie lässt sich autistisches Verhalten aufheben?
- Wie lässt sich das Auftreten von Schulangst vermeiden?
- Wie lassen sich Kontaktprobleme von Kindern vermeiden?

Wer legt eigentlich pädagogische Ziele fest?

Das Festlegen pädagogischer Ziele ist ein normativer Akt, der nicht zu den Aufgaben der Pädagogischen Psychologie gehört. Die Pädagogische Psychologie kann zwar helfen, die Ziele genauer zu beschreiben, damit leichter geprüft werden kann, ob diese Ziele erreicht wurden oder nicht. Was erwünscht ist und was nicht – darüber entscheidet jedoch nicht die Psychologie, sondern eher die Pädagogik, die über diese Ziele unter Berücksichtigung ethischer Prinzipien und gesellschaftlicher Rahmenbedingungen reflektiert. Häufig werden solche Zielentscheidungen aber unter dem Einfluss konfligierender Gruppeninteressen oder einfach von Einzelnen (von Eltern, Lehrern, der Betriebleitung usw.) getroffen.

Bereits Herbart (1841) hat in seinen pädagogischen Vorlesungen dieses Problem aufgegriffen und die Pädagogik mit Philosophie und Psychologie in Beziehung gesetzt: Die Philosophie zeigt der Pädagogik das Ziel der → Bildung, die Psychologie zeigt den Weg, um das Ziel tatsächlich zu erreichen und die Hindernisse auf dem Weg dorthin zu überwinden.

Wie gut lassen sich pädagogische Maßnahmen wissenschaftlich begründen?

Wenn praktisch-pädagogische Maßnahmen direkt aus Forschungsergebnissen abgeleitet sind, wie anhand des Hempel-Oppenheim-Schemas gezeigt, dann können diese Maßnahmen als wissenschaftlich begründet angesehen werden. Der landläufigen Meinung nach sollte das überwiegend der Fall sein. Tatsächlich kommt die direkte Anwendung allgemeiner Gesetzmäßigkeiten in Form von direkt abgeleiteten Handlungsregeln aber in der Praxis kaum vor. Meist sind praktisch-pädagogische Probleme so komplex, dass sich aus den vorhandenen Theorien nicht zwingend genau eine Lösung ableiten lässt. Das folgende Beispiel soll dies illustrieren.

Beispiel

Fallbeispiel „Evelyn“: Pädagogisch-praktische Probleme sind meist komplex

Evelyn ist zwölf Jahre alt. Sie besuchte bis vor einem dreiviertel Jahr das Gymnasium und erzielte dort durchschnittliche Leistungen. Ihre Eltern leben in Scheidung. Evelyns Vater ist nach einer schweren Operation kaum belastbar und nur eingeschränkt erwerbsfähig. Evelyn lebt bei ihrer Mutter.

Nach einem Gespräch der Eltern, das Evelyn mit angehört hat und über das alle Beteiligten bis heute schwei-

gen, weigert sich das Mädchen strikt, weiter zur Schule zu gehen. Aufforderungen, Ermahnungen, Versprechungen und Zwang fruchten in keiner Weise. Die Mutter ist voll berufstätig, versucht aber dennoch, abends mit Evelyn den wichtigsten Schulstoff durchzugehen. Sie gibt allerdings nach einem Monat auf, da Evelyn kein Interesse und keine Bereitschaft zur Mitarbeit zeigt. Schule und Jugendamt wurden verständigt; man beschließt jedoch, zunächst abzuwarten und hofft auf spontane Erholung.
Nach einem halben Jahr, als eine Tante zu Besuch kommt und sich viel mit dem Mädchen unterhält, verbessert sich die Situation etwas. Evelyn beginnt, wieder von der Schule zu sprechen. Nach zwei weiteren Monaten ist sie bereit, probeweise wieder zur Schule zu gehen. Ihre Klasse ist allerdings inzwischen mit dem Schulstoff so weit vorangeschritten, dass sie dem Unterricht kaum folgen kann. Die Eltern beschließen deshalb nach einem Gespräch mit einigen Lehrern, ihre Tochter vom Gymnasium zu nehmen und sie in der Realschule anzumelden. Dort zeigt sie inzwischen so schwache Lernleistungen, dass ein Übergang zur Hauptschule ins Auge gefasst wird.

Zu diesem Beispiel lassen sich eine Vielzahl von Fragen formulieren:

- Was hätte man tun können und zu welchem Zeitpunkt?
- Hätte man die Hilfe einer Erziehungsberatungsstelle in Anspruch nehmen sollen?
- Welche Form von Erziehungsberatung wäre am besten geeignet gewesen?
- Hätte man gleich therapeutische Hilfe in Anspruch nehmen sollen, oder war es richtig abzuwarten?
- Hätte man die traditionellen Erziehungsmittel konsequenter nutzen sollen und – wenn ja – welche?
- Hätte die weitere Familie schon früher unterstützend tätig werden sollen?
- War das Mädchen ohnehin nicht geeignet für das Gymnasium und wäre sonst nur zu einem späteren Zeitpunkt gescheitert?

Die Liste der Fragen könnte beliebig verlängert werden. Auch Beispiele für andere praktische Probleme von mindestens gleicher Komplexität ließen sich in beliebiger Zahl anführen. Leider ist es unmöglich, auf alle Fragen zu derart komplexen Sachverhalten eindeutige und wissenschaftlich fundierte Antworten zu finden. Natürlich kann und muss man in der Praxis versuchen, möglichst adäquate Maßnahmen zu bestimmen, aber sie werden nur selten direkt von wissenschaftlichen Untersuchungsergebnissen abgeleitet sein. Wissenschaftliche Untersuchungen zur Überprüfung von bestimmten Hypothesen oder Theorien analysieren jeweils nur Zusammenhänge zwischen relativ wenigen Faktoren. Selbst das aufwendigste Forschungsprogramm wäre nicht in der Lage, sämtliche möglichen Bedingungskonstellationen systematisch durchzutesten, die bei komplexen Praxisproblemen zu berücksichtigen sind.

Wissenschaft und Anwendung. Ist die wissenschaftliche Pädagogische Psychologie deshalb praktisch nutzlos? – Ein solcher Schluss wäre voreilig. Die → Pädagogische Psychologie stellt Orientierungswissen zur Verfügung, mit dessen Hilfe sich leichter praktische Lösungen finden lassen. Bei der Lösungsfindung müssen häufig eine Vielzahl von Zusammenhängen gleichzeitig berücksichtigt werden. Die einzelnen Maßnahmen sind dann auf der Grundlage des verfügbaren Orientierungswissens so lange zu modifizieren und aufeinander abzustimmen, bis sie ein kohärentes Ganzes darstellen, das geeignet erscheint, die Ziele unter den gegebenen Bedingungen zu erreichen (Mandl et al., 1991). Die Bestimmung pädagogischer Maßnahmen beinhaltet deshalb meist auch ein kreatives Moment. Die Wissenschaft kann nur den Rahmen festlegen. Was innerhalb dieses Rahmens zu tun ist, bleibt der schöpferischen Kraft des Praktikers überlassen.

Bereits James (1899) hat darauf verwiesen, dass zwischen Wissenschaft und Anwendung ein erfinderischer Geist zwischengeschaltet werden muss.

1.2.2 Praktische Aufgaben

→ Pädagogik bedeutet das Führen von Menschen zu bestimmten kognitiven, motivationalen und affektiven Zielen ihrer Persönlichkeitsentwicklung. Das Führen eines Menschen zu einem bestimmten Ziel kann man sich als gemeinsames Beschreiten eines Weges vorstellen. Dieser Weg ist gekennzeichnet durch

- einen Ausgangspunkt,
- Hindernisse und Gefahren,
- einen Ankunftspunkt.

Das gemeinsame Beschreiten des Weges setzt eine *Kooperation* zwischen Führendem und Geführtem voraus, da man niemanden führen kann, der nicht geführt werden will. Aus diesen allgemeinen Merkmalen des → pädagogischen Prozesses als einem Führen und Geführtwerden lassen sich die wesentlichen praktischen Aufgaben der → Pädagogischen Psychologie herleiten. Diese Aufgaben sind:

- Diagnose,
- Intervention,
- Prävention,
- Beratung,
- Prognose,
- Evaluation.

Die praktischen Aufgaben der → Pädagogischen Psychologie lassen sich aus dem Prozess des Führens und Geführtwerdens herleiten.

Diagnose. Um einen Menschen führen zu können, muss man ihn dort abholen, wo er sich zurzeit befindet. Auch auf dem Weg muss man sich immer wieder darüber informieren, wie weit man noch vom Ziel entfernt ist, und ob man sich vielleicht verlaufen hat. Bezogen auf den → pädagogischen Prozess: Man muss wissen, welche Kenntnisse, Fähigkeiten, Fertigkeiten, Motive, Einstellungen und Werthaltungen der Lernende aktuell besitzt und wie weit der pädagogische Prozess bereits vorangeschritten ist. Dieses Wissen bereitzustellen, ist Aufgabe der Diagnostik. Pädagogisch-psychologische Diagnostik dient also der Bestimmung von Ausgangspunkt, Zwischenergebnissen und Ankunftspunkt auf dem gemeinsam zurückzulegenden Weg.

Intervention. Auf dem Weg vom Ausgangspunkt zum Ziel sind häufig Hindernisse zu überwinden. Im pädagogischen Prozess können dies Verständnisschwierigkeiten, Konzentrationsprobleme, mangelnde → Motivation, Angst usw. sein. Eingriffe mit dem Ziel, solche Hindernisse zu überwinden, sind Aufgabe der pädagogisch-psychologischen Intervention. In einem weiteren Sinn des Wortes kann natürlich die gesamte Tätigkeit des Führens durch Unterweisung und → Erziehung als Intervention bezeichnet werden.

Prävention. Auf dem Weg vom Ausgangspunkt zum Ziel müssen gefährliche oder unangenehme Situationen vermieden werden. Im pädagogischen Prozess sind dies unerwünschte kognitive, motivationale und affektive Persönlichkeitseigenschaften bzw. Situationen, die das Entstehen solcher Eigenschaften wahrscheinlich machen. Maßnahmen zu ergreifen, durch die solche Situationen vermieden werden können, ist Aufgabe der pädagogisch-psychologischen Prävention.

Beratung. Führung erfordert immer eine Kooperation zwischen Führendem und Geführtem. Auch der pädagogische Prozess beinhaltet eine (zumindest stillschweigende) Kooperation und die Bereitschaft des Lernenden, im Rahmen seiner Möglichkeiten selbst zur Zielerreichung beizutragen. Der Geführte wird also nicht vom Führenden zum Ziel „getragen", sondern muss selbst aktiv sein. Bei der Beratung besteht die Einflussnahme nicht in einem direkten Eingriff wie bei der Intervention, sondern im Bereitstellen einer Orientierungsgrundlage, die dem Lernenden hilft, anschließend selbst den Weg zum Ziel zu finden und die dabei auftretenden Hindernisse zu überwinden.

Prognose. Die Vorhersage eines Ergebnisses im pädagogischen Prozess beruht auf der Annahme, dass man auf dem gemeinsamen Weg durch ein bestimmtes Vorgehen einen bestimmten Ort erreicht. Beispielsweise wird im Prozess des Lehrens und Lernens angenommen, dass mit bestimmten Lehrmethoden unter bestimmten Bedingungen bestimmte Lernergebnisse erzielt werden.

Evaluation. Bekanntlich gelangt man auf einem Weg nicht immer dorthin, wo man tatsächlich hinwollte. Somit gilt es zu bestimmen, wie weit der Ankunftspunkt vom eigentlichen Ziel entfernt ist. Die Evaluation eines im pädagogischen Prozess eingesetzten Verfahren heißt beispielsweise zu bestimmen, wieweit durch das Verfahren erwünschte Veränderungen erzielt und unerwünschte Veränderungen vermieden wurden.

Definition

Unter einer → **Diagnose** versteht man die Erfassung von Merkmalen eines aktuell vorliegenden Sachverhalts. Beispiel für eine pädagogisch-psychologische Diagnose: die Erfassung der aktuell vorliegenden Kenntnisse und Fähigkeiten eines Lernenden. Die Lehre der Erstellung von Diagnosen bezeichnet man als Diagnostik.

Als → **Intervention** bezeichnet man das Eingreifen in einen Sachverhalt, um erwünschte Veränderungen herbeizuführen. Beispiel für eine pädagogisch-psychologische Intervention: die Durchführung eines Motivationsförderungsprogramms bei Lernenden mit geringer Leistungsmotivation.

Eine → **Prävention** ist das Eingreifen in einen Sachverhalt, um unerwünschte Veränderungen zu verhindern. Beispiel für eine pädagogisch-psychologische Prävention: die Verhinderung des Zugangs zu pornographischen Seiten im Internet für Kinder und Jugendliche.

Unter → **Beratung** versteht man die Hilfe zur Selbsthilfe, indem der Ratsuchende befähigt wird, selbst die notwendigen Interventions- und Präventionsmaßnahmen zu ergreifen. Beispiel für pädagogisch-psychologische Beratung: Erziehungsberatung von Eltern, die in die Lage versetzt werden sollen, in kritischen Erziehungssituationen adäquat auf ihre Kinder zu reagieren.

Als → **Prognose** bezeichnet man die Vorhersage eines Ereignisses aufgrund vorliegender Gegebenheiten. Beispiel für eine pädagogisch-psychologische Prognose: die Vorhersage des Schulerfolgs aufgrund von Intelligenztests und bisherigen Schulleistungen im Rahmen einer Schullaufbahnberatung.

Unter → **Evaluation** versteht man die Bewertung eines gegebenen Sachverhalts anhand bestimmter Zielvorstellungen. Beispiel für eine pädagogisch-psychologische Evaluation: die Bewertung von Lernleistungen anhand der gesetzten Lehr-Lern-Ziele.

1.3 Zusammenfassung

Die → Pädagogische Psychologie ist einerseits Wissenschaft und andererseits praktische Handlungslehre.

- Als Wissenschaft ist sie Teildisziplin der wissenschaftlichen Psychologie – mit der Aufgabe, die psychischen Aspekte → pädagogischer Prozesse zu beschreiben und zu erklären.
- Als Handlungslehre ist sie Anleitung zum praktischen pädagogischen Handeln – mit der Aufgabe, anzugeben, wie pädagogisch Erwünschtes realisiert und pädagogisch Unerwünschtes vermieden werden kann.

Pädagogische Prozesse finden in Familie, Kindergarten, Vorschule, Schule, Hochschule, Weiterbildung, am Arbeitsplatz, in Kliniken usw. statt. Sie gliedern sich in Bildungs- und Erziehungsprozesse.

- Bildungsprozesse beziehen sich auf kognitive Aspekte der Persönlichkeitsentwicklung, also auf den Erwerb von Kenntnissen, Fähigkeiten und Fertigkeiten. Bildung erfolgt im Wesentlichen durch Lehren und Lernen.
- Erziehungsprozesse beziehen sich auf motivationale und affektive Aspekte der Persönlichkeitsentwicklung, also auf den Erwerb von Werthaltungen, Einstellungen usw. Erziehung erfolgt im Wesentlichen durch → Sozialisation, d.h. durch das Hineinwachsen in eine soziale Gemeinschaft.

Pädagogisches Handeln kann als zielgerichtetes Führen eines Menschen durch einen anderen angesehen werden. Dabei wird ein Weg zurückgelegt, der von einem Ausgangspunkt zu einem Ergebnis führt. Auf diesem Weg muss man sich orientieren, Hindernisse überwinden und Gefahren vermeiden. Man muss Annahmen über die Ergebnisse bestimmter Maßnahmen machen und muss prüfen, wieweit man das Ziel tatsächlich erreicht hat. Die praktischen Aufgaben der Pädagogischen Psychologie sind dementsprechend:

- Diagnose,
- Intervention,
- Beratung,
- Prävention,
- Prognose und
- Evaluation.

Bezug zu ...

Die Pädagogische Psychologie gilt innerhalb des Psychologiestudiums als Anwendungsfach. Als praktische Handlungslehre zielt sie unmittelbar auf Anwendung. Als wissenschaftliche Disziplin sucht sie nach Erklärungen für pädagogische Phänomene anhand von psychologischen Gesetzmäßigkeiten. Allerdings sollen diese Gesetzmäßigkeiten eine spätere praktische Anwendung ermöglichen. Insofern ist auch die Pädagogische Psychologie als wissenschaftliche Disziplin – wenngleich weniger direkt – anwendungsorientiert.

Pädagogische Situationen sind meist sehr komplex. Ganz allgemein gilt: Die beste Voraussetzung, um mit einem komplexen Sachverhalt zurechtzukommen, besteht darin, diesen zunächst zu verstehen. Verstehen erfordert Konzepte als geistige Werkzeuge, um die jeweilige Situation analysieren zu können. Solche Konzepte werden teilweise von den **Grundlagenfächern der Psychologie** – der Allgemeinen Psychologie, der Entwicklungspsychologie, der Differentiellen Psychologie und Persönlichkeitspsychologie sowie der Sozialpsychologie – geliefert.

Konzepte der Allgemeinen Psychologie ermöglichen z.B. die Analyse von allgemeinen Bedingungen des Lernens, Verstehens, Denkens und Problemlösens. Konzepte der Entwicklungspsychologie können dazu beitragen, den aktuellen Entwicklungsstand eines Individuums zu beschreiben und pädagogische Maßnahmen auf diesen Entwicklungsstand abzustimmen. Konzepte der Differentiellen Psychologie und der Persönlichkeitspsychologie können dazu beitragen, interindividuelle Unterschiede zu analysieren, denen in pädagogischen Maßnahmen Rechnung getragen werden muss und die durch pädagogisch-psychologische Diagnostik zu erfassen sind. Konzepte der Sozialpsychologie können dazu beitragen, die im Rahmen → pädagogischer Prozesse stattfindenden Interaktionen und deren Bedingungen zu analysieren.

Die → Pädagogische Psychologie greift somit als Anwendungsfach auf die psychologischen Grundlagenfächer zurück. Darüber hinaus bestehen auch Querverbindungen zu anderen Anwendungsfächern der Psychologie wie z.B. der Klinischen Psychologie und der Arbeits-, Organisations- und Betriebspsychologie, da sich auch in deren Tätigkeitsfeldern pädagogische Situationen finden, wenngleich der pädagogische Aspekt hier nicht im Vordergrund steht.

1.4 Diskussionsfragen

(1) Können die Wirkungen von Familienserien auf den Fernsehzuschauer als pädagogisch angesehen werden?
(2) Ist die Beeinflussung durch Gleichaltrige ein pädagogischer Prozess?
(3) Ist das autodidaktische Lernen eines Fernstudenten ein pädagogischer Prozess?
(4) Kann die Gestaltung eines Arbeitsplatzes im Betrieb als ein pädagogisch-psychologisches Problem angesehen werden?
(5) Weshalb ist es generell schwierig, aus den Ergebnissen wissenschaftlicher Untersuchungen Lösungen für praktische pädagogisch-psychologische Probleme abzuleiten?
(6) In welchem Verhältnis stehen Pädagogische Psychologie, Pädagogik und Philosophie zueinander?

Weiterführende Literatur

Einen allgemeinen Überblick über Entwicklung, Gegenstand und Aufgaben der Pädagogischen Psychologie bietet:

Krapp, A. & Weidenmann, B. (Hrsg.) (2001). Pädagogische Psychologie (4. Aufl.). Weinheim: Beltz/Psychologie Verlags Union. (darin Kapitel 1)

Eine weiterführende Darstellung von Zielen, Aufgaben und Methoden der Pädagogischen Psychologie bezogen auf das Lehren und Lernen in der Schule bietet:

Gage, N.L. & Berliner, D.C. (1996). Pädagogische Psychologie. Weinheim: Beltz/Psychologie Verlags Union. (darin Kapitel 1)

Teil I
Anthropologische Grundorientierungen

Bei der Formung eines Gegenstandes – z.B. dem Schnitzen einer Holzplastik oder der Gestaltung eines Gartens – müssen die jeweiligen Gegenstandseigenschaften berücksichtigt werden. Gleiches gilt für das pädagogische Handeln, das in gewissem Sinn auch als eine Art Formung angesehen werden kann. Hier ist die Einflussnahme davon abhängig,

- in welcher Hinsicht der Lernende Unterstützung benötigt und
- welche Gesetzmäßigkeiten genutzt werden können, um zum Ziel zu gelangen.

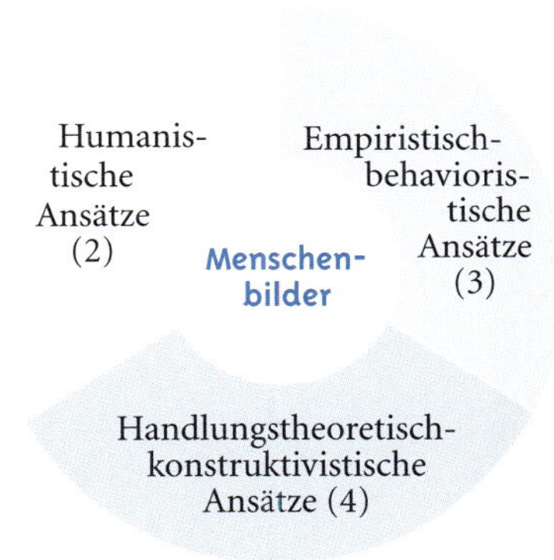

Die Art der pädagogischen Einflussnahme ergibt sich aus den Annahmen des pädagogisch Handelnden über das Wesen der Entwicklungsprozesse, die er fördern will. Diese Annahmen sind Teil allgemeiner Sichtweisen über das Wesen des Menschen, die man häufig als anthropologische Grundorientierungen bezeichnet. Wichtige anthropologische Grundorientierungen in der Pädagogik und Pädagogischen Psychologie sind

- humanistische Ansätze,
- empiristisch-behavioristische Ansätze und
- handlungstheoretisch-konstruktivistische Ansätze.

Humanistische Ansätze. Humanistische Ansätze nehmen natürliche innere Wesenskräfte im Individuum an, die zur Entfaltung drängen. Der Lernende wird mit einer Pflanze und der Erzieher mit einem Gärtner verglichen: Die Pflanze muss zwar gehegt und gepflegt werden, aber sie wächst im Grunde von selbst. Der Gärtner fördert das Wachstum der Pflanze, ohne dieses Wachstum zu verursachen. Entwicklung wird aus humanistischer Sicht vor allem von innen beeinflusst.

Empiristisch-behavioristische Ansätze. Empiristisch-behavioristische Ansätze nehmen keine natürlichen inneren Wesenskräfte im Individuum an. Der Lernende wird vielmehr als ein zunächst „unbeschriebenes Blatt" (als eine „tabula rasa") angesehen, auf dem sich erst aufgrund von Erfahrung Eindrücke bilden. Der Behaviorismus ist insofern eine Spielart des Empirismus, als er bei der Erfahrung von äußeren Umweltreizen und Verhaltenskonsequenzen ansetzt: Das Individuum verfügt von Natur aus nur über einige Reflexe, erst aufgrund von Erfahrungen können neue Reiz-Reaktions-Verbindungen erworben werden. Der Erziehende wird als eine Art Stimulus- und Verstärkungsmanager angesehen, der beim Lernenden Assoziations- und Konditionierungsprozesse arrangiert. Entwicklung wird aus behavioristischer Sicht vor allem von außen beeinflusst.

Handlungstheoretisch-konstruktivistische Ansätze. Handlungstheoretisch-konstruktivistische Ansätze nehmen eine mittlere Position ein, da sie sowohl Einflüsse von innen als auch von außen für die Entwicklung verantwortlich machen. Sie gehen aber über die anderen Ansätze hi-

naus, da sie die äußeren Einflüsse vor allem als kulturell bedingt ansehen und Entwicklung als ein Hineinwachsen in eine bestimmte Kultur interpretieren: Kultur bedeutet Herstellung und Gebrauch bestimmter Werkzeuge, Auftreten bestimmter Formen des sozialen Handelns und Verwendung von Sprache als Kommunikationswerkzeug. Der Erziehende greift unterstützend oder korrigierend in das Handeln des Lernenden ein, um ein reibungsloses Hineinwachsen in die jeweilige kulturelle Praxis zu ermöglichen.
In den folgenden drei Kapiteln (2 bis 4) werden diese anthropologischen Grundorientierungen genauer beschrieben.

2 Humanistische Ansätze

Was Sie in diesem Kapitel erwartet

Die Persönlichkeit des Individuums sollte sich in einem geeigneten Klima entfalten können

Humanistische Ansätze nehmen natürliche, innere Wesenskräfte im Individuum an, die zur Entfaltung drängen. Das Individuum ist vergleichbar mit einer Pflanze, die gehegt und gepflegt werden muss, aber im Grunde von selbst wächst. Der Pädagoge ist vergleichbar mit einem Gärtner, der das Wachstum der Pflanze fördert, ohne es zu verursachen.

Hegen und Pflegen bedeutet im pädagogischen Kontext aus Sicht der humanistischen Ansätze, ein positives Erziehungs- oder Lernklima zu schaffen. Dies wird als Voraussetzung jeder erfolgreichen pädagogischen Einflussnahme angesehen. Der Erziehende soll der inneren Befindlichkeit des Individuums Rechnung tragen: seinen Gefühlen, Wahrnehmungen, Überzeugungen, Motiven und Interessen. Ein positives Klima erfordert, dem Individuum unbedingte Wertschätzung, einfühlendes Verstehen (→ Empathie) und Echtheit (→ Authentizität) entgegenzubringen.

Lernziele

Sie sollten am Ende des Kapitels wissen bzw. verstanden haben,

- was die Hauptannahmen der **humanistischen Ansätze** in der Pädagogischen Psychologie sind,
- was das Verhalten eines Erziehenden aus Sicht der humanistischen Ansätze kennzeichnen sollte,
- was man unter → **offenem Unterricht** versteht und weshalb Lehrende beim offenen Unterricht eine andere Funktion als im traditionellen Unterricht wahrnehmen müssen,
- weshalb Vergleiche zwischen offenem und traditionellem Unterricht schwer zu interpretieren sind.

2.1 Historische Entwicklung

Die Grundannahmen der **humanistischen Ansätze** haben eine lange Vorgeschichte, die bis zu den Klassikern der → Pädagogik des 17. bis 19. Jahrhunderts zurückreicht. In den 20er Jahre des 20. Jahrhunderts wurden deren Annahmen von der Reformpädagogik wieder aufgegriffen und weiterentwickelt (Potthoff, 1992). Später haben amerikanische Psychologen wie Maslow (1968), Combs et al. (1974) und Rogers (1969) psychologische Konzepte zur → Beratung, zur → Erziehung und allgemein zur zwischenmenschlichen Kommunikation entwickelt, die unter der Bezeichnung „humanistische Psychologie“ bekannt geworden sind. Die humanistische Psychologie spielte in den 60er und 70er Jahren in den USA eine große Rolle, trat aber in den 80er Jahren etwas in den Hintergrund. Angesichts der Zunahme von Jugendkriminalität, Vandalismus in Schulen und Drogenkonsum könnten diese Konzepte aber vielleicht bald eine Renaissance erleben.

Klassiker der Pädagogik

Tabelle 2.1 gibt einen Überblick über klassische Auffassungen der Pädagogik, die auf einer humanistischen Grundüberzeugung basieren. Zu den Klassikern der Pädagogik gehören vor allem Comenius (eigentlich: Jan Amos Komensky, 1592–1670), Jean Jaques Rousseau (1712–1778), Johann Heinrich Pestalozzi (1746–1827) und Friedrich Wilhelm August Fröbel (1782–1852).

Tabelle 2.1. Klassiker der Pädagogik als Vorläufer humanistischer Ansätze

Name	Pädagogische Auffassung
Comenius (1592–1670)	Jan Amos Komensky (genannt: Comenius) betonte in seiner Didacta Magna (Großen Didaktik), → Bildung und → Erziehung müssten auf die „Kräfte der Menschennatur" Bezug nehmen.
Rousseau (1712–1778)	Jean Jaques Rousseau propagierte in seinem pädagogischen Hauptwerk „Emile" eine Erziehung, die den „natürlichen Menschen mit all seinen Kräften" ausbildet. Man müsse „die Kindheit im Kind reifen lassen".
Pestalozzi (1746–1827)	Johann Heinrich Pestalozzi verlangte in seiner Pädagogik die allgemeine „Emporbildung" aller menschlichen Kräfte. Er plädierte für eine allgemeine Menschenbildung: die „harmonische Ausbildung aller Kräfte aller Kinder" unabhängig von ihrem gesellschaftlichen Stand.
Fröbel (1782–1852)	Friedrich Wilhelm August Fröbel betonte die Bedeutung der Vorschulerziehung und begründete die Idee des Kindergartens. Er sah im Spiel das wichtigste Mittel zur „Entfaltung der geistigen, sittlichen und körperlichen Kräfte des Kindes" und erfand ein umfassendes Spielsystem.

Reformpädagogik

Als Reformpädagogik bezeichnet man eine Strömung in der → Pädagogik, die vor allem in den 20er Jahren des 20. Jahrhunderts intensiv diskutiert wurde (Potthoff, 1992). Es wurde versucht, Schule und Leben enger zueinander in Beziehung zu setzen und durch neue didaktische Ansätze wie z.B. die Projektmethode die Selbsttätigkeit der Schüler zu fördern. Zu den Reformpädagogen gehören in Deutschland beispielsweise Georg Kerschensteiner (1854–1932; vgl. Genon, 2002) und Peter Petersen (1881–1952; vgl. Petersen, 2001). Ähnliche Gedanken wurden in Italien von Maria Montessori (1870–1952; vgl. Kramer, 1995) und in den USA von John Dewey (1859–1952; vgl. Dewey, 1974) vertreten. Tabelle 2.2 gibt einen Überblick über die reformpädagogischen Ansätze.

Tabelle 2.2. Vorläufer humanistischer Ansätze in der Reformpädagogik

Name	Pädagogische Auffassung
Kerschensteiner (1854–1932)	Georg Kerschensteiner betonte das Prinzip der Selbsttätigkeit, der Spontaneität und des manuellen Tuns. Pädagogische Arbeit müsse praktisch-handwerklich und zugleich geistig geprägt sein.
Petersen (1881–1952)	Peter Petersen konzipierte mit seinem sogenannten Jena-Plan eine Reformschule als Erziehungsgemeinschaft, in der und durch die ein Mensch seine Individualität zur Persönlichkeit vollenden kann.
Montessori (1870–1952)	Maria Montessori entwickelte ein Schul- und Unterrichtskonzept, das Intelligenz und Problemlösefähigkeit fordert und fördert sowie zur Selbständigkeit erzieht. Kinder wollen demnach etwas leisten, wenn man ihnen Anregungen bietet und sie selbständig arbeiten lässt.
Dewey (1859–1952)	John Dewey verband in seinem Ansatz des projektorientierten Lernens das Prinzip der Handlungsorientierung (learning by doing) mit dem der Erfahrungsorientierung.

Summerhill

Angeregt durch die Ideen der Reformpädagogik, gründete Alexander S. Neill 1921 eine „Lernfarm“ als privates Internat, wo gegenüber der traditionellen Schule bis heute radikal andere Unterrichts- und Erziehungsmethoden praktiziert werden. Neill ging davon aus, dass ein Kind von Natur aus klug und realistisch sei und sich dann, wenn es von Erwachsenen möglichst wenig beeinflusst werde, am besten entwickeln könne (Neill, 1971).

In dieser Lernfarm wird ohne Druck und ohne Wettbewerb gelernt. Das Prinzip der Wahlfreiheit ist hier so weit verwirklicht, dass jedes Kind selbst entscheidet, ob es am Unterricht teilnehmen möchte oder nicht. Kinder und Lehrer entscheiden gemeinsam, was und wie gelernt werden soll. Jedes Kind und jeder Lehrer hat jeweils eine Stimme, so dass die Stimmen der Kinder grundsätzlich in der Überzahl sind. Die Ungleichheit zwischen den Rechten von Kindern und denen von Erwachsenen wird damit radikal in Frage gestellt. Allerdings gibt es durchaus Regeln. Es wird zwar eine freie Erziehung praktiziert, doch die Kinder sind nicht frei von Erziehung.

Nach Aussagen früherer Summerhill-Schüler sei jedoch die schulische Ausbildung ab dem Alter von ca. zwölf Jahren nicht mehr so gut gewesen. Wenn ihre eigenen Kinder später auch dort zur Schule gingen, schickten sie diese häufig mit etwa 13 Jahren in die Regelschule. Offenbar hatten sie aus eigener Erfahrung in diesen Teil der Ausbildung nicht mehr so viel Vertrauen (Bernstein, 1968).

Summerhill ist bis heute im Besitz der Familie Neil. Nach dem Tod von Alexander Neil übernahm zunächst seine Frau und später seine Tochter die Leitung des Internats.

2.2 Humanistische Grundprinzipien

2.2.1 Wachstumskräfte und Wachstumshindernisse – Abraham Maslow

Einer der wichtigsten Vertreter der humanistischen Psychologie ist Abraham Maslow (1968). Seiner Theorie zufolge finden sich im menschlichen Individuum → Wachstumskräfte und → Wachstumshindernisse. Aus dem Zusammenspiel von Kräften und Hindernissen ergibt sich ein günstiger oder weniger günstiger Verlauf der persönlichen Entwicklung.

Wachstumskräfte sind:

- Streben nach vollem Funktionieren der Person,
- Streben nach Ganzheit und Einzigartigkeit,
- Streben nach der Fähigkeit, das eigene Selbst zu akzeptieren.

Wachstumshindernisse sind:

- übersteigertes Streben nach Sicherheit,
- Angst, Risiken einzugehen,
- Angst vor Freiheit und Unabhängigkeit,
- Angst vor Getrenntsein.

Bedürfnispyramide nach Maslow

Wachstumskräfte und Wachstumshindernisse sind nach Maslow in grundlegenden menschlichen Bedürfnissen verankert, die zueinander in einer hierarchischen Beziehung stehen. Die hierarchisch niedrigen Bedürfnisse müssen befriedigt sein, bevor die höheren Bedürfnisse wirksam werden können. Diese → Bedürfnishierarchie ist in Abbildung 2.1 in Form einer Pyramide dargestellt. Die unteren vier Ebenen der Pyramide repräsentieren Bedürfnisse, Defizite zu vermeiden (Defizitbedürfnisse), die oberen drei Ebenen Bedürfnisse nach Wachstum der eigenen Persönlichkeit (Wachstumsbedürfnisse).

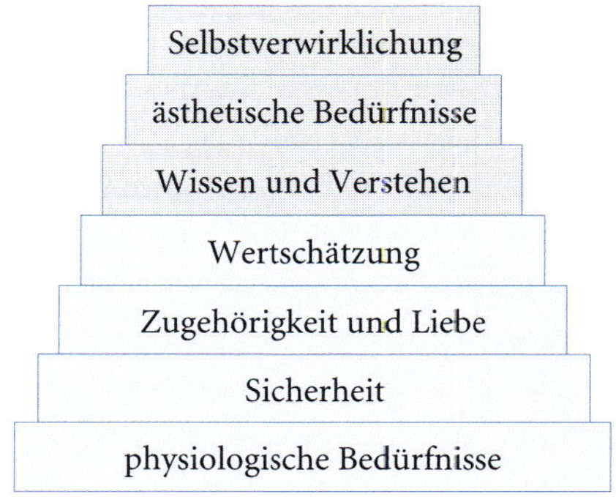

Abbildung 2.1. Bedürfnispyramide nach Maslow. Die **unteren vier Ebenen** der Pyramide repräsentieren **Defizitbedürfnisse**. Hierzu zählen physiologische Bedürfnisse (Vermeidung von Hunger und Durst), das Bedürfnis nach Sicherheit, nach Zugehörigkeit und Liebe und nach Wertschätzung. Die **oberen drei Ebenen** der Pyramide repräsentieren **Wachstumsbedürfnisse**. Hierzu zählen die Bedürfnisse nach Wissen und Verstehen, ästhetische Bedürfnisse sowie das Bedürfnis nach Selbstverwirklichung

Defizitbedürfnisse sind:

- Physiologischen Bedürfnisse: Bedürfnisse nach Essen, Trinken und Schlaf.
- Bedürfnisse nach Sicherheit: Bedürfnisse nach Gesundheit und Freiheit von äußerer Bedrohung.
- Bedürfnisse nach Zugehörigkeit und Liebe: Bedürfnisse nach Familie, nach Freunden und nach Gruppenzugehörigkeit.
- Bedürfnisse nach Wertschätzung: Bedürfnisse nach Anerkennung, Respekt und Bewunderung durch andere und durch sich selbst.

Wachstumsbedürfnisse sind:

- Bedürfnisse nach Wissen und Verstehen: Neugier und das Bedürfnis nach Einsicht.
- Ästhetische Bedürfnisse: Bedürfnisse nach Symmetrie und Wohlgeformtheit der gegenständlichen, aber auch der sozialen Umwelt. Hierzu gehört auch das Bedürfnis nach Wohlgeformtheit des eigenen Lebenswegs.
- Bedürfnisse nach Selbstverwirklichung: Bedürfnis, das eigene Potential zu entwickeln, persönliches Wachstum zu verwirklichen und das zu werden, wozu man in der Lage ist.

2.2.2 Die Sicht des Individuums – Arthur Combs

Ein weiterer Vertreter der humanistischen Psychologie mit ähnlichen Ansichten wie Maslow ist Arthur Combs. Seiner Auffassung nach sind für das Verhalten eines Individuums nicht die objektiven Fakten wesentlich, mit denen das Individuum konfrontiert ist. Entscheidend ist vielmehr, wie das Individuum diese Fakten wahrnimmt und welche Bedeutung diese für das Individuum haben (Combs et al., 1974). Dadurch kann sich manches Verhalten, was einem Außenstehenden als völlig sinnlos erscheint, bei näherer Betrachtung durchaus als individuell sinnvoll erweisen. Umgekehrt kann das Verhalten eines Individuums durch ein zweites Individuum ganz anders interpretiert werden, als es vom ersten Individuum ursprünglich gemeint war. Dies kann zu sehr überraschendem Verhalten des zweiten Individuums führen.

Beispiel

Die Bedeutung der individuellen Perspektive

Jugendlicher Vandalismus. Die Zerstörung von Schulmobiliar durch einen Jugendlichen kann aus der Perspektive eines Außenstehenden ein völlig sinnloses Verhalten darstellen. Aus der Sicht des Jugendlichen selbst kann dieses jedoch durchaus sinnvoll sein, weil es Beachtung und Anerkennung durch seine Freunde und Mitschüler verspricht.

Beispiel

Lob und Selbstkonzept. Jüngere wie ältere Menschen freuen sich in der Regel, wenn sie von für sie wichtigen Personen (Eltern, Lehrer, Freund, Kollegen) für etwas gelobt werden. Aber sie beobachten ebenso, dass die wichtigen Personen Lob auch an andere verteilen und bilden Hypothesen darüber, nach welchen Maßstäben dies geschieht. Entsprechend bewerten sie das Lob, das sie selbst erhalten haben. Wenn ein Lernender eine Leistung selbst als gering bewertet, vom Lehrer dafür aber gelobt wird, kann dieses Lob ein negatives Selbstkonzept bewirken. Der Lernende sagt sich dann: „Wenn der Lehrer mich für eine so geringe Leistung lobt, erwartet er nicht viel von mir. Er scheint also von meinen Fähigkeiten nur wenig zu halten!"

Personalisierung von Informationen

Nach Combs besteht Lernen nicht nur in Informationsaufnahme, sondern auch in Personalisierung der aufgenommenen Information. Mit Personalisierung von Information ist gemeint, dass das Individuum diese Information als persönlich bedeutsam auffasst. Eine Information ist für das Individuum umso bedeutsamer, je mehr sie das Selbst berührt. In Abbildung 2.2 ist die unterschiedliche persönliche Bedeutsamkeit einer Information graphisch dargestellt. Der innere Kreis repräsentiert die Wahrnehmung des Ichs. Der den inneren Kreis umgebende äußere Kreisring steht für die Wahrnehmung der äußeren Welt. Je bedeutsamer eine Information für das Individuum ist, desto näher kommt sie dem Ich.

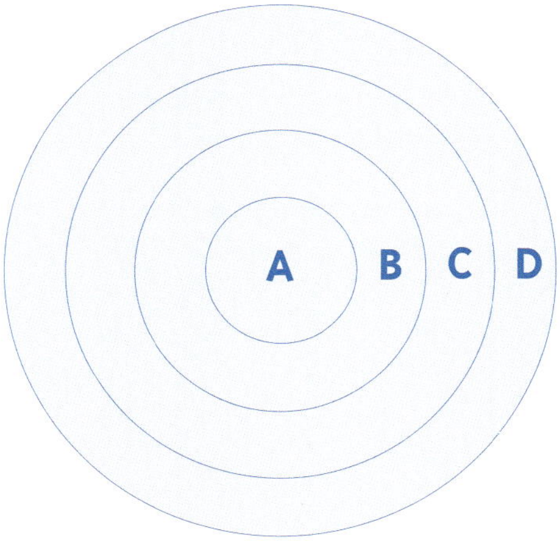

Abbildung 2.2. Informationen können nach Combs unterschiedlich stark personalisiert werden je nachdem, wie nahe sie dem individuellen Ich kommen: Der innere Kreis stellt die Wahrnehmung des Ichs dar, der Bereich außerhalb dieses inneren Kreises die Wahrnehmung der äußeren Welt.
Beispiel: Die höchste persönliche Bedeutsamkeit hat die Information, dass man selbst arbeitslos geworden ist **(A)**. Die Information, dass der eigene Vater arbeitslos geworden ist, wird auch noch als persönlich bedeutsam angesehen **(B)**. Die Information, dass ein entfernter Verwandter arbeitslos geworden ist, wird als weniger persönlich bedeutsam angesehen **(C)**. Eine Information über die aktuellen Arbeitslosenzahlen ist für ein Individuum meist nicht mehr unmittelbar persönlich bedeutsam **(D)**

Aus den Ansichten von Combs ergeben sich praktische Konsequenzen für den pädagogischen Prozess:

- → Erziehung und → Bildung sollten das Individuum in seinem Bemühen um Selbstverwirklichung unterstützen.
- Hierzu ist ein Lernklima erforderlich, das getragen ist vom Respekt vor dem persönlichen Wert und der Würde des anderen, das den Lernenden herausfordert und ihn zugleich verständnisvoll unterstützt.
- Der Lehrende benötigt sowohl Vertrauen in die Lernfähigkeit der Lernenden als auch in die eigenen pädagogischen Fähigkeiten.

- Wesentlich für den Erfolg pädagogischer Maßnahmen ist, dass der Lehrende sowohl gute fachliche Kenntnisse über den Lerngegenstand als auch die Fähigkeit besitzt, die subjektive Befindlichkeit des Lernenden zu erkennen und auf diese einzugehen.

2.2.3 Personzentrierte Erziehung – Carl R. Rogers

Zu den Hauptvertretern humanistischer Ansätze in der Psychologie gehört auch Carl R. Rogers, der Begründer der Gesprächspsychotherapie. Dieser vertritt für die pädagogische Praxis ein Prinzip, das in Analogie zu dem seiner personzentrierten Psychotherapie steht: das Prinzip der personzentrierten Erziehung (Rogers, 1969, 1983).

Selbstaktualisierung. Nach Rogers besitzt jeder Mensch eine angeborene Tendenz, seine Person, seine Kenntnisse und Fähigkeiten selbständig, frei und eigenverantwortlich in Richtung auf Wachstum und Selbstverwirklichung (Selbstaktualisierung) zu entwickeln. Individuen haben demnach von Natur aus den Wunsch zu lernen, sind neugierig und kreativ und benötigen zur Befriedigung ihrer Neugier und Kreativität einen angemessenen Freiraum.

Lernen zu lernen. Lernen ist nach Rogers am wirksamsten, wenn es in einer Atmosphäre ohne Bedrohung erfolgt, wenn es für das Individuum subjektiv bedeutsam ist und von ihm selbst initiiert wird. Bei einem solchen personzentrierten Lehren und Lernen werden nicht nur domänenspezifische, inhaltliche Kenntnisse und Fähigkeiten entwickelt, sondern auch allgemeine, domänenübergreifende Kenntnisse und Fähigkeiten zum Lernen selbst. Dieses „Lernen zu lernen" wird als die wichtigste Art des Lernens angesehen. Lernen zu lernen trägt zur Selbständigkeit des Individuums bei und ermöglicht dem Lehrenden, seine pädagogische Einflussnahme immer weiter zurückzunehmen. So gesehen ist das Ziel der → Erziehung gewissermaßen, dem Individuum allmählich die Last seiner eigenen Erziehung aufzubürden (Gardner, 1963).

Umfassende Entwicklung der Persönlichkeit. Ziel des → pädagogischen Prozesses ist nach Rogers die umfassende Entwicklung der Persönlichkeit, welche kognitive, motivationale, affektive und soziale Gesichtspunkte mit einschließt. Eine solche Entwicklung bringt eine sich selbst bestimmende, zuversichtliche, reife und flexible Persönlichkeit hervor. Das Individuum verhält sich aufmerksam, sensibel, spontan, ausdrucksstark und echt. Es verfolgt realistische Ziele und hat realistische Vorstellungen über seine eigenen Möglichkeiten.

2.3 Anwendung humanistischer Prinzipien in Erziehung und Unterricht

2.3.1 Offene Erziehung

Unbedingte Wertschätzung. Die Anwendung der humanistischen Ansätze in der Praxis der Erziehung von Kindern und Jugendlichen verlangt, ein positives Erziehungsklima zu schaffen. Man spricht in diesem Zusammenhang auch von offener Erziehung. Rogers (1973) plädiert in seiner personzentrierten Psychologie dafür, sich dem Individuum mit unbedingter Wertschätzung – insbesondere durch Eltern und Erzieher – zuzuwenden. Diese Zuwendung soll in Form einfühlenden Verstehens erfolgen, die ein sogenanntes aktives Zuhören voraussetzt.

Wächst ein Kind in einer solchen Atmosphäre der unbedingten Wertschätzung und des einfühlenden Verstehens auf, in der die Erzieher sich ihm gegenüber als „echt", d.h. als authentische Personen zeigen, dann kann es sich nach Rogers zu einer „voll funktionierenden" Persönlichkeit entwickeln.

Vier Dimensionen positiven Elternverhaltens. Anknüpfend an Rogers identifizierten Tausch und Tausch (1977) vier Dimensionen des Elternverhaltens, die für eine gesunde, konstruktive Persönlichkeitsentwicklung wesentlich sind:
(1) Wertschätzung,
(2) einfühlendes Verstehen (→ Empathie),
(3) Echtheit (→ Authentizität) und Aufrichtigkeit,
(4) Stimulation der Eigenaktivität des Kindes.

Achtung der Persönlichkeit. Je deutlicher die genannten Dimensionen im Verhalten von Eltern und Erziehern ausgeprägt sind, umso mehr wird nach Tausch und Tausch bei Kindern und Jugendlichen Selbstachtung, ein positives realistisches Selbstbild, seelische Funktionstüchtigkeit und die Bereitschaft, sich mit dem eigenen Erleben auseinander zu setzen, gefördert. Kinder und Jugendliche fühlen sich in ihrer Persönlichkeit geachtet und in ihren Ansichten respektiert, wenn deren Eltern ausgeprägte Tendenzen zur Selbstverwirklichung aufweisen und sich ihnen emotional positiv zuwenden. Sie können gleichberechtigt am Familienleben teilnehmen. Solche Eltern geben meist auch rationale Begründungen für ihr Erziehungsverhalten. In verschiedenen Untersuchungen ergab sich, dass die seelische Gesundheit von Kindern durch positive Kommunikationsformen in der Familie unterstützt werden kann (Textor, 1985; Lewis & Weinraub, 1976).

2.3.2 Offener Unterricht

Möglichkeiten der Selbstorganisation. Humanistische Ansätze gehen davon aus, dass das menschliche Individuum die Tendenz zur Selbstentfaltung besitzt: Es versucht, seine inneren Wesenskräfte zur Entfaltung zu bringen und seine Kenntnisse und Fähigkeiten selbständig, frei und eigenverantwortlich zu entwickeln. Deshalb sollte aus humanistischer Sicht im Unterricht keine von außen vorgegebenen Ordnung realisiert werden. Vielmehr sollte den Lernenden die Möglichkeit gelassen werden, sich in einem Prozess der kooperativen Selbstorganisation ihre eigene Ordnung zu schaffen. Einen solchen Unterricht, der den Lernenden viele Möglichkeiten der Selbstorganisation bietet, bezeichnet man als → „offenen Unterricht".

Abbildung 2.3. Aus humanistischer Sicht sollte Lernenden im Unterricht die Möglichkeit gegeben werden, sich in einem Prozess der kooperativen Selbstorganisation ihre eigene Ordnung zu schaffen

Tabelle 2.3. Mögliche Merkmale des offenen Unterrichts

Art der Merkmale	Beschreibung
materiell	Voraussetzung offenen Unterrichts ist eine reichhaltige Ausstattung mit Lerngegenständen, um den Lernenden entsprechend vielfältige Lernaktivitäten zu ermöglichen. Hierzu gehören z.B. Bücher, Nachschlagewerke, reale Erfahrungsobjekte, der Zugang zu Praxisfeldern, Computer, Internetanschluss usw.
räumlich	Offener Unterricht erfordert räumliche Flexibilität. Die Lernenden bestimmen größtenteils selbst, wann sie was lernen, und wechseln dementsprechend von einem Tätigkeitsbereich in einen anderen. Anstelle einer festen Sitzordnung sollte deshalb die Möglichkeit wechselnder Arbeitsplätze bestehen. Offener Unterricht wird gefördert durch die Möglichkeit einer flexiblen Raumaufteilung.
zeitlich	Offener Unterricht erfordert zeitliche Flexibilität. Da Lernende viel Freiheit haben zu entscheiden, wann sie was tun und wie sie es tun, gibt es keine starren Stundenpläne. Zwar sollten für bestimmte Arbeitsaufgaben feste Zeitgrenzen vorgegeben werden, innerhalb des damit gegebenen Rahmens besteht jedoch die Möglichkeit zur freien Zeiteinteilung.
organisatorisch	Offener Unterricht erfordert organisatorische Flexibilität. Häufig werden Arbeitsgruppen gebildet, wobei die Lernenden ihre Arbeitspartner relativ frei auswählen können. Solche Gruppierungen müssen nicht fest, sondern können auch veränderbar sein, indem nach Erledigung bestimmter Aufgaben eine Neugruppierung stattfindet. Offener Unterricht kann auch von zwei oder mehreren Lehrern als „Team Teaching" durchgeführt werden und kann fächerübergreifend sein. Anstelle der üblichen Jahrgangsorganisation ist auch eine jahrgangsübergreifende Gruppierung der Lernenden möglich.
sozial	Offener Unterricht erfordert ein neues Verständnis der Rolle des Lehrenden. Der Lehrende ist nicht nur Vermittler von Wissen, sondern übernimmt zunehmend die Funktion eines Lernberaters: Er leitet das Lernen an, bietet Lernhilfen und gibt orientierende Hinweise, wenn diese verlangt werden. Lernende übernehmen Verantwortung für ihr eigenes Lernen und lernen stark selbstbestimmt. Lernende können durch andere Lernende unterstützt werden (sogenanntes „Peer Tutoring").
emotional	Offener Unterricht erfordert ein Lernklima, das durch emotionale Offenheit, Wärme und gegenseitigen Respekt gekennzeichnet ist. Lernende müssen in einem solchen Klima nicht befürchten, erniedrigt, verspottet oder lächerlich gemacht zu werden. Sie können sich in neue Bereiche vorwagen, ohne dabei Gefahr zu laufen, dass ihre Selbstachtung in Frage gestellt wird. Fehler bei der Lösung von Aufgaben werden nicht als peinlich angesehen, sondern als Chance zum gemeinsamen Gewinnen neuer Einsichten. Um ein solches Lernklima zu schaffen, benötigt der Lehrende → Authentizität (Echtheit im Ausdruck seiner Überzeugungen und Gefühle), → Empathie (einfühlendes Verstehen) sowie Vertrauen in die Selbstverwirklichungsfähigkeit der Lernenden.

Merkmale des offenen Unterrichts. Der Begriff des → offenen Unterrichts ist leider sehr unscharf definiert. Es gibt eine ganze Reihe von Merkmalen, die zur „Offenheit" des Unterrichts beitragen. Die Wichtigkeit der Merkmale ist jedoch nicht genau geklärt. Es müssen auch nicht immer alle Merkmale realisiert sein. Allerdings ist nirgends spezifiziert, wie viele und welche Merkmale vorhanden sein müssen, damit von einem offenen Unterricht gesprochen werden kann. Als mögliche Charakteristika offenen Unterrichts kommen materielle, räumliche, zeitliche, organisatorische, soziale und emotionale Merkmale in Frage (siehe Tabelle 2.3).

Diskussion um die beste Unterrichtsform. Diskussionen um die beste Form des Unterrichts werden oft mit großer Leidenschaft geführt. Allerdings finden diese eher auf der Basis subjektiver Überzeugungen als auf der Basis objektiver Daten statt. Die folgende Diskussion illustriert die Komplexität solcher Vergleiche zwischen offenem und traditionellem Unterricht. Dabei geht es lediglich um eine einzelne organisatorische Frage: ob die Unterrichtsorganisation nach Jahrgangsgruppen oder nach Leistungsgruppen erfolgen sollte.

Pro & Contra

Sollte man Lernende ihrer Leistung entsprechend in homogene Gruppen einteilen?

Ja!

Leistungshomogene Gruppen ermöglichen ein effektives Unterrichten. Lernende mit höheren Fähigkeiten benötigen mehr Herausforderung und anspruchsvollere Angebote, um ihre Möglichkeiten voll zur Entfaltung zu bringen. Lernende mit geringeren Fähigkeiten sollten eigene Angebote erhalten, um sie vor dem Stress zu bewahren, mit den Begabteren mithalten zu müssen.

Man darf die Idee der leistungshomogenen Gruppierung nicht nur auf ganze Klassen, Kurse usw. beziehen. Auch innerhalb einer Klasse oder eines Kurses können leistungshomogene Gruppen gebildet werden. Solche Gruppierungen sind flexibler, und die Durchlässigkeit zwischen den Gruppen ist höher als zwischen ganzen Klassen bzw. Kursen. Lernende können hier in verschiedenen Fächern unterschiedlichen Leistungsgruppen zugeordnet sein. Dadurch vermeidet man negative Gefühle, die bei der globalen Zugehörigkeit zu einer lernschwachen Gruppe auftreten würden.

Nein!

Zum einen wird durch leistungshomogene Gruppen den Begabteren kein wesentlich höherer Lernfortschritt ermöglicht. Zum anderen werden weniger Begabte durch ihre Zugehörigkeit zu einer eigenen Gruppe als „schwache Lerner" abgestempelt, in der sie ein schlechteres Bildungsangebot bekommen. Infolge dieser Stigmatisierung halten sich die Lernenden in solchen Gruppen oft für minderwertig, und sie werden von Lehrenden und anderen Lernenden entsprechend anders behandelt. Häufig geben sie ihre Lernbemühungen ganz auf.

Evaluationsstudien

Derartige Kontroversen legen die Durchführung von Evaluationsstudien nahe, in denen offener Unterricht mit traditionellem Unterricht anhand objektiver Kriterien verglichen wird. Aufgrund der vagen Definition des Begriffs lassen sich allerdings viele Varianten offenen Unterrichts unterscheiden, so dass man eigentlich nur die einzelnen Komponenten des Unterrichts beurteilen kann (Marshall, 1981). Auch werden im → offenen und im traditionellen → Unterricht unterschiedliche Lehrziele verfolgt, so dass auch unterschiedliche Vergleichskriterien heranzuziehen sind. Trotz dieser Schwierigkeiten wurden verschiedene Evaluationsstudien zum Vergleich von offenem und traditionellem Unterricht durchgeführt.

Campbell (1964). Während die Befürworter offenen Unterrichts von dessen Wirksamkeit überzeugt sind, behaupten Kritiker, die Schüler würden sich bei dieser Form des Lehrens und Lernens zwar wohl fühlen, aber weniger lernen. Vor diesem Hintergrund ist ein von Campbell (1964) durchgeführtes Feldexperiment relevant, in dem die Schüler der Experimentalgruppe in verschiedenen Fächern – unter anderem in Mathematik, Geographie und Geschichte – über mehrere Wochen offen unterrichtet wurden, während eine vergleichbare Kontrollgruppe traditionellen Unterricht erhielt. Beim anschließenden Leistungsvergleich schnitt die Experimentalgruppe nicht schlechter ab als die Kontrollgruppe. Daraus kann man schließen, dass ein offener Unterricht den Schulleistungen zumindest nicht schadet.

Youngs et al. (1970). Youngs et al. (1970) fanden in einer Untersuchung, dass sich offener Unterricht positiv auf die → Motivation zum selbstgesteuerten Lernen auswirkt. Wenn offener Unterricht einerseits den Schulleistungen nicht schadet und andererseits positive motivationale und affektive Auswirkungen hat, so spricht dies letztlich für den offenen Unterricht.

Giaconia und Hedges (1982). Giaconia und Hedges (1982) haben eine Metaanalyse durchgeführt, in der sie die Ergebnisse von 150 Untersuchungen zusammenfassten, die die Auswirkungen offenen Unterrichts mit denen eines traditionellen Unterrichts verglichen haben. Demnach verbessert offener Unterricht im Allgemeinen die Leistungsmotivation, die Kooperationsbereitschaft und Selbständigkeit, die Neugierde und Kreativität sowie die Einstellung der Schüler zur Schule und zum Lehrer – allerdings jeweils nur in recht bescheidenem Maße. Die Auswirkungen offenen Unterrichts auf Lesen, Rechnen und andere schulische Leistungen ergaben in der Summe kein klares Bild: In manchen Studien ergaben sich positive, in anderen negative Auswirkungen gegenüber dem traditionellen Unterricht. Auch im Hinblick auf die soziale Anpassungsbereitschaft, die individuellen Kontrollüberzeugungen, das Selbstbild und die Angst der Schüler vor Lern- und Leistungssituationen zeigte sich kein konsistentes Bild.

Slavin (1988). Allerdings gab es Hinweise darauf, dass eine Verbesserung der affektiven Komponenten des offenen Unterrichts auf Kosten des Lernfortschritts beim Lesen, Schreiben und Rechnen geht und umgekehrt. Dem Erwerb von Grundfertigkeiten, von denen die weitere Lernkarriere des einzelnen abhängt, sind demnach beim offenen Unterricht gewisse Grenzen gesetzt (Slavin, 1988).

Fazit: Offener Unterricht ist nur erfolgreich, wenn der vorgegebene Rahmen lernwirksam genutzt wird

Dass diese Evaluationsstudien kein klares Bild erbracht haben, ist im Grunde nicht überraschend. Offener Unterricht ist eine Form des Lehrens und Lernens, die nur einen gewissen Rahmen vorgibt. In diesem Rahmen wird den Lernenden ein hohes Maß an Selbständigkeit eingeräumt, und die Lehrenden sollen dabei eine unterstützende Funktion wahrnehmen. Ob dieser Rahmen dann auch sinnvoll genutzt wird, ob die Lernenden tatsächlich die jeweils notwendige Unterstützung erhalten, ob sie dabei lernrelevante kognitive Prozesse vollziehen, ist keineswegs gesichert. So wie es guten und schlechten traditionellen Unterricht gibt, kann es also bei offenen Formen des Unterrichts einerseits ausgezeichnete und andererseits miserable Varianten geben.

→ Offener Unterricht ist also keine Garantie dafür, dass tatsächlich erfolgreiche Lernprozesse stattfinden. Insofern ist die Frage, ob offener Unterricht besser oder schlechter ist als traditioneller, letztlich unfruchtbar. Ob erfolgreiche Lernprozesse stattfinden, hängt primär davon ab, ob der jeweils vorgegebene Rahmen tatsächlich sinnvoll genutzt wird. Entscheidende Fragen sind hier beispielsweise, ob Erläuterungen und Arbeitsaufgaben auf die individuellen Voraussetzungen der Lernenden abgestimmt sind, ob die Lernenden bei Schwierigkeiten im Lernprozess das adäquate Maß an Unterstützung und Ermutigung bekommen, ob Orientierungshilfen und Erläuterungen verständlich und gut strukturiert sind usw.

2.4 Zusammenfassung

Humanistische Ansätze nehmen natürliche innere Wesenskräfte im Individuum an, die zur Entfaltung drängen:

- Lernende sind demnach von Natur aus neugierig, wissensdurstig und an ihrer eigenen Persönlichkeitsentwicklung interessiert.
- Der Pädagoge fördert dieser Auffassung zufolge ein nicht von ihm selbst verursachtes Wachstum.

Die Förderung von Wachstumsprozessen verlangt ein positives Lernklima, das → Wachstumskräfte unterstützt und → Wachstumshindernisse überwinden hilft:

- In der Familie sollen Eltern die gesunde, konstruktive Persönlichkeitsentwicklung ihrer Kinder durch Wertschätzung, einfühlendes Verstehen (→ Empathie), Echtheit (→ Authentizität) und Stimulation der kindlichen Eigenaktivität fördern.
- In der Schule soll Lernen in einer Atmosphäre stattfinden, die frei von Bedrohung ist. Lehrende sollen nicht nur gute fachliche Kenntnisse über den Lerngegenstand besitzen. Sie sollen auch Vertrauen in die Entwicklung der Lernenden haben sowie empathisch und authentisch sein.

Eine Variante der praktischen Umsetzung humanistischer Ansätze in die Praxis des Lehrens und Lernens ist der sogenannte offene Unterricht. Er ist durch reichhaltige Lernumgebungen sowie räumliche, zeitliche und organisatorische Flexibilität, eine emotional offene Unterrichtsatmosphäre und ein neues Rollenverständnis von Lehrenden und Lernenden gekennzeichnet. Evaluationsstudien ergaben zwar keine Hinweise auf eine Verschlechterung von Schulleistungen durch offenen Unterricht. Allerdings zeigten sich aber auch nur bescheidene Vorteile hinsichtlich der Leistungsmotivation, Kooperationsbereitschaft, Selbständigkeit, Neugier und Kreativität der Lernenden. Beim Erwerb von Grundfertigkeiten wie Lesen, Schreiben und Rechnen sind dem offenen Unterricht relativ enge Grenzen gesetzt. Entscheidend für den Erfolg von offenem Unterricht ist nicht der weite Rahmen für mögliche Lernaktivitäten, sondern ob dieser Rahmen tatsächlich sinnvoll genutzt wird.

Bezug zu ...

Die humanistischen Ansätze in der → Pädagogischen Psychologie gehen von einem Menschenbild aus, dessen Wurzeln weit in die Geschichte der → Pädagogik zurückreichen. Dieses Menschenbild wurde und wird nicht nur im Rahmen der Pädagogik (insbesondere der Reformpädagogik) vertreten, sondern findet sich auch in der **Klinischen Psychologie**, wo z.B. im Rahmen der klientzentrierten Psychotherapie die gleichen Grundprinzipien wie in der humanistischen Pädagogischen Psychologie verfolgt werden.
Die in humanistischen Ansätzen vertretenen Konzepte der personzentrierten Erziehung und des offenen Un-

terrichts finden sich auch in den modernen **konstruktivistischen Ansätzen des Lehrens und Lernens**. Denen zufolge ist Lernen ein aktiver, konstruktiver Prozess, bei dem das Individuum ausgehend von mehr oder weniger komplexen, authentischen und persönlich bedeutsamen Problemsituationen mit gewisser Anleitung sein eigenes Wissen und seine eigenen Fähigkeiten konstruiert (siehe Kapitel 4 Handlungstheoretisch-konstruktivistische Ansätze).

Häufig wird übersehen, dass humanistische Ansätze auch einen engen Bezug zum **Nativismus** haben. Dem zufolge sind die natürlichen inneren Wesenskräfte zwar von Geburt an in einem Menschen vorhanden, aber auch individuell verschieden ausgeprägt. Die Entwicklung eines Menschen ist wesentlich von dem bestimmt, was die Natur ihm (genetisch) in Form von bestimmten angeborenen Begabungen mitgegeben hat. Folglich sind den Entfaltungsmöglichkeiten des Individuums auch natürliche Grenzen gesetzt.

2.5 Diskussionsfragen

(1) Welche Zusammenhänge bestehen zwischen den materiellen, räumlichen, zeitlichen, organisatorischen, sozialen und emotionalen Merkmalen des → offenen Unterrichts?

(2) Welche Schwierigkeiten stellen sich bei einem Vergleich zwischen offenen und traditionellen Formen des Unterrichts durch Evaluationsstudien?

(3) Weshalb werden aus der Sicht humanistischer Ansätze aus lebendigen und wissbegierigen Schulanfängern beim traditionellen Unterricht nach einigen Jahren ängstliche oder total gelangweilte Schüler?

(4) Welche Möglichkeiten bestehen aus der Sicht humanistischer Ansätze, die im Kap. 1 beschriebenen Schulprobleme der zwölfjährigen Evelyn zu lösen?

Weiterführende Literatur

Weitere Informationen über humanistische Ansätze finden Sie in relativ knapper Form in:

Dembo, M.H. (1994). Applying Educational Psychology (5. Aufl.). New York: Longman. (darin Kapitel 5)

Gage, N.L. & Berliner, D.C. (1996). Pädagogische Psychologie. Weinheim: Beltz/Psychologie Verlags Union. (darin Kapitel 10)

3 Empiristisch-behavioristische Ansätze

Was Sie in diesem Kapitel erwartet

Menschen werden durch Erfahrungen geprägt

Menschen machen von früher Kindheit an vielfältige Erfahrungen. Kinder erfahren beispielsweise, dass eine Spritze beim Arzt wehtut, dass man alleine mit einem Löffel essen kann und dafür gelobt wird, oder sie sehen, wie der größere Bruder den Fernseher einschaltet. Diese unzähligen im Alltag gemachten Erfahrungen sind es, die der empiristisch-behavioristischen Sichtweise zufolge ein Individuum zu dem machen, was es ist. Menschen besitzen demnach keine natürlichen inneren Wesenskräfte. Vielmehr kommen sie zunächst als ein unbeschriebenes Blatt (als sogenannte tabula rasa) zur Welt, auf dem dann Erfahrungen ihre Eindrücke hinterlassen.

Die Erfahrungen eines Menschen lassen sich in verschiedene Kategorien einteilen, die jeweils zu unterschiedlichen Formen des Lernens führen:

Die Erfahrung, dass manche Reize (z.B. Arzt, Spritze und Schmerz) meist zusammen auftreten, führt zum Lernen durch → klassische Konditionierung.

Die Erfahrung, dass eigenes Handeln (z.B. Essen mit einem Löffel) mehr oder weniger erfolgreich ist, führt zum Lernen durch → operante Konditionierung.

Die Erfahrung, wie andere Menschen sich in bestimmten Situationen verhalten (z.B. den Fernseher einschalten), führt zum → Modelllernen.

Der empiristisch-behavioristischen Sichtweise zufolge haben Erzieher und Lehrende die Aufgabe, geeignete Erfahrungen für die Lernenden zu arrangieren, um die gewünschten Lernprozesse hervorzurufen. Sie sind gewissermaßen Erfahrungsmanager für die Entwicklung der ihnen anvertrauten Individuen. Allerdings sind auch die Lernenden selbst vernunftbegabt und in der Lage, die Kunst dieses Erfahrungsmanagements zu lernen und auf sich anzuwenden. Die pädagogische Verhaltensmodifikation kann deshalb sowohl durch den Lehrenden als auch durch den Lernenden erfolgen.

Lernziele

Sie sollten am Ende des Kapitels wissen bzw. verstanden haben,

- wie die Lernbereitschaft durch klassische und durch operante Konditionierung beeinflusst werden kann,
- wie die Prinzipien des Modelllernens im → pädagogischen Prozess angewandt werden können,
- weshalb Einzelmaßnahmen der pädagogischen Verhaltensmodifikation wie → Verstärkung, → Extinktion oder → Bestrafung meist nicht ausreichen,
- weshalb die Prinzipien der pädagogischen Verhaltensmodifikation sowohl zur Fremdsteuerung als auch zur Selbststeuerung des Lernens verwendet werden können.

3.1 Lernen durch klassische Konditionierung

Menschen können die Erfahrung machen, dass manche Dinge oder Ereignisse (wie z.B. der weiße Kittel eines Arztes, die Spritze und der Schmerz) regelmäßig zusammen auftreten – und zwar unabhängig vom eigenen Handeln. Aus der Sicht der behavioristischen Psychologie sind wahrgenommene Dinge und Ereignisse Reize. Das Zusammen-Auftreten von Reizen bezeichnet man als Reizkontingenz. Die Erfahrung von Reizkontingenz führt zu einer Form des Lernens, die man als klassische Konditionierung bezeichnet. Das bekannteste Beispiel einer klassischen Konditionierung ist der von dem russischen Physiologen Iwan Pawlow (1849–1936) entdeckte bedingte Reflex.

Experiment

Pawlow: Entdeckung des bedingten Reflexes

Pawlow untersuchte das Verdauungssystem von Säugetieren und experimentierte hierzu mit Hunden. Wird einem hungrigen Hund Futter vorgesetzt, so reagiert dieser mit verstärktem Speichelfluss. In Pawlows Experimenten wurden vor dem Füttern regelmäßig noch andere Reize präsentiert wie z.B. (unbeabsichtigt) die Schritte des Wärters und später (beabsichtigt) das Klingeln einer Glocke. Diese Reize haben von Natur aus nichts mit Fressen und Verdauen zu tun. Sie wurden vom Tier ursprünglich nur kurz beachtet und führten nicht zu einer Verdauungsreaktion. Nach einiger Zeit aber setzten auch diese ursprünglich neutralen Reize (Schritte oder Glockenton) den verstärkten Speichelfluss in Gang, selbst wenn noch gar kein Futter gegeben wurde. Das Tier hatte somit einen bedingten Reflex – Speichelfluss als reflektorische Reaktion auf einen ursprünglich neutralen Reiz – erworben.

3.1.1 Grundannahmen der klassischen Konditionierung

Die → klassische Konditionierung baut jeweils auf einer bereits vorliegenden Verknüpfung zwischen einem Reiz und einer Reaktion auf. Diesen Reiz nennt man den → unkonditionierten Reiz (UCS, z.B. Futter); die Reaktion nennt man die → unkonditionierte Reaktion (UR, z.B. Speichelfluss). Wenn der unkonditionierte Reiz häufig genug mit einem neutralen Reiz (z.B. Glockenton) kombiniert wird, führt dieser neutrale Reiz dann zu der (annähernd) gleichen Reaktion (z.B. Speichelfluss) wie der unkonditionierte Reiz. Den ursprünglich neutralen Reiz (z.B. Glockenton) nennt man dann den → konditionierten Reiz (CS). Die vom konditionierten Reiz hervorgerufene Reaktion nennt man die → konditionierte Reaktion (CR).

Abbildung 3.1. Snoopy lernt durch klassische Konditionierung. In **Bild 1** antwortet Snoopy auf den neutralen Reiz (Glockenton) nur mit einer Orientierungsreaktion; er kann demnach den Reiz wahrnehmen. In **Bild 2** antwortet Snoopy auf den unkonditionierten Reiz (Futter) mit der üblichen, unkonditionerten Reaktion (Vorbereitung zum Fressen). **Bild 3** zeigt die klassische Konditionierungssituation: Snoopy wird der unkonditionierte Reiz (Futter) gemeinsam mit dem bisher neutralen Reiz (Glockenton) präsentiert, der nun jedoch die Funktion des konditionierten Reizes bekommt. Bei ausreichend häufiger Wiederholung der Konditionierungssituation erwirbt Snoopy einen bedingten Reflex. Dieser wird in **Bild 4** gezeigt: Snoopy antwortet auf den früher neutralen und jetzt konditionierten Reiz (Glockenton) mit einer konditionierten Reaktion (Vorbereitung zum Fressen), die annähernd mit der unkonditionierten Reaktion übereinstimmt

Definition

Die → **klassische Konditionierung** ist ein Prozess, durch den ein ursprünglich neutraler Reiz nach ausreichend häufiger Kombination mit einem unkonditionierten Reiz zu einem konditionierten Reiz wird, indem er die annähernd gleiche Reaktion hervorruft wie der unkonditionierte Reiz.

Reizgeneralisierung. Eine → konditionierte Reaktion kann auch auf andere Reize erfolgen, die mit dem ursprünglichen neutralen Reiz bzw. dem bisherigen → konditionierten Reiz nur zum Teil übereinstimmen. Beispielsweise kann ein Hund auch auf Glocken von anderer Tonhöhe mit Speichelfluss reagieren. Dies bezeichnet man als → Reizgeneralisierung.

Reizdiskriminierung. Das Individuum kann aber auch lernen, dass es nur bei einer bestimmten Tonhöhe oder bei einer bestimmten Klangfarbe der Glocke Futter gibt. Dies bezeichnet man als → Reizdiskriminierung.

Extinktion. Erfährt ein Individuum nach einer Konditionierungsphase, dass auf den bisherigen konditionierten Reiz kein → unkonditionierter Reiz mehr folgt, so wird die konditionierte Reiz-Reaktions-Verbindung wieder verlernt. Dies bezeichnet man als → Extinktion.

1. **Ausgangssituation**

neutraler Reiz (Glockenton) → Orientierungsreaktion (Aufmerksamkeit)

unkonditionierter Reiz (Futter) → unkonditionierte Reaktion (Speichelsekretion)

2. **Lernphase: Kombiniertes Auftreten von neutralem Reiz und unkonditioniertem Reiz**

neutraler Reiz (Glockenton)
&
unkonditionierter Reiz (Futter) → unkonditionierte Reaktion (Speichelsekretion)

3. **Lernergebnis: Bedingter Reflex**

konditionierter Reiz (Glockenton) → konditionierte Reaktion (Speichelsekretion)

Abbildung 3.2. Schema zur klassischen Konditionierung am Beispiel der Speichelreaktion. **Ausgangssituation** ist, dass ein zunächst neutraler Reiz (z.B. ein Glockenton) beim Versuchstier zunächst nur eine Aufmerksamkeitsreaktion bewirkt, während der unkonditionierte Reiz (z.B. Futter) automatisch die unkonditionierte Reaktion (z.B. Speichelfluss) hervorruft. In der folgenden **Lernphase** werden neutraler Reiz (Glockenton) und unkonditionierter Reiz (Futter) immer gemeinsam dargeboten. Durch mehrfache Wiederholung bildet sich als **Lernergebnis** ein bedingter Reflex: Der bisher neutrale Reiz (Glockenton) führt zu einer ähnlichen Reaktion (Speichelfluss) wie zuvor der unkonditionierte Reiz (Futter). Der bisher neutrale Reiz (Glockenton) ist damit zum konditionierten Reiz geworden. Die durch ihn hervorgerufene Reaktion (Speichelfluss) ist eine konditionierte Reaktion

3.1.2 Pädagogische Anwendungen der klassischen Konditionierung

Ein berühmt-berüchtigtes Experiment der klassischen Konditionierung wurde von dem Begründer des Behaviorismus, J.B. Watson (1878–1958), und seiner Mitarbeiterin R. Rayner durchgeführt (Watson & Rayner, 1920). Die Autoren wollten damit beweisen, dass emotionale Reaktionen erlerntes Verhalten sind.

Experiment

Watson & Rayner (1920): Der kleine Albert – Konditionierung emotionaler Reaktionen

Der kleine Albert war ein elf Monate alter Junge, der gerne mit einer weißen Ratte spielte und dabei offensichtlich positive Emotionen hatte. In der Konditionierungsphase des Experiments wurde immer dann, wenn Albert die Ratte sah, ein Angst einflößendes lautes Geräusch erzeugt. Albert lernte schnell, auf die Ratte nicht mehr emotional positiv, sondern negativ zu reagieren. Er weinte oder versuchte wegzukrabbeln. Er zeigte nicht nur Angst vor der weißen Ratte, sondern auch vor anderen pelzartig aussehenden Dingen.
In diesem Fall war der Lärm der → unkonditionierte Reiz und Angst die → unkonditionierte Reaktion. Die weiße Ratte war der zunächst neutrale Reiz (neutral im Sinne von „nicht Angst auslösend"), der dann zum → konditionierten Reiz wurde, und die von der Ratte ausgelöste Angst war die → konditionierte Reaktion. Mit seiner Angstreaktion auch auf andere pelzartig aussehende Dinge zeigte Albert → Reizgeneralisierung. Watson und Rayner bemerkten in ihrer Veröffentlichung lapidar, dass Albert die erworbene Furchtreaktion im Experiment leider nicht mehr verlernen konnte, da seine Mutter in eine andere Gegend zog. Heute sind in der Psychologie glücklicherweise ethische Standards etabliert, die solche Experimente nicht mehr zulassen.

Viele im Alltag zu beobachtende emotionale Reaktionen können durch → klassische Konditionierung erklärt werden. Macht beispielsweise ein Kind die Erfahrung, dass der Arzt ihm eine Spritze gibt und dass dies weh tut, dann kann der Anblick einer Spritze mit Schmerz assoziiert werden und eine Angstreaktion hervorrufen. Durch Reizgeneralisierung kann schließlich nicht nur die Spritze, sondern bereits der Anblick des Arztes, des Wartezimmers, der Arztpraxis Angst hervorrufen.
Auf ähnliche Weise lässt sich das Entstehen von Schulangst erklären. Eine Prüfung kann von einem Schüler als unangenehm erlebt worden sein, weil er schlecht abschnitt und dies als Blamage erlebte. Durch das wiederholte unangenehme Erleben von Prüfungen kann eine allgemeine Angstreaktion auf Prüfungen gelernt werden, die dann durch Reizgeneralisierung zu einer allgemeinen Unterrichtsangst oder allgemeinen Schulangst bis hin zu einer Aversion gegen jegliches Lernen führen kann.
Durch klassische Konditionierung können jedoch nicht nur negative, sondern auch positive Emotionen entstehen. Je nach Interessen und Fähigkeiten eines Menschen kann der Aufenthalt in der Sporthalle, dem Musikzimmer oder dem Experimentierraum mit attraktiven Tätigkeiten und angenehmen Gefühlen assoziiert sein.

3.2 Lernen durch operante Konditionierung

Wenn ein Individuum unkonditionierte oder konditionierte Reaktionen zeigt, so antwortet es jeweils auf bestimmte Reize. Skinner (1904–1990) – ebenso wie Watson ein Hauptvertreter des Behaviorismus – hat deshalb solche Reaktionen als → „respondentes Verhalten" bezeichnet (Skinner, 1938). Menschen und Tiere reagieren aber nicht nur direkt auf Reize. Sie zeigen auch spontane Verhaltensweisen, die keine erkennbare Reaktion auf äußere Reize sind. Für diese Verhaltensweisen hat Skinner den Begriff → „operantes Verhalten" geprägt. Eine erfahrungsabhängige Veränderung (Konditionierung) des operanten Verhaltens wird als → „operante Konditionierung" bezeichnet.

Prozesse der → operanten Konditionierung wurden aber bereits vor Skinner unter der Bezeichnung „instrumentelle Konditionierung" untersucht. Wichtige Arbeiten hierzu stammen vor allem von Edward L. Thorndike (1874–1949). Dieser experimentierte mit Katzen und untersuchte deren Lernprozesse beim Versuch, sich aus einem Käfig zu befreien.

Experiment

Thorndike (1911): Katzen im Problemkäfig

In verschiedenen Experimenten wurden Katzen in einen Käfig gesetzt, aus dem sie sich nur befreien konnten, wenn sie mit einer Pfote einen bestimmten Mechanismus betätigten. Außerhalb des Käfigs lag Futter als zusätzlicher Anreiz, sich zu befreien. Anfangs gingen die Tiere nach Versuch und Irrtum vor, probierten die verschiedensten Verhaltensweisen aus und brauchten relativ lange, bis sie zufällig den Befreiungsmechanismus betätigten. Durch Wiederholung befreiten sich die Tiere aber immer schneller, bis sie schließlich den Mechanismus sofort und gezielt betätigten.

Thorndike führte diese Form des Lernens auf die → Verstärkung von Verknüpfungen zwischen einem Reiz (der Käfigsituation) und einer Reaktion (der Betätigung des Befreiungsmechanismus) zurück. Die Befreiung (also die Aufhebung einer Blockierung des Artverhaltens) und der Zugang zum Futter wurden als befriedigende Folgen des Verhaltens angesehen. Für die Verstärkung dieser Verknüpfungen zwischen Reiz und Reaktion hat Thorndike zwei bekannte Lerngesetze formuliert: das → Gesetz des Effekts und das → Gesetz der Übung.

!

Gesetz des Effekts: Die Verbindung zwischen wahrgenommenen Reizen und einer Reaktion wird durch befriedigende Folgen verstärkt.

Gesetz der Übung: Die Verbindung zwischen wahrgenommenen Reizen und einer Reaktion mit befriedigenden Folgen wird durch Wiederholung dieser Reaktion verstärkt.

Anders als beim → klassischen Konditionieren, wo das Individuum nur auf Reize reagiert und das Lernen nur von der Erfahrung des gemeinsamen Auftretens (der Kontingenz) von Reizen abhängt, zeigt das Individuum beim operanten bzw. instrumentellen Konditionieren spontanes Verhalten. Es verfolgt dabei bestimmte Ziele (z.B. seine Befreiung oder den Zugang zu Futter) und macht somit je nach dem Ergebnis seines Verhaltens die Erfahrung von Erfolg oder Misserfolg. D.h.: Im Gegensatz zur klassischen Konditionierung sind bei der operanten Konditionierung nicht nur die *vor* dem eigenen Verhalten auftretenden Reize, sondern auch die *nach* dem eigenen Verhalten auftretenden Reize relevant.

3.2.1 Grundannahmen der operanten Konditionierung

Verstärkung. Im Gegensatz zu Thorndike verzichtete Skinner (1938) als reiner Behaviorist völlig auf Annahmen über innere Prozesse. Er beschrieb Verstärkung als einen Prozess, durch den sich die Auftretenswahrscheinlichkeit eines Verhaltens (z.B. die Betätigung eines Mechanismus) in einer bestimmten Situation (z.B. Gefangensein in einem Problemkäfig) erhöht. Diese Verstärkung kann durch einen → positiven oder einen → negativen Verstärker erfolgen.
Ein → Verstärker ist ein Reizereignis, nämlich das Hinzufügen eines Reizes (z.B. Futter) oder die Wegnahme eines Reizes (z.B. Käfiggitter) in einer Reizsituation (z.B. Problemkäfig). Ist das

Hinzufügen des Reizes verstärkend, so spricht man von einem positiven Verstärker. Ist die Wegnahme des Reizes verstärkend, so spricht man von einem negativen Verstärker.

!

→ Positive Verstärkung geschieht durch Hinzufügen eines positiven Reizes, → negative Verstärkung durch Wegnahme eines negativen Reizes.

Premack-Prinzip. Nicht nur Reizereignisse, sondern auch attraktive Tätigkeiten können als (positive) Verstärker wirksam werden. Diese Form der Verstärkung wird als → Premack-Prinzip bezeichnet. Das Premack-Prinzip besagt, dass ein weniger attraktives Verhalten (z.B. Zimmer aufräumen) durch ein attraktiveres Verhalten (z.B. Fernsehen) verstärkt werden kann.

Bestrafung. Ein negativer Verstärker darf nicht mit einer → Bestrafung verwechselt werden. Eine Bestrafung besteht entweder im Hinzufügen eines aversiven Reizes (z.B. Schmerz oder Einsperren) oder in der Wegnahme eines positiven Reizes (z.B. Futter oder Freiheit). Ein negativer Verstärker *erhöht* die Wahrscheinlichkeit des vorangegangenen Verhaltens. Eine Bestrafung hingegen führt zur Unterdrückung des vorangegangenen Verhaltens, ohne dass das Verhalten selbst verlernt wird.

Definition

Die → **operante Konditionierung** ist ein Prozess, in dem die Auftretenswahrscheinlichkeit eines Verhaltens in einer bestimmten Reizsituation durch Verstärkung erhöht wird.

Reizgeneralisierung. Zeigt ein Individuum ein bestimmtes Verhalten auch in anderen Situationen als bisher (überträgt z.B. eine Katze ihr Verhalten auch auf andere Situationen des Eingesperrtseins), so spricht man von → Reizgeneralisierung.

Reizdiskriminierung. Wenn das Individuum lernt, ein bestimmtes Verhalten nur noch in ganz bestimmten Situationen zu zeigen, spricht man von → Reizdiskriminierung. Reize, welche anzeigen, dass das Verhalten aktuell mit hoher Wahrscheinlichkeit verstärkt wird, nennt man diskriminative Reize.

Extinktion. Lernt ein Individuum, dass ein gelerntes Verhalten nicht mehr verstärkt wird, so spricht man von → Extinktion. Durch Extinktion wird zuvor gelerntes Verhalten wieder aus dem situationsspezifischen Verhaltensrepertoire entfernt. Im Gegensatz zur Extinktion wird durch Bestrafung das Verhalten lediglich unterdrückt.

Bedürfnisbezogene Unterscheidung von Verstärkern

Man unterscheidet primäre und sekundäre Verstärker in Abhängigkeit davon, wie stark die zugrunde liegenden Bedürfnisse biologisch verankert sind.

Primäre Verstärker sind Reize, die ein grundlegendes physiologisches Bedürfnis befriedigen wie z.B. das Bedürfnis nach Essen und Trinken oder das Bedürfnis nach Sicherheit.

Sekundäre Verstärker sind Reize, die weitergehende Bedürfnisse befriedigen. Zu den sekundären Verstärkern gehören:

- soziale Verstärker (wie z.B. Lächeln, Lob, Berührung oder Aufmerksamkeit),

- Erfolgssymbole (wie z.B. Noten, Gewinnpunkte oder Geld),
- attraktive Aktivitäten (wie z.B. Spielen; vgl. 3.2.1 Premack-Prinzip).

Verstärkungspläne

→ Verstärkungen können im Lernprozess zeitlich unterschiedlich organisiert sein. Eine bestimmte zeitliche Organisation der Darbietung von → Verstärkern bezeichnet man als Verstärkungsplan. Bei den Verstärkungsplänen unterscheidet man zwischen kontinuierlicher und intermittierender Verstärkung:

- kontinuierliche Verstärkung findet statt, wenn nach *jedem* adäquaten Verhalten des Individuums verstärkt wird,
- intermittierende Verstärkung findet statt, wenn *nur manchmal* nach einem adäquaten Verhalten des Individuums verstärkt wird.

Innerhalb der intermittierenden Verstärkung unterscheidet man Intervallpläne und Quotenpläne:

- Intervallpläne: Die Verstärkung geschieht zeitbezogen; bei einem festen Intervallplan in festen Zeitabständen (z.B. Halbjahreszeugnisse – soweit deren Inhalt positiver Art ist und nicht Bestrafungscharakter hat), bei einem variablen Intervallplan in variablen Zeitabständen (z.B. ein Lob des Lehrers für gut gemachte Hausaufgaben durchschnittlich zweimal im Monat, ohne dass dieses Lob genau vorhersagbar wäre).
- Quotenpläne: Die Verstärkung geschieht verhaltensbezogen; bei einem festen Quotenplan nach einer bestimmten Anzahl adäquaten Verhaltens (z.B. das Versprechen des Lehrers: „Wenn ihr zehn Aufgaben gelöst habt, dann dürft ihr 5 Minuten Pause machen und spielen."), bei einem variablen Quotenplan nach einer variablen Anzahl adäquaten Verhaltens (z.B. „Drankommen" im Unterricht, wenn man sich auf eine Lehrerfrage meldet).

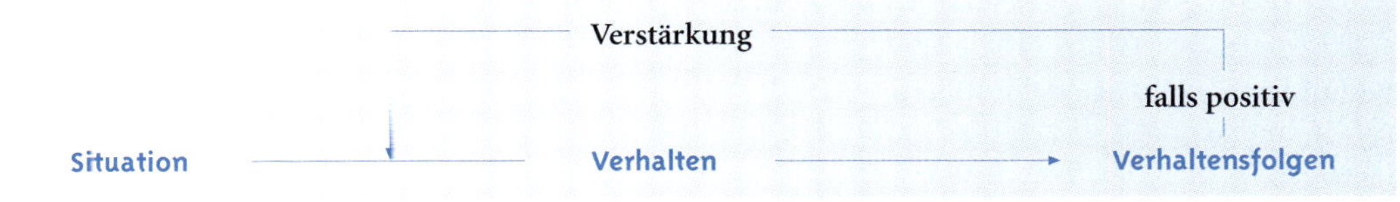

Abbildung 3.3. Schema zur → operanten Konditionierung. Das Individuum befindet sich in einer bestimmten Situation. Zu dieser Situation können auch diskriminative Reize gehören, die ihm signalisieren, ob für ein bestimmtes Verhalten Verstärkung zu erwarten ist oder nicht. Das Individuum zeigt in dieser Situation (operantes) Verhalten, welches wiederum zu Verhaltensfolgen führt. Sind die Verhaltensfolgen für das Individuum positiv, so wird das Verhalten verstärkt. Als Folge der Verstärkung erhöht sich die Wahrscheinlichkeit, dass das Individuum in dieser Situation das Verhalten erneut zeigt

3.2.2 Pädagogische Anwendungen der operanten Konditionierung

Aus empiristisch-behavioristischer Sicht sind pädagogische Situationen so zu gestalten, dass die Wahrscheinlichkeit von erwünschtem Verhalten möglichst groß und die Wahrscheinlichkeit von unerwünschtem Verhalten möglichst gering wird. Lernende sollen erst einfaches Verhalten lernen, bevor sie zum Erlernen komplexer Verhaltensweisen übergehen. Dementsprechend ist das zu erlernende Verhalten in kleinen Einheiten zu vermitteln, die bei Erfolg durch unmittelbare Rückmeldung verstärkt werden sollen. Die Einheiten sind sorgfältig zu planen und in eine lernwirksame Sequenz zu bringen, damit die Lernenden möglichst wenig Fehler machen und entsprechend häufiger verstärkt werden. Manchmal müssen allerdings zusätzliche Reize (soge-

nannte Prompts) eingesetzt werden, um das Verhalten in der gewünschten Weise zu modifizieren, damit überhaupt Verstärkung angewendet werden kann.
Anders als vom reinen Behaviorismus angenommen, reagieren Lernende allerdings nicht nur auf Reize, sondern sind vernunftbegabte, denkende Wesen. Deshalb ist es zweckmäßig, ihnen auch genau mitzuteilen, was von ihnen erwartet wird und wofür sie verstärkt werden.

Drill and Practice

Unter dem Einfluss von Thorndike, dessen Ansicht nach Lernen vor allem im instrumentellen Konditionieren besteht, wurden in den USA und auch in Europa eine zeitlang Unterrichtsformen praktiziert, die unter dem Namen „Drill and Practice“ bekannt geworden sind. Im Mittelpunkt dieses Unterrichts steht das intensive Üben und häufige Belohnen von erwünschtem Verhalten, damit die erwünschten Reiz-Reaktions-Verbindungen entsprechend dem → Gesetz des Effekts und dem → Gesetz der Übung (siehe S. 29) herausgebildet werden. Der Lernstoff wird in kleine Einheiten zerlegt. Die Lernenden beantworten Fragen und erhalten auf jede Antwort sofort Rückmeldung, so dass richtige Reaktionen unmittelbar verstärkt werden.

Programmierter Unterricht. Das Unterrichtsprinzip des Drill and Practice war auch die Grundlage des früheren Programmierten Unterrichts. Es handelte sich dabei um ein Lehrverfahren, dass sowohl am Computer als auch mit Hilfe eines Buchs praktiziert werden konnte. Gegenüber dem traditionellen, vom Lehrer geleiteten Unterricht bot der Programmierte Unterricht den wesentlichen Vorteil, dass das Lernprogramm sozusagen „nie die Geduld verlor“ und bei schwächeren Schülern auch nach vielen Fehlversuchen immer noch freundlich und konstruktiv reagierte.
Heute wird ein Drill-and-Practice-Unterricht mit genau geplanten kleinen Lernschritten allerdings nicht mehr als pädagogisch adäquat angesehen, da so dem aktiven, konstruktiven Charakter des menschlichen Lernens zu wenig Rechnung getragen wird.

Verhaltens- und Disziplinprobleme

Für die Bewältigung von Problemen im Sozialverhalten bzw. von Disziplinproblemen hat sich häufig die → operante Konditionierung als gut geeignet erwiesen. Dabei werden meist sekundäre Verstärker in Form von sogenannten Tokens (Wertmarken) eingesetzt, um das Verhalten der Lernenden in der gewünschten Weise zu ändern.
Wenn Schüler beispielsweise Disziplinprobleme zeigen und im Unterricht kaum mitarbeiten, so kann zunächst das gewünschte Verhalten genauer beschrieben werden. Dabei wird dieses in einzelne Komponenten zerlegt. Als Komponenten des gewünschten Verhaltens können beispielsweise identifiziert werden: rechtzeitig in die Klasse kommen, am Unterricht aktiv teilnehmen, Hausaufgaben machen, einander beim Lernen unterstützen und bei den Klassenarbeiten gut abschneiden. Die Schüler erhalten dann für jedes entsprechende Verhalten Tokens, die sie gegen interessantes Spielzeug, attraktive Tätigkeiten und Ähnliches eintauschen können. Mit Hilfe derartiger Verfahren lässt sich die relative Häufigkeit des erwünschten Verhaltens oft innerhalb weniger Monaten deutlich erhöhen. In der Folge investieren Lernende auch weit mehr Zeit für ihr Lernen als zuvor (Cohen, 1973).

Erhöhung der Lernmotivation

Token-Ökonomien. Die → operante Konditionierung ist auch gut geeignet, um eine niedrige Lernmotivation zu steigern. Hierfür werden häufig sogenannte → Token-Ökonomien eingesetzt: Die Lernenden erhalten zunächst einen „Vorschuss" in Form einer bestimmten Menge von Tokens. Mit diesen Tokens müssen sie dann „wirtschaften" und versuchen, Gewinne zu erzielen. Gewinne machen die Lernenden dann, wenn sie ihre Lernziele zuverlässig erreichen. Verluste machen sie hingegen, wenn sie ihre Lernziele nicht oder nicht termingerecht erreichen. Die erwirtschafteten Tokens können die Lernenden dann gegen materielle Belohnungen oder Privilegien eintauschen.

Beispiel

Lernmotivationsförderung bei jugendlichen Strafgefangenen

Cohen (1973) arbeitete mit jugendlichen Strafgefangenen, die zunächst keinerlei Interesse an Schulbildung zeigten. Durch den Einsatz einer → Token-Ökonomie gelang es, dass die Jugendlichen ihre Lernanstrengungen enorm steigerten.
Jeder Lernende konnte einen Anfangskredit in Form einer bestimmten Menge von Tokens aufnehmen und musste dann mit den Tokens „wirtschaften". Er musste versuchen, diese gewinnträchtig zu investieren. Gewinnträchtige Investitionsmöglichkeit war die erfolgreiche Teilnahme an Kursen. Für die Teilnahme an einem Kurs musste der Lernende zunächst eine Kursgebühr in Form von Tokens entrichten. Zudem musste er einen Lernvertrag abschließen, in dem er sich verpflichtete, in einer bestimmten Zeit eine bestimmte Lernleistung zu erbringen. Je anspruchsvoller das gesetzte Lernziel, umso höher waren die zu entrichtenden Kursgebühren, desto höher waren aber auch die Gewinnmöglichkeiten (siehe Tabelle 3.1). Für eine nachträgliche Änderung des Vertrags wurde eine Gebühr erhoben.
Gewinne konnten erzielt werden, indem die vereinbarte Lernleistung fristgerecht erbracht wurde. Verluste entstanden, wenn die Lernleistung nicht fristgerecht oder nicht im vereinbarten Umfang erbracht wurde. Tokens konnten gegen materielle Güter, Dienstleistungen oder Privilegien (z.B. Freizeit im Gesellschaftsraum, Lesen von Zeitschriften, zusätzliche Kleidung, eine eigene Dusche, ein eigener Raum, besondere Mahlzeiten oder Freigänge) eingetauscht werden. Die Jugendlichen erzielten durch diese Methode erstaunliche Lernfortschritte: Sie erreichten innerhalb eines Jahres den üblichen Leistungszuwachs von drei Jahren.

Tabelle 3.1. Beispiel für Investitions-Gewinn-Beziehungen bei unterschiedlich hohen vereinbarten Lernleistungen im Rahmen einer Token-Ökonomie

vereinbarter Prozentsatz richtig gelöster Aufgaben	eigene Investition	Gewinn bei Erfolg	Gewinnrate
100 %	500 $	2000 $	4
80 %	350 $	700 $	2
50 %	100 $	150 $	1,5

Token-Ökonomien sind relativ einfach anzuwenden, effektiv und bei den Lernenden beliebt (McLaughlin, 1975). Sie eignen sich vor allem dazu, das gewünschte Verhalten in Gang bringen. Von den Gegnern der → operanten Konditionierung und der daraus abgeleiteten Token-Ökonomie wird häufig eingewandt, dass Lernende so die Haltung erwerben, nur noch für Belohnungen zu arbeiten. Allerdings wird dabei übersehen, dass das auf diese Weise angestoßene Verhalten auch attraktiver wird und schließlich um seiner selbst willen vollzogen wird. Die Verwendung von Tokens als externe → Verstärker sollte aber schrittweise in dem Maße zurückgenommen werden, wie das Lernen intrinsisch motiviert wird.

Operante Konditionierung: Praktische Hinweise

Womit sollte man verstärken? Die Verstärkereigenschaft eines Reizes ist von Individuum zu Individuum unterschiedlich. Einem Vorschulkind wird man auf andere Weise eine Freude machen müssen als einem Jugendlichen. Um herauszufinden, was für einen Lernenden ein → Verstärker ist, kann man ihn beobachten und feststellen, was er häufig spontan tut. Eine andere Möglichkeit ist, ihn direkt zu fragen: „Womit spielst du am liebsten?" Oder: „Wenn du drei Spiele für die Schule kaufen könntest, welche wären das?"

Wie viel sollte man verstärken? → Verstärkung sollte maßvoll angewandt, d.h. an den aktuellen Lernstand des Individuums angepasst werden. Es sollte so wenig wie möglich und so viel wie nötig Verstärkung stattfinden, um das Ziel der pädagogischen Verhaltensmodifikation zu erreichen. Es wäre falsch, ein Individuum nie zu verstärken, wenn es ohnehin bereits das tut, was man von ihm erwartet. Es wäre auch falsch, ein Individuum für ein Verhalten zu verstärken, das keine Verbesserung gegenüber dem bisherigen darstellt. Wenn das erwünschte Verhalten auftritt, sollte anfangs kontinuierlich verstärkt werden. Im weiteren Verlauf des Lernprozesses sollte zu einer intermittierenden Verstärkung übergegangen werden, wobei die Häufigkeit der Verstärkung immer mehr abnimmt. Soweit möglich, sollten „ungegenständliche" Verstärker verwendet werden: Man sollte keine Erfolgsurkunde überreichen, wenn ein einfaches Lob ausreicht.

Wann sollte man verstärken? Verstärkung sollte möglichst unmittelbar auf das erwünschte Verhalten folgen. Eine leichte Verstärkung unmittelbar nach dem Verhalten kann viel wirksamer sein als eine intensivere Verstärkung zu einem späteren Zeitpunkt.

Sollte man unerwünschtes Verhalten durch Extinktion beseitigen? Unerwünschtes Verhalten kann zwar prinzipiell durch → Extinktion (Nichtverstärkung) beseitigt werden, doch reicht dies in der Praxis aus folgenden Gründen meist nicht aus:

- Unerwünschtes Verhalten wird häufig ungewollt verstärkt, indem man ihm Aufmerksamkeit schenkt (z.B. durch ständige Ermahnungen). Auch von anderer Seite (z.B. durch Mitschüler) kann Verstärkung erfolgen.
- Das unerwünschte Verhalten nimmt in der ersten Phase der Extinktion häufig erst einmal zu, wenn die bisherige Androhung einer Bestrafung wegfällt.
- Wenn das unerwünschte Verhalten nicht konsequent ignoriert, sondern gelegentlich doch beachtet (und damit sozial verstärkt) wird, dann wird ungewollt ein variablen Quotenplan praktiziert, welcher zu besonders löschungsresistentem Verhalten führt.

Eine beabsichtigte Verhaltensveränderung durch Extinktion sollte deshalb explizit mitgeteilt werden. (Ein Beispiel aus dem Unterricht: „Ich werde niemanden mehr drannehmen, der sich nicht meldet und nicht wartet, bis er aufgerufen wird!")

Die Extinktion sollte mit gleichzeitiger Verstärkung eines alternativen Verhaltens kombiniert werden, welches mit dem unerwünschten Verhalten inkompatibel ist. (Beispielsweise kann ein Lehrer einen Schüler, der seine Antworten unkontrolliert herausschreit, ignorieren, ihn aber gleichzeitig ausdrücklich loben, wenn er sich meldet und wartet, bis er aufgerufen wird.)

Darf man bei Fehlverhalten auch bestrafen? Unerwünschtes Verhalten kann prinzipiell (zumindest vorübergehend) durch Strafen unterdrückt werden. Dabei reicht das Spektrum möglicher Strafen vom warnenden Blick über den kurzzeitigen Ausschluss aus einer Gruppe bis hin

zur körperlichen Züchtigung. Der Einsatz von Strafen im → pädagogischen Prozess ist umstritten. Kritiker wenden ein, Strafen seien nur vorübergehend wirksam, führten zu Frustration und Aggression oder zu Angst und würden das Individuum veranlassen, die betreffende pädagogische Situation zu vermeiden. Dieser Kritik ist weitgehend zuzustimmen. Allerdings kann das bewusste Ignorieren von gesetzten Grenzen durch einen Lernenden nicht ohne Konsequenzen bleiben, wenn diese Grenzen Gültigkeit haben sollen.
Strafen können nicht nur im Hinzufügen von unangenehmen Reizen, sondern auch im Wegnehmen von angenehmen Reizen bestehen. Die letztgenannte Variante dürfte pädagogisch weniger problematisch sein als die erstgenannte. Strafen sollten – wenn überhaupt – nur in möglichst milder Form, möglichst unmittelbar nach dem unerwünschten Verhalten, nach klaren Regeln und nur dann erfolgen, wenn die Verstärkung des erwünschten Verhaltens allein nicht ausreicht.

Was sollte man wann erlauben? Kinder und Erwachsene gehen spontan lieber attraktiven als unattraktiven Aktivitäten nach. Akzeptiert man als Pädagoge diese Präferenz, so arbeitet man allerdings dem oben genannten → Premack-Prinzip genau entgegen. (Ein Beispiel für die Nichtbeachtung des Premack-Prinzips wäre: „Du darfst jetzt noch eine Viertelstunde fernsehen. Aber dann musst du deine Hausaufgaben machen!" Damit verzichtet man auf einen motivationalen Anreiz, der die Pflichterfüllung leichter machen könnte, nämlich das Fernsehen als Belohnung für das Erledigen der Hausaufgaben einzusetzen. Eine adäquate Anwendung des Premack-Prinzips wäre deshalb: „Wenn du deine Hausaufgaben gemacht hast, darfst du einen Fernsehfilm ansehen.")

Wer legt die Regeln des Verstärkens fest? Entsprechend dem Prinzip der Kooperation zwischen Lehrenden und Lernenden (siehe 1.2.2 Praktische Aufgaben) können die Regeln des → Verstärkens und ggf. des Strafens auch gemeinsam diskutiert, einvernehmlich festgelegt und transparent gemacht werden. Lehrende sind dann nicht mehr in der Rolle von Autoritätspersonen, die ihre Regeln in eigener Machtvollkommenheit festlegen und überwachen. Sie werden vielmehr zu Sachverwaltern einer gemeinsam festgelegten Ordnung und handeln im Auftrag der Gemeinschaft von Lehrenden und Lernenden – selbst dann, wenn sie einzelne Mitglieder für ihr Fehlverhalten sanktionieren. Gemeinsam festgelegte und transparente Regeln sind für den Lernenden nicht nur im Unterricht relevant. Sie unterstützen ihn auch beim selbstgesteuerten Lernen, indem sie ihm eine Orientierung dafür geben, wann bzw. unter welchen Bedingungen er sich selbst verstärken sollte.

3.3 Lernen durch Beobachtung: Modelllernen

Menschen sind soziale Wesen und beobachten das Verhalten ihrer Mitmenschen. Für ein Individuum kann dieses Modellcharakter haben. Wenn das Individuum das beobachtete Verhalten bereits beherrscht, so kann durch Beobachtung des Modellverhaltens das eigene Verhalten angeregt oder gehemmt werden: Beobachtet das Individuum, dass das Modell für sein Verhalten verstärkt wird, so wird das eigene Verhalten angeregt. Beobachtet das Individuum, dass das Modell durch sein Verhalten Nachteile erfährt, so wird das eigene Verhalten gehemmt.
Wenn das Individuum das Verhalten noch nicht beherrscht, so kann die Beobachtung eines Modells zu einem Lernprozess führen, durch den es die Kompetenz für das entsprechende Verhalten erwirbt. Beispielsweise kann ein jüngeres Kind aus dem Verhalten des älteren Bruders

lernen, wie man den Fernseher einschaltet. Ein solches Lernen durch Beobachtung anderer bezeichnet man als Modelllernen.

Definition

Das → **Modelllernen** ist ein Prozess, in dem ein Individuum die Kompetenz zur Ausführung von Handlungen durch die Beobachtung des Verhaltens anderer erwirbt.

Experiment

Bandura (1965): Kompetenzerwerb durch Beobachtung

In einem Experiment sahen Kinder eine von drei Varianten eines Films:

- In Variante A war zu sehen, wie ein erwachsener Täter eine große Plastikpuppe schlug und trat, ohne dass dies Konsequenzen für ihn hatte.
- In Variante B war dasselbe zu sehen, anschließend wurde der Täter aber von einer anderen Person noch gelobt und mit Süßigkeiten belohnt.
- In Variante C hingegen wurde der Täter anschließend getadelt und ermahnt.

Nach dem Film wurden die Kinder in einen anderen Raum gebracht, in dem neben anderem Spielzeug auch die Plastikpuppe stand.

Die Kinder der A- und der B-Gruppe zeigten deutlich häufiger aggressives Verhalten gegenüber der Puppe als die Kinder der C-Gruppe. Wenn die Kinder allerdings explizit aufgefordert wurden zu zeigen, was sie gesehen hatten und ihnen dafür eine Belohnung versprochen wurde, zeigten die Kinder aller drei Gruppen im gleichen Ausmaß aggressives Verhalten.

Die Kinder hatten demnach in allen drei Gruppen das gezeigte aggressive Verhalten gleich „gut" gelernt, also die gleiche Kompetenz erworben. Allerdings war ihre Bereitschaft zur Performanz – also dazu, dieses Verhalten auch zu zeigen – in Abhängigkeit von den eigenen Verstärkungsbedingungen und denen des Modells unterschiedlich.

Das Experimente macht deutlich, dass Menschen ein neues Verhalten auch nur durch Beobachtung lernen können, also ohne dafür – wie beim → operanten Konditionieren – verstärkt zu werden.

3.3.1 Grundannahmen des Modelllernens

Das Beobachtungs- bzw. Modelllernen ist Gegenstand der von Bandura (1986) vertretenen sozial-kognitiven Lerntheorie. Diese Theorie geht zwar auch davon aus, dass Lernen durch Erfahrungen erfolgt. Sie ist jedoch nicht mehr behavioristisch, sondern kognitiv orientiert. Bandura unterscheidet zwischen dem Erlernen eines bestimmten Verhaltens (also dem Kompetenzerwerb) und der Performanz dieses Verhaltens. Für beides gelten unterschiedliche Bedingungen.

Kompetenzerwerb

Der Kompetenzerwerb anhand eines Modellverhaltens setzt beim Lernenden Aufmerksamkeit und Gedächtnisprozesse voraus: Das Modell muss beobachtet und die beobachteten Verhaltensmuster müssen im Gedächtnis gespeichert werden.

Im Rahmen des Kompetenzerwerbs hat die Verstärkung des Modellverhaltens eine informative Funktion für den Lernenden. Die → Verstärkung des Verhaltens eines Modells erhöht die Wahrscheinlichkeit, dass sich ein Beobachter an diesem Modell orientiert und dessen Verhalten erlernt. Verstärkung des Modellverhaltens fördert also den Kompetenzerwerb. Tüchtige, mächtige, warmherzige und sympathische Menschen werden häufiger als Modelle gewählt und beobachtet als Menschen mit den gegenteiligen Eigenschaften.

Performanz

Die tatsächliche Ausführung (Performanz) des gelernten Verhaltens setzt beim Lernenden → Motivation und Fähigkeiten voraus: Der Lernende muss zur Ausführung motiviert sein und die physischen und psychischen Voraussetzungen besitzen, das Verhalten auch tatsächlich zu beherrschen.

Die → Verstärkung des Modellverhaltens erhöht die Bereitschaft des Beobachters zur Ausführung des gelernten Verhaltens. Verstärkung des Modellverhaltens fördert also auch die Performanz. Ebenso wird die Performanz durch Verstärkung des Beobachterverhaltens gefördert. Eine → Bestrafung des Modellverhaltens und eine Bestrafung des Beobachterverhaltens hemmen die Performanz. In unbekannten, unstrukturierten Situationen oder nach vorangegangenen Misserfolgen ahmen Individuen eher das an einem Modell beobachtete Verhalten nach als in bekannten, wohlstrukturierten Situationen oder nach vorangegangenem Erfolg.

Abhängige, ängstliche Individuen sowie Individuen mit geringer Selbstwirksamkeitsüberzeugung und niedrigem Selbstkonzept orientierten sich eher am Verhalten eines Modells als Individuen mit gegenteiligen Eigenschaften. Misserfolgsmotivierte Individuen zeigen nicht nur in unbekannten, sondern auch in bekannten Situationen eine Tendenz zur Nachahmung von beobachtetem Verhalten. Erfolgsmotivierte Individuen zeigen eine solche Tendenz nur in unbekannten Situationen.

3.3.2 Pädagogische Anwendungen des Modelllernens

Lernen durch Beobachtung anderer Menschen ist im täglichen Leben so allgegenwärtig, dass es eben wegen dieser Selbstverständlichkeit häufig übersehen wird. Die Wirkungen des → Modelllernens sind häufig subtiler Natur, aber dennoch langfristig vorhanden. Allgemeine Erziehungsziele wie Hilfsbereitschaft (prosoziales Handeln), Autonomie und soziale Anpassung werden häufig (zumindest teilweise) dadurch erreicht, dass Eltern, Lehrer, Geschwister oder andere Bezugspersonen implizit als „Vorbilder“ wirken. Die folgenden Beispiele können die Vielfalt dieser Möglichkeiten nur andeuten:

- Wird ein Schüler für prosoziales Verhalten gelobt, so zeigen seine Mitschüler anschließend ebenfalls (etwas) mehr prosoziales Verhalten.
- Findet der Freund eines Kindes Anerkennung dafür, dass er für den Tierschutzbund sammelt oder alten Leuten hilft, so zeigt das Kind in der Folge ebenfalls (etwas) mehr altruistisches Verhalten.
- Sieht ein Kind, welches sich vor Hunden fürchtet, in der Realität oder in einem Film, wie ein anderes Kind ohne Angst mit einem Hund spielt, so zeigt das beobachtende Kind in der Folge ebenfalls (tendenziell) weniger Angst vor Hunden.
- Auch die Standpunktübernahme anderer in Konfliktsituationen, Warmherzigkeit, Achtung gegenüber Mitmenschen und interessiertes aktives Zuhören sind Verhaltensweisen, die im → pädagogischen Prozess durch Beobachtung eines entsprechenden Modellverhaltens gelernt werden können, selbst wenn dies nicht als explizites Ziel verfolgt wird.
- Insbesondere beim kooperativen Lernen spielt das Modelllernen eine wichtige Rolle: Schüler beobachten einander gegenseitig, erkennen bei ihren Mitschülern erfolgreichere und weniger erfolgreiche Verhaltenweisen und orientieren sich an den erfolgreicheren Modellen – häufig ohne dass ihnen dies überhaupt bewusst wird.

Durch Verstärkung zum Modell

Wie bereits oben (S. 35f.) angedeutet, können Menschen durch → Verstärkung zum Modell werden. Wenn beispielsweise ein Lehrer bestimmte Schüler für adäquates Verhalten lobt bzw. dieses Verhalten verstärkt, so werden die gelobten Schüler implizit zum Modell. Die anderen Schüler werden also indirekt auf das Verhalten der gelobten Schüler hingewiesen und können sich so an diesem Verhalten orientieren.

Übernahme des Modells auf anderer Ebene

→ Modelllernen besteht nicht nur darin, dass das Verhalten eines anderen Individuums vom Lernenden konkret übernommen wird. Die Orientierung am Modell kann auch auf einer abstrakteren Ebene stattfinden. Wenn sich beispielsweise ein Mensch eine außergewöhnlich hilfsbereite Persönlichkeit wie Albert Schweizer zum Vorbild nimmt, so muss er nicht unbedingt Arzt werden und nach Lambarene gehen, sondern kann auch auf andere Weise Armen und Kranken helfen.

3.4 Selbstgesteuertes Lernen

Im Rahmen der in den 1960er Jahren einsetzenden „kognitiven Wende" wurde die streng behavioristische Sichtweise in der Psychologie immer mehr aufgegeben. Dies wurde bereits oben für die sozial-kognitive Theorie zum Modelllernen deutlich, bei der Aufmerksamkeits- und Gedächtnisprozesse eine wichtige Rolle spielen (vgl. 3.3.1 Grundannahmen des Modelllernens). Bandura (1977) wies darauf hin, dass Individuen auch ihr eigenes Verhalten beobachten, dieses anhand ihrer eigenen Standards bewerten und sich für ihr Verhalten entweder belohnen oder bestrafen.

Das menschliche Individuum wird hier nicht mehr als ein Reiz-Reaktions-Automat, sondern als ein vernunftbegabtes Wesen angesehen, das Wissen und kognitive Fähigkeiten besitzt und in der Lage ist, die Kunst der Verhaltensmodifikation selbst zu lernen und auf sich anzuwenden. Pädagogische Verhaltensmodifikation kann demnach sowohl durch den Lehrenden als auch durch den Lernenden erfolgen. Kurz: Menschen sind zu selbstgesteuertem Lernen in der Lage.

Selbstgesteuertes Lernen beinhaltet, dass das lernende Individuum die sich ihm stellende Lernaufgabe analysiert, sich geeignete Ziele setzt, adäquate Strategien zur Erreichung dieser Ziele einsetzt, den Lernverlauf überwacht und bei Bedarf das Vorgehen modifiziert. Lernende zeigen hier häufig Defizite, die jedoch durch geeignete Hilfen (siehe Kapitel 10 Gestaltung von Lehr-Lern-Prozessen) kompensiert werden können. Allerdings erfordern solche Hilfen vom Lernenden auch kognitive Ressourcen und sollten deshalb so sparsam wie möglich eingesetzt werden (Sweller et al., 1998). Je mehr sich die Fähigkeiten des Individuums zum selbstgesteuerten Lernen entwickeln, desto weniger bedarf es dieser Hilfen. Diese allmähliche Zurücknahme von Hilfen wird als „Fading Out" bezeichnet.

Aufgaben und Zielanalyse

Manche Lernende haben keine klare Vorstellung von dem, was sie eigentlich lernen sollen. Beispielsweise meinen Grundschüler oft, es käme beim Lesenlernen hauptsächlich darauf an, die Worte eines Texts entziffern und den Text flüssig vorlesen zu können – und nicht darauf, den Sinn des Texts zu erfassen. Ältere Schüler meinen oft, beim Schreiben eines Berichts käme es

nur darauf an, Wissen niederzuschreiben – und nicht darauf, dem Bericht eine bestimmte Struktur zu geben oder auf das Vorwissen sowie die Interessen der Leser einzugehen.
Ohne klare Zielsetzung sind Lernende nicht in der Lage, ihr eigenes Lernen adäquat zu steuern. Lehrende können selbstgesteuertes Lernen unterstützen, indem sie darauf hinweisen, wie wichtig die Analyse der jeweiligen Lernaufgabe ist, indem sie die Anforderungen an die Lernenden genau erläutern und indem sie durch Diskussionen usw. überprüfen, ob den Lernenden die Anforderungen deutlich geworden sind.

Strategieauswahl

Lernende verfügen häufig nur über ein eingeschränktes Inventar an Lernstrategien und besitzen keine klaren Kriterien, zu entscheiden, unter welchen Bedingungen welche Lernstrategien am geeignetsten sind. Lehrende können Lernende bei der Auswahl adäquater Lernstrategien unterstützen, indem sie für bestimmte Lernaufgaben passende Vorgehensweisen aufzeigen, indem sie auf die Anwendungsbedingungen sowie die Vor- und Nachteile der verschiedenen Strategien hinweisen und indem sie Diskussionen über das jeweils aufgabenadäquate Vorgehen anregen.

Strategieprogramme

Meichenbaum (1977) hat ein Strategieprogramm zur Förderung selbstgesteuerten Lernens entwickelt, bei dem das Individuum dazu angehalten wird, sich im Verlauf des Lernprozesses wiederholt folgende Fragen zu stellen:

- Welches Problem liegt vor?
- Was ist mein Plan?
- Folge ich meinem Plan?
- Was habe ich bisher gemacht?

Im Programmverlauf findet eine schrittweise Internalisierung dieser Fragen und ein allmählicher Übergang vom fremdgesteuerten zum selbstgesteuerten Lernen statt. Meichenbaum gibt hierzu folgende Schritte an:

- Der Lehrende löst eine Aufgabe und kommentiert dabei laut sein eigenes Vorgehen (kognitive Modellierung).
- Der Lernende löst die gleiche Aufgabe mit Instruktion durch den Lehrenden (offene Fremdsteuerung).
- Der Lernende löst die Aufgabe und spricht die Instruktion dabei laut zu sich selbst (offene Selbststeuerung).
- Der Lernende flüstert die Instruktion bei der Aufgabenlösung zu sich selbst (reduzierte offene Selbststeuerung).
- Der Lernende löst die Aufgabe und kontrolliert seinen Lösungsprozess durch inneres Sprechen (verdeckte Selbststeuerung).

Dieses Strategieprogramm konnte nicht nur die Effektivität des selbständigen Lernens verbessern, sondern auch die Häufigkeit von Störungen im Unterricht deutlich verringern. Programme zur selbstgesteuerten Verhaltensmodifikation nach Meichenbaum wurden unter anderem entwickelt, um adäquates Lern- und Diskussionsverhalten herauszubilden. Auf ähnliche Weise können Lernende auch darin trainiert werden, sich für adäquates Lernverhalten selbst zu verstärken. Sie entwickeln dabei ihre eigenen Bewertungsstandards und verstärken ihr Verhalten, wenn dieses den Standards entspricht.

Lernüberwachung

Lernende können auch darin trainiert werden, ihr eigenes Lernen zu überwachen und sich selbst für adäquates Lernverhalten zu verstärken. Drabman et al. (1973) ließen Lehrer das Verhalten ihrer Schüler täglich bewerten und verstärken, wenn die Schüler hohe Bewertungen erzielten. Nach einiger Zeit ließen sie die Schüler einschätzen, wie deren Verhalten von den Lehrern wohl bewertet worden war. Die Schüler wurden für richtige Schätzungen verstärkt. Nach und nach wurden die Verstärkungen zurückgenommen. Das Verhalten der Schüler verbesserte sich sowohl während der anfänglichen Verstärkungs- als auch während der anschließenden Verhaltenseinschätzungsphase, und es blieb noch lange nach Beendigung des Trainingsprogramms auf diesem hohen Niveau. Die Lernenden hatten offenbar im Verlauf des Programms ihre eigenen Bewertungsstandards entwickelt und sich selbst verstärkt, wenn ihr Verhalten diesen Standards entsprach.

Allgemein können Lehrende die Lernenden bei der Überwachung des Lernverlaufs unterstützen, indem sie auf relevante Kriterien zur Beurteilung des Lernfortschritts hinweisen oder zur Identifikation solcher Kriterien auffordern. Außerdem können sie Lernende zur selbständigen Beurteilung ihrer Leistungen sowie zur Reflexion über die eingesetzten Lernstrategien anregen und Diskussionen über diese Fragen unter den Lernenden initiieren.

3.5 Zusammenfassung

Empiristisch-behavioristische Ansätze sehen als entscheidend für die Entwicklung eines Individuums an, welche Erfahrungen dieses macht. Die Aufgabe des Pädagogen besteht demnach darin, durch das Arrangement geeigneter Erfahrungen die gewünschten Lernprozesse zu initiieren. Ein Lernender kann unterschiedliche Arten von Erfahrungen machen, die wiederum unterschiedliche Arten von Lernprozessen anregen können: Die Erfahrung des gemeinsamen Auftretens von Reizen kann zur → klassischen Konditionierung, die Erfahrung von Erfolg zu → operantem Konditionieren und die Erfahrung fremden Verhaltens kann zu → Modelllernen führen.

- Durch klassische Konditionierung können im → pädagogischen Prozess positive oder negative Emotionen gegenüber bestimmten Situationen gelernt werden.
- Durch operante Konditionierung können beispielsweise Verhaltens- und Disziplinprobleme bearbeitet bzw. erwünschte komplexe Verhaltensweisen gelernt und die Lernmotivation gefördert werden. Auswahl und Einsatz von → Verstärkern sollten dabei individuumsspezifisch und maßvoll erfolgen. Um die erwünschte pädagogische Verhaltensmodifikation zu erreichen, sollte das Individuum so wenig wie möglich und so viel wie nötig verstärkt werden. Strafen sollten – wenn überhaupt – nur in möglichst milder Form, möglichst unmittelbar nach dem unerwünschten Verhalten, nach klaren, transparenten Regeln und nur dann verwendet werden, wenn die → Verstärkung des erwünschten Verhaltens allein nicht ausreicht.
- Durch Modelllernen können komplexe Verhaltensweisen auch ohne Verstärkung des Lernenden erworben werden.

Da ein erfolgreicher pädagogischer Prozess immer eine Kooperation zwischen dem Pädagogen und dem Lernenden voraussetzt, sollten die Regeln des Verstärkens (und ggf. die des Strafens) möglichst einvernehmlich festgelegt und transparent gemacht werden. Damit wird zugleich die Voraussetzung geschaffen, die Kontrolle des pädagogischen Prozesses schrittweise dem Individuum selbst zu überlassen und von der Fremdsteuerung zur Selbststeuerung des Lernens überzugehen.

Die Anwendung der → klassischen und der → operanten Konditionierung im → pädagogischen Prozess entspricht weitgehend der Anwendung im Bereich der **Klinischen Psychologie**. In beiden Bereichen können Ängste vor bestimmten Situationen durch systematische Desensitivierung gegenüber den angstauslösenden Situationen und durch Assoziation dieser Situationen mit positiven Emotionen durch klassische Konditionierung reduziert werden. Ebenso kommen Prinzipien der Verhaltensmodifikation durch operante Konditionierung sowohl im pädagogischen Prozess als auch in der Verhaltenstherapie zur Anwendung.
Pädagogische Auswirkungen des → Modelllernens in Form von Erziehungseinflüssen durch das Fernsehen, durch Kinos, durch Computerspiele usw. werden von der **Medienpsychologie** und der **Medienpädagogik** thematisiert. Das Modelllernen wird auch in der von Wygotski begründeten kulturhistorischen Schule der Psychologie als wesentlicher Bestandteil des pädagogischen Prozesses angesehen. Die Entwicklung des menschlichen Individuums ist dieser Auffassung nach ein Hineinwachsen in eine bestimmte Kultur – in eine historisch gewordene soziale und gegenständliche Umwelt mit bestimmten Werkzeugen, bestimmten Formen der Praxis und der Kommunikation, einer bestimmten Sprache usw. Bei diesem Prozess der → Enkulturation spielt das Vormachen von Tätigkeiten durch ein Modell und das Nachmachen durch den Lernenden eine große Rolle.
Auch die (von Wygotski beeinflussten) handlungstheoretisch-konstruktivistischen Ansätze in der → pädagogischen Psychologie wenden Prinzipien des Modelllernens an. Zu den neuen Formen dieser **handlungstheoretisch-konstruktivistischen Ansätze** gehören das situierte Lernen, die kognitive Handwerkslehre („Cognitive Apprenticeship"), das „Reciprocal Teaching" und die „Anchored Instruction". Trotz unterschiedlicher Grundannahmen gibt es also auf der Ebene der praktischen pädagogischen Anwendung fließende Übergänge zwischen empiristisch-behavioristischen Ansätzen und handlungstheoretisch-konstruktivistischen Ansätzen.
Kombiniert man die Prinzipien der behavioristischen Verhaltensmodifikation mit denen des kognitiven Lernens, so entspricht die pädagogische Anwendung ebenfalls den Anwendungen in der klinischen Psychologie: Die Prinzipien des selbstgesteuerten Lernens sind analog denen der kognitiven Verhaltenstherapie, die auf Meichenbaum zurückgeht.
Die von Meichenbaum beschriebenen Schritte zur Förderung selbstgesteuerten Lernens haben wiederum Bezüge zu der von Wygotski entwickelten Idee des Denkens als eines allmählich interiorisierten Sprechens sowie zu der von Galperin entwickelten Theorie der Ausbildung geistiger Handlungen in Etappen. Beide werden im folgenden Kapitel im Rahmen der handlungstheoretisch-konstruktivistischen Ansätze behandelt.
Kombiniert man Prinzipien der kognitiven Verhaltensmodifikation mit der Maxime der Kooperation zwischen Lehrenden und Lernenden, so ergeben sich auch Parallelen zu den humanistischen Ansätzen der pädagogischen Psychologie, in denen jeweils auf die Befindlichkeit und die Interessen des Lernenden eingegangen und ein möglichst positives Lernklima geschaffen wird.

3.6 Diskussionsfragen

(1) Eine Lehrerin hat in ihrer Klasse folgendes Problem: Wenn sie die Schüler etwas fragt, schreien viele gleich die Antwort heraus, ohne sich zu melden und zu warten, bis sie aufgerufen werden. Was könnte sie tun?
(2) In der Sonderschule hat ein lernbehindertes Kind Probleme bei Laufspielen, bei denen man von einem bestimmten Ort zu einem anderen laufen muss. Es läuft zufällige Routen, hüpft

wild und ohne erkennbaren Grund auf und nieder. Die anderen Kinder werden konfus und die Lehrerin hat Schwierigkeiten, die für das Spiel erforderliche Ordnung aufrechtzuerhalten. Welche Möglichkeiten hat die Lehrerin, das Problem zu lösen?

Weiterführende Literatur

Anwendungen der empiristisch-behavioristischen Lerntheorien im pädagogischen Kontext werden näher beschrieben in:

Krapp, A. & Weidenmann, B. (Hrsg.) (2001). Pädagogische Psychologie (4. Aufl.). Weinheim: Beltz/Psychologie Verlags Union. (darin Kapitel 5)

Dembo, M.H. (1991). Applying Educational Psychology (5. Aufl.). New York: Longman Publishing Group. (darin Kapitel 2)

Anwendungen der operanten Konditionierung und des Modelllernens im Bereich der Schule werden näher beschrieben in:

Gage, N.L. & Berliner, D.C. (1996). Pädagogische Psychologie. Weinheim: Beltz/Psychologie Verlags Union. (darin Kapitel 6)

4 Handlungstheoretisch-konstruktivistische Ansätze

Was Sie in diesem Kapitel erwartet

Der Mensch als homo faber: Kultur, Werkzeuge, Praxis

Die meisten Tiere geben ihr „Wissen" – die Grundlage ihres Artverhaltens – vor allem auf genetischem Weg an die nächste Generation weiter: Ihre artspezifischen Instinkte sind angeboren. Das menschliche Wissen ist jedoch seit mindestens 30.000 Jahren so komplex geworden, dass die biologische Vermittlung nicht mehr ausreicht und eine andere Form der Wissensweitergabe gefunden werden musste. Grundlage dieser neuen Form der Wissensvermittlung ist die praktische Auseinandersetzung des Menschen mit seiner Umwelt.

Der Mensch unterscheidet sich vom Tier dadurch, dass er seine Umwelt entsprechend seinen Absichten verändert und dabei Werkzeuge einsetzt, die er selbst hergestellt hat. Er ist ein „homo faber" bzw. ein „tool making animal". Herstellung und Verwendung dieser Werkzeuge machen einen wesentlichen Teil seiner jeweiligen Kultur aus. Nicht zufällig werden Kulturepochen (Steinzeit, Bronzezeit, Eisenzeit usw.) nach der Art der Werkzeuge bezeichnet, die zu dieser Zeit verwendet wurden.

Herstellung und Gebrauch von Werkzeugen sind nicht nur Grundlage für das Überleben einer Kultur, sondern auch die Grundform der nicht-biologischen Weitergabe des Wissens dieser Kultur von einer Generation zur nächsten. Ein Werkzeug ist für einen bestimmten Gebrauch vorgesehen, und dieser ist an dem Werkzeug ablesbar. Insofern sind das Wissen über den Werkzeuggebrauch und die entsprechenden Fähigkeiten im jeweiligen Werkzeug „vergegenständlicht". Die Verwendung des Werkzeugs erfordert, dass der Benutzer die entsprechenden Kenntnisse und Fähigkeiten besitzt. Der Benutzer muss sich diese aneignen, indem er in ein aktives Verhältnis zu dem Werkzeug tritt und dessen Gebrauch (unter Anleitung) erlernt. Wissensvermittlung basiert demnach auf einem Wechselspiel von → Vergegenständlichung und → Aneignung von Kenntnissen und Fähigkeiten. Individuelles Lernen ist ein Hineinwachsen in eine Kultur: in bestimmte Formen des Werkzeuggebrauchs, die wiederum Teil der spezifischen Praktiken einer sozialen Gemeinschaft sind.

Lernziele

Sie sollten am Ende des Kapitels wissen bzw. verstanden haben,

- dass man Lehren und Lernen als ein Hineinwachsen in eine Kultur verstehen kann,
- warum Kenntnisse und Fähigkeiten in psychischer Form innerhalb und in materieller Form außerhalb des Individuums existieren können,
- warum der Gebrauch von Werkzeugen Grundlage des Erwerbs von Kenntnissen und Fähigkeiten ist,
- was man unter „Situiertheit des Lernens" versteht.

4.1 Lernen als Enkulturation

Tätigkeitspsychologie. Kultur als eine wesentliche Entwicklungsbedingung des Individuums spielt eine zentrale Rolle in der von Lew Semjonowitsch Wygotski (1896–1934) begründeten kulturhistorischen Schule innerhalb der russisch-sowjetischen Psychologie. Lern- und Entwicklungsprozesse basieren nach dieser Auffassung auf Tätigkeiten des Lernenden. Die von der kulturhistorischen Schule entwickelten theoretischen Ansätze werden deshalb häufig auch als Tätigkeitspsychologie bezeichnet. Die Tätigkeit eines Lernenden ist immer in soziale Aktivitäten eingebunden und führt so zum Hineinwachsen des Individuums in eine Kultur mit ihren bestimmten Praktiken, Kommunikationsformen, Sichtweisen usw. Lernen und Entwicklung sind deshalb Prozesse der → Enkulturation (Wygotski, 1964).

Vom Novizen zum Experten. Im Rahmen dieser Enkulturation vollzieht der Lernende die zu erlernenden Handlungen zunächst mit Hilfestellung von anderen Individuen und kann sie auch nur mit dieser Hilfe vollziehen. Mit zunehmender Häufigkeit des angeleiteten Handelns entstehen beim Lernenden allmählich die inneren Regulationsvoraussetzungen (Kenntnisse und Fähigkeiten) für den selbständigen Vollzug der Handlung, bis schließlich keine Hilfe mehr erforderlich ist. Der Lernende ist damit vom Nicht-Könner („Novizen") zum Könner geworden und kann durch langjährige Praxis zum „Experten" avancieren.

Zone der nächsten Entwicklung. Der aktuelle Entwicklungsstand eines Individuums ist immer durch ein unteres und ein oberes Niveau gekennzeichnet. Das untere Niveau ist durch den Leistungsstand definiert, der vom Individuum bei selbständiger Bewältigung einer Anforderung erreicht wird. Mit geeigneten Hilfen kann das Individuum aber bereits höhere Leistungen erbringen. Der bei optimaler Hilfestellung mögliche Leistungsstand entspricht dem oberen Niveau des aktuellen Entwicklungsstands. Der Bereich zwischen dem unteren Niveau (ohne Hilfe) und dem oberen Niveau (mit Hilfe) bezeichnet Wygotski als → „Zone der nächsten Entwicklung". Jede Art von Hilfe oder pädagogischer Einflussnahme sollte innerhalb dieses Leistungsbereichs stattfinden, damit der Lernende weder unter- noch zu überfordert wird.

Interpsychische und intrapsychische Handlungssteuerung

Wenn ein Lehrender (Experte) das Handeln eines Lernenden (Novizen) durch Hilfestellungen unterstützt, so erfolgt die Handlungssteuerung auf zweierlei Weise:

(1) durch die Hilfen des Lehrenden, die das Bewusstsein des Lernenden durch Kommunikation – also interpsychisch – beeinflussen, und

(2) durch die Selbststeuerung des Lernenden, der die Handlung teilweise schon selbständig – also intrapsychisch gesteuert – vollzieht.

Lernen besteht so gesehen im Übergang von der → interpsychischen zur → intrapsychischen Handlungssteuerung.

Selbst ganz banal erscheinende Alltagstätigkeiten wie zum Beispiel das Suchen nach einem Gegenstand erweisen sich bei näherer Betrachtung oft als soziale Aktivitäten, bei denen interpsychische und intrapsychische Prozesse zusammenspielen.

Beispiel

Suchen nach einem verlorenen Gegenstand

Ein Kind hat vergessen, wo es sein Buch hingelegt hat.

Kind: „Mama, hast du mein Buch gesehen?"
Mutter: „Nein. Wo hast du es denn zuletzt gehabt?"
Kind: „In der Schule hab' ich es noch gehabt."
Mutter: „Hast du es mit nach Hause gebracht?"
Kind: „Weiß ich nicht."
Mutter: „Wo hast du denn deine Sachen hingetan, als du nach Hause gekommen bist?"

Das Kind geht ins Wohnzimmer und findet dort sein Buch, das neben seiner Jacke liegt.

Kommentar:

Weder das Kind noch die Mutter können sich allein – nur auf sich selbst gestellt – erinnern, wo das gesuchte Buch ist. Das Suchen und Finden sind eine gemeinsame, eine soziale Aktivität.

Mit der Zeit beginnt das Kind, sich selbst solche Fragen zu stellen, wenn es sich zunächst nicht erinnern kann. Es verbessert damit seine metakognitiven Fähigkeiten der Suche nach vergessenen Gegenständen.

Äußere und innere Sprache

Die → interpsychische und die → intrapsychische Handlungssteuerung erfolgt zu einem großen Teil mit Hilfe der Sprache. Diese kann nach Wygotski als äußere und als innere Sprache auftreten. Zunächst ist sie nur äußere Sprache, und das Sprechen dient der Kommunikation mit anderen.

Entsprechend dem Organonmodell von Bühler (1934) ist Sprache ein Werkzeug, mit dessen Hilfe einer dem anderen eine Mitteilung über die Dinge machen kann. Sie ist ein Instrument, um das Denken anderer zu beeinflussen (Abbildung 4.1a). Im Laufe der Entwicklung wird das Sprechen allmählich zu einem inneren Sprechen. Sprache wird damit zu einem Instrument, um das eigene Denken zu beeinflussen. Sie dient gewissermaßen der Kommunikation mit sich selbst (Abbildung 4.1b).

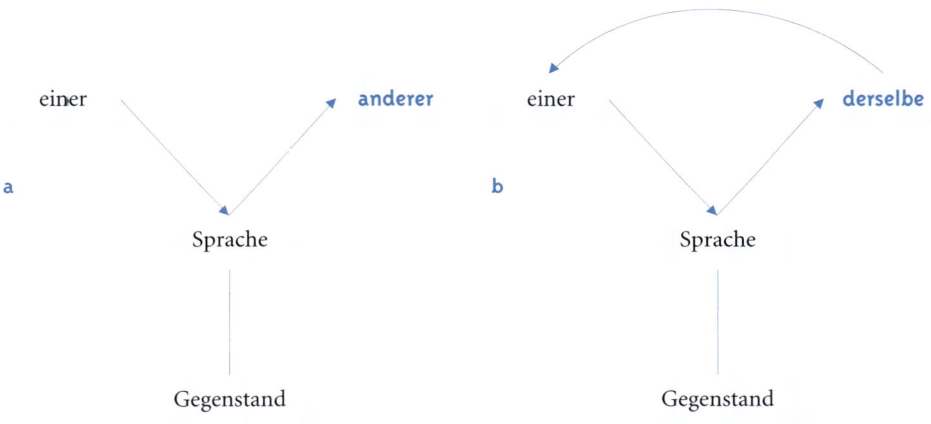

Abbildung 4.1 a. Sprache als Werkzeug der interpsychischen Kommunikation soll das Denken eines anderen Menschen über einen Gegenstand beeinflussen, indem man ihm eine Mitteilung über den Gegenstand macht **b.** Sprache als Werkzeug der intrapsychischen Kommunikation soll die eigenen Gedanken über einen Gegenstand beeinflussen und dient der Kommunikation mit sich selbst (nach Bühler, 1934)

4.2 Vergegenständlichung und Aneignung von Wissen

Keine genetische Wissensweitergabe. Der russische Psychologe Alexej Nikolajewitsch Leontjew ist ebenfalls ein Vertreter der kulturhistorischen Schule der Psychologie, orientiert sich allerdings deutlicher als Wygotski an historisch-materialistischen Konzepten. Leontjew geht davon aus, dass es seit der Zeit des Cro-Magnon-Menschen vor ca. 25.000 Jahren keine erkennbaren morphologischen Veränderungen in der menschlichen Anatomie und Hirnstruktur mehr gab. Die gesamte technisch-kulturelle Entwicklung fand demnach bei annähernd gleichbleibenden morphologischen Strukturen des Menschen statt. Die kulturspezifischen menschlichen Kenntnisse und Fähigkeiten können deshalb nicht in der morphologischen Struktur (sozusagen der „neuronalen Hardware") des Gehirns fixiert sein und sie können auch nicht auf biologischem Weg durch Vererbung weitergegeben werden. Die Weitergabe von Kenntnissen und Fähigkeiten muss deshalb auf andere Weise erfolgen (Leontjew, 1971).

Vergegenständlichte Kenntnisse: Werkzeuge. Die von einer Kultur erarbeiteten Kenntnisse und Fähigkeiten sind nach Leontjew in den Produkten der gesellschaftlichen Entwicklung – vor allem in Werkzeugen – in äußerer, „vergegenständlichter" Form repräsentiert (→ Vergegenständlichung). Werkzeuge wie z.B. eine Tasse oder ein Hammer haben demnach nicht nur physikalische, sondern auch soziale und andere psychisch relevante Eigenschaften, da sie eine bestimmte Art und Weise ihres Gebrauchs nahe legen und den richtigen Gebrauch durch Erfolg des Handelns belohnen („verstärken“).

Aneignung vergegenständlichter Kenntnisse. Einem Kind sind von Geburt an die biologischen Voraussetzungen gegeben, sich zu einem Mitglied einer sozialen bzw. kulturellen Gemeinschaft zu entwickeln. Verwirklicht wird diese Entwicklung allerdings nur unter den Bedingungen des realen gesellschaftlichen Lebens. Dabei muss sich das Individuum die in Werkzeugen und anderen Produkten der gesellschaftlichen Entwicklung vergegenständlichten Kenntnisse und Fähigkeiten aneignen, indem es in ein aktives Verhältnis zu diesen Gegenständen tritt und lernt, jene Tätigkeiten zu vollziehen, die den Praktiken der jeweiligen Kultur entsprechen (→ Aneignung).

Kooperative Tätigkeiten. Jede Kultur ist durch kooperative Tätigkeiten gekennzeichnet. Ob es sich um das Fällen eines Baumes, Feldarbeit, den Bau eines Hauses oder die Entwicklung einer Software handelt – in jedem Fall bearbeiten zwei oder mehrere Individuen gemeinsam einen Gegenstand mit Hilfe von Werkzeugen. Das Schema der kooperativen Bearbeitung eines Gegenstands ist in Abbildung 4.2 graphisch dargestellt.

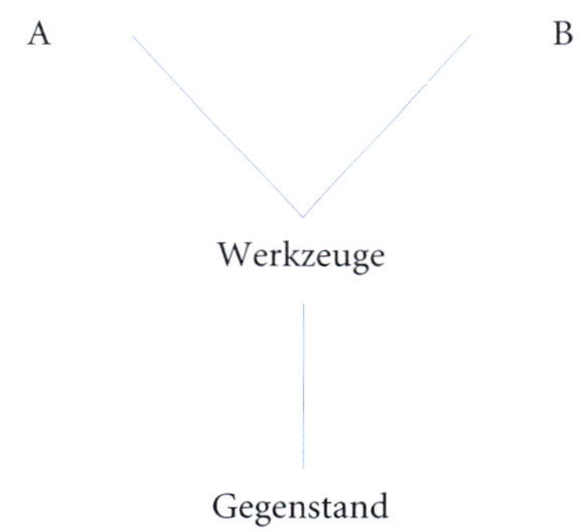

Abbildung 4.2. Schema der kooperativen Bearbeitung eines Gegenstands mit Hilfe von Werkzeugen. Besitzen beide **Kooperationspartner A und B** die erforderlichen Kenntnisse und Fähigkeiten, so handelt es sich um gemeinsame Arbeit. Hat nur einer (z.B. Partner A) die erforderlichen Kenntnisse und Fähigkeiten, so handelt es sich um eine Situation des Lehrens und Lernens. Partner A hat dann die Rolle des Lehrenden und Partner B die Rolle des Lernenden

Lehren und Lernen. Besitzen beide Kooperationspartner bereits die erforderlichen Kompetenzen, so handelt es sich bei dieser Kooperation um Arbeit. Ist hingegen einer der Partner (z.B. Partner B) noch Novize und hat dementsprechend nur eingeschränkte Kompetenzen, während der andere (Partner A) bereits Experte ist, so handelt es sich bei dieser Kooperation um einen Prozess des Lehrens und Lernens. Partner A wird zum Lehrenden und Partner B wird zum Lernenden. In diesem Kontext findet dann die Aneignung der für die Tätigkeit erforderlichen Kenntnisse und Fähigkeiten statt. Das lernende Individuum vollzieht die Tätigkeit also zunächst in Kooperation mit anderen Menschen,

- die den Handlungsablauf vormachen und damit ein Lernen am Modell ermöglichen,
- die direkt in den Handlungsablauf eingreifen
- oder die den Handlungsablauf durch sprachliche Hinweise steuern.

Lernen als aktiver Prozess. Indem die Handlung wiederholt ausgeführt wird, bilden sich beim Individuum allmählich die neuronalen regulativen Grundlagen für den Handlungsablauf.

D.h.: Es entwickeln sich die erforderlichen Kenntnisse und Fähigkeiten zum selbständigen Handlungsvollzug. Der Aneignungsprozess ist also kein passives Übernehmen von Kenntnissen und Fähigkeiten, sondern basiert auf der aktiven Auseinandersetzung mit den Produkten der gesellschaftlichen Entwicklung innerhalb der Praktiken der jeweiligen Kultur. Lernen ist damit ein aktiver, konstruktiver Prozess.

Das Gehirn als „Werkzeugmaschine"

Das menschliche Gehirn bietet nach Leontjew die allgemeinen Voraussetzungen für die menschliche Entwicklung, indem es die Herausbildung von neuronalen Regulationssystemen für den Vollzug kulturspezifischer Handlungen in Form von Lernen ermöglicht. Diese Regulationssysteme können als funktionale Organe (Werkzeuge zum Vollzug der betreffenden Handlungen) angesehen werden. Das menschliche Gehirn ist insofern ein Organ zur Ausbildung spezifischer funktionaler Organe. Es ist also ein allgemeines Werkzeug zur Herstellung spezifischer Werkzeuge, gewissermaßen eine neuronale „Werkzeugmaschine".

Wenn ein Kind, das zunächst gestillt wurde und dann aus einer Flasche mit Schnuller getrunken hat, zum ersten Mal mit fremder Hilfe aus einer Tasse trinken soll, wird es zunächst versuchen, die bisher praktizierte Bewegungskoordination von Zunge und Lippen anzuwenden, also die Tasse unter sein Saugschema zu subsumieren. Da dieser Versuch jedoch nicht zum Erfolg führt, wird es die Bewegungskoordination modifizieren: Es wird lernen, die Zunge zurückzuziehen, die Unterlippe an den Tassenrand anpassen usw. (Piaget bezeichnet dies als Schema-Akkomodation). Dieser Lernprozess wird sowohl durch die gegenständliche Beschaffenheit der Tasse als auch durch den Erwachsenen, der die Tasse an den Mund des Kinds hält, gesteuert. Durch wiederholten Vollzug der Trinkhandlung bildet sich beim Kind allmählich das erforderliche Regulationssystem bzw. die Fähigkeit aus, aus einer Tasse zu trinken (nach Leontjew, 1971).

Sämtliche gelernten Fähigkeiten – vom Trinken aus einer Tasse über das Betätigen von Lichtschaltern, die Nutzung von Fahrrädern oder Autos bis zum Lösen von Differentialgleichungen – basieren letztlich auf den generativen Eigenschaften des Gehirns. Dies gilt gleichermaßen für das Beherrschen materieller (z.B.Tasse) und ideeller Werkzeuge (z.B. Konzepte und Theorien).

Abbildung 4.3. Ein Kind macht zunächst angeregt durch andere und anschließend selbständig Erfahrungen mit den Gegenständen seiner Umwelt und eignet sich dabei die darin vergegenständlichten Kenntnisse und Fähigkeiten an

Kooperatives und kommunikatives Handeln

Rahmenmodell. Wenn man die durch den Gebrauch von Werkzeugen charakterisierte kooperative Arbeit des Menschen, den Prozess der Aneignung von vergegenständlichten Kenntnissen und Fähigkeiten durch den Gebrauch von Werkzeugen in Kooperation mit einem anderen Individuum und die Kommunikation zwischen den Kooperationspartnern mit Hilfe des Kommunikationsinstruments Sprache miteinander kombiniert, so erhält man ein allgemeines Rahmenmodell des kooperativen und kommunikativen Handelns. In diesem sind zugleich Schemata der Sprachpsychologie, der Semiotik, der Kommunikationstheorie und der Didaktik enthalten (siehe Abbildung 4.4).

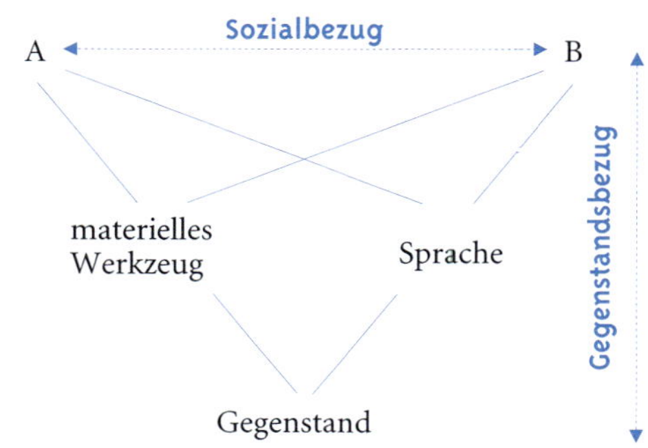

Abbildung 4.4. Allgemeines Rahmenmodell des kooperativen und kommunikativen Handelns: Zwei Partner A und B kooperieren, indem sie gemeinsam mit Hilfe eines Werkzeugs auf einen Gegenstand einwirken. Die dabei erforderliche gegenseitige Abstimmung geschieht unter anderem mit Hilfe der Sprache. Der **Gegenstandsbezug** der Kommunikation besteht in der Gerichtetheit der beiden Kooperationspartner auf den Gegenstand. Der **Sozialbezug** besteht in der Gerichtetheit der beiden Kooperationspartner zueinander. Beherrscht einer der beiden Kooperationspartner die Handlung bereits und der andere noch nicht, so wird die Kooperation zu einem Lehr-Lern-Prozess: Der Lehrende unterstützt den Lernenden bei der Aneignung der im Werkzeug vergegenständlichten Kenntnisse und Fähigkeiten, indem er ihm den Vollzug der adäquaten Tätigkeit ermöglicht

Sprache. Dem Modell zufolge kooperieren zwei Partner A und B, indem sie gemeinsam mit Hilfe eines Werkzeugs auf einen Gegenstand einwirken. Dabei müssen sie ihre Handlungen aufeinander abstimmen. Dies geschieht unter anderem mit Hilfe der Sprache. Das Rahmenmodell beinhaltet somit das Organonmodell der Sprache von Bühler (1934). Die sprachlichen Äußerungen haben für den Sprachbenutzer A bzw. den Sprachbenutzer B eine Bedeutung im Hinblick auf den Gegenstand. Das Modell umfasst insofern auch das semantische Dreieck von Ogden und Richards (1923).

Gegenstands- und Sozialbezug. Innerhalb der Kooperation kann man zwischen Gegenstandsbezug und Sozialbezug unterscheiden. Der Gegenstandsbezug besteht in der Gerichtetheit der beiden Kooperationspartner auf den Gegenstand. Der Sozialbezug besteht in der Gerichtetheit der beiden Kooperationspartner zueinander. Die Unterscheidung von Gegenstandsbezug und Sozialbezug entspricht der Unterscheidung von Inhaltsaspekt und Beziehungsaspekt in der Kommunikationstheorie von Watzlawick et al. (1969).

Didaktisches Dreieck. Wenn einer der beiden Kooperationspartner die zu vollziehende Tätigkeit gut und der andere sie noch nicht beherrscht, wird die Kooperation zwischen beiden zu einem Lehr-Lern-Prozess: Der eine Partner wird zum Lehrenden und der andere zum Lernenden. Der Lehrende unterstützt den Lernenden bei der Aneignung der im Werkzeug vergegenständlichten Kenntnisse und Fähigkeiten, indem er ihm den Vollzug der adäquaten Tätigkeit ermöglicht. Das Rahmenmodell beinhaltet insofern das aus Lehrendem, Lernendem und Inhalt bestehende didaktische Dreieck.

4.3 Aneignung geistiger Fähigkeiten

Ein weiterer Vertreter der kulturhistorischen Schule der Psychologie ist Pjotr J. Galperin. Aufbauend auf die Arbeiten von Wygotski und Leontjew geht er davon aus, dass das Wesen des Psychischen in der Orientierung des Individuums besteht. Höhere kognitive Prozesse können als geistige Handlungen angesehen werden, welche die Bedingungen äußerer Handlungen erfassen und das Verhalten entsprechend steuern. Die inneren Voraussetzungen zum Vollzug dieser geistigen Handlungen werden als geistige Fähigkeiten bezeichnet (Galperin, 1972).
Zu einer äußeren, materiellen Handlung gehören sowohl die zielgerichtete Umwandlung einer Ausgangssituation in eine angestrebte Situation – der Ausführungsteil der Handlung – als auch die Steuerung und Regulation des Handlungsablaufs – der Orientierungsteil der Handlung. Wenn die Handlungsbedingungen noch unbekannt sind, spielt der Orientierungsteil eine große Rolle. Bleiben sie längere Zeit konstant, so reduziert sich der Orientierungsteil und die Handlung wird automatisiert.

Arbeits- und Kontrollhandlung. Galperin bezeichnet den Ausführungsteil einer Handlung als Arbeitshandlung. Die Arbeitshandlung besteht aus den Prozessen, die unmittelbar auf eine Situation einwirken und diese verändern. Den Orientierungsteil einer Handlung bezeichnet Galperin als Kontrollhandlung. Die Kontrollhandlung besteht aus den Prozessen, welche die Ausführung der Arbeitshandlung überwachen. Hierzu gehört z.B. die visuelle Kontrolle des Handlungsverlaufs und seiner Zwischenergebnisse. Die Kontrollhandlung kann sich manchmal von der Arbeitshandlung ablösen und zu einem eigenen Schritt innerhalb der Gesamttätigkeit werden. Beispielsweise kann bei der Herstellung eines Werkstücks das Ergebnis eines Arbeitsschritts durch Anlegen einer Schablone geprüft werden. Dieses Anlegen einer Schablone kann selbst wieder in einen Ausführungs- und einen Kontrollteil untergliedert werden.

Handlungsrelevante Repräsentationen

Zur Ausführung einer Handlung bedarf es einer externen oder internen Repräsentation des geplanten Handlungsverlaufs und der relevanten Handlungsbedingungen. Galperin bezeichnet die interne Repräsentation des geplanten Handlungsverlaufs als Handlungsplan oder als inneres Handlungsmodell (was nicht als mentales Modell im heutigen Sinn gemeint ist). Eine Repräsentation des Handlungsverlaufs kann man sich als eine Reihe von Handlungsvorschriften vorstellen, die wiederum Ausführungs- und Kontrollvorschriften enthalten und in psychischer Form kodiert sind. Die Repräsentation der relevanten Handlungsbedingungen bezeichnet Galperin als Orientierungsgrundlage.

Orientierungsgrundlage. Eine → Orientierungsgrundlage enthält die wesentlichen Eigenschaften des Handlungsobjekts, des Handlungsinstruments und der Handlungssituation. Eine Orientierungsgrundlage kann sowohl in externer, materieller Form als auch in interner, psychischer Form existieren. In externer, materieller Form kann eine Orientierungsgrundlage z.B. in der Aufzählung der relevanten Punkte oder einer graphischen Darstellung bestehen. In interner, psychischer Form entspricht sie dem im Gedächtnis gespeicherten Wissen über die Handlungsbedingungen oder entsprechenden Vorstellungen. In den neueren, aus den USA stammenden Ansätzen des → situierten Lernens wird das Anbieten einer Orientierungsgrundlage als Scaffolding bezeichnet.

Unvollständige Orientierungsgrundlage. Je nach Qualität der → Orientierungsgrundlage gelingen Handlungen mehr oder weniger fehlerfrei und sind mehr oder weniger gut auf neue Situationen übertragbar. Häufig werden im Unterricht unvollständige Orientierungsgrundlagen vermittelt. Das Individuum lernt dann durch Nachahmung und Wiederholung nach dem Prinzip von Versuch und Irrtum, ohne sich über die notwendigen Handlungsbedingungen klar zu sein. Das Lernen ist zeitaufwendig und erfordert viel Energie, da die Kontrolle am Handlungsergebnis und nicht am Handlungsverlauf ansetzt. Die Lernergebnisse haben niedrige Qualität und unterliegen großen Schwankungen. Individuelle Leistungsunterschiede zwischen den Schülern treten deutlich hervor.

Vollständige Orientierungsgrundlage. Vollständig vorgegebene Orientierungsgrundlagen ermöglichen nach Galperin bewusstes, zielgerichtetes Lernen, da die Bedingungen der Handlung durchschaut werden können. Leistungsstärkere und leistungsschwächere Schüler unterscheiden sich bei vollständig vorgegebenen Orientierungsgrundlagen in ihren Lernergebnissen weniger voneinander. Ein Nachteil ist, dass eine solche Orientierungsgrundlage nur für den jeweiligen Einzelfall passend ist. Leistungsstärkere und leistungsschwächere Schüler unterscheiden sich deutlich, wenn eine Übertragung auf andere Anforderungen notwendig ist.

Orientierungsgrundlage höherer Ordnung. Man kann Lernenden auch vermitteln, selbst vollständige Orientierungsgrundlagen zu erstellen, indem man ihnen die zugrundeliegenden Prinzipien erläutert und sie diese anwenden lässt. Die Lernenden erwerben damit eine allgemeine Orientierungsgrundlage höherer Ordnung. Eine solche Orientierungsgrundlage ermöglicht die Übertragung auf neue Fälle auch bei starken Veränderungen der Aufgabensituation. Die Übertragung hängt dann in geringerem Maße vom allgemeinen Leistungsniveau des Lernenden ab.

Ausbildung geistiger Handlungen in Etappen

Denken ist nach Galperin ein inneres, geistiges Handeln. Diesem geistigen Handeln liegt zunächst ein äußeres, gegenständliches Handeln zugrunde. Letzteres wird etappenweise verinnerlicht und so zum geistigen Handeln. Diese Theorie wurde auf die Aneignung von Fähigkeiten in den verschiedensten Gebieten angewandt, unter anderem auf den Schreibunterricht, den Unterricht in Grammatik, in Geometrie, Geographie, Physik, Biologie und Geschichte.

Damit es zur Ausbildung vollwertiger Denkprozesse kommt, muss Galperin zufolge die Interiorisation genau geplant und gelenkt werden. Dazu ist es erforderlich, dem Lernenden die Handlung in materieller Form vollständig zu erschließen. Ausgangspunkt ist deshalb die Schaffung einer vollständigen Orientierungsgrundlage. Diese wird durch ihre Verwendung allmählich interiorisiert und damit zum Wissen über die Handlungsbedingungen, den Handlungsablauf und die Handlungsziele.

Der Prozess der Interiorisation läuft etappenweise über vier Handlungsebenen ab. Über:

(1) die Ebene der materiellen oder → materialisierten Handlung,
(2) die Ebene der äußeren Sprache,
(3) die Ebene der äußeren Sprache für sich und
(4) die Ebene der inneren Sprache.

Galperins Modell der Aneignung geistiger Fähigkeiten wird deshalb als Theorie der Ausbildung geistiger Handlungen in Etappen bezeichnet.

Ebenen der Ausbildung geistiger Handlungen nach Galperin

Ebene der materiellen oder materialisierten Handlung. Die Handlungsausführung erfolgt, sofern dies praktisch möglich ist, mit dem realen Gegenstand des Denkens. Sind beispielsweise geometrische Formen Gegenstand des Denkens, so erfolgt die Handlungsausführung mit realen geometrischen Formen. Diese Form der Handlungsausführung bezeichnet Galperin als materielle Handlung. Oft ist jedoch ein Handeln mit dem realen Gegenstand nicht möglich, weil dieser gar nicht verfügbar oder das Handeln zu gefährlich ist. In diesem Fall kann die Handelung auch an einem Ersatzgegenstand vorgenommen werden (einem Modell oder einer Zeichnung). Galperin bezeichnet diese Form der Handlungsausführung als → materialisierte Handlung. Es ist dabei nicht entscheidend, dass irgendwelche Aktivitäten stattfinden. Vielmehr muss eine Handlung vollzogen werden, die ein externes Modell der zu lernenden geistigen Handlung darstellt. Die materielle oder materialisierte Form der Handlung ermöglicht es, die Handlungsausführung genau zu demonstrieren, anzuleiten und zu kontrollieren. Auftretende Fehler können sofort korrigiert werden, so dass die Handlung schon frühzeitig fehlerfrei vollzogen werden kann.

Ebene der äußeren Sprache. Der Lernende vollzieht die Handlung nicht mehr äußerlich, sondern nur noch intern und beschreibt sie in sprachlicher Form. Er beschreibt die zu beachtenden Handlungsbedingungen, die vollzogenen Operationen sowie deren Ergebnisse. Hier steht noch die Kommunikationsfunktion der Sprache im Vordergrund: Der Lernende macht dem Lehrenden Mitteilungen über den Handlungsverlauf. Der Lehrende kann so den Handlungsablauf weiterhin kontrollieren und ggf. korrigieren. Der Lernende wird zur Kontrolle seines Handelns und zu exakter sprachlicher Formulierung angehalten.

Ebene der äußeren Sprache für sich. Der Lernende verbalisiert nur noch Zwischenergebnisse und dies in mehr oder weniger abgekürzter Form. Die Kommunikationsfunktion der Sprache tritt somit in den Hintergrund. Vielmehr dient die Sprache primär der Unterstützung des Denkens.

Ebene der inneren Sprache. Der Handlungsablauf wird infolge der Verkürzung und Automatisierung nicht mehr als sprachlicher Prozess bewusst. Bewusst wird nur noch das Handlungsergebnis als Gedanke an den betreffenden Inhalt. Dadurch ist der innere Zusammenhang zwischen Sprechen und Denken der Beobachtung nicht mehr zugänglich. Der Handlungsablauf wird zur geistigen Handlung.

Mit jedem Übergang zur nächsten Ebene findet eine Verkürzung und Automatisierung der Handlung statt. Die Handlung wird verkürzt, indem überflüssige Bestandteile weggelassen werden, so dass das Ziel auf immer direkterem Weg erreicht wird. Die Handlung wird automatisiert, indem die bewussten Anteile der Handlungskontrolle immer geringer werden. Treten Schwierigkeiten auf, besteht für den Lernenden immer die Möglichkeit, auf eine frühere Ebene zurückzukehren, indem er beispielsweise sein Denken in abgekürzter oder in ausführlicherer Form verbalisiert oder gar in materialisierter Form vollzieht. Am Ende des Verinnerlichungsprozesses steht eine verallgemeinerte, reduzierte und teilweise automatisierte geistige Handlung.

4.4 Situiertes Lernen: Soziokonstruktivismus

Der traditionelle Unterricht in Schule und anderen Bildungsinstitutionen ist häufig dadurch gekennzeichnet, dass Definitionen, Lehrsätze und Prozeduren losgelöst von einem relevanten Verwendungskontext gelernt werden. Die Lernenden sind zwar in der Lage, Prüfungen erfolgreich abzulegen, können jedoch das Gelernte nicht anwenden. Wissen und Handeln bleiben voneinander getrennt: Das erworbene Wissen ist „träge“.

Gegen diese Trennung von Wissen und Handeln wendet sich ein pädagogisch-psychologischer Ansatz, der seit Ende der 1980er Jahre weite Verbreitung gefunden hat. Er bezieht sich ebenfalls auf Wygotski, macht aber auch Anleihen bei der Reformpädagogik. Dieser Ansatz betont vor allem drei Charakteristika des menschlichen Lernens:

(1) **Situiertheit.** Lernen ist immer ein → situiertes Lernen: Es findet in einem bestimmten Kontext statt und bleibt mit diesem verbunden.
(2) **Sozialer Kontext.** Es handelt sich bei diesem Kontext immer um einen sozialen Kontext.
(3) **Konstruktiver Prozess.** Lernen ist immer ein konstruktiver Prozess: Der Lernende bekommt kein Wissen vermittelt, sondern muss anhand verfügbarer Informationen jeweils sein eigenes Wissens und seine eigenen Fähigkeiten konstruieren.

Dieser Ansatz wird deshalb als → Soziokonstruktivismus bezeichnet. Aus soziokonstruktivistischer Sicht ist Wissen keine Substanz, die aus kontextunabhängigen Elementen aufgebaut ist. Wissen erwächst vielmehr aus Handlungen und ist mit diesen Handlungen in bestimmte soziale Kontexte eingebunden. Diese sozialen Kontexte sind geprägt durch bestimmte Aufgaben, Werkzeuge, Vorwissen und Überzeugungen der Mitglieder der jeweiligen Kultur. Auch die in dieser Kultur verwendeten Begriffe befinden sich immer in Konstruktion, da ihr Inhalt immer wieder neu ausgehandelt wird. Wissen ist nicht nur seiner Herkunft nach situiert, sondern bezieht auch bei seiner Anwendung häufig die aktuelle Situation explizit mit ein, wie das folgende Beispiel deutlich macht.

Beispiel

Lösung von Denkaufgaben durch Nutzung des Kontextes

Bei der Essensvorbereitung in einem Diätkurs schrieb das Rezept vor, „zwei Drittel von drei Vierteln eines Messbechers Hüttenkäse“ bereitzustellen. Nach vergeblichen Versuchen des Bruchrechnens (3/4 mal 2/3) fand ein Teilnehmer folgende Lösung: Der Messbecher wird bis zur Zwei-Drittel-Marke mit Hüttenkäse gefüllt. Der Inhalt wird auf ein Schneidebrett gegeben und zu einer kreisförmigen Scheibe geformt. Auf der Scheibe wird mit dem Messer ein rechtwinkeliges Kreuz markiert, so dass vier gleich große Quadranten entstehen. Dann wird ein Quadrant weggenommen. Der Rest wird serviert.

Kommentar:

Das Problem wird hier in einem bestimmten Kontext gesehen, zu dem bestimmte Gegenstände (Messbecher, Schneidebrett, Messer) gehören. Dabei beschreibt bereits die Formulierung des Problems den Lösungsprozess. Die in der aktuellen Situation vorliegenden Gegenstände werden in die Problemlösung einbezogen. D.h.: Die kognitiven Anforderungen werden zum Teil an die materielle Situation delegiert. Die „Berechnung“ des Ergebnisses ist kein Operieren mit Symbolen, sondern einfach ein integraler Bestandteil der Essensvorbereitung (nach Collins et al., 1989).

Wissen als Werkzeug

So wie man ein materielles Werkzeug besitzen kann, ohne in der Lage zu sein, es anzuwenden, kann man auch über Wissen verfügen, ohne es anwenden zu können. Auch Wissen ist ein Werkzeug: Es dient der Orientierung und trägt dazu bei, Sachverhalte zu ordnen und zielgerichtet zu verändern. Ebenso wie andere Werkzeuge wird auch Wissen als ein geistiges Werkzeug nur durch seinen Gebrauch vollständig verstanden.

Wie ein materielles Werkzeug angewandt werden soll, ist von den gegenständlichen Eigenschaften des Werkzeugs und des zu bearbeiteten Gegenstands, aber auch von der jeweiligen sozialen Gemeinschaft und ihren Normen abhängig.
Ein Lernender (z.B. ein Auszubildender im Handwerk) muss deshalb in eine soziale Gemeinschaft (z.B. die Produktionskultur einer Werkstätte) eintreten, um die dort üblichen Praktiken kennen und beherrschen zu lernen. In einer solchen Gemeinschaft übernimmt er durch Beobachtung und eigenes Handeln die Verhaltens- und Denkweisen, die Überzeugungen und den Jargon dieser Gemeinschaft. In der Anfangsphase findet meist nur eine periphere Teilnahme statt, in der der Novize sich orientiert und beobachtet, wie Experten bei der Lösung von authentischen Problemen vorgehen und wie sie darüber kommunizieren. In den folgenden Phasen wird die Teilnahme immer aktiver. Der Lernende eignet sich allmählich die Kenntnisse, Fähigkeiten, Sicht- und Redeweisen der Gemeinschaft an.
In ähnlicher Weise können auch Erwerb und Anwendung von Wissen – eines geistigen Werkzeugs – innerhalb einer Expertenkultur beobachtet und durch zunehmend aktive Teilnahme gelernt werden. Aus soziokonstruktivistischer Sicht ist eine solche Form des Lernens auch im Unterricht möglich.

Beispiel

Soziokonstruktivistischer Mathematikunterricht

Schoenfeld (1985) beschreibt einen Mathematikunterricht, dessen Ziel es ist, Schüler mathematisch denken zu lehren und die Welt mit den Augen eines Mathematikers sehen zu lassen. Der Lehrer bringt Problemstellungen mit in den Unterricht (oder lässt sie von Schülern mitbringen), die dann gemeinsam gelöst werden. Beispielsweise könnte ein solches Problem sein: „Fülle ein magisches Quadrat von 3 mal 3 Feldern mit den Ziffern 1 bis 9 so aus, dass die Spalten-, die Zeilen- und die Diagonalsumme jeweils 15 ist." Wenn eine Lösung für dieses Problem gefunden ist, fragt der Lehrer, ob es noch andere magische Quadrate gibt. Es wird analysiert, was diese miteinander gemeinsam haben und welche allgemeinen mathematischen Prinzipien für diese gelten.
In diesem Unterricht wird nicht einfach „frontal" mathematischer „Stoff" gelehrt, sondern Lehrer und Schüler erarbeiten sich gemeinsam mathematische Strategien.

Authentische Lernumgebungen

Vom Konkreten zum Abstrakten. Da aus soziokonstruktivistischer Sicht zwischen dem Lernkontext, dem konstruierten Wissen und dem Anwendungskontext ein enger Zusammenhang besteht, werden Lehrmethoden abgelehnt, die abstraktes Wissen unabhängig von authentischen Situationen zu vermitteln versuchen und in denen die Lernenden keine Möglichkeit haben, an der Expertenkultur der jeweiligen Wissensdomäne teilzunehmen. Die Vermittlung von Wissen sollte vielmehr mit konkreten authentischen Situationen beginnen und dann schrittweise zu abstrakteren Einsichten gelangen.

Authentische Praktiken. Als authentische Praktiken bezeichnet man die „echten", repräsentativen Praktiken innerhalb einer Gemeinschaft. Sie werden sozial konstruiert und zwischen den Mitgliedern der Gemeinschaft ausgehandelt. Authentische Praktiken gibt es nicht nur im Bereich der materiellen, sondern auch im Bereich der geistigen Tätigkeiten einer Gesellschaft. Beispielsweise kann Mathematikunterricht so gestaltet werden, dass die Schüler nicht einfach nur mathematischen „Stoff", sondern die Welt mit den Augen eines Mathematikers zu sehen lernen und in die Kultur des mathematischen Denkens hineinwachsen. Sie eignen sich auf diese Weise nicht nur inhaltliche Kenntnisse, sondern auch die heuristischen Strategien des Suchens nach Lösungen sowie allgemeine Lernstrategien an (vgl. Kasten S. 53).

Gegenständliche und soziale Gestaltung. Das aus soziokonstruktivistischer Sicht geforderte → situierte Lernen erfordert eine sowohl gegenständliche als auch soziale Gestaltung der Lernsituation. Gegenständliche Gestaltung bedeutet, dass ein geeignetes materielles Setting (bestehend aus materiellen Objekten, Werkzeugen usw.) bereitgestellt wird. Soziale Gestaltung bedeutet, dass authentische Lernaufgaben gegeben werden, welche die praktische Nützlichkeit des Wissens hervorheben und Gelegenheit zum Verfolgen persönlich relevanter Ziele bieten. Die soziale Gestaltung der Lernsituation sollte auch die Bildung einer Gemeinschaft von Lernenden einschließen, in der über das Lernen kommuniziert wird. Eine solche Gemeinschaft von Lernenden sollte das Auftreten von Fehlern nicht als einen Makel ansehen, sondern als eine Möglichkeit, Fehlerursachen zu erkennen und Einsichten in relevante Zusammenhänge zu erhalten.

4.5 Zusammenfassung

Lernen und Entwicklung können als ein Prozess der → Enkulturation, d.h. als ein Hineinwachsen in eine bestimmte Kultur mit bestimmten, sozial vermittelten Praktiken angesehen werden.
Die Praktiken einer Kultur sind durch den Gebrauch von materiellen Werkzeugen vermittelt, in denen Kenntnisse und Fähigkeiten vergegenständlicht sind. Menschliches Lernen als Enkulturation besteht in der aktiven Aneignung dieser Kenntnisse und Fähigkeiten, indem durch den Gebrauch von Werkzeugen interne (neuronale) Regulationssysteme für den Vollzug der betreffenden Tätigkeiten ausgebildet werden.
Wissen ist ein kognitives Werkzeug, das zur Orientierung in der Realität dient. Höhere kognitive Fähigkeiten können als innere, geistige Handlungen angesehen werden, die aus äußeren, materiellen Handlungen entstanden sind, indem diese schrittweise verinnerlicht wurden. Dementsprechend können geistige Handlungen systematisch herausgebildet werden. Der Handlungsvollzug wird jeweils durch → Orientierungsgrundlagen unterstützt, die unterschiedliche Qualität besitzen können. Beim Denken und Problemlösen wird in der alltäglichen kulturellen Praxis häufig die konkrete Situation in den kognitiven Prozess mit einbezogen.
Menschliches Lernen erfolgt immer in einem bestimmten gegenständlichen und sozialen Kontext und ist insofern situiert. Situiertes Lernen stellt keine reine Informationsvermittlung dar, sondern unterstützt Handlungen des Individuums zur Bewältigung authentischer, realistischer Situationen.

Die Bedeutung der Arbeit des Menschen für die Entwicklung der Gesellschaft und die Entwicklung des Individuums wurde vor allem von **Karl Marx** betont. Auf diese anthropologischen Grundannahmen weist auch A.N. Leontjew ausdrücklich hin. Die menschliche Arbeit als kooperative Auseinandersetzung mit der Umwelt, die durch Werkzeuge vermittelt und durch Sprache koordiniert wird, hat demnach sowohl einen Gegenstandsbezug als auch einen Sozialbezug.
Soweit die Sprache im Rahmen der kooperativen Arbeit als Instrument der Kommunikation zwischen den Kooperationspartnern dient, beinhaltet das entsprechende Rahmenmodell des kooperativen und kommunikativen Handelns auch das Organonmodell der Sprache von Karl Bühler (1934). Soweit die Kommunikation zwischen den Kooperationspartnern einerseits einen Gegenstandsbezug bzw. einen Inhaltsaspekt und andererseits einen Sozialbezug bzw. einen Beziehungsaspekt hat, bestehen auch Zusammenhänge zwischen dem Rahmenmodell des kooperativen und kommunikativen Handelns und der Kommunikationstheorie von Watzlawick et al. (1969).

Bezug zu ...

Die von den **handlungstheoretischen Ansätzen** vertretene Auffassung, dass Denken eine Interiorisation äußerer Handlungen ist, findet sich auch bei Piaget (1969). Die von Galperin beschriebene Interiorisation von materiellen Handlungen zu geistigen Handlungen unter fortschreitender Verkürzung und Automatisierung hat Bezüge zum Fertigkeitserwerb nach dem ACT*-Modell von J.R. Anderson (1983), wo die Verkürzung und Automatisierung durch sogenannte Komposition und Prozeduralisierung von Wissen stattfindet.
Die Annahme Galperins, dass die Interiorisation genau geplant und gelenkt werden muss, rückt diesen Ansatz zugleich in die Nähe von Ansätzen des Instruktionsdesigns, die – zwar mit kognitionspsychologischer Fundierung, aber zum Teil unter dem Einfluss der behavioristischen Annahmen über die Kontrollierbarkeit von Lernprozessen – durch genaue Planung der Lehrtätigkeit Lernprozesse zu optimieren versuchen.
Auf die Bedeutung der Situiertheit des Lernens in authentischen Situationen wird bereits bei den Klassikern der → Pädagogik sowie in der sogenannten Reformpädagogik hingewiesen (siehe Kapitel 2 Humanistische Ansätze).

4.6 Diskussionsfragen

(1) Welche Gemeinsamkeiten und Unterschiede bestehen zwischen der menschlichen produktiven Arbeit und dem menschlichen Lernen?
(2) Inwiefern kann man Wissen als ein Werkzeug betrachten? Welche Gemeinsamkeiten und Unterschiede bestehen zwischen gegenständlichen Werkzeugen und Wissen?
(3) Welche Gemeinsamkeiten und Unterschiede bestehen zwischen handlungstheoretisch-konstruktivistischen Ansätzen und den humanistischen Ansätzen in der → Pädagogischen Psychologie?
(4) Welche Gemeinsamkeiten und Unterschiede bestehen zwischen handlungstheoretisch-konstruktivistischen Ansätzen und den empiristisch-behavioristischen Ansätzen in der Pädagogischen Psychologie?

Weiterführende Literatur

Als Hauptwerk von Wygotski, in dem auch dessen pädagogisch-psychologischer Denkansatz beschrieben wird, gilt:
Wygotski, L.S. (1964). Denken und Sprechen. Berlin: Akademie Verlag.

Eine differenzierte Darstellung von historisch-materialistisch orientierten Theorieansätze der Pädagogischen Psychologie findet sich in:
Leontjew, A.N. (1971). Probleme der Entwicklung des Psychischen. Berlin (DDR): Volk und Wissen.

Galperin, P.J. (1972). Die geistige Handlung als Grundlage für die Bildung von Gedanken und Vorstellungen. In P.J. Galperin & A.N. Leontjew et al. (Hrsg.), Probleme der Lerntheorie (S. 33–49). Berlin (DDR): Volk und Wissen.

Eine Einführung in die soziokonstruktivistisch orientierten Ansätze der Pädagogischen Psychologie bietet:
Brown, J.S., Collins, A. & Duguid, P. (1989). Situated cognition and the culture of learning. Educational Researcher, Jan./Feb., 32–42.

Teil II
Entwicklungs- und Sozialisationsbedingungen

Pädagogisches Handeln zielt darauf ab, auf die Entwicklung von Individuen Einfluss zu nehmen. Die Entwicklung eines Individuums ist von inneren biologisch-genetischen Bedingungen (den Anlagen) und von äußeren Bedingungen (der Umwelt) abhängig. Die Erziehung – als eine der Umweltbedingungen – ermöglicht dem Individuum das Hineinwachsen in eine soziale Gemeinschaft. Pädagogisches Handeln erfordert immer eine Kooperation zwischen Lehrendem und Lernendem. Eine Kooperation ist auf die Aktivität der Kooperationspartnern angewiesen, und für diese Aktivität ist eine hinreichende Motivation der Partner erforderlich. Im → pädagogischen Prozess machen sich die Kooperationspartner ein Bild von sich selbst und vom anderen. Dieses Bild kann wiederum Auswirkungen auf die Motivation und Kooperationsbereitschaft der Beteiligten haben. Anlage und Umwelt, insbesondere die Erziehung, eine hinreichende Motivation der Beteiligten und die im pädagogischen Prozess stattfindende wechselseitige Wahrnehmung der Kooperationspartner sind somit wesentliche Bedingungen im Prozess der Entwicklung und der → Sozialisation.

Anlage- und Umwelteinflüsse. Anlage und Umwelt beeinflussen die Entwicklung des Menschen. Diese Faktoren können isoliert voneinander gar nichts bewirken, sondern nur gemeinsam einen Effekt ausüben. Was das einzelne Individuum betrifft, können somit keine Anlage-Anteile oder Umwelt-Anteile festgemacht werden. Jedoch ist es möglich, Unterschiede zwischen Individuen teils auf die Wirkung von Anlagen und teils auf die Wirkung von Umwelteinflüssen zurückzuführen, da sich sowohl die Umweltgegebenheiten als auch die Anlagen der Menschen interindividuell unterscheiden. Die Umwelt eines Individuums kann sich im Laufe seines Lebens ändern, während die biologisch-genetischen Anlagen des Individuums konstant bleiben. Deshalb gibt es zwar intraindividuelle Umweltunterschiede, jedoch keine intraindividuellen Anlageunterschiede.

Erziehungseinflüsse. Erziehungseinflüsse gehen von verschiedenen Erziehungsagenten wie z.B. Eltern, Geschwistern, Lehrern usw. aus. Diese verfolgen bestimmte → Erziehungsziele und setzen hierzu bestimmte Erziehungsmittel ein. Sie unterstützen damit die → Sozialisation des Individuums, sein Hineinwachsen in eine soziale Gemeinschaft. Eine soziale Gemeinschaft vertritt immer bestimmte Werte, die vom einzelnen Menschen im Rahmen des Sozialisationsprozesses in individueller Weise übernommen werden und für sein weiteres Handeln maßgeblich sind. Das entsprechende Wertsystem wird als Moral bezeichnet. Die moralische Erziehung bildet deshalb einen wesentlichen Bestandteil innerhalb der Erziehung eines Individuums.

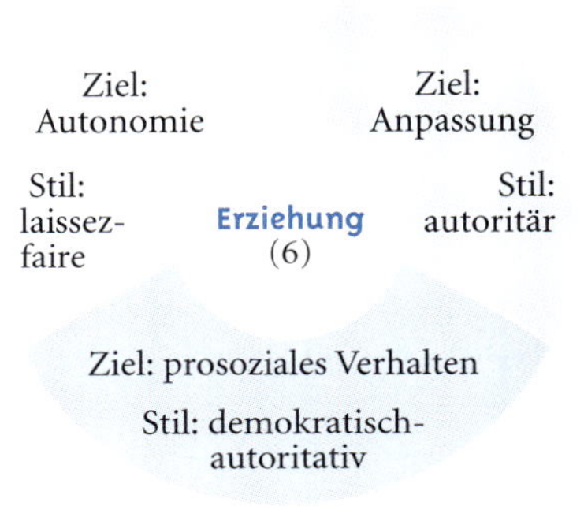

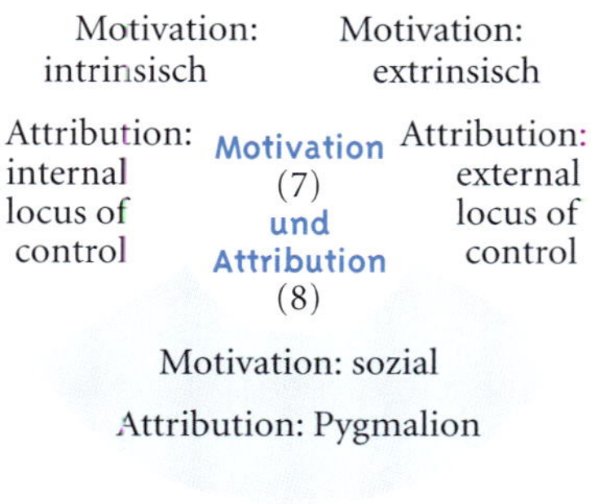

Motivation. → Motivation ist eine notwendige Bedingung für → Bildung und → Erziehung, da jeder → pädagogische Prozess eine Kooperation zwischen den Beteiligten voraussetzt und dieses gemeinsame Handeln einer entsprechenden Motivation bedarf. Ist diese notwendige Bedingung nicht in ausreichendem Maß erfüllt, so müssen pädagogische Bemühungen auch darauf gerichtet sein, hinreichende Motivation zu schaffen. Die Motivation eines Individuums kann darin bestehen, bestimmte Ziele erreichen zu wollen, die aufgrund seines individuellen Wertsystems als erstrebenswert angesehen werden. Sein Handel ist dann Mittel zum Zweck, diese Ziele zu erreichen. Die Motivation eines Individuums kann aber auch darin bestehen, eine Handlung um ihrer selbst willen auszuführen. Sein Handeln ist dann Selbstzweck.

Attribution und soziale Kognition. → Attribution und → soziale Kognition sind Prozesse, mit deren Hilfe man sich ein Bild von sich selbst und vom anderen innerhalb der sozialen Interaktion macht. Wenn sich Menschen ein Bild der Dinge machen, versuchen sie Erklärungen dafür zu finden, warum diese Dinge so sind, wie sie sind. Hierzu gehört beispielsweise, warum sie als Individuen Erfolg oder Misserfolg haben. Die in den Erklärungen angenommenen Ursachen können innerhalb und außerhalb des Individuums liegen und von ihm selbst mehr oder weniger veränderbar sein. Da für ein befriedigendes Leben in einer sozialen Gemeinschaft auch ein hinreichendes Selbstwertgefühl wesentlich ist, müssen die Erklärungen nicht nur den tatsächlichen Gegebenheiten Rechnung tragen, sondern auch das Selbstwertgefühl des Individuums unterstützen. Lehrende und Lernende kooperieren zwar im pädagogischen Prozess, nehmen aber innerhalb der Kooperation verschiedene Rollen ein, so dass sich ihre Attributionen und sozialen Kognitionen häufig unterscheiden.

Die genannten Entwicklungs- und Sozialisationsbedingungen werden in den folgenden vier Kapiteln (5 bis 8) genauer beschrieben.

5 Anlage- und Umwelteinflüsse

Was Sie in diesem Kapitel erwartet

Anlage und Umwelt: Biologische und kulturelle Einflüsse auf die Entwicklung

Eltern sagen oft, sie hätten ihre Kinder völlig gleich erzogen, aber trotzdem hätten sich diese ganz unterschiedlich entwickelt. Damit wird eine Frage aus humanistischer Sicht nahe gelegt: Was steckt in einem Kind? D.h.: Was kommt von innen?
Eltern sagen aber auch, eine neue Umgebung hätte der Entwicklung ihres Kindes gut getan. Damit wird eine Frage aus empiristisch-behavioristischer Sicht nahe gelegt: Welchen Einfluss haben Umwelt und Erziehung auf das Kind? D.h.: Was kommt von außen?
Jeder einzelne Entwicklungsschritt ist das Resultat eines Zusammenspiels von inneren und äußeren Bedingungen: von (biologisch-genetisch) bedingten Anlagen und von (kulturellen) Sozialisationseinflüssen. Deshalb ist ein individuelles Entwicklungsergebnis niemals aus Prozentanteilen – also aus (genetisch bedingten) Anlage-Anteilen und aus (sozialisationsbedingten) Umwelt-Anteilen – zusammengesetzt, da weder die genetischen Anlagen noch die Umwelt in der Lage sind, allein etwas zu bewirken. Allerdings können Aussagen über Ähnlichkeiten und Unterschiede gemacht werden:

- Bei gleichartiger Umwelt sind zwei Individuen einander in ihren geistigen Fähigkeiten umso ähnlicher, je ähnlicher sie einander genetisch sind.
- Bei gleichen genetischen Anlagen sind zwei Individuen einander in ihren geistigen Fähigkeiten umso ähnlicher, je ähnlicher ihre Umwelten sind.

Deshalb können interindividuelle Unterschiede in den Lern- und Entwicklungsergebnissen zum Teil auf Unterschiede der genetischen Bedingungen und zum Teil auf Unterschiede der Umweltbedingungen zurückgeführt werden. Intraindividuelle Umweltunterschiede können durch die Adoption eines Kindes bewirkt werden.
Entwicklungsprozesse und die ihnen zugrunde liegenden Lernprozesse benötigen Zeit. In bestimmten Phasen der Entwicklung benötigen bestimmte Lernprozesse weniger Zeit als in anderen. Die Möglichkeiten zur Beeinflussung der Entwicklung durch Lernen können also in verschiedenen Lebensphasen unterschiedlich stark ausgeprägt sein.

Lernziele

Sie sollten am Ende des Kapitels wissen bzw. verstanden haben,

- welche empirischen Befunde für die Existenz von Anlageeinflüssen auf die intellektuelle Entwicklung sprechen,
- welche empirischen Befunde für die Existenz von Umwelteinflüssen auf die intellektuelle Entwicklung sprechen und warum in bestimmten Lebensphasen Umwelteinflüsse besonders wichtig sein können,
- dass Anlageeinflüsse und Umwelteinflüsse in der Bevölkerung miteinander korrelieren können,
- dass Anlageeinflüsse und Umwelteinflüsse sich beim einzelnen Individuum nicht voneinander unterscheiden lassen,
- weshalb die sogenannte Erblichkeit der intellektuellen Fähigkeiten bei gleichmäßig günstigen Umweltbedingungen am höchsten ist,
- welche Einflüsse der Familienstruktur auf die intellektuelle Entwicklung und Lernfähigkeit angenommen werden.

5.1 Anlageeinflüsse

Die humanistischen Ansätze in der → Pädagogischen Psychologie nehmen natürliche innere Wesenskräfte im Individuum an, die zur Entfaltung drängen (siehe Kapitel 2 Humanistische Ansätze). Damit besteht allerdings auch die Möglichkeit, dass diese inneren Wesenskräfte bei verschiedenen Individuen unterschiedlich stark ausgeprägt sind. Dies entspricht einer nativistischen Sichtweise, wonach Menschen von Geburt an unterschiedliche Anlagen besitzen und dementsprechend für unterschiedliche Anforderungen unterschiedlich „begabt" sind.
Die Diskussion darüber, welche Rolle die Begabung für die Entwicklung eines Menschen spielt, wurde vor allem durch die Arbeiten von Arthur R. Jensen (1969) angestoßen. Dieser schätzte die Erblichkeit der Intelligenz auf ca. 80 Prozent. Er zog daraus den pessimistischen Schluss, Vorschulprogramme zur Förderung der Intelligenz seien praktisch nutzlos, da die Intelligenzunterschiede überwiegend genetisch bedingt seien. In einer späteren Arbeit räumte Jensen (1985) ein, dass solche Programme zwar durchaus positive Konsequenzen auf das Engagement der Eltern, auf das Selbstwertgefühl der Kinder und auf ihre Haltung gegenüber dem schulischen Lernen haben könnten. Er bezweifelte allerdings weiterhin deren Auswirkungen auf die Intelligenzentwicklung. Dass die genetischen Anlagen Einfluss auf die kognitive Entwicklung nehmen, gilt heute als unbestritten. Allerdings sind – wie im Folgenden gezeigt werden soll – die von Jensen gezogenen praktischen Schlussfolgerungen nicht haltbar.

Was ist Erblichkeit?

Die → Erblichkeit einer Eigenschaft von Individuen (auch → „Heritabilität" genannt) ist kein Merkmal des einzelnen Individuums. Sie ist Merkmal einer Population von Individuen, die unter bestimmten Bedingungen aufgewachsen sind und leben. Wenn ein bestimmtes Merkmal (z.B. die Intelligenz) innerhalb einer Population von Individuum zu Individuum variiert, so entspricht dem eine bestimmte Varianz dieses Merkmals. Die in der Population (z.B. durch Intelligenztests) beobachtbare Varianz bezeichnet man als → phänotypische Varianz, denn es handelt sich hier um die Varianz eines konkret in Erscheinung tretenden Merkmals. Diese phänotypische Varianz kann man in einzelne Komponenten zerlegen, die in ihrer Summe wiederum die phänotypische Varianz (d.h. die Gesamtvarianz) ergeben. Eine dieser Komponenten ist die genetisch bedingte Varianz, die man anhand von Studien mit → eineiigen Zwillingen erschließen kann. Anhand dieser Größen lässt sich dann die Erblichkeit des betreffenden Merkmals berechnen.

Definition

Die **Erblichkeit (Heritabilität)** einer Eigenschaft ist der Anteil der genetisch bedingten Varianz an der phänotypischen Gesamtvarianz dieser Eigenschaft in einer Population:

$$\text{Heritabilität} = \frac{\text{genetisch bedingte Varianz}}{\text{phänotypische Varianz}}$$

Wenn die genetischen Einflüsse und die Umwelteinflüsse unabhängig voneinander variieren (also unkorreliert sind), ist die phänotypische Varianz gleich der Summe der genetisch bedingten Varianz und der umweltbedingten Varianz.

Da die Erblichkeit ein Populationsmerkmal und kein Individuumsmerkmal ist, ergibt sich eine hohe Erblichkeit, wenn alle Individuen einer Population gleich guten oder gleich schlechten Umweltbedingungen ausgesetzt sind. Die Umweltvarianz ist in diesem Fall gering. Folglich ist die noch vorhandene phänotypische Varianz ausschließlich auf genetische Einflüsse zurückzuführen. Auf diese Weise lässt sich auch der paradox erscheinende Befund erklären, dass die → Erblichkeit der Intelligenz bei ökonomisch privilegierten Oberschichtkindern, deren Eltern sich in ähnlichem Maße um die Förderung ihrer Kinder bemühen, höher ist als bei Unterschichtkindern, bei denen die Anregungen aus der Umwelt stärker variieren (Scarr & Weinberg, 1978).

Verwandtschaftsgrad und Intelligenz

Bei gleichen Umweltbedingungen sind Individuen einander in ihren kognitiven Fähigkeiten umso ähnlicher, je ähnlicher sie einander genetisch sind, d.h. je enger sie miteinander biologisch verwandt sind. Tabelle 5.1 zeigt die Korrelationen zwischen der Intelligenz von Individuen mit unterschiedlichem Verwandtheitsgrad. Die Tabelle enthält außerdem Korrelationen für getrennt und für zusammen aufgewachsene Individuen, also für Menschen, die in annähernd gleicher und in unterschiedlicher Umwelt lebten.

Korrelation zwischen der Intelligenz von:	r
▶ eineiigen Zwillingen, zusammen aufgewachsen	.85
▶ eineiigen Zwillingen, getrennt aufgewachsen	.76
▶ leiblichen Geschwistern, zusammen aufgewachsen	.55
▶ leiblichen Geschwistern, getrennt aufgewachsen	.47
▶ Eltern und leiblichen Kindern	.40
▶ adoptierten Geschwistern (als Kinder)	.37
▶ Großeltern und leiblichen Enkeln	.27
▶ adoptierten Geschwistern (als Erwachsene)	.00

Tabelle 5.1. Korrelationen zwischen der Intelligenz von Individuen mit unterschiedlichem Verwandtheitsgrad (Sprinthall et al., 1994). Der → Korrelationskoeffizient r ist eine statistische Größe, die das Ausmaß des Zusammenhangs zwischen verschiedenen Variablen angibt. Er kann einen Wert zwischen +1.00 (perfekter positiver Zusammenhang) und –1.00 (perfekter negativer Zusammenhang) annehmen. Ein Wert von 0.00 bezeichnet das völlige Fehlen eines Zusammenhangs.

Zwischen → eineiigen Zwillingen (also genetisch identischen Individuen) besteht auch bei getrenntem Aufwachsen ein engerer Zusammenhang der Intelligenz als bei jedem anderen Grad der Verwandtschaft. Zwischen der Intelligenz von genetisch verwandten (leiblichen) Geschwistern besteht ein engerer Zusammenhang als von genetisch nicht verwandten (adoptierten) Geschwistern. Zwischen der Intelligenz von Eltern und ihren leiblichen Kindern (die genetisch mehr miteinander gemeinsam haben) besteht ein engerer Zusammenhang als zwischen der Intelligenz von Großeltern und ihren leiblichen Enkeln (die genetisch weniger miteinander gemeinsam haben).

Pro & Contra

Zwillingsforschung

Pro	Contra
Dass die IQs von zusammen aufwachsenden → eineiigen Zwillingen oder Geschwistern höher korrelieren als die von getrennt aufwachsenden, macht deutlich, dass die Umwelt einen Einfluss auf die kognitive Entwicklung hat. Dieser Einfluss scheint allerdings geringer zu sein als der Einfluss der genetischen Anlagen, denn getrennt aufwachsende eineiige Zwilling korrelieren hinsichtlich ihrer Intelligenz höher als zusammen aufwachsende Geschwister.	Nein. Ein getrenntes Aufwachsen von Individuen ist zwar mit verschiedenen Umweltgegebenheiten verbunden, bedeutet aber nicht notwendig, dass sich diese wesentlich voneinander unterscheiden. Das Ausmaß der Umweltunterschiede ist meist nicht bekannt. Deshalb können anhand solcher Daten keine Einschätzungen des Umwelteinflusses im Vergleich zum Einfluss der genetischen Anlagen vorgenommen werden.
Dass die Intelligenz von Kindern deutlich mit der Qualität der häuslichen Umwelt korreliert, ist ein klarer Beleg für einen starken Umwelteinfluss auf die Entwicklung.	Nein, nicht unbedingt. Es besteht auch die Möglichkeit, dass die intelligenteren Kinder von ihren Eltern bessere Anlage geerbt haben und dass solche Eltern zugleich mehr Bücher besitzen oder mehr Lernmaterial bereitstellen.

Abbildung 5.1. Eineiige Zwillinge besitzen eine identische genetische Ausstattung. Sie sehen einander nicht nur zum Verwechseln ähnlich, sie stimmen auch in ihrer geistigen Leistungsfähigkeit sowie in fast allen anderen Eigenschaften hochgradig überein. Häufig leiden sie unter den gleichen Krankheiten, die auch meist im gleichen Alter zum Ausbruch kommen. Diese Ähnlichkeiten zwischen eineiigen Zwillingen reduzieren sich statistisch nur geringfügig, wenn Zwillinge getrennt in verschiedenen Umgebungen aufwachsen

Hochbegabungen

IQ über 140. Hinweise auf die Bedeutung genetischer Anlagen für die kognitive und allgemeine Persönlichkeitsentwicklung ergeben sich auch aus der Forschung über → Hochbegabungen. Eine amerikanische Forschergruppe hat vor über 80 Jahren eine Stichprobe von 1.500 als hochbegabt klassifizierte Schüler näher untersucht (Terman & Oden, 1925). Als „hochbegabt" wurde dabei eingestuft, wer einen Intelligenzquotienten von über 140 im Stanford-Binet-Test erreichte. Diese Schüler hatten meistens bereits eine Klasse übersprungen.

Schnellere und höhere Entwicklung. Terman und Oden fanden heraus, dass – im Gegensatz zu dem Stereotyp des geistig hochbegabten, jedoch körperlich etwas zurückgebliebenen Schülers – die hochbegabten Schüler sich sowohl geistig als auch körperlich schneller entwickelten als der Durchschnitt, und zwar bereits vor der Geburt.
Die Hochbegabten hatten bei der Geburt ein höheres Gewicht, bekamen die ersten Zähne zwei Monate früher als der Durchschnitt, begannen früher zu laufen, früher zu sprechen und wurden auch früher erwachsen. In ihrer weiteren Entwicklung zeichneten sie sich durch höhere allgemeine Gesundheit aus, waren emotional stabiler, zeigten höhere soziale Fähigkeiten, hatten ein höheres monatliches Einkommen, wurden seltener straffällig, hatten weniger Scheidungen und weniger Drogenprobleme, machten mehr Erfindungen und schrieben mehr wissenschaftliche Arbeiten (Terman & Oden, 1947, 1959).

Unterschiede im Sozialverhalten. Die Ergebnisse einer mit den Probanden von Terman und Oden durchgeführten Nachfolgeuntersuchung weisen darauf hin, dass Hochbegabte je nach Art ihres Sozialverhaltens unterschiedliche Entwicklungen nehmen können. Hochbegabte, die als Kinder erwachsene Begleiter bevorzugt hatten und sich auch gut allein beschäftigen konnten, waren später mehr an ihrer weiteren intellektuellen Entwicklung interessiert. Hochbegabte, die als Kinder intensive soziale Kontakte zu Gleichaltrigen gepflegt hatten, zeigten als Erwachsene tendenziell etwas geringere intellektuelle Interessen (Tomlinson-Keasley & Little, 1990).

Anlage- und Umweltfaktoren. Heute wird Hochbegabung im Allgemeinen per Konvention als eine Ausprägung der Intelligenz von mindestens zwei Standardabweichungen über dem Mittelwert bzw. durch einen Rangplatz von über 98 der Population definiert. Für Hochbegabung im Sinne einer sehr hohen gemessenen Intelligenz können nicht ausschließlich Anlageeinflüsse verantwortlich gemacht werden, denn kognitive Leistungsfähigkeit ist bei jungen Kindern wie bei Erwachsenen auf ein Wechselspiel von Anlage- und Umweltfaktoren zurückzuführen. Die überdurchschnittlichen Fähigkeiten und Leistungen der als hochbegabt geltenden Individuen in den verschiedensten Bereichen lassen allerdings vermuten, dass hier Anlagefaktoren eine wichtige – wenngleich nicht genau zu präzisierende – Rolle spielen.

5.2 Umwelteinflüsse

Die empiristisch-behavioristischen Ansätze in der → Pädagogischen Psychologie gehen davon aus, dass sich Wissen und Fähigkeiten unter dem Einfluss von Erfahrungen bilden (siehe Kapitel 3 Empiristische-behavicrstische Ansätze). Diese Sichtweise schließt angeborene interindividuelle Unterschiede der Lernfähigkeit zwar nicht aus, insgesamt betonen diese Ansätze jedoch vor allem den Einfluss der Umwelt.

Interindividuelle Umweltunterschiede

Gemeinsames und getrenntes Aufwachsen. Individuen ähneln sich bei gleichem Verwandtschaftsgrad in ihren kognitiven Fähigkeiten umso mehr, je ähnlicher die Umweltgegebenheiten sind, und sie unterscheiden sich voneinander umso mehr, je verschiedener die Umweltgegebenheiten sind. Gemeinsam aufwachsende Individuen sind im Allgemeinen ähnlicheren Umweltbedingungen unterworfen als getrennt aufwachsende Individuen. Tabelle 5.1 (S. 61) zeigt, dass ein gemeinsames Aufwachsen sowohl bei → eineiigen Zwillingen als auch bei leiblichen Geschwistern – also bei jeweils gleichem Grad der genetischen Übereinstimmung – zu höheren Korrelationen der Intelligenztestleistungen führt. Bei eineiigen Zwillingen bestehen aber selbst bei getrenntem Aufwachsen höhere Korrelationen als bei gemeinsam aufgewachsenen leiblichen Geschwistern. Daraus kann allerdings nicht abgeleitet werden, dass der genetische Einfluss gegenüber dem Umwelteinfluss überwiegt, denn ein getrenntes Aufwachsen von Individuen ist zwar mit verschiedenen Umweltgegebenheiten verbunden, bedeutet aber nicht notwendig, dass sich diese Umwelten auch in ihrem Anregungspotential für die Intelligenzentwicklung wesentlich voneinander unterscheiden. Zwischen Adoptionsgeschwistern besteht im Kindesalter – offenbar infolge des gemeinsamen Aufwachsens – ein Zusammenhang zwischen den Intelligenztestleistungen, der im Erwachsenenalter, wenn sich die Umwelteinflüsse stärker unterscheiden, wieder verloren geht.

Qualität der häuslichen Umwelt. Interindividuelle Intelligenzunterschiede können auch unmittelbar mit Umweltunterschieden in Beziehung gesetzt werden. Beispielsweise versuchten Garber und Ware (1970), die Qualität der häuslichen Umwelt direkt zu erfassen. Sie erhoben dabei Merkmale wie die Zahl der Bücher und Lernmaterialien im Haushalt, das Ausmaß positiver Erwartungen der Eltern hinsichtlich der Schulleistungen ihrer Kinder sowie den Grad der Anerkennung durch die Eltern bei guten Schulleistungen. Die von Garber und Ware errechnete Korrelation zwischen der Qualität der häuslichen Umwelt und der Intelligenz der Kinder betrug .43. Allerdings ist nicht auszuschließen, dass Eltern mit mehr Büchern und mehr Lernmaterialien ihren Kindern auch eine günstigere genetische Ausstattung für deren kognitive Entwicklung vererbt haben.

Intraindividuelle Umweltunterschiede

Veränderungen durch Adoption. Die Bedeutung von Umwelteinflüssen zeigt sich auch daran, dass eine Veränderung der Umwelt bei ein und demselben Individuum (also bei ein und derselben genetischen Ausstattung) zu Veränderungen hinsichtlich der kognitiven Fähigkeiten führt. Solche Umweltveränderungen ergeben sich häufig als Folge einer Adoption. Unterscheidet sich die Umwelt eines Kindes in der Adoptionsfamilie deutlich von der in seiner Herkunftsfamilie, so kann eine Veränderung seiner kognitiven Fähigkeiten nach der Adoption auf die unterschiedliche Umwelt zurückgeführt werden.

Skodak und Skeels (1949). In einer bekannten Adoptionsstudie von Skodak und Skeels (1949) wurde die Intelligenzentwicklung unterschiedlicher Gruppen von Kindern verfolgt, die in ihren ersten Lebensjahren zur Adoption freigegeben wurden. Eine Gruppe von Kindern kam zunächst in die Frauenstation einer Anstalt für geistig Retardierte, wo die Kinder von den Frauen viel Zuwendung erhielten. Später wurden die Kinder von Familien adoptiert. Vor der Adoption hatten diese Kinder einen mittleren Intelligenzquotienten (IQ) von 65. Nach der Adoption stieg dieser Wert bis zum sechsten Lebensjahr auf 86. Eine andere Gruppe von Kindern kam in ein Waisenhaus mit ungünstigen personellen und räumlichen Verhältnissen. Vor der Unterbringung im Waisenhaus hatten diese Kinder einen mittleren IQ von 90. Im Waisenhaus sank dieser Wert bis zum vierten Lebensjahr auf 60. Eine weitere Gruppe von Kindern stammte aus sehr ungünstigen Verhältnissen (ihre Mütter hatten einen IQ zwischen 53 und 75), diese Kinder wurden jedoch sehr früh – bereits im Alter von drei Monaten – adoptiert. Im Alter von zwei Jahren hatten diese Kinder einen mittleren IQ von 117 und im Alter von 13 Jahren einen IQ von 101.

Scarr und Weinberg (1983). Die Folgen von sogenannten transrassischen Adoptionen, in denen afroamerikanische Unterschichtkinder von amerikanischen weißen Mittelschichteltern adoptiert wurden haben Scarr und Weinberg (1983) untersucht. Der IQ dieser Kinder war nach einigen Jahren im Durchschnitt um 20 Punkte höher als der IQ von afroamerikanischen Unterschichtkindern, die im bisherigen Milieu verblieben waren. Dies spricht für einen deutlichen Umwelteinfluss.
Scarr und Weinberg stellten allerdings auch fest, dass der IQ adoptierter Kinder mit dem IQ ihrer biologischen Eltern höher korreliert als mit dem IQ ihrer Adoptiveltern. Außerdem zeigte sich, dass die Korrelation zwischen dem IQ der adoptierten Kinder und dem der Adoptiveltern mit zunehmendem Lebensalter sinkt, während die Korrelation zwischen dem IQ der Kinder mit dem ihrer biologischen Eltern konstant bleibt.

Einflüsse der Familienstruktur auf die kognitive Entwicklung

Kommunikationsniveau. Ein wichtiger Aspekt der Umwelt eines Individuums ist das intellektuelle Niveau der Kommunikation mit anderen Individuen. Ein höheres Kommunikationsniveau ist für die kognitive Entwicklung förderlicher als ein geringeres Niveau. Die betrifft auch die Kommunikation innerhalb der Familie.

Anzahl der Kinder und Erwachsenen. Eine systematische Erforschung der Zusammenhänge zwischen der Familienstruktur und der Intelligenz von Kindern hat Zajonc (1976) durchgeführt. Er hat dabei folgende (zwar relativ geringe, jedoch statistisch eindeutig nachweisbare) Effekte festgestellt: Erstgeborene haben im Durchschnitt einen höheren IQ als ihre Geschwister. Je mehr Kinder in einer Familie sind, desto geringer wird im Durchschnitt der IQ aller Kinder. Allerdings haben Einzelkinder im Durchschnitt einen geringeren IQ als die erstgeborenen Kinder einer Zwei- oder Drei-Kind-Familie. Zwillinge haben im Durchschnitt einen niedrigeren IQ als andere Geschwister. Kinder Alleinerziehender haben im Durchschnitt einen niedrigeren IQ als Kinder mit beiden Elternteilen, wobei dieser Effekt umso stärker ist, je jünger das Kind beim Verlust des einen Elternteils war.

Konfluenz-Modell. Im Hinblick auf diese Befunde hat Zajonc sein → Konfluenz-Modell entwickelt. Dieses geht davon aus, dass die intellektuelle Entwicklung eines Kindes vom durchschnittlichen intellektuellen Niveau der Kommunikation innerhalb der Familie beeinflusst wird. Dieses intellektuelle Niveau ist wiederum von der Anzahl der Erwachsenen, der Anzahl der Kinder und dem Alter der Kinder in der Familie abhängig.
Zajonc leitet aus seinem Modell die provozierende These ab, dass das intellektuelle Durchschnittsniveau der Kommunikation umso niedriger ist, je mehr Kinder die Familie hat. Die

Beeinträchtigung sei umso größer, je geringer der Alterabstand zwischen den Kindern ist. Bei größerem Abstand sei die Beeinträchtigung geringer. Die Erstgeborenen von wenigen Geschwistern hätten einen speziellen Vorteil durch ihre Lehrer-Rolle gegenüber den jüngeren Geschwistern.

Aus dem Modell lassen sich auch weitere empirisch prüfbare Hypothesen ableiten. Beispielsweise wurden in den USA in den 1950er Jahren nach dem Zweiten Weltkrieg mehr Kinder in rascherer Folge geboren als zuvor. Dementsprechend wurde ein Sinken der Leistungen in den Scholastic-Aptitude-Tests (SAT-Scores) in den 1970er Jahren vorhergesagt. In den 1960er Jahren hingegen gingen die Geburtenzahlen zurück, und der Abstand zwischen den Geburten wurde größer. Dementsprechend wurde ein Steigen der SAT-Scores in 1980er Jahren vorhergesagt. Beide Vorhersagen konnten bestätigt werden.

5.3 Interaktion von Anlage und Umwelt

Genotyp-Umwelt-Interaktion. Wie bereits erwähnt, sind die Ergebnisse der individuellen Entwicklung niemals aus Anlage- und Umweltbausteinen zusammengesetzt, denn weder die genetischen Anlagen noch die Umwelt können allein etwas hervorbringen (Anastasi, 1958). Die Entwicklung eines Individuums ist immer das Ergebnis eines Zusammenspiels zwischen Anlage und Umwelt. Dieses Zusammenspiel kann auch darin bestehen, dass Individuen mit einer bestimmten genetischen Ausstattung (sogenannte → Genotypen) von sich aus aktiv bestimmte Umwelten aufsuchen und sich damit gezielt (bewusst oder unbewusst) bestimmten Einflüssen aussetzen. Scarr (1984) bezeichnet das aktive Aufsuchen von Umwelteinflüssen durch einen Genotyp und die daraus resultierenden Entwicklungseinflüsse als → Genotyp-Umwelt-Interaktion.

Anteil an der Gesamtvarianz. In Abschnitt 5.1 (Anlageeinflüsse, S. 60) wurde als eine Möglichkeit des Zusammenspiels von Anlage und Umwelt die einfache Annahme genannt, dass Anlage- und Umwelteinflüsse unabhängig voneinander variierten bzw. unkorreliert seien. Wenn allerdings eine Genotyp-Umwelt-Interaktion besteht, so ist diese Annahme falsch. Die → phänotypische Varianz (Gesamtvarianz) eines Merkmals besteht demnach nicht nur aus einem genetisch bedingten und einem umweltbedingtenl Varianzanteil, sondern noch aus einem weiteren Varianzanteil, der auf die besagte Genotyp-Umwelt-Interaktion, also die gezielte Kombination bestimmter Genotypen mit bestimmten Umweltgegebenheiten, zurückgeht.

Adoptionen. Genotyp-Umwelt-Interaktionen spielen unter anderem bei Adoptionen eine wichtige Rolle. Wie aus Tabelle 5.1 (S. 61) hervorgeht, besteht zwischen den Intelligenzleistungen von adoptierten Geschwistern im Kindesalter infolge des gemeinsamen Aufwachsens eine positive Korrelation. Im Erwachsenenalter, wenn sich die Umwelteinflüsse stärker unterscheiden, geht diese Korrelation verloren. Auch die Korrelation zwischen dem IQ adoptierter Kinder und dem der Adoptiveltern nimmt mit steigendem Lebensalter ab. Dies spricht jedoch nicht notwendig für einen abnehmenden Umwelteinfluss. Vielmehr kann das Sinken der Korrelationen auf eine Genotyp-Umwelt-Interaktion zurückgeführt werden, bei der sich Individuen aufgrund ihrer spezifischen genetischen Ausstattung gezielt bestimmte Umwelteinflüssen aussetzen, die von denen des Elternhauses abweichen.

Adoptionsforschung

Pro	Contra
Dass der Intelligenzquotient (IQ) adoptierter Kinder mit dem IQ ihrer biologischen Eltern höher korreliert als mit dem IQ ihrer Adoptiveltern, macht deutlich, dass der genetische Einfluss der biologischen Eltern letztlich doch stärker zum Tragen kommt als der Umwelteinfluss der Adoptiveltern.	Nein. Man muss berücksichtigen, dass die Adoptiveltern aus einer relativ homogenen sozioökonomischen Schicht stammen und sich hinsichtlich ihres IQs möglicherweise weniger voneinander unterscheiden als die biologischen Eltern. Die geringere Korrelation zwischen dem IQ der Kinder und dem der Adoptiveltern kann einfach durch diese geringere Variation bedingt sein und ist deshalb kein Beweis für eine geringe Beeinflussbarkeit durch die Umwelt.
Dass die Korrelation zwischen dem IQ der adoptierten Kinder und dem der Adoptiveltern mit zunehmendem Lebensalter sinkt, macht deutlich, dass der Erziehungseinfluss im Lauf der kindlichen Entwicklung abnimmt.	Nein. Das Sinken dieser Korrelation spricht nicht notwendig für einen abnehmenden Erziehungseinfluss. Nur ein Teil der → Erziehung stammt vom Elternhaus, und der relative Anteil des Elternhauses an den Umwelteinflüssen nimmt mit zunehmendem Lebensalter generell ab. Außerdem muss man damit rechnen, dass Individuen (also auch Adoptivkinder) aufgrund ihrer spezifischen genetischen Ausstattung von sich aus bestimmte Umwelten aufsuchen, dass also genetische Einflüsse und Umwelteinflüsse korreliert sind.

5.4 Sensible Phasen der Entwicklung und lebenslanges Lernen

Kann man in jedem Lebensalter alles lernen? Oder gilt vielmehr das Sprichwort „Was Hänschen nicht lernt, lernt Hans nimmermehr"? Die Antwort lautet: Hans kann in jedem Lebensalter lernen, aber er lernt nicht alles in jedem Lebensalter gleich gut.

Sensible Phasen der Entwicklung?

Sensible Entwicklungsphasen bei Tieren. Aus der Biologie ist bekannt, dass es bei manchen Arten in der Entwicklung des Individuums sogenannte → sensible Phasen gibt. In diesen meist zeitlich eng begrenzten Phasen ist das Individuum besonders aufnahmebereit für bestimmte Umwelteinflüsse bzw. Lernerfahrungen. Ein bekanntes Beispiel ist die von Konrad Lorenz beschriebene Prägung, bei der z.B. ein Gänse- oder Entenjunges unmittelbar nach dem Schlüpfen innerhalb eines eng begrenzten Zeitfensters (maximal 30 Stunden) lernt, welches sein „Bezugsindividuum" (üblicherweise die Mutter) ist.

Sensible Entwicklungsphasen beim Menschen. Auch beim Menschen gibt es solche → sensiblen Phasen, in denen Umwelteinflüsse mehr bewirken können als in anderen Phasen der Entwicklung. Sensible Phasen existieren z.B. bezüglich der affektiven Entwicklung, der Entwicklung des

Sozialverhaltens und der Sprachentwicklung: Mangelnde Zuwendung in frühester Kindheit führt zu Erscheinungen des → Hospitalismus, und der primäre Spracherwerb (d.h. Erwerb der Elternsprache) ist nur ungefähr bis zur Pubertät möglich. Aber auch in der geistigen Entwicklung scheint es sensible Phasen für Umwelteinflüsse zu geben: Bestimmte Lernprozesse müssen bei Babys, Kleinkindern und größeren Kindern jeweils zur rechten Zeit geschehen, um Entwicklungsdefizite zu vermeiden. Donald O. Hebb (1978) hat darauf hingewiesen, dass es naiv sei, zu glauben, man könne sechsjährige Kinder aus den Slums herausholen und die bis dahin entstandenen Defizite wieder gutmachen.

Negativ beschleunigte Intelligenzentwicklung?

In den 1960er Jahren hat Benjamin S. Bloom Befunde veröffentlicht, die scheinbar auf sensible Phasen in der Intelligenzentwicklung hindeuten. Die interindividuellen Unterschiede der Intelligenz im Erwachsenenalter lassen sich aufgrund der Intelligenzunterschiede im Alter von vier Jahren bereits zu 50 Prozent vorhersagen. Bestimmt man die Intelligenzunterschiede im Alter von acht Jahren, so kann man die Unterschiede der Intelligenz im Erwachsenenalter sogar schon zu 80 Prozent vorhersagen (Bloom, 1964). Aufgrund dieser Befunde formulierte Bloom die Annahme einer → negativ beschleunigten Intelligenzentwicklung.

Konsequenz: frühkindliche Bildung. Aus dieser Annahme wurde der Schluss gezogen, dass Umwelteinflüsse während der ersten Lebensjahre am wirksamsten seien. Praktische Maßnahmen zur Förderung der intellektuellen Entwicklung müssten deshalb vor allem in den ersten Lebensjahren ansetzen, da mit dem achten Lebensjahr bereits 80 Prozent der Intelligenz festgelegt und nur 20 Prozent noch entwicklungsfähig seien. Eine praktische Konsequenz war die Entwicklung von Bildungsprogrammen, die sich vor allem auf die Förderung der frühkindlichen Entwicklung konzentrierten. Besonders bekannt wurde hier die Fernsehserie „Sesamstraße“.

Interindividuelle Intelligenzunterschiede. Es ist zweifellos richtig, Kinder früh und kontinuierlich im Rahmen ihrer Möglichkeiten zu fördern. Dennoch ist die oben genannte Argumentation nicht korrekt, denn sie verwechselt Anteile an der Varianz eines Merkmals mit Anteilen an der individuellen Merkmalsausprägung. Es stimmt nämlich nicht, dass im Alter von vier Jahren bereits 50 Prozent und im Alter von acht Jahren sogar 80 Prozent der individuellen Intelligenz festgelegt sind. Richtig ist vielmehr, dass die später im Erwachsenenalter bestehende interindividuelle Varianz der Intelligenz (unter den gegebenen Bedingungen) im Alter von vier Jahren bereits zu 50 Prozent und im Alter von acht Jahren bereits zu 80 Prozent vorhergesagt werden kann. Eine derartig genaue Vorhersage der künftigen Intelligenzunterschiede kann auch dadurch zustande kommen, dass sich die Intelligenz der Probanden zwischen den Messzeitpunkten erheblich entwickelt hat, dass aber – infolge gleichbleibender Umweltbedingungen – die Unterschiede zwischen den Individuen im wesentlichen gleich blieben. Abbildung 5.2 illustriert dieses Phänomen anhand eines fiktiven Datensatzes. Insofern ist die obige Argumentation ein Beispiel dafür, dass man auch aufgrund von falschen Annahmen zu richtigen Ergebnissen gelangen kann.

Zu falschen Resultaten führt diese Argumentation allerdings dann, wenn man sich aufgrund der obigen Ergebnisse nur noch einseitig auf die Vorschulerziehung konzentriert und die weitere Entwicklung vernachlässigt. Tatsächlich lassen sich die intellektuellen Fähigkeiten eines Individuums nämlich bis ins hohe Alter fördern.

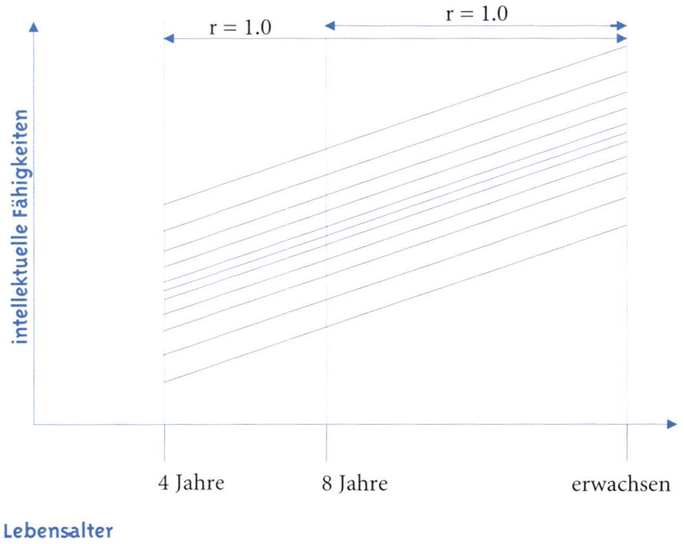

Abbildung 5.2. Individuelle Entwicklung versus Korrelationsaussage. In diesem fiktiven Beispiel nehmen die intellektuellen Fähigkeiten von 11 Individuen zwischen dem 4. Lebensjahr und dem Erwachsenenalter kontinuierlich zu. Die individuellen Fähigkeiten steigern sich also von Jahr zu Jahr. Da sich hier aber alle Individuen gleichförmig entwickeln, ist bereits im Alter von 4 Jahren eine perfekte Vorhersage der Leistungsfähigkeit im Erwachsenenalter möglich (Korrelation = 1.0). Es wäre allerdings völlig falsch, zu behaupten, die intellektuellen Fähigkeiten würden sich ab dem 4. Lebensjahr nicht mehr weiterentwickeln

Lebenslanges Lernen

Frühere Untersuchungen, in denen die Intelligenz verschiedener Altersgruppen miteinander verglichen wurde, haben wiederholt gezeigt, dass die Intelligenz bei 17- bis 20-jährigen am höchsten ist und bei älteren Probanden entsprechend ihrem Lebensalter abnimmt. Daraus wurde geschlossen, dass die geistigen Fähigkeiten mit zunehmendem Lebensalter abnehmen und dass dementsprechend auch die Lernfähigkeit geringer wird.

Dabei wurde allerdings übersehen, dass es sich hier um Querschnittuntersuchungen handelt und somit der angebliche Intelligenzabfall aus einem Vergleich unterschiedlicher Alterskohorten erschlossen wurde. Die Probanden aus diesen verschiedenen Kohorten hatten (vor allem im Fall einer geistig nicht sehr anspruchsvollen Berufstätigkeit) ihre intellektuellen Fähigkeiten über unterschiedlich viele Jahre häufig nur eingeschränkt verwendet. Demgegenüber war in Längsschnittuntersuchungen bei Berufsgruppen mit regelmäßiger hoher geistiger Beanspruchung ein solcher Intelligenzabfall nicht zu beobachten, da die altersbedingte Verlangsamung von kognitiven Verarbeitungsprozessen durch ein Mehr an Erfahrungswissen kompensiert wird.

Neuere Untersuchungen zeigen, dass die intellektuellen Leistungen eines Individuums bis ins hohe Erwachsenenalter gesteigert werden können (Horn, 1979; Schaie, 1979). In einer Untersuchung von Baltes (1984) beispielsweise absolvierten 60- bis 80-jährige Probanden ein kognitives Übungsprogramm, in dem über zehn Sitzungen hinweg die Fähigkeit zum induktiven und figuralen Denken trainiert wurde. Nach Absolvierung dieses Programms waren diese Probanden einer nicht trainierten Kontrollgruppe sowohl in den trainierten als auch in anderen intellektuellen Fähigkeiten, die nicht direkt trainiert worden waren, überlegen.

5.5 Zusammenfassung

Da humanistische Ansätze innere Wesenskräfte im Individuum annehmen, legen sie zugleich die nativistische Sicht nahe, dass diese Wesenskräfte angeboren und individuell unterschiedlich ausgeprägt sind. Individuen sind demnach je nach genetischer Anlage unterschiedlich begabt.

Für die Wirksamkeit genetischer Anlagen in der kognitiven Entwicklung spricht, dass Individuen in Intelligenztests umso ähnlichere Ergebnisse zeigen, je enger sie genetisch miteinander verwandt sind. Auch die Studien zu → Hochbegabungen unterstreichen die Bedeutung genetischer Einflüsse auf die kognitiven Leistungen.
Die → Erblichkeit (→ Heritabilität) von Fähigkeiten bezieht sich nicht auf einen genetisch bedingten Anteil an den Fähigkeiten eines Individuums, denn die Eigenschaften des Individuums sind nicht aus genetisch bedingten Anlage-Anteilen und sozialisationsbedingten Umwelt-Anteilen zusammengesetzt. Die Erblichkeit einer Fähigkeit ist vielmehr der Anteil der genetisch bedingten Varianz dieser Fähigkeit an der beobachtbaren (phänotypischen) Gesamtvarianz der Fähigkeit unter bestimmten Randbedingungen. Bei gleichen – beispielsweise gleichermaßen optimalen – Umweltbedingungen ist die Erblichkeit nicht niedrig, sondern hoch.
Empiristisch-behavioristische Ansätze betonen die Rolle der Erfahrung und dementsprechend den Einfluss der Umwelt auf die Entwicklung des Individuums. Dafür spricht, dass Individuen bei gleichem Verwandtschaftsgrad einander hinsichtlich ihrer kognitiven Fähigkeiten umso mehr ähneln, je ähnlicher die Umweltbedingungen sind, in denen sie aufwachsen. Zur Umwelt eines Individuums gehört unter anderem das intellektuelle Niveau der Kommunikation mit anderen Individuen. Dadurch hat auch die Familienstruktur Einfluss auf die kognitive Entwicklung von Kindern. Eine radikale Umweltveränderung wie z.B. durch eine Adoption hat meist deutliche Auswirkungen auf die intellektuelle Entwicklung.
Die Intelligenz adoptierter Kinder korreliert stärker mit der Intelligenz ihrer biologischen Eltern als mit der Intelligenz ihrer Adoptiveltern. Mit zunehmendem Lebensalter sinkt infolge des abnehmenden Einflusses des Elternhauses die Korrelation zwischen der Intelligenz adoptierter Kinder und der ihrer Adoptiveltern, während die Korrelation mit der Intelligenz ihrer biologischen Eltern annähernd konstant bleibt. Individuen können in Abhängigkeit von ihrer genetischen Ausstattung auch aktiv bestimmte Umwelten aufsuchen. Dadurch können Anlage- und Umwelteinflüsse korrelieren.
Bestimmte Lernprozesse müssen jeweils zur richtigen Zeit erfolgen, um Entwicklungsdefizite zu vermeiden. Dennoch können die kognitiven Fähigkeiten eines Individuums bis ins hohe Lebensalter durch entsprechendes Training gesteigert werden.

Bezug zu ...

Die Diskussion über Anlage und Umwelt wurde bislang vor allem in der Differentiellen Psychologie und in der Entwicklungspsychologie geführt, spielt inzwischen aber auch in der Neuropsychologie und Biopsychologie eine wichtige Rolle. Der Umweltaspekt findet in der Ökologischen Psychologie besondere Beachtung. Darüber hinaus bestehen natürlich enge Beziehungen zur Genetik bzw. Biologie.
Je nach Auffassung darüber, welche Rolle die Anlagen bzw. die Umwelteinflüsse im pädagogischen Prozess spielen und welche zeitlichen Wirkungsbedingungen es für Umwelteinflüsse gibt, gelangen Pädagogen zu unterschiedlichen **bildungspolitischen Schlussfolgerungen**. Wer → sensible Phasen in der kognitiven Entwicklung annimmt, wird eher zu einer Betonung der frühkindlichen Erziehung durch Kindergarten, Vorschule, Elterntrainings usw. neigen, als jemand, der davon ausgeht, dass in jedem Lebensalter beliebige Lernprozesse möglich sind. Wer besonders die Umwelteinflüsse für die kognitive Entwicklung des Individuums verantwortlich macht, wird eher auf eine hohe Durchlässigkeit des Schulsystems achten, als jemand, der die Lern- und Entwicklungsmöglichkeiten eines Individuums als weitgehend genetisch bestimmt ansieht.

5.6 Diskussionsfragen

(1) Welche Argumente lassen sich für und welche Argumente lassen sich gegen die Aussage vorbringen, dass die Umwelt zwar einen starken Einfluss auf die kognitive Entwicklung hat, der Einfluss der genetischen Anlagen jedoch höher ist.

(2) Welche Argumente lassen sich für und welche Argumente lassen sich gegen die Aussage vorbringen, dass Maßnahmen zur Förderung der intellektuellen Entwicklung möglichst früh einsetzen sollten, da → Bildung und → Erziehung mit fortschreitendem Lebensalter immer weniger bewirken können.

Weiterführende Literatur

Differenziertere Darstellungen der Anlage-Umwelt-Problematik finden sich in:

Klauer, K.J. (2001). Anlage und Umwelt. In D.H. Rost (Hrsg.), Handwörterbuch Pädagogische Psychologie (S. 1–6). Weinheim: Beltz/Psychologie Verlags Union.

Krapp, A. & Weidenmann, B. (Hrsg.) (2001). Pädagogische Psychologie (4. Aufl.). Weinheim: Beltz/Psychologie Verlags Union. (darin Kapitel 4)

Rost, D.H. (2001). Hochbegabung. In D.H. Rost (Hrsg.), Handwörterbuch Pädagogische Psychologie (S. 239–248). Weinheim: Beltz/Psychologie Verlags Union.

Sprinthall, N. A., Sprinthall, R.C. & Oja, S.N. (1994). Educational psychology. A developmental approach. New York: McGraw Hill.

6 Erziehungseinflüsse

Was Sie in diesem Kapitel erwartet

Erziehung: Hilfe beim Hineinwachsen in eine soziale Gemeinschaft

Um Mitglied einer sozialen Gemeinschaft zu werden, muss ein Individuum nicht nur in seinem Denken und Handeln, sondern auch in seinem Fühlen, seinem Wollen und in seinen Werthaltungen hinreichend mit den anderen Mitgliedern der Gemeinschaft übereinstimmen.

Die gezielte soziale Beeinflussung der motivationalen und kognitiv-affektiven Aspekte der Persönlichkeit eines Individuums, vor allem seiner Werthaltungen und Einstellungen, entsprechend den Regeln einer Gemeinschaft bezeichnet man als → Erziehung. Erziehungsagenten im Leben eines Individuums sind Eltern, Geschwister, Kindergärtner, Lehrer, Freunde und Arbeitskollegen. Diese wenden zur Erreichung ihrer → Erziehungsziele bestimmte Erziehungsmittel an wie z.B. Erklärung, Lob, Tadel, Belohnung und → Bestrafung. Bestimmte Konfigurationen von Erziehungsverhalten lassen sich zu → Erziehungsstilen zusammenfassen.

Den Gesamtprozess des Hineinwachsens in eine soziale Gemeinschaft – sowohl in seinen beabsichtigten als auch in seinen nicht beabsichtigten Anteilen – bezeichnet man als Sozialisation. Erziehung als Hilfe beim Hineinwachsen in eine soziale Gemeinschaft ist demnach der absichtsvoll herbeigeführte Teil des Sozialisationsprozesses.

Eine soziale Gemeinschaft vertritt immer ein bestimmtes Wertesystem. Handelt ein Mitglied der Gemeinschaft in Übereinstimmung mit diesem Wertesystem, so gilt sein Handeln als moralisch gut. In unserem Kulturkreis wird vor allem ein sozial angepasstes, autonomes Handeln, welches auf das Wohlergehen anderer Rücksicht nimmt, als „gut" bewertet. Moralische Erziehung ist deshalb ein wichtiger Teil des Sozialisationsprozesses. Sie besteht darin, dem Individuum die kognitiven sowie die affektiven und motivationalen Voraussetzungen für moralisch gutes Handeln zu vermitteln.

Lernziele

Sie sollten am Ende des Kapitels wissen bzw. verstanden haben,

- welche Erziehungsziele von Eltern verfolgt werden und welche soziokulturellen sowie historischen Einflüsse auf diese Ziele zu beobachten sind,
- auf welche Grunddimensionen sich Unterschiede im Erziehungsverhalten zurückführen lassen,
- welche Auswirkungen unterschiedliche Erziehungsstile auf das psychische Befinden und die Persönlichkeitsentwicklung von Kindern und Jugendlichen haben,
- inwiefern unterschiedliche Erziehungsstile sich durch eine unterschiedliche Art auszeichnen, Kindern und Jugendlichen Grenzen zu setzen.
- weshalb indirekte moralische Erziehung keine hinreichende Voraussetzung für moralisches Handeln ist.

6.1 Erziehungsziele

Übergeordnete Erziehungsziele

Die wichtigsten Erziehungsagenten im Leben eines Individuums sind seine Eltern. Befragt man Eltern nach den Zielen, die sie bei der Erziehung ihrer Kinder verfolgen, so lassen sich vier übergeordnete Zielgruppen bestimmen: soziale Anpassung, Autonomie, prosoziales Verhalten und → seelische Gesundheit (Dietrich, 1985).

Soziale Anpassung. Für die meisten Eltern ist die Fähigkeit zur sozialen Anpassung ein besonders wichtiges → Erziehungsziel. Gemeint ist damit nicht ein unterwürfiger Gehorsam, sondern eine konstruktive Form der Anpassung, welche die Fähigkeit zur sozialen Integration als eine Form sozialer Kompetenz voraussetzt. Die Kinder sollen „anständig" bzw. „ordentlich" sein und zu „guten Menschen" heranwachsen. Dies soll sich darin äußern, dass sie soziale Regeln beachten, also z.B. höflich sind, in der Öffentlichkeit nicht laut lärmen und älteren Menschen den Vortritt lassen.

Autonomie. Viele Eltern sehen in der Fähigkeit zum autonomen Handeln ein wichtiges Erziehungsziel: Die Kinder sollen „selbständig" sein. Autonomes Handeln kann man als intern kontrolliertes Handeln ansehen. Die Autonomie kann sich auf die Initiierung, die Ausführung und die Folgen des Handelns beziehen. Autonomie bei der Initiierung des Handelns bedeutet, dass das Individuum seine Ziele selbst festlegt und sich als Urheber seines Handelns empfindet. Autonomie bei der Ausführung bedeutet, dass es den Handlungsablauf selbst bestimmt und reguliert. Autonomie hinsichtlich der Handlungsfolgen bedeutet, dass es die Wirkungen seines Handelns als selbst verursacht und nicht als durch andere bedingt ansieht (vgl. Rotter, 1966).

Prosoziales Verhalten. Viele Eltern sind bestrebt, ihren Kindern die Bereitschaft zu prosozialem Verhalten zu vermitteln. Gemeint ist damit die Bereitschaft, sich freiwillig für das Wohlergehen anderer Menschen einzusetzen. Die Kinder sollen „hilfsbereit" sein. Ob sich Individuen gegenüber anderen tatsächlich prosozial verhalten, hängt von personalen (internen) und situationalen (externen) Bedingungen ab. Zu den personalen Bedingungen gehören die Fähigkeit zur Einfühlung bzw. zur Übernahme der Perspektive des anderen und die Bereitschaft zur Hilfeleistung. Zu den situationalen Bedingungen gehören die Erkennbarkeit und das Ausmaß der Hilfsbedürftigkeit des anderen, die soziale Erwünschtheit des Helfens, die Verantwortlichkeit des Individuums, die Beziehung zu der hilfebedürftigen Person sowie die Kosten der Hilfeleistung.

Seelische Gesundheit. Eltern versuchen meist, ihre Kinder so zu erziehen, dass diese sich zu seelisch gesunden Individuen entwickeln. Als seelisch gesund wird ein Individuum angesehen, das sich emotional wohl fühlt, ein hohes Maß an Interesse an seiner Umgebung zeigt, viel psychische Energie mobilisieren kann, leistungsfähig und produktiv ist sowie ein hohes Selbstwertgefühl besitzt. Auch die Fähigkeit, soziale Anpassung und Autonomie in ein ausgewogenes Verhältnis zu bringen, kann als ein Aspekt von → seelischer Gesundheit angesehen werden. Ein seelisch gesundes Individuum setzt sich demnach konstruktiv mit den Anforderungen der Umwelt auseinander und findet gleichzeitig in dieser Auseinandersetzung zur schöpferischen Entfaltung seiner Persönlichkeit (Becker, 1986).
Die betreffenden Ziele schließen einander nicht aus, sondern sind kompatibel, können also gleichzeitig verfolgt werden. Allerdings stehen die Ziele der sozialen Anpassung und die der Autonomie in einem Spannungsverhältnis zueinander: Sie sind so lange miteinander kompatibel, wie beide Seiten in einem ausgewogenen Verhältnis zueinander stehen. Nimmt eine der beiden Ziele überhand, so geschieht dies notwendig auf Kosten der anderen.

Erziehungsalltag. Was Eltern in einer Befragung nach ihren allgemeinen Erziehungszielen äußern, muss allerdings nicht dem entsprechen, was sie tatsächlich im Erziehungsalltag anstreben. Bei einer Befragung beschreiben Eltern oft eher ihr Bild der eigenen Erziehungspraxis als deren Realität. D.h.: Die Antworten sind zum Teil von sozialer Erwünschtheit beeinflusst, und Inkonsistenzen werden überspielt. Außerdem sind die Angaben der Eltern situationsabhängig: In

Konfliktsituationen erwarten die Eltern von ihren Kindern in höherem Maße Anpassung an ihre Verhaltensnormen (Hoff & Grüneisen, 1978).

Variabilität von Erziehungszielen

→ Erziehungsziele sind unter anderem vom soziokulturellen Milieu abhängig und dem sozialen Wandel unterworfen. Die Erziehungshaltung von Vätern scheint zum Teil mit ihren Arbeitsplatzerfahrung zusammenzuhängen. Väter, die am Arbeitsplatz hohe Restriktivität erfahren, verfolgen in Konfliktsituationen eher Ziele wie Gehorsam, Stillsein, Sauberkeit, Tüchtigkeit oder Ehrgeiz und seltener ein Ziel wie Autonomie oder Selbstbewusstsein als Väter, die an ihrem Arbeitsplatz eigene Gestaltungsmöglichkeiten haben (Hoff & Grüneisen, 1978). Die Erziehungshaltung von Müttern hängt in deutlich geringerem Maße von ihren Arbeitsplatzerfahrungen ab.

Erziehungsziele wie Gehorsam, Höflichkeit und Anpassungsbereitschaft werden heute als nicht mehr so wichtig angesehen wie noch vor einigen Jahrzehnten, während Ziele wie Kritik- und Kooperationsfähigkeit an Bedeutung gewonnen haben. Auch wird Kindern heute früher ein höheres Maß an Selbständigkeit zugestanden als vor Jahrzehnten (Kemmler & Heckhausen, 1959; Ehlers et al., 1978).

6.2 Erziehungsmittel und Erziehungsstile

→ Erziehung ist Hilfe beim Hineinwachsen in eine soziale Gemeinschaft. Die Erziehungsagenten eines Individuums sind vor allem Eltern und Geschwister, aber auch Kindergärtner, Lehrer, Freunde, Ausbilder und Arbeitskollegen. Um ihre Erziehungsziele zu erreichen, wenden diese Agenten bestimmte Erziehungsmittel an, also Maßnahmen zur Einwirkung auf die Persönlichkeit des Individuums. Zu diesen Maßnahmen gehören:

- Orientierung über Gebote und Verbote,
- Erkennen vorhandener Grenzen durch Erklärungen,
- → Verstärkung erwünschten Verhaltens durch Belohnungen und
- Hemmung unerwünschten Verhaltens durch → Bestrafung (siehe 3.2.1 Grundannahmen der → operanten Konditionierung).

6.2.1 Setzen von Grenzen

Eine soziale Gemeinschaft ist immer durch bestimmte Strukturen gekennzeichnet: Es gelten Grenzen, die vom Individuum erkannt und berücksichtigt werden müssen. Dementsprechend sind das Setzen von Grenzen, die Beachtung von Grenzen und das Reagieren auf Grenzüberschreitungen wichtige Aspekte des Erziehens. Zu weite Grenzen oder fehlende Grenzen verunsichern das Individuum und behindern somit seine Entwicklung.

- Grenzen werden häufig als etwas Negatives gesehen, da sie freie Bewegungen verhindern. Grenzen haben jedoch auch positive Eigenschaften. Sie geben dem Individuum Orientierung: Sie befriedigen den Wunsch nach Antizipierbarkeit insofern, als innerhalb der Grenzen eines bestimmten Gebietes bestimmte Regeln gelten, an denen man sich orientieren kann.
- Grenzen bieten dem Individuum auch Schutz vor Angriffen und vor Überforderung.

- Grenzen können die Entwicklung fördern: Das Individuum kann Erfahrungen diesseits der Grenzen sammeln, also Erfahrungen machen, die es verarbeiten kann, ohne überfordert zu werden.
- Grenzen fördern die Entwicklung des Selbstwertgefühls: Die Abgrenzung der eigenen Person (dem „Ich") von einer anderen Person (dem „Du") ermöglicht ein „Sich-auseinander-Setzen" mit dieser Person und dient insofern der eigenen Identitätsfindung.

Adäquate Grenzziehung. Erziehung kann insofern als die Kunst der adäquaten Grenzziehung für ein Individuum angesehen werden. Die Grenzziehung muss jeweils im Hinblick auf die Zone der nächsten Entwicklung erfolgen, um dem Individuum adäquate Erfahrungsräume anzubieten, die ihm die Entwicklung von Kompetenz und Selbstvertrauen ermöglichen (siehe 4.1 Lernen als Enkulturation).

Grenzüberschreitung. Mit zunehmendem Entwicklungsfortschritt provozieren Grenzen auch ihre Überschreitung. Eine Grenzüberschreitung *muss* Konsequenzen haben; andernfalls würde es sich nicht wirklich um eine Grenze handeln. Dennoch können Grenzüberschreitungen auch eine pädagogische Funktion haben: Sie geben dem Individuum z.B. Anlass, Mut zu zeigen, Angst zu ertragen oder herauszufinden, was bei einer Grenzüberschreitung geschieht. Außerdem können sie ein Hinweis auf zu enge Grenzziehung sein. Grenzen in der → Erziehung haben meist nur zeitlich begrenzte Gültigkeit: Sie sind potentieller Gegenstand von Verhandlungen zwischen dem Individuum und seinem Erzieher, wobei sowohl Grenzverlauf als auch Sanktionen im Falle einer Grenzüberschreitung kooperativ festgelegt und verbindlich vereinbart werden können.

6.2.2 Erziehungsstile

Häufig auftretende Muster im Erziehungsverhalten hinsichtlich des Einsatzes von Erziehungsmitteln (wie z.B. hinsichtlich der Setzung und Erklärung von Grenzen, dem Einsatz von Belohnungen bei erwünschtem Verhalten und dem Einsatz von → Bestrafungen bei Grenzüberschreitungen) werden als → Erziehungsstile bezeichnet. Erziehungsstile lassen sich als spezifische Varianten von Führungsstilen auffassen, wie sie von Kurt Lewin beschrieben worden sind. Lewin, ein deutscher Psychologe, der während der Nazi-Herrschaft in die USA emigriert war, lud zusammen mit seinen Mitarbeitern zehnjährige Jungen über mehrere Monate mehrere Stunden pro Woche in einen Jugendclub zu Bastelarbeiten ein und untersuchte, welche Auswirkungen unterschiedliche Führungsstile auf die Arbeitsergebnisse und die Befindlichkeit der Versuchsteilnehmer hatten. Dabei unterschieden sie zwischen autoritärem Stil, demokratischem Stil und Laissez-faire-Stil (Lewin et al., 1939). Der autoritäre Stil wurde später auch als dominativ und der demokratische Stil als sozial-integrativ (Tausch & Tausch, 1963) oder als autoritativ (Baumrind, 1971) bezeichnet.

Autoritärer Stil

Hohes Maß an Lenkung. Beim autoritären Erziehungs- bzw. Führungsstil übt der Erzieher bzw. Leiter in hohem Maß Lenkung und Kontrolle aus. Er bestimmt, was getan wird und wer mit wem zusammenarbeitet. Gleichzeitig zeigt er emotionale Kälte gegenüber den Gruppenmitgliedern. Dieser Stil wurde im pädagogischen Kontext auch dominativer Stil genannt (Tausch & Tausch, 1963). Die Individuen zeigen hier hohe Lern- bzw. Arbeitsleistungen – allerdings nur, solange der Leiter anwesend ist. Bei Abwesenheit des Leiters unterbrechen sie häufig die ihnen aufgetragene Arbeit und wenden sich anderen, selbst gewählten Tätigkeiten zu.

Zu enge Grenzziehung. Beim autoritären → Erziehungsstil werden zu enge Grenzen gezogen, so dass dem Individuum wenig Spielraum für eigene Entscheidungen bleibt. Es empfindet geringe Wertschätzung und reagiert auf die Situation mit Unbehagen, das entweder in Aggression oder in Apathie umschlägt.

Restriktive Atmosphäre. Autoritär bzw. dominativ geführte Gruppenmitglieder fühlen sich eher emotional unbehaglich, innerlich verspannt und sind frustriert über die restriktive Atmosphäre. Sie reagieren zum Teil rebellisch und aggressiv, indem sie z.B. verdeckt den Arbeits- oder Unterrichtsprozess stören. Zum Teil reagieren sie unterwürfig und apathisch. Im pädagogischen Kontext führt ein solcher Stil zu reduzierter Lernmotivation, zu passiv-rezeptivem Verhalten und konformistischem Denken mit wenig originellen Problemlösungen (Tausch und Tausch, 1963).

Demokratischer Stil

Mittleres Maß an Lenkung. Beim demokratischen Erziehungs- bzw. Führungsstil ermöglicht der Erzieher bzw. Leiter den Gruppenmitgliedern, ihre Ziele und Arbeitsschritte nach Diskussion selbst festzulegen. Er ist freundlich und kooperationsbereit. Wird er um Hilfe gebeten, so zeigt er Möglichkeiten zur Überwindung der Schwierigkeiten auf, überlässt den Teilnehmern aber letztlich die Entscheidung. Ein solches Verhalten wird im pädagogischen Kontext auch sozial-integrativ genannt (Tausch & Tausch, 1963). Da dieser Stil keine Unterwerfung des Leiters unter eine Stimmenmehrheit beinhaltet (und insofern nicht demokratisch im strengen Sinn des Wortes ist), hat Baumrind (1971) die Bezeichnung „autoritativ" vorgeschlagen. Beim autoritativen Stil werden durchaus Anordnungen gegeben, doch werden die Gründe für diese Anordnungen offen gelegt, und das Klima ist emotional positiv.

Adäquate Grenzziehung. Beim demokratischen Erziehungs- bzw. Führungsstil werden Grenzen so gesetzt, dass das Individuum weder unter- noch überfordert ist. Das Individuum erfährt ein hohes Maß an Wertschätzung.

Positive Atmosphäre. Demokratisch geführte Individuen zeigen sich an der Tätigkeit interessierter und erbringen etwa ebenso hohe Arbeitsleistungen wie autoritär geführte Individuen. Dies gilt unabhängig von der Anwesenheit des Leiters: Wenn dieser den Raum verlässt, wird die Tätigkeit dennoch fortgesetzt. Innerhalb der Gruppe herrscht ein gutes Klima. Die Teilnehmer zeigen ein geringes Maß an Aggression, kooperieren bereitwillig und bieten einander ihre Hilfe an.

Laissez-faire-Stil

Geringes Maß an Lenkung. Beim Laissez-faire-Stil überlässt der Leiter die Gruppenmitglieder weitgehend sich selbst und beteiligt sich nicht an Aktivitäten. Er lässt den Individuen völlige Freiheit in den Entscheidungen, so dass diese tun und lassen können, was sie wollen. Der Laissez-faire-Stil zeichnet sich somit dadurch aus, dass keinerlei Lenkung und Kontrolle stattfindet. Wenn dabei emotionale Wärme vorhanden ist, handelt es sich um die permissiv-nachgiebige Variante des Laissez-faire-Stils. Wenn die emotionale Wärme fehlt, handelt es sich um die vernachlässigende Variante des Laissez-faire-Stils.

Zu weite Grenzziehung. Beim Laissez-faire-Stil sind die Individuen sich selbst überlassen. Sie können tun und lassen, was sie wollen. D.h.: Es werden keine oder zu weite Grenzen gezogen. Folglich kommt es auch nicht zu Grenzüberschreitungen und den sich daraus ergebenden Konsequenzen. Der Laissez-faire-Stil ist insofern eine „folgen-lose“ Erziehung.

Negative Atmosphäre. Die Individuen sind darüber keineswegs erfreut, sondern reagieren auf diesen Stil mit Unbehagen. Sie fühlen sich nicht wertgeschätzt und sehen den Erzieher als emotional gleichgültig an. Die fehlende oder zu weite Grenzziehung führt zum Gefühl des Alleingelassenwerdens und der Überforderung, was wiederum Enttäuschung und Aggressivität zur Folge haben kann. Die Gruppenmitglieder zeigen beim Laissez-faire-Stil die schlechtesten Leistungen. Sie sind unzufrieden, übermäßig aggressiv und häufig an ihrer Tätigkeit desinteressiert. Die fehlende Erfahrung im Umgang mit Grenzen führt dazu, dass solche Individuen später oft Schwierigkeiten haben, mit Frustrationen fertig zu werden, die Grenzen anderer anzuerkennen, soziale Beziehungen einzugehen und Verantwortung zu übernehmen.

6.3 Grunddimensionen des Erziehungsverhaltens

Die im vorigen Abschnitt beschriebenen → Erziehungsstile bilden eine Typologie des Erziehungsverhaltens. Eine solche Typologie basiert darauf, dass Verhaltensweisen von Erziehern je nach Ähnlichkeit oder Unähnlichkeit entweder der gleichen Gruppe oder unterschiedlichen Gruppen zugeordnet werden. Häufig vorkommende Verhaltensmuster gelten als typische Verhaltensweisen. Die genannten Erziehungsstile sind in diesem Sinne Haupttypen des Erziehungsverhaltens. Neben einer Typologie, bei der Erziehungsverhaltensweisen nach Ähnlichkeit und Unähnlichkeit gruppiert werden, kann man jedoch auch fragen, hinsichtlich welcher Merkmale (Dimensionen) denn Ähnlichkeit und Unähnlichkeit besteht. Damit geht man von einer typologischen zu einer dimensionalen Betrachtung über.

Grad der Lenkung und emotionale Wärme/Kälte

Die oben genannten Erziehungsstile lassen sich auf unterschiedliche Ausprägungen zweier Grunddimensionen des Erziehungsverhaltens zurückführen, der Dimension „Grad der Lenkung“ und der Dimension „emotionale Wärme/Kälte“. Hohe Lenkung beinhaltet das Erteilen

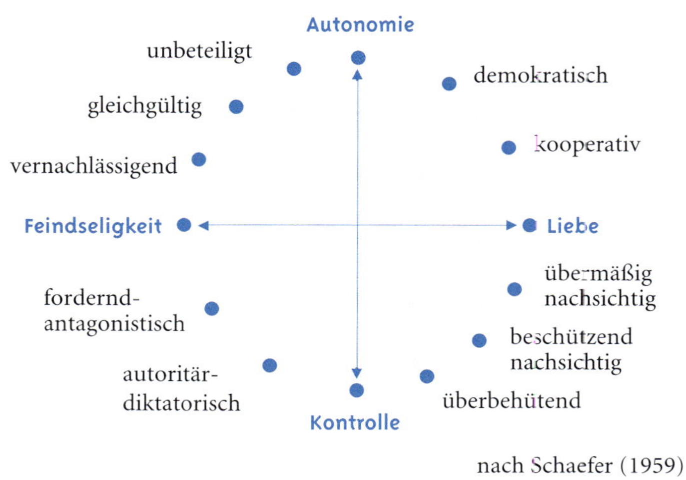

Abbildung 6.1. Verschiedene Arten des Erziehungsverhaltens lassen sich anhand zweier Grunddimensionen voneinander unterscheiden: dem **Grad der Lenkung** und der **emotionale Wärme/Kälte**. Für den autoritären Stil ist ein hohes Maß an Lenkung bei gleichzeitiger emotionaler Kälte und Geringschätzung charakteristisch. Der demokratische Stil ist durch ein eher geringes bis mittleres Maß an Lenkung bei gleichzeitiger emotionaler Wärme gekennzeichnet. Der Laissez-faire-Stil ist durch ein geringes Maß an Lenkung mit entweder permissiver emotionaler Zuwendung (in der Abbildung „übermäßig nachsichtig“, „beschützend nachsichtig“) oder emotionaler Gleichgültigkeit („vernachlässigend“, „gleichgültig“) charakterisiert (nach Schäfer, 1959)

von Befehlen, Aufforderungen und Verboten. Niedrige Lenkung bedeutet Permissivität. Emotionale Wärme beinhaltet freundliches, akzeptierendes, verständnisvolles, helfendes und ermutigendes Verhalten. Emotionale Kälte bedeutet unfreundliches oder gleichgültiges Verhalten bis hin zu feindseliger Zurückweisung. Die verschiedenen Varianten erzieherischen Verhaltens sind in Abbildung 6.1 im Hinblick auf die beiden Grunddimensionen des Erziehungsverhaltens graphisch dargestellt.

Gebots- und verbotsorientierte Erziehung

Eine andere Möglichkeit, das Erziehungsverhalten zu unterscheiden, besteht darin, unter Rückgriff auf die behavioristische Lernpsychologie die Häufigkeit von → Verstärkung und → Bestrafung als Erziehungsmittel zu bestimmen. Eine solche Differenzierung wird im → Marburger Erziehungsstilkonzept (genauer: dem Marburger Zweikomponenten-Konzept des elterlichen Erziehungsstils) von Herrmann et al. (1968) vorgenommen. In diesem Konzept wird einerseits zwischen gebots- und verbotsorientierter Erziehung und andererseits zwischen kindlichem Zuwendungs- und Vermeidungsverhalten unterschieden.

Gebotsorientierte Erziehung. Herrmann et al. versuchten herauszufinden, welche Verhaltensrepertoires bei Kindern durch welche Form des Erziehungsverhaltens gestützt werden. Sie fanden einerseits, dass Kinder, die häufig Bekräftigung bzw. → Verstärkung erfuhren und diese als unterstützend erlebten, eher ein aktiv aufsuchendes, unbefangenes Verhalten zeigten und die sozialen Spielregeln ihrer Bezugsgruppen besser beherrschten als andere Kinder. Die auf diese Weise erzogenen Kinder wurden als → gebotsorientiert bezeichnet. Gebotsorientiert bzw. unterstützend erzogene Kinder erwiesen sich als aktiver, selbstsicherer und anstrengungsbereiter, hatten eher optimistische Zukunftserwartungen und waren eher durch Hoffnung auf Erfolg motiviert.

Verbotsorientierte Erziehung. Die Autoren stellten andererseits fest, dass Kinder, die häufig Strafen und Strafandrohungen ausgesetzt waren, sich eher zurückhaltend, abwartend und ängstlich verhielten bzw. häufiger Vermeidungsverhalten zeigten als andere. Diese Kinder wurden als → verbotsorientiert bezeichnet. Verbotsorientiert bzw. streng erzogene Kinder waren weniger aktiv, ängstlicher und unsicherer, hatten eher pessimistische Zukunftserwartungen und waren mehr durch Furcht vor Misserfolg motiviert (Herrmann et al., 1968; Stapf et al., 1972).
Bei der Interpretation der Untersuchungsergebnisse muss allerdings berücksichtigt werden, dass hier nicht das tatsächliche, sondern das von den Kindern wahrgenommene Elternverhalten erfasst wurde.

6.4 Erziehung und Persönlichkeitsentwicklung

Erziehungsklima

Für die Entwicklung von Kindern zu seelisch gesunden Persönlichkeiten, die sich im Sinne der oben erwähnten allgemeinen → Erziehungsziele (siehe 6.1 Erziehungsziele) sozial angepasst, autonom und prosozial verhalten, ist ein positives Erziehungsklima von grundlegender Bedeutung. Ein solches Erziehungsklima ist durch unbedingte Wertschätzung der Persönlichkeit des Kindes gekennzeichnet (was allerdings nicht notwendig die Akzeptanz seines Verhaltens beinhaltet). Wesentliche Merkmale eines positiven Erziehungsklimas sind außerdem einfühlendes Verstehen (→ Empathie), Echtheit (→ Authentizität) und Anregung des Kindes zur Eigenaktivität (vgl. 2.3.1 Personzentrierte Erziehung).

Soziale Anpassung. Durch die klare und nachvollziehbare Setzung von Grenzen bzw. die Formulierung von Regeln des sozialen Handelns, welche begründet, konsequent eingehalten und gemeinsam überwacht, aber auch regelmäßig neu ausgehandelt werden, wird die soziale Anpassung von Kindern und Jugendlichen gefördert. Diese Anpassung gelingt leichter, wenn das soziale Leben (z.B. in der Familie) organisiert verläuft, wenn emotionale Wärme vorherrscht und die Kinder das sichere Gefühl haben, akzeptiert zu werden (Schneewind, 1983, 1994).

Autonomie. Wenn innerhalb der sozialen Gemeinschaft (z.B. der Familie) günstige Anregungsbedingungen für den Kompetenzerwerb z.B. durch intellektuelle Stimulierung gegeben werden und genügend Handlungsspielraum zur Entfaltung eigenständiger Aktivitäten eingeräumt wird, wird die Autonomie von Kindern und Jugendlichen gefördert. Von Bedeutung ist außerdem, dass innerhalb der Gemeinschaft Toleranz gegenüber auftretenden Fehlern herrscht.

Prosoziales Verhalten. Eine Voraussetzung für prosoziales Verhalten ist die Fähigkeit und Bereitschaft zur Einfühlung in andere Menschen und zur Übernahme ihrer Perspektiven. Diese Eigenschaften von Kindern werden innerhalb einer Gemeinschaft (z.B. der Familie) durch eine Kommunikationsform gefördert, bei der auf die kindlichen Gefühle eingegangen wird, indem diese z.B. verbalisiert und präzisiert werden, und bei der die Erzieher (z.B. die Eltern) die eigenen Gefühle verdeutlichen und ihren eigene Standpunkt in Form von „Ich-Botschaften" mitteilen. In einer solchen sozialen Gemeinschaft werden zwischenmenschliche Probleme aus der Sicht aller Beteiligten betrachtet, und die Kinder werden im Rahmen ihrer Möglichkeiten an gemeinsamen Entscheidungen beteiligt (Schreiner, 1983).
Die Zusammenhänge zwischen dem Verhalten von Eltern und der Persönlichkeitsentwicklung ihrer Kindern sind allerdings insgesamt relativ gering. Die Korrelationen liegen meist im Bereich von .30, so dass nur ungefähr 9 Prozent (.30 × .30) der Varianz der Persönlichkeitseigenschaften von Kindern durch das Erziehungsverhalten aufgeklärt werden.

Erziehung und seelische Gesundheit

Die seelische Gesundheit von Kindern innerhalb der Familie wird gefördert, wenn eine klare Macht- und Kompetenzverteilung zwischen beiden Elternteilen mit starkem elterlichem Bündnis besteht und wenn ein verlässliches Regelsystem des sozialen Handelns und ein von allen geteiltes Wertesystem existiert. Wichtige Merkmale des Familienlebens, welche die seelische Gesundheit von Kindern stabilisieren, sind außerdem Offenheit im Ausdruck von Gefühlen, die Bereitschaft zu sogenannten „Ich-Botschaften" und zum „aktiven Zuhören", die Förderung von Individualität durch Respekt vor subjektiven Sichtweisen und Bewertungen sowie eine aktive Teilnahme der Familie am gesellschaftlichen Leben (Lewis & Weinraub, 1976; Textor, 1985).

Kontrollerfahrungen. Für eine gesunde seelische Entwicklung von Kindern sind außerdem → Kontrollerfahrungen von wesentlicher Bedeutung (Seligman, 1975). Bereits in den ersten Lebensmonaten lernt ein Kind, ob seine Verhaltensweisen mit sozialen Konsequenzen verbunden sind oder nicht. Erfährt es, dass subjektiv wichtige Ereignisse nicht vom eigenen Verhalten abhängig sind, so erlebt es Einflusslosigkeit. Solche Erlebnisse vermindern die Motivation, Umweltsachverhalte zu kontrollieren, und können zu → erlernter Hilflosigkeit führen. Das Individuum sieht dann Ereignisse nicht mehr als Konsequenzen seines eigenen Handelns. Erlebte Einflusslosigkeit kann zu massiven emotionalen Störungen wie Angst und Depression führen und die weitere Lernfähigkeit beeinträchtigen.

„Unverwundbare". Gelegentlich findet man Individuen, die unter extrem schlechten Umweltbedingungen wie z.B. Armut und Arbeitslosigkeit der Eltern, psychischer Erkrankung von Vater oder Mutter und dergleichen aufwuchsen und die sich dennoch zu psychisch gesunden Persönlichkeiten entwickelt haben. Sie werden häufig als → „Unverwundbare" bezeichnet (Werner & Smith, 1982). Untersucht man die Umwelt solcher „unverwundbarer" Individuen näher, so stellt man meist fest, dass ihnen als Kindern und Jugendlichen durch wenigstens eine Bezugsperson ein beständiges Interesse signalisiert wurde. Sie fühlten sich durch diese Bezugsperson persönlich geachtet und wurden von ihr beim Erwerb von Kompetenzen zur Selbstversorgung, zur Verständigung und zur Verbesserung der eigenen Situation unterstützt.
Wenn sich Individuen trotz widriger Umstände zu gesunden Persönlichkeiten entwickeln, scheinen aber auch bestimmte Kompetenzen des Individuums eine Rolle zu spielen. Die sogenannten „Unverwundbaren" verfügen meist über ein gutes soziales Verständnis und besitzen die Fähigkeit, positive Reaktionen der sozialen Umwelt hervorzubringen. Darüber hinaus zeigen sie Autonomie, besitzen die Fähigkeit zur Impulskontrolle und haben gute Problemlösestrategien.

6.5 Moralische Erziehung

Jede → Erziehung verfolgt bestimmte Ziele und ist somit in ein bestimmtes Wertesystem eingebettet. Insofern findet immer eine implizite Werteerziehung statt. Diese ist erfolgreich, wenn das Individuum in Übereinstimmung mit den Werten seiner Gemeinschaft handelt und sich somit moralisch gut verhält. Werte können aber auch als solche thematisiert und durch explizite moralische Erziehung vermittelt werden.
Moralische Erziehung besteht darin, dem Individuum die kognitiven, affektiven und motivationalen Voraussetzungen für moralisch gutes Handeln zu vermitteln. Diese Erziehung kann auf direktem oder indirektem Weg erfolgen. Bei der indirekten moralischen Erziehung wird das Individuum nur angeregt, über Werte und moralische Fragen nachzudenken in der Erwartung, dass sich dadurch auch sein moralisches Handeln verbessert. Bei der direkten moralischen Erziehung werden dem Individuum direkt bestimmte Werte vermittelt, indem es explizit im moralisch guten Handeln unterrichtet wird.

6.5.1 Klärung von Werten

Die Klärung von Werten gehört zu den Methoden der indirekten moralischen Erziehung. Bei diesem von Simon et al. (1972) entwickelten Verfahren werden Individuen dazu angeregt, ihre eigenen Wertsysteme zu analysieren (→ Werteklärung).

Beispiel

Analyse des eigenen Wertesystems

Beispielsweise kann man Schülern einer Klasse der Reihe nach folgende Aufgaben stellen:

(1) Schreibe 10 bis 15 Tätigkeiten, die du gerne machst, untereinander in einer Liste auf.
(2) Schreibe dann hinter jeden Punkt der Liste, wann du dies das letzte Mal gemacht hast.
(3) Mache ein Euro-Zeichen hinter jeden Punkt, der mehr als 10 Euro kostet.
(4) Gehe die Liste erneut durch und mache ein P hinter jeden Punkt, bei dem Planung notwendig ist.
(5) Gehe die Liste noch einmal durch und mache ein S hinter jeden Punkt, den du mit anderen machst.
(6) Gehe die Liste erneut durch und mache ein A hinter jeden Punkt, den du alleine machst.

Anstelle der genannten Aufgaben kann man die Schüler auch Sätze vervollständigen lassen wie z.B.: „Ich würde gerne . . .", „Wenn ich groß bin, . . .", „In zehn Jahren . . .", „Nach meiner Meinung . . .", „Ich lese gerne Bücher über . . .", „Es ärgert mich . . ." usw.

In beiden Fällen können die Antworten offen gelegt, reflektiert und gemeinsam diskutiert werden. Der Einzelne wird auf diese Weise unterstützt, sich seiner Werte bewusst zu werden und über diese nachzudenken. Mit diesem Verfahren wird dem Schüler allerdings nur deutlich gemacht, welches Wertesystem er selbst hat, es wird jedoch kein bestimmtes Wertesystem als positiv herausgestellt.

6.5.2 Lösung moralischer Konflikte

Moralische Dilemmata. Eine andere Form der indirekten moralischen Erziehung besteht darin, die Individuen mittels moralischer Konfliktsituationen dazu anzuregen, über ihre Wertesysteme und die anderer Menschen nachzudenken. In einer solchen Konfliktsituation legen unterschiedliche Wertesysteme unterschiedliche Verhaltensweisen nahe, und der Handelnde muss sich für eine dieser Verhaltensweisen entscheiden. Das folgende Beispiel stellt eine solche Konfliktsituation dar.

Beispiel

Konflikt: Einbrechen oder sterben lassen? (nach Kohlberg, 1964)

Eine Frau litt an einer seltenen Krebsart und war dem Tod nahe. Es gab ein Medikament, von dem die Ärzte meinten, es könne noch helfen – eine radioaktive Substanz, die ein Apotheker der Stadt vor kurzem entdeckt hatte. Der Apotheker verlangte 2000 Dollar – das Zehnfache des Herstellungspreises. Der Mann der kranken Frau, Heinz, ging zu allen Freunden und Bekannten und versuchte, sich das notwendige Geld zu leihen, bekam aber nur die Hälfte zusammen. Er bat den Apotheker, ihm das Medikament billiger zu verkaufen, aber dieser lehnte ab. Heinz war verzweifelt und brach nachts in das Geschäft ein, um das Medikament zu stehlen.

In diesem Beispiel steht der Handelnde, Heinz, vor dem → moralischen Dilemma, ob er nachts in das Geschäft einbrechen soll, um das Medikament zu stehlen, oder ob er nicht einbrechen soll. Die eine wie die andere Entscheidung steht in Übereinstimmung mit bestimmten moralischen Prinzipien und steht gleichzeitig im Gegensatz zu anderen Prinzipien.
Dieses Verfahren der Präsentation moralischer Dilemmata geht auf Kohlbergs Theorie der kognitiven Entwicklung zurück. Kohlberg (1964) sieht Moral als eine Menge von rationalen Prinzipien für Verhaltensentscheidungen. Wichtigste Prinzipien sind die Berücksichtigung von Würde und Wert einer Person sowie Gerechtigkeit. Die moralische Entwicklung besteht darin, dass das Konzept der Gerechtigkeit beim Individuum zunehmend differenzierter wird.
Kohlberg unterscheidet drei Hauptstufen des moralischen Denkens: die präkonventionelle Stufe, die konventionelle Stufe und die postkonventionelle Stufe.

Präkonventionelle Stufe. Moralisches Denken auf der präkonventionellen Stufe findet sich vor allem bei jüngeren Kindern, aber oft auch noch bei Erwachsenen. Die Beurteilung eines moralischen Problems erfolgt hier aus der Sicht des Individuums, das sich am Prinzip des Gehorsams oder dem Prinzip der Instrumentalität orientiert.

Konventionelle Stufe. Die konventionelle Stufe des moralischen Denkens wird meist in der Adoleszenz erreicht und im Erwachsenenalter beibehalten. Die Beurteilung eines moralischen Problems erfolgt hier aus der Sicht eines Gesetzeshüters, der sich am Prinzip von Gesetz und Ordnung oder am Prinzip der sozialen Erwartungen orientiert.

Postkonventionelle Stufe. Moralisches Denken auf der postkonventionellen Stufe wird nur von relativ wenigen Personen erreicht und findet sich frühestens im Verlauf der Adoleszenz. Die Beurteilung eines moralischen Problems erfolgt hier aus einer Perspektive jenseits der offiziellen Gesetze und wird von der Frage beherrscht, welches die allgemeinen Prinzipien einer guten Gesellschaft sind. Bei einer Orientierung an Sozialverträgen (legalistische Orientierung) wird die Bedeutung sozialer Übereinkünfte – die Einigkeit über bestimmte Rechte – betont. Gesetze werden nicht als etwas Unabänderliches angesehen, sondern können ausgehandelt werden. Bei der Orientierung an einer universellen Ethik wird auf allgemeine Prinzipien der Gerechtigkeit

Tabelle 6.1. Beispiele für unterschiedliche Handlungsbegründungen auf verschiedenen Stufen des moralischen Denkens nach Kohlberg (1964)

Entwicklungsstufe		
Präkonventionelle Stufe	Gehorsam	Heinz sollte das Medikament nicht stehlen, weil er bestraft werden könnte.
	Instrumentalität	Heinz sollte das Medikament stehlen, weil er sich Sorgen wegen seiner Frau macht und es ihm besser geht, wenn sie wieder gesund ist.
Konventionelle Stufe	Interpersonelle Übereinstimmung	Heinz sollte das Medikament stehlen, weil sich ein guter Ehemann um seine Frau sorgt. Die anderen Leute würden schlecht von ihm denken, wenn er seine Frau sterben lassen würde.
	Gesetz und Ordnung	Heinz sollte das Medikament nicht stehlen, weil Stehlen gegen das Gesetz ist. Die Gesetze müssen eingehalten werden, auch wenn man dabei etwas verliert.
Postkonventionelle Stufe	Sozialverträge	Heinz sollte das Medikament stehlen, weil die Gesellschaft das Recht auf Gesundheit höher wertet als das Recht, einen hohen Gewinn zu erzielen.
	Universelle Ethik	Heinz sollte das Medikament stehlen, weil menschliches Leben einen höheren Wert darstellt als jeder andere Wert. Ein menschliches Leben hat einen inneren Wert auch dann, wenn dies von anderen nicht so wahrgenommen wird.

Bezug genommen, in denen Würde und Wert jeder Person eine besondere Rolle spielen. Tabelle 6.1 zeigt im Hinblick auf das obige Beispiel von Heinz verschiedene Begründungsvarianten für Handlungen auf den einzelnen Entwicklungsstufen.
Kohlberg (1976) stellte fest, dass wiederholte Diskussionen solcher Dilemmata über einen längeren Zeitraum hinweg das moralische Denken des Individuums auf eine höhere Stufe führen können. Hersh et al. (1979) haben Fragestrategien für Diskussionen über → moralische Dilemmata entwickelt, wobei zwischen Anfangsstrategien und Vertiefungsstrategien unterschieden werden kann.

Anfangsstrategien. Sie sollen zur Einnahme eines Standpunkts auffordern, zur Verteidigung des eigenen Standpunkts ermutigen oder durch Komplikation der Situation die Diskussionsteilnehmer dazu bringen, auch andere Standpunkte einzunehmen.

Vertiefungsstrategien. Sie können darin bestehen, ein moralisches Prinzip am konkreten Beispiel zu analysieren, auch entgegengesetzte Positionen einzubringen oder anzunehmen, dass alle Menschen einem bestimmten Prinzip folgen würden. Tabelle 6.2 gibt Beispiele für diese Strategien.

Tabelle 6.2. Beispiele für Anfangsstrategien und für Vertiefungsstrategien zur Förderung von Diskussionen über moralische Dilemmata

Anfangsstrategien	Beispiel
Betonung moralischer Standpunkte	„Sollte Heinz das Medikament stehlen?“ „Sollte ein Ehemann eine kriminelle Tat begehen, um das Leben seiner Frau zu retten?“
Bestimmung der Gründe	„Warum denkst du, dass dies ein guter Vorschlag ist?“ „Welche Gründe sprechen für deinen Vorschlag?“
Komplikation der Situation	„Nimm an, dass die Frau Heinz gebeten hat, das Medikament nicht zu stehlen. Würdest du dann anders entscheiden?“ „Nimm an, es gab kein anderes Medikament.“
Vertiefungsstrategien	**Beispiel**
Erläuterung von Mehrdeutigkeiten	„Welche Probleme würde Heinz bekommen?“
Analyse eines moralischen Prinzips (z.B. Prinzip der sozialen Verpflichtung)	„Macht es einen Unterschied, dass Heinz seine Frau näher steht als der Apotheker?“
Einbringen entgegengesetzter Positionen	„Gibt es nicht auch gute Gründe, das Gegenteil zu tun?“
Annahme, dass alle dem Prinzip folgen würden	„Was wäre, wenn jeder stehlen würde, was er braucht, um das Leben eines anderen zu retten?“

Kritik. Gegen die Diskussion von → moralischen Dilemmata als Mittel zur moralischen Erziehung im Sinne von Kohlbergs Entwicklungstheorie wird kritisch eingewandt, dass hier an Lehrer und Erzieher unrealistische Erwartungen gestellt würden. Die meisten Erwachsenen erreichten normalerweise allenfalls die konventionelle Ebene des moralischen Denkens. Deshalb sei fraglich, ob man überhaupt eine größere Anzahl von Jugendlichen durch Diskussionen über dieses Niveau hinausführen könne. Außerdem handle es sich nur um einen „kalten" kognitiven Ansatz, in dem die affektive Seite des moralischen Handelns – z.B. das Erleben von Emotionalität, von Schuldgefühlen und Reue – zu kurz komme. Tatsächlich setzt moralisches Handeln nicht nur moralisches Denken, sondern auch moralische Sensitivität und moralische Motivation voraus.

Definition

Moralische Sensitivität bezeichnet die Fähigkeit zu erkennen, dass eine Situation vorliegt, in der Entscheidungen das Wohlergehen anderer beeinflussen.
Moralische Motivation bezeichnet die Bereitschaft des Individuums, entsprechend seinem moralischen Urteil zu handeln und diese Handlungsweise aufrechtzuerhalten.

Die Ansätze zur indirekten moralischen Erziehung werden häufig dahingehend kritisiert, dass sie wenig dazu beigetragen hätten, aktuelle Probleme im Erziehungsalltag und in der Schule – wie z.B. Disziplinschwierigkeiten, Vandalismus oder Drogenprobleme – zu lösen. Deshalb wird oft nach direkten Verfahren zur moralischen Erziehung verlangt.

6.5.3 Indirekte versus direkte moralische Erziehung

Direkte Formen. Bei den direkten Formen moralischer Erziehung wird versucht, dem Individuum unmittelbar bestimmte Werte zu vermitteln. Beispielsweise kann der Lehrende versuchen, als Modell für respektvolles Verhalten gegenüber anderen zu fungieren, indem er sich gegenüber seinen Schülern respektvoll verhält. Er kann versuchen, eine Lerngemeinschaft zu schaffen, in der sich alle kennen, kooperativ lernen und sich als Teil eines Ganzen fühlen. Auftretende Disziplinprobleme kann er so behandeln, dass sich moralisches Denken entwickelt und die Schüler lernen, sich selbst zu kontrollieren (Lickona, 1988).

Praktisches moralisches Handeln. Ausgehend von der Prämisse, dass es nicht nur auf moralisches Denken, sondern vor allem auf moralisches Handeln ankommt, wurden in einigen Bildungsprogrammen der USA die Schüler systematisch zu prosozialen Aktivitäten herangezogen (Wynne, 1988). Sie mussten beispielsweise als Tutoren für andere Schüler fungieren, als Schülerlotse tätig sein, für bestimmte Schulaktivitäten Geld sammeln, an kulturellen Aktivitäten der Schule wie Theater- oder Musikaufführungen teilnehmen, an Schülerprojekten mitarbeiten usw. Zum Teil ist die Mithilfe in öffentlichen Einrichtungen sogar offizielle Anforderung für einen erfolgreichen Schulabschluss.

Synthese. Eine mögliche Synthese kann darin bestehen, dass zunächst eher direkte und dann zunehmend auch indirekte moralische Erziehung stattfindet. Beispielsweise kann man Schülern explizit bestimmte Werte (wie z.B. Gerechtigkeit, Großzügigkeit, Loyalität, Zusammenarbeit und Fairness) vermitteln, die von kaum jemandem in Frage gestellt werden. Die Anwendung dieser Werte kann dann Anlass zu strukturierten Diskussionen geben und damit zur indirekten moralischen Erziehung beitragen (Benninga, 1988).

Abbildung 6.2. Direkte moralische Erziehung. Während bei der indirekten moralischen Erziehung Kinder und Jugendliche zum Nachdenken über moralische Probleme angeregt werden, um ihr moralisches Denken weiterzuentwickeln, werden ihnen bei der direkten moralischen Erziehung soziale Werte direkt vermittelt, indem sie systematisch zu prosozialen Aktivitäten herangezogen werden (z.B. Engagement für den Tierschutzbund, als Pfadfinder oder als Schülerlotse). Auf diese Weise sollen nicht nur das moralische Denken, sondern auch die moralische Sensitivität und die moralische Motivation gefördert werden

6.6 Zusammenfassung

Als → Erziehung bezeichnet man die gezielte soziale Beeinflussung der motivationalen und kognitiv-affektiven Aspekte der Persönlichkeit des Individuums durch Eltern und andere Erziehungsagenten. → Erziehungsziele sind Teil der gesellschaftlichen Normen, unterliegen dem historischen Wandel und können je nach soziokulturellem Milieu unterschiedlich sein.

Häufig auftretende Muster des Erziehungsverhaltens werden als → Erziehungsstile bezeichnet. Man unterscheidet zwischen:

- dem autoritären Stil,
- dem demokratischen bzw. autoritativen Stil und
- dem Laissez-faire-Stil, welcher wiederum permissiv-nachgiebig oder vernachlässigend sein kann.

Die Erziehungsstile können auch als zu enge, als adäquate oder als zu weite Grenzziehung für das Individuum beschrieben werden. Diese Stile lassen sich auf unterschiedliche Ausprägungen zweier Grunddimensionen zurückführen:

- auf die Ausprägung der Dimension „Grad der Lenkung“ und
- die Ausprägung der Dimension „emotionale Wärme/Kälte“.

Nach dem → Marburger Erziehungsstil-Konzept wird je nach Häufigkeit von → Verstärkung und → Bestrafung unterschieden zwischen:

- → gebotsorientierter Erziehung und
- → verbotsorientierter Erziehung.

Als günstig für die Entwicklung von Kindern zu seelisch gesunden Persönlichkeiten, die sich einerseits sozial anpassen können und sich andererseits autonom und prosozial verhalten, wird ein positives Erziehungsklima angesehen, in dem die Kinder Wertschätzung, einfühlendes Verstehen (→ Empathie) sowie Echtheit (→ Authentizität) erfahren und in dem nur ein mittleres Maß an Lenkung praktiziert wird.

Moralische Erziehung besteht darin, dem Individuum die kognitiven, affektiven und motivationalen Voraussetzungen für ein Handeln zu vermitteln, das in Übereinstimmung mit dem geltenden Wertesystem steht.

- Bei der indirekten moralischen Erziehung wird das Individuum lediglich darin unterstützt, über sein eigenen Wertesystems zu reflektieren.
- Bei der direkten moralischen Erziehung wird versucht, dem Individuum durch → Modelllernen und Anregung zu eigenem Handeln unmittelbar bestimmte Werte zu vermitteln.
- Beide Formen können kombiniert werden.

Bezug zu . . .

Die Erziehungsstilforschung ist wesentlich von der Erforschung unterschiedlicher Führungsstile in Gruppen beeinflusst worden. Insofern bestehen enge Zusammenhänge zwischen der Psychologie der Erziehung und der Sozialpsychologie.

Indem die **Erziehungspsychologie** die Auswirkungen unterschiedlichen Erziehungsverhaltens auf die Persönlichkeitsentwicklung von Kindern und Jugendlichen untersucht, bestehen auch enge Beziehungen zur Differentiellen Psychologie und Persönlichkeitspsychologie.

Die indirekte moralische Erziehung in Form einer Diskussion → moralischer Dilemmata basiert im Wesentlichen auf **Kohlbergs Theorie der moralischen Entwicklung**, die wiederum auf theoretischen Konzepten von Piaget aufbaut. Eine große Rolle in Piagets Theorie der kognitiven Entwicklung spielt das Erkennen kognitiver Konflikte, da solche Konflikte den Übergang zu einer neuen Stufe der Äquilibration kognitiver Strukturen initiieren. Analog dazu werden in Kohlbergs Theorie der moralischen Entwicklung Entscheidungskonflikte als Auslöser für den Übergang zu einer neuen kognitiven und affektiven Äquilibration zwischen Individuum und Gesellschaft angesehen. In beiden Bereichen ist die Wirksamkeit von Konflikten allerdings umstritten, da Individuen solche Konflikte oft relativ gut ertragen.

6.7 Diskussionsfragen

(1) Kann man Kinder so erziehen, dass alle wesentlichen → Erziehungsziele erreicht werden, oder schließen sich die Ziele zum Teil gegenseitig aus?

(2) Kann man trotz der Situationsabhängigkeit von Erziehungszielen allgemeinen Aussagen über das Erziehungsverhalten einzelner Eltern oder Erzieher machen?

(3) Kann es eine → Erziehung ohne Sanktionen geben?

(4) Welche Gründe sprechen dafür und welche dagegen, das moralische Handeln eines Individuums direkt zu beeinflussen?

(5) Welche Gründe sprechen dafür und welche dagegen, das moralische Handeln eines Individuums nur indirekt zu beeinflussen?

Weiterführende Literatur

Weiterführende Darstellungen zum Thema der Erziehung und Sozialisation finden sich in:

Krapp, A. & Weidenmann, B. (Hrsg.) (2001). Pädagogische Psychologie (4. Aufl.). Weinheim: Beltz/Psychologie Verlags Union. (darin Kapitel 8)

Schneewind, K. A. (1994). Persönlichkeitsentwicklung im Kontext von Erziehung und Sozialisation. In K. A. Schneewind (Hrsg.), Psychologie der Erziehung und Sozialisation (S. 197–225). Göttingen: Hogrefe.

7 Motivation

Was Sie in diesem Kapitel erwartet

Was Lehrende und Lernende „antreibt"

„Der Unterricht interessiert ihn nur noch am Rande", „Unser Lehrer gibt sich keine Mühe mit uns". – Derartige Aussagen von Lehrern, Eltern und Schülern bringen zum Ausdruck, dass → pädagogische Prozesse immer eine Kooperation zwischen Lehrendem und Lernendem erfordern (siehe 1.2.2 Praktische Aufgaben), hier aber auch Defizite bestehen können. Kooperation bedeutet gemeinsames Handeln auf ein Ziel hin, und dieses Handeln bedarf unter anderem der Bereitstellung der hierfür erforderlichen psychischen Energie. Dieser energetische Aspekt des menschlichen Handelns in Richtung auf ein positiv bewertetes Ziel wird als → Motivation bezeichnet. Während → Motive relativ stabile Personeigenschaften beschreiben, versteht man unter Motivation die aktuelle Aktiviertheit und Handlungsbereitschaft des Individuums. Motivation ist notwendige Bedingung von → Bildung und → Erziehung.

Handeln kann unterschiedlich motiviert sein, also durch unterschiedliche Bedingungen angeregt werden und auf unterschiedliche Ziele gerichtet sein. Die Ziele können z.B. darin bestehen, Defizite zu vermeiden, persönlich zu wachsen, Leistungen zu erbringen, sozialen Anschluss zu haben, Macht zu besitzen oder Hilfe zu leisten. Dementsprechend lassen sich verschiedene Arten der Motivation unterscheiden. Werden Leistungen erbracht, so kann die Beziehung zwischen dem Individuum und dem Handlungsgegenstand im Vordergrund stehen. Es kann aber auch die Beziehung zwischen der Leistung des Individuums und der Leistung anderer Individuen, also der soziale Wettbewerb, im Vordergrund stehen. Außerdem kann eine bestimmte Handlung für das Individuum nicht nur Mittel zum Zweck, sondern auch Selbstzweck sein.

Ob sich ein Individuum zum Handeln entschließt und entsprechende Ressourcen mobilisiert, hängt nicht nur von der Attraktivität des Ziels ab, sondern auch von der subjektiv wahrgenommenen Wahrscheinlichkeit, das Ziel durch dieses Handeln auch zu erreichen. Die Motivation eines Individuums wird also durch seine Kognitionen moderiert. Da ein pädagogischer Prozess nur dann erfolgreich sein kann, wenn Lehrende und Lernende hinreichend motiviert sind, müssen pädagogische Maßnahmen zum Teil auch darauf abzielen, die erforderliche Motivation als Bedingung des Bildungs- und Erziehungsprozesses durch geeignete Maßnahmen herzustellen und aufrechtzuerhalten.

Lernziele

Sie sollten am Ende des Kapitels wissen bzw. verstanden haben,

- welche pädagogisch relevanten Motivarten unterschieden werden,
- wie Lernende je nach Art ihrer Motivation auf Erfolge und Misserfolge reagieren,
- wie Lern- und Leistungsmotivation gefördert werden können,
- warum zur Förderung der Leistungsmotivation bestimmte Entwicklungsvoraussetzungen gegeben sein müssen.

7.1 Motivarten

Defizitmotive und Wachstumsmotive

Dem humanistischen Ansatz von Maslow (1968) zufolge lassen sich menschliche Motive danach unterscheiden, ob sie das Wachstum des Individuums fördern oder behindern, ob sie also → Wachstumskräfte oder → Wachstumshindernisse darstellen. In seiner Bedürfnispyramide unterscheidet Maslow deshalb zwischen Defizitmotiven und Wachstumsmotiven. Defizitmotive zielen darauf ab, Mangelzustände zu vermeiden. Wachstumsmotive zielen darauf ab, die eigene Persönlichkeitsentwicklung zu fördern (siehe 2.2.1 → Wachstumskräfte und → Wachstumshindernisse und Abbildung 2.1).

Neugiermotiv. Das Bedürfnis nach Wissen und Verstehen entspricht dem → Motiv, die Realität zu erkunden und über sie informiert zu sein. Berlyne (1960) bezeichnet dies als → Neugiermotivation bzw. als → epistemische Neugier. Diese wird vor allem durch überraschende Ereignisse ausgelöst, die Verunsicherung und Ratlosigkeit auslösen und an den bisherigen Überzeugungen zweifeln lassen. Solche Ereignisse, die im Widerspruch zu den bisherigen Annahmen stehen, führen meist zu intensiven Orientierungsaktivitäten.

Soziale Motive

Menschliches Handeln hat immer einen Sozialbezug. Unter dem Aspekt des Sozialbezugs kann ein Individuum bestrebt sein, zu anderen Kontakt aufzunehmen und eine wechselseitige vertrauensvolle Bindung aufzubauen, also Anschluss zu finden. Die betreffende Form des Handelns bezeichnet man als Anschlusshandeln, das entsprechende Motiv als Anschlussmotiv (Heckhausen, 1977). Ein Individuum kann auch versuchen, anderen in Schwierigkeiten und Notlagen befindlichen Individuen Hilfe zu leisten. Die betreffende Form des Handelns bezeichnet man als Hilfehandeln, das entsprechende Motiv als Hilfemotiv. Ein Individuum kann versuchen, sich Ressourcen anzueignen, um andere Individuen entsprechend den eigenen Bedürfnissen beeinflussen zu können, also Macht auszuüben. Die betreffende Form des Handelns bezeichnet man als Machthandeln, das entsprechende Motiv als Machtmotiv.

Leistungsmotiv

Menschliches Handeln hat immer auch einen Gegenstandsbezug: Es ist auf einen Gegenstand gerichtet und versucht, diesen im Hinblick auf bestimmte Ziele zu verändern. Dies kann mehr oder weniger gut gelingen. D.h.: Unter dem Aspekt des Gegenstandsbezugs kann ein Individuum bestrebt sein, die Ergebnisse seiner Handlungen zu steigern, sofern für diese Ergebnisse ein Gütemaßstab vorhanden ist. Handlungen, für deren Bewertung ein Gütemaßstab vorhanden ist, gelten als Leistungen. Ein auf Optimierung der Ergebnisse gerichtetes Handeln bezeichnet man deshalb als Leistungshandeln. Nach Heckhausen (1977) hat ein solches Individuum ein Leistungsmotiv.

Definition

Leistungsmotivation ist das Bestreben eines Individuums, das eigene Handeln im Hinblick auf einen Gütemaßstab zu optimieren.

Lernmotivation: Sachorientierung und Wettbewerbsorientierung

Eine spezielle Form der Leistungsmotivation ist die Motivation, Lernleistungen zu erbringen. Diese Form wird als Lernmotivation bezeichnet. Eine Lernleistung kann anhand der eigenen bisher erbrachten Leistungen (also sachorientiert) oder anhand der Leistungen von anderen (also wettbewerbsorientiert) bewertet werden.

Autonome Orientierung und soziale Orientierung. Dementsprechend unterscheidet Ruble (1980) zwischen → autonom orientierter und → sozial orientierter Lernmotivation. Bei der autonom orientierten Lernmotivation steht der Vergleich des erreichten Leistungsstands mit den eigenen früheren Leistungen im Vordergrund. Diese Orientierung ist bis zu Beginn der Schulzeit vorherrschend, kann aber auch darüber hinaus erhalten bleiben. Bei der → sozial orientierten Lernmotivation steht der Vergleich des erreichten Leistungsstands mit den Leistungen der anderen Lernenden im Vordergrund. Diese Orientierung nimmt mit dem Eintritt in die Schule deutlich zu (Ruble, 1980).

Mastery Orientation und Performance Orientation. In ähnlicher Weise unterscheidet Dweck (1985) zwischen → Mastery Orientation und → Performance Orientiation. Bei der Mastery Orientation ist das primäre Ziel, die eigene Kompetenz zu verbessern. Bei der Performance Orientation besteht das primäre Ziel darin, besser zu sein als andere.

Extrinsische und intrinsische Motivation

Extrinsische Motivation. Das Ziel eines bestimmten Handelns ist häufig ein Mittel zum Erreichen anderer Ziele. Beispielsweise kann ein Schüler Chemiekenntnisse erwerben, weil es für seinen Schulabschluss eine gute Note im Fach Chemie braucht – auch ohne sich für Chemie zu interessieren. Ebenso kann ein Schüler mit einer sozial orientierten Lernmotivation bzw. mit Performance Orientation z.B. deshalb besser sein wollen als seine Mitschüler, weil er sich so soziale Anerkennung und Bewunderung erhofft. Eine solche Handlungsmotivation, deren Anreize nicht in der Handlung selbst, sondern außerhalb der Handlung liegen, bezeichnet man als extrinsische Motivation.

Intrinsische Motivation. Das Handeln eines Individuums kann jedoch auch Selbstzweck sein, wenn nämlich das Individuum die Handlung um ihrer selbst willen ausführt. Beispielsweise kann ein Schüler Chemiekenntnisse erwerben, weil er sich für Chemie interessiert – unabhängig davon, ob sich seine Note dadurch verbessert oder nicht. Ebenso kann ein Schüler mit einer autonom orientierten Lernmotivation bzw. mit Mastery Orientation die zu lernenden Kompetenzen um ihrer selbst willen erwerben. Eine solche Handlungsmotivation, deren Anreize in der Handlung selbst liegen, bezeichnet man als intrinsische Motivation.
Eine extreme Ausprägung intrinsisch motivierten Handelns ist dann gegeben, wenn das Individuum freudig in einer komplexen Tätigkeit völlig aufgeht und den räumlichen und zeitlichen Kontext seines Handelns nur noch eingeschränkt wahrnimmt. Csikzentmihalyi (1985) bezeichnet ein solches inneres Aufgehen des Handelnden in seiner Tätigkeit als → Flow.

Rolle der Verstärkung. Aus der Sicht der behavioristischen Lernpsychologie ist extrinsisch motiviertes Handeln ein Verhalten, das im Falle der Zielerreichung extern verstärkt wird. Intrinsisch motiviertes Handeln hingegen ist ein nicht extern verstärktes Verhalten. Dies bedeutet allerdings nicht, dass beim intrinsisch motivierten Handeln → Verstärker überhaupt keine Rolle spielen. Vielmehr können die laut → Premack-Prinzip anzunehmenden Handlungsanreize (siehe 3.2.1 Grundannahmen der → operanten Konditionierung) und – beim erfolgreichen Handlungsvollzug – die Zielerreichung selbst eine Verstärkerfunktion wahrnehmen.
Intrinsische Motivation wird meist als pädagogisch wertvoller erachtet als extrinsische Motivation, da intrinsisch motiviertes Handeln verstärkungsunabhängig ist und deshalb nicht äußerer Anreize bedarf. Vor allem die Vertreter der humanistischen Ansätze der → Pädagogischen Psychologie argumentieren häufig, dass Belohnungen (externe Verstärker) die Lernmotivation des Individuums verderben: Der Lernende arbeite dann nur noch für Belohnungen, so dass ihm die unmittelbare Freude an der zu lernenden Tätigkeit verbaut würde.

Dem halten die Vertreter der empiristisch-behavioristischen Ansätze entgegen, dass die intrinsische Motivation eigentlich aus ursprünglich verstärktem Verhalten hervorgegangen sei: Die Intervalle zwischen den → Verstärkungen würden im Rahmen der individuellen Lerngeschichte – den Prinzipien der Verhaltensmodifikation entsprechend – allmählich vergrößert (sogenanntes Fading Out). Man ginge also von der Fremdverstärkung zunehmend zur Selbstverstärkung über.

Der empiristisch-behavioristischen Auffassung zufolge ist intrinsisch motiviert, wer gelernt hat, lange ohne externe Verstärkung auszukommen. Zwischen intrinsischer und extrinsischer Motivation besteht demnach kein fundamentaler Gegensatz. Allerdings gibt es Hinweise darauf, dass eine bereits vorhandene intrinsische Motivation durch externe → Verstärker unterminiert werden kann (Lepper et al., 1973). Diese Unterminierung der intrinsischen Motivation scheint allerdings primär bei materiellen und weniger bei verbalen Belohnungen eine Rolle zu spielen.

Experiment

Unterminierung intrinsischer Motivation durch externe Verstärker

In einer Untersuchung wurde Kindern zunächst die Möglichkeit gegeben, eine zeitlang zu spielen, ohne dass dies für sie irgendwelche Konsequenzen hatte. Anschließend konnten sie weiterspielen, wurden jetzt aber für ihr Spielen belohnt. Dabei wussten sie auch, dass ihr Spielen belohnt würde. Daraufhin nahm ihre Spielbereitschaft ab. Als Grund hierfür wird angenommen, dass die Kinder sich nicht mehr selbst als Verursacher ihres Handelns ansahen, sondern ihr Handeln einer externen Ursache zuschrieben (Lepper et al., 1973).

7.2 Motivation und Kognition: Kalkulation von Anstrengungen

Handlungstheoretisches Motivationsmodell

Man kann davon ausgehen, dass Menschen sich umso eher zur Ausführung einer Handlung entscheiden, je mehr sie von deren Erfolg überzeugt sind und je wertvoller das erwartete Ergebnis ist. Von dieser sogenannten → Erwartungs-mal-Wert-Hypothese ausgehend, haben Heckhausen und Rheinberg (1980) ein handlungstheoretisches Motivationsmodell entwickelt, das neben motivationalen Aspekten auch kognitive Aspekte berücksichtigt. Dem Modell zufolge nimmt das Individuum ständig → Anstrengungskalkulationen vor und entscheidet sich dann für die Handlungsalternative, bei der es mit möglichst geringem Aufwand einen möglichst hohen Ertrag erzielt.

Das Modell geht von den Grundkomponenten einer Handlungsepisode aus. Demnach befindet sich ein Individuum in einer bestimmten Situation, in der es verschiedene Handlungsmöglichkeiten hat. Die Handlungen führen zu bestimmten Ergebnissen, die wiederum Handlungsfolgen nach sich ziehen. Die Handlungen selbst können unterschiedlich starke Vollzugsanreize bieten, also unterschiedlich attraktiv sein. Ebenso können die Handlungsergebnisse und die Handlungsfolgen für das Individuum unterschiedlich wertvoll sein. Die genannten Komponenten einer Handlungsepisode und die Zusammenhänge zwischen ihnen werden vom Individuum subjektiv wahrgenommen. Die Handlungsentscheidungen des Individuums ergeben sich nicht aus den objektiven Komponenten, sondern aus der subjektiven Wahrnehmung der Handlungsbedingungen (Situation), der Handlungsmöglichkeiten sowie der Handlungsergebnisse und -folgen. Das Modell von Heckhausen und Rheinberg ist in Abbildung 7.1 graphisch dargestellt (siehe Rheinberg, 2000). Die untere Ebene des Modells ist die Ebene der Werte, bestehend aus handlungsspezifischen Vollzugsanreizen und den Anreizen von Handlungsergebnissen und Handlungsfolgen. Die mittlere Ebene entspricht der subjektiven Wahrnehmung der Situation, der Handlungsmöglichkeit(en), der Ergebnisse sowie der Folgen des Handelns. Die obere Ebene des Modells ist die der Erwartungen, also die Ebene der subjektiven Annahmen des Individuums über die Zusammenhänge zwischen Situation, Handlung, Ergebnis und Folgen. Dabei kann man zwischen → Situationsergebniserwartungen, → Handlungsergebniserwartungen und → Ergebnisfolgeerwartungen unterscheiden.

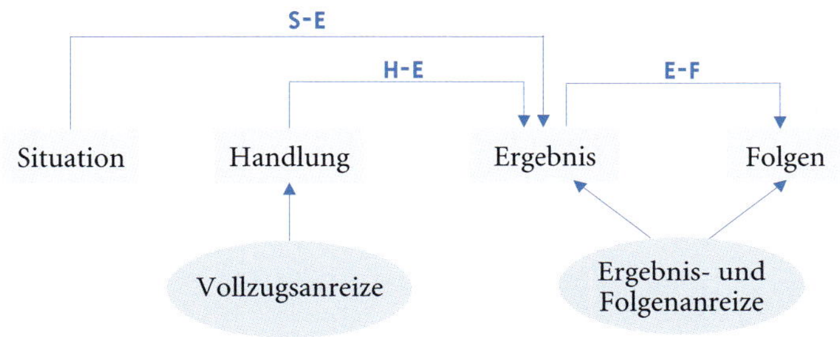

Abbildung 7.1. Kognitives Motivationsmodell nach Heckhausen und Rheinberg. Von einer Handlung können intrinsische Handlungsvollzugsanreize ausgehen. Von den Handlungsergebnissen und Handlungsfolgen können extrinsische Handlungsanreize ausgehen. Von der aktuellen Situation wird erwartet dass sie ohne eigenes Zutun mit einer bestimmten Wahrscheinlichkeit zu einem Ergebnis führt (Situation-Ergebnis-Erwartung **S-E**). Von der Handlung wird erwartet, dass sie mit einer bestimmten Wahrscheinlichkeit zu einem bestimmten Ergebnis führt (Handlung-Ergebnis-Erwartung **H-E**). Von dem Handlungsergebnis wird erwartet, dass es mit einer bestimmten Wahrscheinlichkeit zu bestimmten Folgen führt (Ergebnis-Folgen-Erwartung **E-F**). Die → Motivation für die Handlung ist umso höher, je größer die Produkte aus Erwartungen (subjektiven Wahrscheinlichkeiten) und Werten (Anreizen) für das Handeln im Vergleich zum Nicht-Handeln sind (modifiziert nach Rheinberg, 2000)

Beispiel

Lernen oder Spielen?

Ein Schüler kann am Tag vor einer Klassenarbeit (Situation) vor der Alternative stehen zu lernen oder zu spielen.

Lernen führt zu Wissenszuwachs und Kompetenzerweiterung (Handlungsergebnis), was wiederum zu einem besseren Abschneiden bei der Klassenarbeit, zum Lob durch die Eltern und zu einem besseren Abschlusszeugnis (Handlungsfolgen) führt. Das Lernen kann unterschiedlich attraktiv sein, je nachdem, ob es sich um einen für den Schüler interessanten oder uninteressanten Lerngegenstand handelt.

Spielen hat gegenüber dem Lernen einen sehr hohen Vollzugsanreiz. Es führt zu subjektiver Befriedigung (Handlungsergebnis) allerdings auch zu einem schlechteren Abschneiden bei einer Klassenarbeit, zum Tadel durch die Eltern und zu einem schlechteren Abschlusszeugnis (Handlungsfolgen).

Je nach Attraktivität des Lernens einerseits und der Attraktivität des Spielens andererseits, je nach persönlicher Wichtigkeit des Urteils der Eltern und je nachdem, ob ein besseres Abschlusszeugnis die Chancen auf einen Ausbildungsplatz erhöht oder nicht (weil z.B. schon einen Ausbildungsplatz gefunden ist), wird sich der Schüler dafür entscheiden, zu lernen oder zu spielen.

Situationsergebniserwartungen. Sie betreffen die Frage, wie sich die Situation ohne eigenes Zutun entwickeln würde. Ist das zu erwartende Ergebnis hinreichend befriedigend, so unterbleiben eigene Handlungsanstrengungen. Ist es unbefriedigend, so wird eigenes Handeln in Betracht gezogen.

Handlungsergebniserwartungen. Sie betreffen die Frage, welches Ergebnis das Handeln vermutlich haben wird. Die Antwort hängt ab von der wahrgenommenen Aufgabenschwierigkeit, vom Selbstkonzept der eigenen Fähigkeiten bzw. den eigenen Kontroll- und Selbstwirksamkeitsüberzeugungen. Je leichter die Aufgabe erscheint und je höher die wahrgenommenen eigenen Fähigkeiten sind, desto eher ist das Individuum bereit, eigene Handlungsanstrengungen zu unternehmen. Je ungünstiger die Möglichkeiten erfolgreichen Handelns erscheinen, desto eher unterbleiben eigene Handlungsanstrengungen.

Ergebnisfolgenerwartungen. Sie betreffen die Frage, welche weiteren Folgen das Handlungsergebnis haben wird. Die Handlungsfolgen können darin bestehen, dass das Individuum einen attraktiven Gegenstand mit Verstärkereigenschaften, sozialen Anschluss, Ansehen, Macht oder Zugang zu attraktiven Tätigkeiten erhält. Je attraktiver diese Handlungsfolgen sind und je wahrscheinlicher ihr Eintreten ist, desto eher ist das Individuum bereit, die betreffende Handlung auszuführen.

Erlernte Hilflosigkeit

Eine besonders gravierende Anstrengungsfehlkalkulation liegt bei der → erlernten Hilflosigkeit vor (Seligman, 1975; siehe 6.4 Erziehung und Persönlichkeitsentwicklung). Die Möglichkeiten zur Kontrolle der Umwelt werden hier generell als niedrig eingeschätzt, und dementsprechend wenig motiviert ist das Individuum, eigene Handlungsanstrengungen zu unternehmen. Sich-hilflos-Fühlende führen Erfolge eher auf äußere Ursachen wie z.B. Glück oder geringe Aufgabenschwierigkeit zurück. Misserfolge hingegen erklären sie eher mit ihren geringen internen Kontrollmöglichkeiten. Sie freuen sich relativ wenig über Erfolge, neigen aber dazu, sich bei Misserfolgen die Schuld selbst zuzuschreiben.

7.3 Motivationseinflüsse auf Bildung und Erziehung

Erwartungswidrige Lernleistungen

Lernende leisten oft nicht das, was man aufgrund ihrer intellektuellen Fähigkeiten von ihnen erwarten würde. Offenbar sind gute Lernleistungen nicht nur von Intelligenz, sondern auch von Fleiß und Anstrengung abhängig. Uguroglu und Walberg (1979) fanden bei der Analyse von 232 → Korrelationskoeffizienten zwischen Motivationsmaßen und Schulleistungen von 637.000 Schülern eine mittlere Korrelation zwischen der gemessenen Leistungsmotivation und den schulischen Leistungen von etwa .34 (vgl. 5.1 Anlageeinflüsse). Dies bedeutet: Die Varianz der schulischen Leistungen lässt sich demnach zu 12 Prozent (.34 × .34) anhand von Motivationsunterschieden vorhersagen. Demgegenüber lässt sich die Varianz der schulischen Leistungen zu 20 Prozent anhand von Intelligenzunterschieden vorhersagen. Die Erklärbarkeit der Leistungsvarianz durch die Leistungsmotivationsunterschiede ist also geringer als die Erklärbarkeit der Leistungsvarianz durch Intelligenzunterschiede. Dennoch ist der Einfluss der Leistungsmotivation hoch genug, um Lernleistungen deutlich zu heben oder bei fehlender → Motivation deutlich zu senken. Unterschiede in der Leistungsmotivation sind deshalb (neben anderen Einflussfaktoren) für erwartungswidrige Lernleistungen verantwortlich.

Over- und Under-Archiever. Lernleistungen bezeichnet man als erwartungswidrig, wenn sie deutlich höher oder deutlich niedriger sind als man aufgrund der intellektuellen Fähigkeiten des Lernenden erwarten würde. Liegen die Leistungen höher, so bezeichnet man den Lernenden als → Over-Achiever, liegen sie niedriger, spricht man von einem → Under-Achiever. Verschiedene Untersuchungen weisen darauf hin, dass Over-Achiever tendenziell überdurchschnittlich leistungsmotiviert, jedoch unterdurchschnittlich anschlussmotiviert sind und darüber hinaus effektivere Lernstrategien verwenden. Under-Achiever hingegen sind eher unterdurchschnittlich leistungsmotiviert und überdurchschnittlich anschlussmotiviert. Gleichzeitig sind ihre Lernstrategien weniger effizient (Gage & Berliner, 1996).

Aptitude-Treatment-Interaction

Jeder Mensch ist anders und braucht eine andere Behandlung. Hintergrund dieser allgemeinen Erkenntnis ist ein Phänomen, das man als Aptitude-Treatment-Interaction (ATI) bezeichnet. Gemeint ist damit, dass sich aus dem Zusammentreffen (interaktion) von bestimmten Fähigkeiten des Individuums (aptitudes) mit bestimmten Umwelteinflüssen (treatments) spezielle Interaktionseffekte ergeben, die über ein nur additives Zusammenwirken der Durchschnittseffekte von Fähigkeiten und Umwelteinflüssen hinausgehen.

Didaktische Differenzierung. Die Forderung, auf jedes Individuum in besonderer Weise einzugehen, wird insbesondere im pädagogischen Bereich erhoben. So wird unter den Stichworten „didaktische Differenzierung“ oder „innere Differenzierung“ ein unterschiedliches Vorgehen im schulischen Unterricht gefordert, das auf die individuellen Lernvoraussetzungen der Schüler eingeht. In der pädagogischen Praxis stößt diese Forderung allerdings an ökonomische Grenzen, da ein Lehrer oftmals eine große Schulklasse mit recht unterschiedlichen Schülern unterrichten muss. Dennoch besteht auch hier die Möglichkeit, den Unterricht an die jeweiligen (durchschnittlichen) Lernvoraussetzungen der Schüler anzupassen.

ATI-Effekte zwischen Lernbedingungen. Mit Wechselwirkungen zwischen inneren und äußeren Lernbedingungen hat sich vor allem McKeachie (1961) beschäftigt und dabei u.a. festgestellt, dass Lernende mit hoher Anschlussmotivation im Durchschnitt höhere Lernleistungen erbrach-

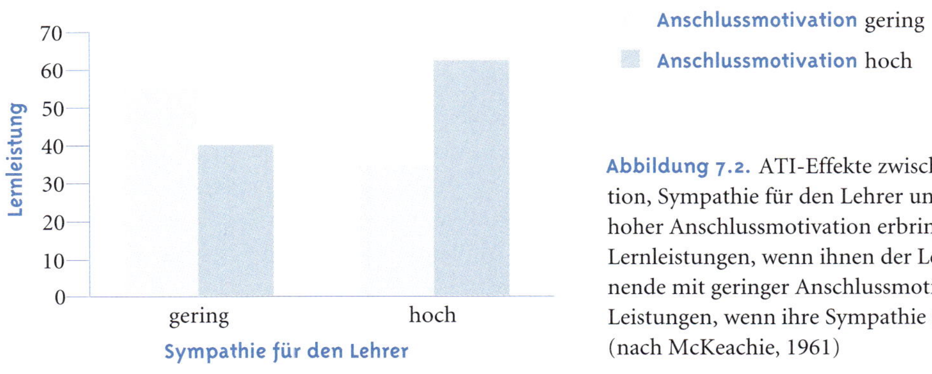

Abbildung 7.2. ATI-Effekte zwischen sozialer Anschlussmotivation, Sympathie für den Lehrer und Lernleistungen. Lernende mit hoher Anschlussmotivation erbringen im Durchschnitt höhere Lernleistungen, wenn ihnen der Lehrende sympathisch ist, Lernende mit geringer Anschlussmotivation zeigen hingegen höhere Leistungen, wenn ihre Sympathie für den Lehrenden nur gering ist (nach McKeachie, 1961)

ten, wenn ihnen der Lehrende sympathisch war. Umgekehrt zeigten Lernende mit geringer Anschlussmotivation höhere Leistungen, wenn ihre Sympathie für den Lehrenden nur gering war. Diese Effekte sind in Abbildung 7.2 graphisch dargestellt.

McKeachie (1961) fand in seinen Untersuchungen auch ATI-Effekte zwischen der Machtmotivation der Lernenden und der Form des Unterrichts im Hinblick auf die Lernleistungen. Er wies nach, dass Lernende mit hoher Machtmotivation bessere Leistungen zeigten, wenn mehr Möglichkeiten zur Eigeninitiative vorhanden waren. Demgegenüber zeigten Lernende mit geringer Machtmotivation bessere Leistungen, wenn eher wenige Möglichkeiten zur Eigeninitiative eingeräumt wurden. Diese Effekte sind in Abbildung 7.3 graphisch dargestellt.

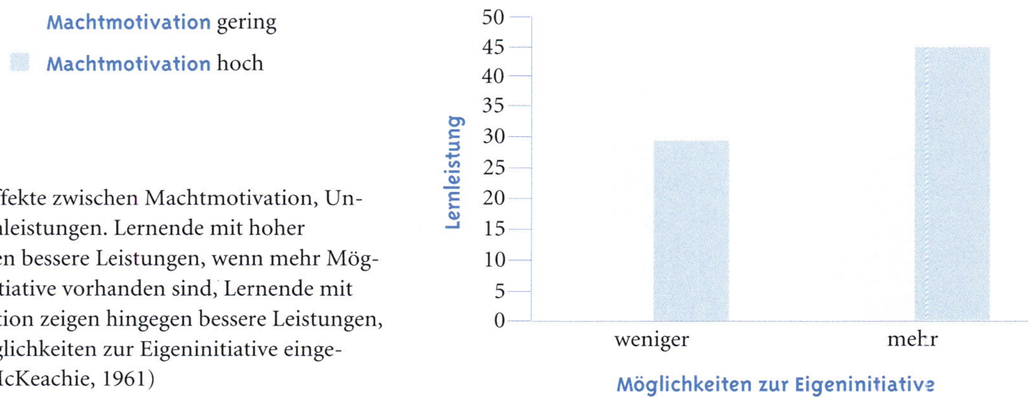

Abbildung 7.3. ATI-Effekte zwischen Machtmotivation, Unterrichtsform und Lernleistungen. Lernende mit hoher Machtmotivation zeigen bessere Leistungen, wenn mehr Möglichkeiten zur Eigeninitiative vorhanden sind, Lernende mit geringer Machtmotivation zeigen hingegen bessere Leistungen, wenn eher wenige Möglichkeiten zur Eigeninitiative eingeräumt werden (nach McKeachie, 1961)

Erfolgsmotivierte und misserfolgsmotivierte Lernende

Wie bereits in Abschnitt 7.1 (Motivarten) erwähnt, besteht Leistungsmotivation im Bestreben des Individuums, das eigene Handeln im Hinblick auf einen Gütemaßstab zu optimieren. Innerhalb der Leistungsmotivation können zwei Komponenten unterschieden werden:

(1) die Hoffnung auf Erfolg und

(2) die Furcht vor Misserfolg.

Beide Komponenten tragen zur Gesamt-Leistungsmotivation bei, sind jedoch beim einzelnen Individuum nicht immer gleich stark ausgeprägt. Überwiegt die Hoffnung auf Erfolg, so bezeichnet man das Handeln des Individuums als → erfolgsmotiviert. Überwiegt die Furcht vor Misserfolg, so bezeichnet man das Handeln als → misserfolgsmotiviert.

Erfolgsmotivierte Lernende. Sie investieren im Durchschnitt mehr Zeit in Lernaktivitäten, haben ein höheres Arbeitstempo, erreichen bei entdeckenden Unterrichtsverfahren höhere Leistungen, wählen sich leistungsfähige Arbeitspartner, sehen im Falle eines Misserfolgs die Ursache eher in zu geringen Anstrengungen und zeigen nach einem Misserfolg mehr Ausdauer als misserfolgmotivierte Lernende. Die Motivation von erfolgsmotivierten Lernenden wird durch Misserfolg erhöht und durch Erfolge eher reduziert. Außerdem wählen diese Lernenden Aufgaben von mittlerer Schwierigkeit und haben eher realistische Berufserwartungen.

Misserfolgsmotivierte Lernende. Sie investieren im Durchschnitt weniger Zeit in Lernaktivitäten, arbeiten langsamer, wählen ihre Arbeitspartner eher nach Sympathie und sehen bei Misser folgen die Ursache eher in zu geringen Fähigkeiten. Die Motivation wird durch Misserfolge eher gesenkt (Weiner, 1972). Misserfolgsmotivierte Lernende wählen häufig Aufgaben von hoher Schwierigkeit und haben unrealistisch hohe Berufserwartungen (Rheinberg, 2000).

7.4 Motivationsförderung

Die → Motivation eines Individuums ist zu einem großen Teil durch Sozialisationsprozesse vermittelt (siehe Kapitel 6 Erziehungseinflüsse). Vor allem die Leistungsmotivation ist wesentlich durch die Erziehung in Familie und Schule bedingt. Allerdings müssen zunächst bestimmte kognitive Entwicklungsvoraussetzungen gegeben sein, um Leistungsmotivation entwickeln zu können:

(1) Das Individuum muss in der Lage sein, die Ergebnisse der eigenen Tätigkeit anhand eines Gütemaßstabs als Erfolg oder als Misserfolg zu klassifizieren.
(2) Das Individuum muss in der Lage sein, diesen Erfolg oder Misserfolg auf die eigene Person als Verursacher zu beziehen. Beides ist erst ungefähr ab dem dritten Lebensjahr möglich.
(3) Das Individuum muss zwischen Fähigkeiten und Anstrengungen unterscheiden können. D.h.: Es muss erkennen, dass Anstrengungen allein nicht ausreichen, dass aber auch Fähigkeiten allein nicht ausreichen, um durch sein Handeln Erfolg zu haben. Diese Differenzierung wird erst ab dem zehnten bis elften Lebensjahr vorgenommen, also einem Alter, in dem auch der Vergleich mit anderen Individuen an Bedeutung gewinnt (Covington, 1984).

Sozialisationseinflüsse der Familie

Erziehungsstil. Rosen und d'Andrade (1974) fanden, dass Jungen mit hoher Leistungsmotivation häufig in einem Elternhaus aufwachsen, in dem ein hohes Anspruchsniveau herrscht und in dem gleichzeitig eine Atmosphäre der Gelöstheit, emotionalen Wärme und Anteilnahme besteht. In diesen Familien erfolgt bei Erfolg lobende Anerkennung und bei Misserfolg Kritik, und zwar vor allem durch die Mutter, während der Vater eher im Hintergrund bleibt und eine wohlwollend unterstützende Haltung einnimmt. Das Erziehungsverhalten ist insgesamt durch einen demokratischen bzw. autoritativen Stil gekennzeichnet (siehe 6.2.2 Erziehungsstile).
Hingegen kommen Jungen mit niedriger Leistungsmotivation Rosen und d'Andrade zufolge häufiger aus Familien, in dem die Eltern ein niedriges Anspruchsniveau vertreten, wenig emotionale Wärme und nur geringe Anteilnahme am Leben ihrer Kinder zeigen. Dabei ist das Erziehungsverhalten der Mutter häufig durch einen Laissez-faire-Stil gekennzeichnet, während der Vater einen autoritären → Erziehungsstil praktiziert und bei Misserfolgen Strafen einsetzt (siehe 6.2.2 Erziehungsstile).

Weitere familiäre Sozialisationseinflüsse. Auch in anderen Untersuchungen ergaben sich Hinweise darauf, dass die äußeren Entwicklungsbedingungen eines Individuums seine Leistungsmotivation beeinflussen. Im Durchschnitt scheinen Erstgeborene etwas leistungsmotivierter zu sein als ihre jüngeren Geschwister. Ebenso scheinen Jungen aus Familien der Mittelschicht, die nur wenige Kinder haben, etwas leistungsmotivierter zu sein als Jungen aus anderen Familien. Außerdem sind Kinder, die bewusst und nicht aus Bequemlichkeit der Eltern frühzeitig zur Unabhängigkeit erzogen wurden, etwas leistungsmotivierter als andere Kinder (vgl. Trudewind, 1975).

Sozialisationseinflüsse der Schule

Ursachenzuschreibungen. Neben der Familie übt auch die schulische → Sozialisation Einfluss auf die Herausbildung von Leistungsmotivation aus, zumal hier kontinuierlich Lernleistungen gefordert werden. Dieser Einfluss scheint wesentlich in den von Lehrenden und Lernenden vorgenommenen Ursachenzuschreibungen (→ Attributionen) für Erfolge und Misserfolge zu bestehen (siehe Kapitel 8 Attribution und soziale Kognition). Insgesamt gesehen wird die Herausbildung von Leistungsmotivation durch ein positives Lernklima unterstützt.

Gesamtgesellschaftliche Grundhaltung. Einen allgemeinen Hinweis auf die Bedeutung der schulischen → Sozialisation für die Entwicklung der Leistungsmotivation gibt eine von DeCharms und Moeller (1962) durchgeführte Analyse historischer Daten. Die Autoren untersuchten zum einen, wie häufig in den USA zwischen 1800 und 1950 in den Schullesebüchern leistungsbezogene Themen vorkamen. Gleichzeitig untersuchten sie, wie häufig in den USA im gleichen Zeitraum Patente angemeldet wurden. Die beiden Verläufe waren einander etwas zeitversetzt erstaunlich ähnlich.
Diese Übereinstimmung ist natürlich nur mit Vorsicht zu interpretieren, denn leistungsbezogene Themen in Lesebüchern bewirken nicht automatisch eine Erhöhung der Leistungsmotivation. Ebenso wenig schlägt sich Leistungsmotivation notwendig in Erfindungen und Patentanmeldungen nieder. Die Zunahme von Leistungsthemen in Lese- und anderen Schulbüchern kann vielmehr Ausdruck einer Grundhaltung der Zeit sein, die sich in der allgemeinen Erziehungspraxis niedergeschlagen und zu einer durchschnittlich höheren Leistungsmotivation geführt hat, die wiederum gesamtgesellschaftlich zu einer höheren Kreativität und Produktivität führte. Immerhin ist der beobachtbare Zusammenhang ein Indiz dafür, dass Leistungsmotivation pädagogisch beeinflusst werden kann.

Programme zur Motivationsförderung

Da Leistungsmotivation pädagogisch beeinflusst werden kann, liegt es nahe, auch spezielle Programme zur Förderung der Leistungsmotivation zu entwickeln. Diese Programme zielen entweder direkt auf eine Verhaltensmodifikation des Programmteilnehmers ab oder auf Veränderungen der Wahrnehmung und der Denkstrukturen, mit denen das Individuum sein eigenes Handeln beurteilt.

Direkte Verhaltensmodifikation. Auf eine direkte Verhaltensmodifikation sind die → Token-Ökonomien ausgerichtet. Die Programmteilnehmer erhalten eine begrenzte Menge von Tokens (Wertmarken), mit denen sie gewinnträchtig wirtschaften müssen. Sie kaufen zunächst mit einer bestimmten Menge von Tokens die Berechtigung zur Teilnahme am Unterricht. Um Gewinne zu erzielen, müssen sie dann einen zuvor ausgehandelten Vertrag erfüllen, indem sie wie vereinbart innerhalb einer bestimmten, selbst festgelegten Zeit eine Lernleistung von bestimmter, selbst festgelegter Höhe erbringen. Die Gewinne können für weitere Investitionen verwendet oder gegen Konsumgüter als primäre → Verstärker eingetauscht werden. Die Tokens werden also entsprechend den Prinzipien der → operanten Konditionierung als sekundäre Verstärker eingesetzt. Wie Untersuchungen von Cohen (1973) gezeigt haben, lassen sich mit solchen Programmen die Lernanstrengungen enorm steigern (zu den Details siehe 3.2.2 Pädagogische Anwendungen der operanten Konditionierung).

Veränderung des Wahrnehmens und Denkens. In anderen Programmen steht die Beeinflussung des Wahrnehmens, Denkens und Beurteilens im Vordergrund. McClelland (1965) hat Trainingsprogramme zur Entwicklung der Leistungsmotivation mit Leitern von Kleinbetrieben in Indien durchgeführt. Diese Kurse dauerten fünf bis zehn Tage. Sie hatten zum Ergebnis, dass die Teilnehmer im Durchschnitt noch Jahre nach dem Training deutlich aktiver und einsatzfreudiger waren als zuvor.

DeCharms (1970) hat in den USA ein Motivationsförderungsprogramm für schwarze Kinder aus Familien mit niedrigem Einkommen entwickelt, in dem diese lernen sollten, selbstbestimmtes Verhalten zu entwickeln. Zu diesem Zweck sollten die Kinder lernen, die eigenen Stärken und Schwächen zu erkennen, sich realistische Ziele zu setzen und die eigenen Handlungen sowie Handlungsfolgen hinsichtlich ihrer Bedeutung für die Zielerreichung einzuschätzen. Nach einem Jahr zeigten die Teilnehmer deutlich höheres Leistungsverhalten, blieben dem Unterricht seltener fern, zeigten in Schulleistungstests zum Lesen, zum Wortschatz, zur Sprachbeherrschung sowie zum Rechnen signifikant höhere Leistungen und hatten weniger Gefühle der Hilflosigkeit als vergleichbare Kinder, die nicht an dem Programm teilgenommen hatten.

Im deutschen Sprachraum haben Krug und Hanel (1976) ein Trainingsprogramm für → misserfolgsmotivierte Schüler der vierten Klassenstufe entwickelt, in dem diese lernen, sich realistische Ziele zu setzen. Zum einen sollen die Schüler auf diese Weise den Zusammenhang zwischen der Lernanstrengung bzw. der Lernaktivität und dem Lernerfolg deutlicher erkennen. Zum anderen sollen sie die Erfahrung machen können, dass die Freude über einen Erfolg für das subjektive Befinden wichtiger ist als die Frustration bei einem Misserfolg. Die angestrebten Erlebens- und Handlungsweisen werden zunächst an schulfernen Inhalten vermittelt und eingeübt, bevor sie auf schulische Situationen übertragen werden. Die Teilnehmer an diesem Programm übernehmen nicht nur die vermittelten Strategien, sondern zeigen auch eine deutlich höhere → Erfolgs- und eine entsprechend niedrigere → Misserfolgsmotivation.

7.5 Zusammenfassung

Die Kooperation, das gemeinsame Handeln zwischen Lehrendem und Lernendem, verlangt hinreichende → Motivation der Beteiligten. Je nach Handlungsziel oder Handlungsbedingungen unterscheidet man verschiedenen Motivarten:

- Nach der Bedürfnispyramide Maslows gibt es Defizit- und Wachstumsmotive.
- Hinsichtlich der Ziele des Individuums innerhalb einer sozialen Gemeinschaft kann man unterscheiden zwischen den → Motiven, Anschluss zu finden, Hilfe zu leisten oder Macht zu besitzen (Anschlussmotiv, Hilfemotiv, Machtmotiv).
- Hinsichtlich der gegenstandsbezogenen Zielen des Individuums kann man unterscheiden zwischen dem Bedürfnis nach neuer Information über einen Sachverhalt (→ Neugiermotivation), dem Bedürfnis, das eigene Handeln im Hinblick auf einen Gütemaßstab zu optimieren (Leistungsmotivation), und dem speziellen Bedürfnis, Lernleistungen zu erbringen (Lernmotivation). Die Lernmotivation kann wettbewerbsorientiert oder sachorientiert sein.
- Eine Handlung ist extrinsisch motiviert, wenn das Handlungsziel nur Mittel zum Erreichen anderer Ziele ist und die Handlungsanreize somit außerhalb der Handlung selbst liegen. Eine Handlung ist intrinsisch motiviert, wenn die Handlungsanreize in der Handlung selbst liegen, die Handlungsausführung also Selbstzweck ist.

Ein Individuum ist umso mehr zu einer Handlung motiviert, je wahrscheinlicher die Handlung die künftige Situation des Individuums verbessert und je größer das Ausmaß der Verbesserung

ist. Im Fall → erlernter Hilflosigkeit hat das Individuum eine extrem ungünstige Sicht seiner Möglichkeiten, die eigene Lage zu verbessern.
Je nach motivationalen Ausgangsbedingungen können bei verschiedenen Individuen im Sinne einer → Aptitude-Treatment-Interaction unterschiedliche Formen des Lehrens und Lernens angemessen sein. Erfolgsmotivierte und misserfolgsmotivierte Lernende unterscheiden sich hinsichtlich der investierten Lernzeit, der Wahl der Arbeitspartner, der Wahl der Ziele und der Reaktion bei Erfolg und bei Misserfolg.
Die Herausbildung von Leistungsmotiven ist an bestimmte kognitive Voraussetzungen gebunden. Sind diese gegeben, kann Leistungsmotivation durch Familie und Schule beeinflusst werden. Innerhalb der Familie scheint ein hohes Anspruchsniveau verbunden mit einer Atmosphäre der Gelöstheit, emotionalen Wärme und Anteilnahme günstig zu sein. Innerhalb der Schule ist ein positives Lernklima wichtig. Zur Förderung der Leistungsmotivation wurden spezielle Trainingsprogramme entwickelt. Sie zielen entweder auf eine direkte oder auf eine indirekte Verhaltensmodifikation ab, indem sie Wahrnehmung und Denken des Individuums beeinflussen.

Bezug zu ...

Die **unterschiedlichen anthropologischen Orientierungen** innerhalb der → Pädagogischen Psychologie schlagen sich auch in unterschiedlichen Sichtweisen des Motivationsproblems nieder. Humanistische Ansätze betonen stärker das Streben nach Wachstum der Persönlichkeit, das Bedürfnis nach Erkundung der Realität und die intrinsische Lernmotivation. Empiristisch-behavioristische Ansätze hingegen stellen die Funktionalität des Handelns für das Erreichen bestimmter Ziele mit Verstärkereigenschaften in den Vordergrund und betonen die Bedeutung der extrinsischen Lernmotivation. Allerdings wird mit dem → Premack-Prinzip auch hier die Möglichkeit des intrinsisch motivierten Handelns um seiner selbst willen eingeräumt.
Handlungstheoretische Ansätze nehmen hier eine vermittelnde Position ein. Einerseits gehen sie beim Individuum von Bedürfnissen nach positiven sozialen Beziehungen, nach Zugehörigkeit und Wertschätzung aus, die den Prozess der → Enkulturation, also das Hineinwachsen in eine Kultur, begünstigen. Andererseits betonen sie wie im kognitiven Motivationsmodell die Instrumentalität des Handelns für das Erreichen bestimmter Zwecke und nehmen beim Individuum zweckrationale Kosten-Nutzen-Abwägungen an. Innerhalb der sogenannten Handlungsregulationstheorie (die im übrigen eher kognitiv orientiert ist) wird Motivation als energetischer Aspekt der Handlungsregulation angesehen und dementsprechend als „Antriebsregulation“ bezeichnet (Hacker, 1986).
Die Programme zur Motivationsförderung basieren zum einen auf den Prinzipien der → operanten Konditionierung und kognitiven Verhaltensmodifikation, zum anderen auf der praktischen Anwendung von Attributionstheorien bzw. Theorien der sozialen Kognition (siehe Kapitel 8 Attribution und soziale Kognition).

7.6 Diskussionsfragen

(1) Wie kann man in → Erziehung und Unterricht dem Individuum eine autonome Lernorientierung vermitteln, bei der Wachstumsbedürfnisse und → epistemische Neugier im Vordergrund stehen?
(2) Welche Ratschläge sollte man Eltern und Lehrenden geben, um die Leistungsmotivation von Kindern und Jugendlichen zu fördern?

(3) Sollte man in Erziehung und Unterricht vor allem an die intrinsische Motivation des Lernenden anknüpfen?

(4) Welche Möglichkeiten der didaktischen Differenzierung werden durch die Forschungsergebnisse zur Motivation von Lernenden nahe gelegt?

Weiterführende Literatur

Eine Einführung in die Motivationspsychologie mit Blick auf pädagogisch-psychologische Fragen bietet:
Rheinberg, F. (2000). Motivation. Stuttgart: Kohlhammer.

Eine umfassende Darstellung der Motivationspsychologie unter handlungstheoretischen Gesichtpunkten bietet:
Heckhausen, H. (1980). Motivation und Handeln. Berlin: Springer.

Die Bedeutung der Motivation speziell im Unterricht wird genauer beschrieben in:
Gage, N.L. & Berliner, D.C. (1996). Pädagogische Psychologie. Weinheim: Beltz/Psychologie Verlags Union.

8 Attribution und soziale Kognition

Was Sie in diesem Kapitel erwartet

Man macht sich ein Bild

Manche Prophezeiungen gehen nicht deshalb in Erfüllung, weil sie auf tiefer Einsicht beruhen, sondern einfach deshalb, weil die Beteiligten die Prophezeiung kennen und sich entsprechend verhalten. Die Leistungserwartungen an einen Lernenden erweisen sich häufig als solche sich selbst erfüllende Prophezeiungen. Menschen versuchen, sich ein Bild der Wirklichkeit zu machen und sich zu erklären, warum die Dinge so sind, wie sie sind. Dies gilt auch für die eigene Wirklichkeit, für die eigenen Stärken und Schwächen, für Erfolge und Misserfolge. Um sich wichtige Ereignisse zu erklären, schreiben Menschen diesen bestimmte Ursachen zu. Diese Ursachen werden teils innerhalb und teils außerhalb der eigenen Person gesehen und entweder als stabil oder als variabel wahrgenommen. Die Ursachenzuschreibungen sollen nicht nur die vorliegenden Fakten erklären, sondern auch das eigene Selbstwertgefühl aufrechterhalten. Durch Konflikte zwischen Wunsch und Wirklichkeit kann dabei das Bild der Wirklichkeit verzerrt werden. Die Bewältigung von Misserfolgen eines Lernenden durch selbstwertsichernde Ursachenzuschreibungen kann die kognitive Verarbeitungskapazität derart beanspruchen, dass der eigentliche Lernprozess beeinträchtigt wird.
Lehrende und Lernende unterscheiden sich hinsichtlich ihrer Ursachenzuschreibungen für Lernleistungen. Lehrende sehen sich nicht für die geistigen Fähigkeiten, wohl aber für die Anstrengungsbereitschaft der Lernenden mitverantwortlich. Für die Lernenden birgt eigene Anstrengung jedoch die Gefahr, Misserfolg auf zu geringe Begabung zurückführen zu müssen, was ihr Selbstwertgefühl beeinträchtigt. Dadurch kommt es zu Konflikten zwischen der Anstrengungserwartung der Lehrenden und der Anstrengungsbereitschaft der Lernenden.
Die Ursachenzuschreibung für die eigenen Lernleistungen kann das weitere Lernen entweder fördern oder behindern. Die Bereitschaft eines Individuums, lernfördernde Ursachenzuschreibungen vorzunehmen, kann durch Trainingsprogramme unterstützt werden.

Lernziele

Sie sollten am Ende des Kapitels wissen bzw. verstanden haben,

- warum die an einen Lernenden gerichtete Leistungserwartungen zu sich selbst erfüllenden Prophezeiungen werden können,
- wie sich die → Attributionen von Lehrenden und Lernenden im → pädagogischen Prozess unterscheiden,
- warum Lehrende auf geringe Lernleistungen ihrer Schüler je nach Attribution mit unterschiedlichen Emotionen reagieren,
- wie sich die Attributionen von erfolgsorientierten und misserfolgsorientierten Individuen gegenüber ihren Lernleistungen unterscheiden.
- warum geringere Lernanstrengungen für das Selbstwertgefühl eines Individuums günstiger sein können als höhere Lernanstrengungen.

8.1 Pygmalion-Effekt in Bildung und Erziehung

Sich selbst erfüllende Prophezeiungen. Prophezeiungen gehen manchmal in Erfüllung, weil sie bekannt sind und Individuen ihr Handeln daran orientieren. Das Ergebnis einer solchen → sich selbst erfüllenden Prophezeiung wird nach einer Gestalt aus der griechischen Mythologie als

→ „Pygmalion-Effekt“ bezeichnet. Auch in → Bildung und → Erziehung können Erwartungen, die eigentlich unbegründet sind, durch einen solchen Pygmalion-Effekt in Erfüllung gehen, da die Beteiligten die zugrunde liegende Annahme als wahr ansehen.
Rosenthal und Jacobson (1968) führten in einer Grundschule am Anfang des Schuljahres einen Test durch und teilten den Lehrern mit, von welchen Schülern im kommenden Jahr dem Test zufolge ein besonders hoher Lernerfolg zu erwarten war. Tatsächlich waren diese Schüler jedoch nach dem Zufallsprinzip, d.h. völlig unabhängig vom Test ausgewählt worden. Dennoch zeigten diese zufällig ausgewählten Schüler am Ende des Schuljahres einen signifikant höheren Lernerfolg als die übrigen Schüler. Es wird vermutet, dass

(1) die Lehrer sich diesen Schülern (möglicherweise gar nicht bewusst) intensiver zugewandt haben und dass
(2) diese Schüler ein positiveres Selbstkonzept entwickelt hatten, weil die Lehrer ihnen mehr zugetraut haben.

Die induzierten Leistungserwartungen wurden so zur sich selbst erfüllenden Prophezeiung.

Unter welchen Bedingungen? Brophy und Good (1974) stellten allerdings fest, dass ein solcher Pygmalion-Effekt nicht generell und nicht bei prinzipiell allen Leistungsvariablen, sondern nur unter bestimmten Bedingungen und nur in bestimmter Hinsicht zu erwarten ist. Effekte sind vor allem dann zu erwarten, wenn Schüler und Lehrer einander noch nicht kennen und die Lehrer unzutreffende Erwartungen haben, die sie unabhängig von gegenteiligen Erfahrungen unflexibel vertreten. Außerdem sind solche Effekte meist nur über einen begrenzten Zeitraum gegeben. Sie sind am ehesten hinsichtlich des Selbstbildes, der individuellen Einstellungen und der schulischen Mitarbeit der Schüler zu beobachten. Bei Leistungstests, die in hohem Maße von kognitiven Fähigkeiten abhängig sind, zeigen sich nur geringe Effekte. Bei Intelligenztests sind im Allgemeinen keine Effekte festzustellen.

Beeinflussung des Selbstbildes. Die Art und Weise, wie ein Lernender die an ihn gerichteten Leistungserwartungen eines Lehrenden wahrnimmt, kann demnach sowohl sein Selbstbild (vor allem seine Leistungszuversicht bzw. Selbstwirksamkeitsannahmen) als auch seine tatsächlichen Leistungen beeinflussen. Dies dürfte nicht nur für den schulischen Kontext, sondern für pädagogische Situationen allgemein gelten: Individuen leisten vermutlich generell mehr, wenn man ihnen mehr zutraut. Allerdings scheint dieser Effekt nur innerhalb bestimmter Grenzen entsprechend den vorhandenen kognitiven Fähigkeiten wirksam zu sein.

8.2 Attributionstendenzen

Menschen stellen sich bei persönlich bedeutsamen Ereignissen die Frage, warum es zu diesen Ereignissen kam, und nehmen dementsprechend Ursachenzuschreibungen – sogenannte Kausalattributionen – vor (Heider, 1977; Försterling & Stiensmeier-Pelster, 1994; Frey & Irle, 1993). Kausalattributionen sind der Versuch, ein doppeltes Problem zu lösen: Es gilt nicht nur, eine Erklärung für ein Ereignis zu finden, die den vorhandenen Gegebenheiten entspricht. Die Erklärung muss auch persönlich akzeptabel sein, indem sie dem Individuum die Aufrechterhaltung seines Selbstwertgefühls ermöglicht und seinem Bedürfnis nach Wertschätzung gerecht wird (vgl. Maslow, 1968).

Subjektiv wahrgenommene Ursachen von Erfolg und Misserfolg

Innere und äußere Ursachen. Sucht ein Individuum nach einer Erklärung für seine Leistungen, die es als Erfolg oder als Misserfolg wahrnimmt, so kann es auf innere und auf äußere Ursachen zurückgreifen: Innere Ursachen sind die eigenen Fähigkeiten und die eigene → Motivation bzw. Anstrengung. Äußere Ursachen sind die Schwierigkeit der Aufgabe sowie Zufallseinflüsse (Glück oder Pech).

Stabile und variable Ursachen. Die genannten Ursachen sind zum Teil stabil und zum Teil variabel: Stabile Ursachen sind die Fähigkeiten des Lernenden und die Schwierigkeit der Aufgabe. Fähigkeiten können zwar durch Training gesteigert werden, sie sind allerdings im Rahmen einer aktuellen Aufgabe insofern stabil, als sie sich während der Aufgabenbearbeitung nur unwesentlich verändern. Die Schwierigkeit der Aufgabe wird insofern als stabil angesehen, als die Aufgabe zu verschiedenen Zeitpunkten immer die gleichen Anforderungen stellt. Variable Ursachen sind die investierte Anstrengung sowie Glück oder Pech. Anstrengung ist insofern variabel, als das Individuum während der Bearbeitung einer Aufgabe die investierte Anstrengung kontrollieren kann. Glück und Pech sind per definitionem wechselhaft.
Weiner (1972) hat in seiner Attributionstheorie die von Menschen zur Erklärung ihrer eigenen Leistungen bzw. ihrer Erfolge und Misserfolge herangezogenen Ursachen nach den beiden Dimensionen „extern/intern“ und „stabil/variabel“ geordnet und in einem Vierfelder-Schema zusammengefasst, das in Tabelle 8.1 dargestellt ist.

Ursacheneigenschaft	stabil	variabel
intern	Fähigkeiten	Anstrengung
extern	Schwierigkeit	Glück/Pech

Tabelle 8.1. Möglichkeiten eines Individuums zur Erklärung von Erfolg oder Misserfolg in Leistungssituationen anhand subjektiv wahrgenommener interner oder externer, stabiler oder variabler Ursachen (nach Weiner, 1972)

Kontrollierbare und nicht kontrollierbare Ursachen. Eine dritte mögliche Dimension zur Kategorisierung subjektiv wahrgenommener Ursachen ist, ob diese Ursachen kontrollierbar sind oder nicht: Fähigkeiten verändern sich im Rahmen der aktuellen Aufgabenbearbeitung nur unwesentlich. Sie sind insofern stabil und vom Individuum aktuell nicht kontrollierbar. Die Anstrengung hingegen ist vom Individuum kontrollierbar, da das Individuum während der Bearbeitung einer Aufgabe seine Anstrengungen intensivieren, in seinen Bemühungen nachlassen oder die Bearbeitung gänzlich abbrechen kann. Die Schwierigkeit einer Aufgabe ist stabil, da eine Aufgabe zu verschiedenen Zeitpunkten immer die gleichen Anforderungen stellt, und ist vom Individuum nicht kontrollierbar. Glück und Pech sind wechselhaft und vom Individuum

Ursachen	intern		extern	
	stabil	variabel	stabil	variabel
kontrollierbar	übliche Anstrengung	aktuelle Anstrengung	übliche Hilfe von anderen	aktuelle Hilfe von anderen
nicht kontrollierbar	Fähigkeiten	Stimmung, Gesundheit	Schwierigkeit	Glück/Pech

Tabelle 8.2. Möglichkeiten eines Individuums zur Erklärung von Erfolg oder Misserfolg in Leistungssituationen anhand subjektiv wahrgenommener interner oder externer, stabiler oder variabler und kontrollierbarer oder nicht kontrollierbarer Ursachen (nach Weiner, 1979)

ebenfalls nicht kontrollierbar. Berücksichtigt man neben den beiden Dimensionen „extern/intern“ und „stabil/variabel“ auch noch die Dimension „kontrollierbar/nicht kontrollierbar“, so ergibt sich nach Weiner (1979) eine differenziertere Kategorisierung der subjektiv wahrgenommenen Ursachen zur Erklärung von Erfolgen oder Misserfolgen in Leistungssituationen. Dieses Kategorisierungsschema ist in Tabelle 8.2 dargestellt.

Das in Tabelle 8.2 gezeigte Schema enthält gegenüber der Tabelle 8.1 noch einige zuvor nicht genannte Ursachen für Erfolge und Misserfolge. Hierzu gehört erstens, ob das Individuum von anderen Hilfe bekommen hat oder nicht. Da man um Hilfe bitten oder sie ablehnen kann, handelt es sich hier um eine vom Individuum kontrollierbare Ursache. Zweitens gehört zu den bisher nicht genannten Ursachen das aktuelle emotionale und körperliche Befinden (Stimmung und Gesundheit); hierbei handelt es sich um eine vom Individuum nicht kontrollierbare Ursache. Innerhalb der vom Individuum kontrollierbaren Bedingungen (Anstrengung und Hilfe) wird außerdem ein stabiler Anteil (die übliche Anstrengung und die übliche Hilfe von anderen) und ein variabler Anteil (die aktuelle Anstrengung und die aktuelle Hilfe von anderen) unterschieden.

Die von Weiner vorgenommene Klassifikation subjektiv wahrgenommener Erfolgs- und Misserfolgsursachen macht verständlich, weshalb Menschen bei der Erklärung von Erfolgen und Misserfolgen je nach Wahrnehmung ihrer inneren Bedingungen und der äußeren situativen Bedingungen auf unterschiedliche Attributionsmuster zurückgreifen. Zu den inneren Bedingungen zählen die Kontrollannahmen und Kontrollüberzeugungen sowie die motivationale Orientierung des Individuums. Zu den äußeren Bedingungen zählen im pädagogischen Kontext der Lerngegenstand und die Art der geforderten Leistung.

Kontrollannahmen und Kontrollüberzeugungen

Menschen entwickeln aufgrund ihrer bisherigen Erfahrungen über die Kontrollierbarkeit der Umwelt Annahmen darüber, ob und in welchem Maße sie ihre eigene Lebenssituation selbst beeinflussen können (Rotter, 1954). Diese Annahmen bezeichnet man als → Kontrollkognitionen, wobei man – je nach subjektiver Gewissheit des Individuums – zwischen Kontrollmeinungen und Kontrollüberzeugungen unterscheiden kann (Krampen, 1989).

Externer und interner Ort der Kontrolle. Ob ein Mensch die Ursachen für seine Lebenssituation innerhalb oder außerhalb der eigenen Person sieht, wird als individueller → Ort der Kontrolle bezeichnet. Sieht ein Individuum die Ursachen für seine Lebenssituation, für Erfolg oder Misserfolg in äußeren, nicht kontrollierbaren Faktoren, spricht man von einem externen Ort der Kontrolle. Sieht es die Ursachen innerhalb der eigenen Person, spricht man von einem internen Ort der Kontrolle (Rotter, 1966). Ein interner Ort der Kontrolle geht mit einem bestimmten Selbstkonzept der eigenen Fähigkeiten bzw. mit entsprechenden → Selbstwirksamkeitsannahmen einher: Das Individuum ist überzeugt, mit seinem Handeln die angestrebten Ziele auch erreichen zu können (Bandura, 1977). Im Fall der bereits in den Abschnitten 6.4 (Erziehung und Persönlichkeitsentwicklung) und 7.2 (Motivation und Kognition: Kalkulation von Anstrengungen) beschriebenen → erlernten Hilflosigkeit, die auf die wiederholte Erfahrung zurückzuführen ist, dass subjektiv wichtige Ereignisse nicht vom eigenen Verhalten beeinflusst werden können (Seligman, 1975), werden die Möglichkeiten zur Kontrolle der Umwelt als sehr niedrig eingeschätzt: Das Individuum hat extrem negative → Kontrollkognitionen bzw. → Selbstwirksamkeitsannahmen.

Motivationale Orientierung

Wie bereits in Abschnitt 7.3 (Motivationseinflüsse auf → Bildung und → Erziehung) ausgeführt, lassen sich im Rahmen der Leistungsmotivation zwei Komponenten unterscheiden: die Hoffnung auf Erfolg und die Furcht vor Misserfolg. Dementsprechend unterscheidet man zwischen erfolgsmotivierten und misserfolgsmotivierten Individuen (→ Erfolgsorientierung, → Misserfolgsorientierung).

Erfolgsmotivierte Individuen führen Erfolge überwiegend auf ihre Fähigkeiten oder hohe Anstrengungen, Misserfolge hingegen auf zu geringe Anstrengung zurück. Sie geben damit primär interne Leistungsursachen an, die im Falle von Misserfolg kontrollierbar sind. Misserfolgsorientierte Individuen hingegen führen Erfolge eher auf geringe Aufgabenschwierigkeit oder auf Glück zurück, während sie Misserfolge eher ihren vermeintlich geringen Fähigkeiten zuschreiben. Sie machen somit für Erfolge äußere, für Misserfolge hingegen innere Bedingungen verantwortlich. Sie legen damit sowohl bei Erfolg als auch bei Misserfolg Ursachen zugrunde, die sie selbst nicht kontrollieren können (Weiner & Kukla, 1970).

Lerngegenstand und Anforderungsprofil

Im schulischen Alltag gelten Mathematik und Latein oft als Denkfächer, für die man neben einer hinreichenden Anstrengungsbereitschaft vor allem hohe allgemeine kognitive Fähigkeiten benötigt. Andere Fächer wie Musik oder lebende Sprachen hingegen gelten als Begabungsfächer, die spezielle Fähigkeiten für den jeweiligen Lerngegenstand erfordern. Fächer wie Religion, Geographie oder Geschichte wiederum gelten als Lernfächer, für die weniger allgemeine oder spezielle kognitive Fähigkeiten, sondern Anstrengung und Fleiß erforderlich sind.

Schüler, Lehrer und Eltern neigen deshalb oft dazu, gute Leistungen in Mathematik vor allem auf Intelligenz, das mühelose Erlernen eines Musikinstruments auf musikalische Begabung, gute Leistungen in Religion und Geschichte hingegen vor allem auf Anstrengung und Fleiß zurückzuführen. Umgekehrt neigen sie dazu, schlechte Leistungen durch einen Mangel an entsprechenden Eigenschaften zu erklären.

Es geht hier nicht darum, ob für gute Leistungen in den genannten Fächern tatsächlich die betreffenden Eigenschaften maßgebend sind. Es ist nämlich durchaus möglich, Geographie, Geschichte und Musik so zu unterrichten, dass hierfür auch hohe kognitive Fähigkeiten erforderlich sind. Es soll lediglich deutlich gemacht werden, wie unter den üblichen curricularen Bedingungen die Leistungsanforderungen von den Beteiligten wahrgenommen werden.

Sicherung des Selbstwertgefühls

→ Attributionen zur Erklärung eigener Leistungen hängen nicht nur von den objektiven Gegebenheiten ab. In einem Experiment von Forsyth (1986) erhielten zwei Gruppen von Versuchspersonen dieselbe Aufgabe und erreichten objektiv das gleiche Leistungsniveau. Gruppe 1 wurde jedoch anschließend mitgeteilt, sie habe ein schlechtes Ergebnis erzielt, während man Gruppe 2 sagte, sie habe gute Leistungen erbracht. Obwohl die Leistungen objektiv gleich waren, unterschieden sich die Ursachenzuschreibungen der Versuchsteilnehmer: Die Probanden aus Gruppe 1 neigten dazu, ihre (vermeintlich schlechten) Leistungen auf äußere Faktoren zurückzuführen: Sie gaben an, sie hätten einfach Pech gehabt. Die Probanden aus Gruppe 2 hingegen neigten dazu, ihre (vermeintlich guten) Leistungen durch innere Faktoren zu erklären: Sie verwiesen eher auf Intelligenz bzw. kognitive Fähigkeiten. In beiden Fällen ermöglichten die → Kausalattribution den Versuchspersonen, ihr Selbstwertgefühl aufrechtzuerhalten.

Attributionen haben häufig den Charakter von Rechtfertigungen, die ebenfalls der Sicherung des Selbstwertgefühls dienen. Wenn beispielsweise eine Schülerin sich selbst als intelligent wahrnimmt, aber in einer Prüfung eine schlechte Note (z.B. „ausreichend“) bekommt, so besteht ein kognitiver Konflikt zwischen ihrer Selbstwahrnehmung („Ich bin ein kluger Kopf“) und der Beurteilung ihrer Leistung („Ich habe eine schlechte Note“). Dieser Konflikt, der in der Sozialpsychologie meist als → „kognitive Dissonanz“ bezeichnet wird, kann je nach Situation auf unterschiedliche Weise gelöst werden (Festinger, 1957). Hatte die Schülerin bisher meist gute Noten und bekommt sie nur einmal ein „Ausreichend“, so kann sie ihre Note durch variable und zum Teil nicht kontrollierbare Faktoren erklären. Beispiele für entsprechende Kausalattributionen sind: „Die Fragen waren nicht klar formuliert“, „Es war zu heiß“, „Ich habe mich nicht wirklich angestrengt“, „Mir ging es an dem Tag nicht so gut“.
Bekommt die Schülerin hingegen in einem Fach häufig eine schlechte Note, so reicht der Verweis auf variable Faktoren nicht mehr aus. Vielmehr müssen zur Erklärung allgemeine, systematisch wirksame Faktoren herangezogen werden. Die Schülerin könnte beispielsweise angeben, sie habe das Fach noch nie gemocht oder der Lehrer würde generell die Jungen bevorzugen und dergleichen. In beiden Fällen versucht sie, den kognitiven Konflikt zwischen ihrer positiven Selbstwahrnehmung und ihren schlechten Leistungen in einer Weise zu lösen, die ihr Selbstwertgefühl möglichst wenig beeinträchtigt.

Attributionstrainings

→ Attributionen haben eine lernfördernde Funktion, wenn sie das Individuum zu weiteren Lernanstrengungen ermutigen, und sie haben eine lernhemmende Funktion, wenn sie dem Individuum weitere Lernanstrengungen als aussichtslos erscheinen lassen. Manche Menschen neigen aufgrund ihrer Lerngeschichte zu lernhemmenden Attributionen. Diese Neigung ist allerdings nicht unabänderlich. Vielmehr besteht die Möglichkeit, durch Lern- bzw. Trainingsprogramme lernhemmenden Attributionen entgegenzuwirken und lernfördernde Attributionen zu unterstützen.
Um Lernenden mit einem externen → Ort der Kontrolle, die sich hilflos als Spielball äußerer Einflüsse sehen, zu günstigeren Attribuierungsmustern zu verhelfen, hat DeCharms (1973, 1984) spezielle Trainingsprogramme entwickelt. Diese Programme zielen darauf ab, dass die Lernenden sich wieder als Verursacher ihres Schicksals wahrnehmen. Die Teilnehmer lernen dabei, Misserfolge nicht auf mangelnde Fähigkeit, sondern auf zu geringe Anstrengung zurückzuführen, wobei der Fokus auf den in der Vergangenheit erbrachten Leistungen und nicht auf zukünftig zu erbringenden Leistungen liegt. Beispielsweise werden gute Leistungen mit Aussagen wie „Du hast wirklich hart gearbeitet“ kommentiert, schlechte hingegen mit Aussagen wie „Du hättest dich noch etwas mehr anstrengen können“. Mit solchen Trainingsprogrammen, in denen auf Techniken der Selbstüberwachung, der Selbstinstruktion und der Selbstverstärkung zurückgegriffen wird, lassen sich sowohl die tatsächlichen Leistungen als auch die zukünftigen Leistungserwartungen steigern (McCombs, 1994). Bei geistig behinderten und leistungsschwächeren Kindern konnte mit solchen Verfahren eine besonders starke Reduktion von Hilflosigkeit erreicht werden (Gold & Ryan, 1979). Attributionstrainings sind häufig Bestandteil von Motivationsförderungsprogrammen, sofern diese auf eine Veränderung des Wahrnehmens und des Denkens über die eigenen Leistungen abzielen (siehe 7.4 Motivationsförderung).

8.3 Soziale Kognition: Die Sicht der Lehrenden

Das Selbstwertgefühl von Lehrenden

Lehrende nehmen ständig → Attributionen vor, um Erklärungen für den Verlauf und die Ergebnisse des Lehr-Lern-Prozesses in Abhängigkeit von ihren pädagogischen Bemühungen zu finden (Ames, 1990). Gleichzeitig versuchen sie, ihr Selbstwertgefühl aufrechtzuerhalten. Pädagogische Erfolge (z.B. hohe Lernerfolge der Schüler im Unterricht) werden deshalb gern auf die eigenen pädagogischen Anstrengungen zurückgeführt. Hingegen werden für pädagogische Misserfolge (z.B. geringe Lernerfolge der Schüler) eher mangelnde Fähigkeiten oder mangelnde Anstrengungen der Schüler verantwortlich gemacht. Im Falle pädagogischen Erfolgs wird so das Selbstwertgefühl der Lehrenden gestützt. Im Falle pädagogischen Misserfolgs wird die Bedrohung des Selbstwertgefühls abgewehrt.

Lehrende gehen davon aus, dass sie die kognitiven Fähigkeiten (die „Begabungen") von Lernenden kurzfristig nicht nennenswert beeinflussen können. Sie nehmen jedoch an, dass Lernende motivierbar sind und dass sie deren Anstrengungsbereitschaft beeinflussen können. Eine wichtige Frage für das Selbstwertgefühl von Lehrenden ist deshalb, ob sie die Lernenden hinreichend motivieren können. Außerdem ist für das Selbstwertgefühl von Lehrenden wesentlich, ob sie von den Lernenden akzeptiert bzw. nicht abgelehnt werden.

Reaktionen von Lehrenden auf pädagogischen Erfolg und Misserfolg

Begabte Lernende (d.h. Lernende mit hohen kognitiven Fähigkeiten), die auch anstrengungsbereit sind, zeigen im Allgemeinen hohe Lernleistungen. Dies wird vom Lehrenden als pädagogischer Erfolg wahrgenommen und stärkt sein Selbstwertgefühl. Zeigt ein Lernender hingegen schlechte Leistungen, so ist dies für den Lehrenden ein pädagogischer Misserfolg, der sein Selbstwertgefühl in unterschiedlichem Maße bedrohen kann, je nachdem, wie stark sich der Lehrende für diesen Misserfolg verantwortlich fühlt. Der Grad der Bedrohung des Selbstwertgefühls ist somit abhängig von den Attributionen, die der Lehrende zur Erklärung der schlechten Lernleistungen vornimmt. Hierbei ist besonders die Begabung und die Anstrengungsbereitschaft, die der Lehrende dem Lernenden zuschreibt, von Bedeutung (Weiner, 1972, 1979; siehe Tabelle 8.1).

In einer von Höhn (1967) durchgeführten Untersuchung, in der Lehrer den typischen „schlechten Schüler" beschreiben sollten, bezeichneten 44 Prozent diesen als „dumm" bzw. „unintelligent" und verwiesen somit auf einen Mangel an Begabung, 49 Prozent beschrieben den schlechten Schüler als „faul" und machten somit mangelnde Anstrengung für die geringen Leistungen verantwortlich. Die von den Lehrern gegebenen Beschreibungen waren zu einem beträchtlichen Teil in abwertendem, teilweise aggressivem Ton verfasst, was der Annahme entspricht, dass mangelnde Anstrengungsbereitschaft vom Lehrer tendenziell als Provokation und als Angriff auf sein Selbstwertgefühl interpretiert wird. Die Studie von Höhn zeigt darüber hinaus, dass schlechte Lernleistungen je nach Attributionsmuster ein unterschiedliches Bedrohungspotential für das Selbstwertgefühl von Lehrern haben und dass Lehrer dementsprechend unterschiedlich auf schlechte Lernleistungen reagieren. In Tabelle 8.3 sind das Bedrohungspotential schlechter Lernleistungen für das Selbstwertgefühl der Lehrer und deren Reaktionen im Überblick dargestellt.

Tabelle 8.3. Grad der Bedrohung des Selbstwertgefühls des Lehrenden und dessen Reaktion auf schlechte Lernleistungen in Abhängigkeit von der attribuierten Begabung und der attribuierten Anstrengungsbereitschaft des Lernenden

Lernender ist		anstrengungsbereit	nicht anstrengungsbereit
wenig begabt	Selbstwertgefühl	nicht bedroht	leicht bedroht
	Reaktion	Verständnis, Mitleid	Ablehnung, Abwertung
begabt	Selbstwertgefühl	–	stark bedroht
	Reaktion	–	Provokation, Aggression

Wenig begabt, anstrengungsbereit. Ein Schüler, der als wenig begabt, aber anstrengungsbereit wahrgenommen wird, stellt keine Bedrohung für das Selbstwertgefühl des Lehrers dar, da er für die vermeintlich geringe Begabung des Schülers nicht verantwortlich ist. Dementsprechend treten beim Lehrer kaum negative Affekte auf. Vielmehr zeigt der Lehrer eher Verständnis und reagiert teilweise mitleidsvoll, indem er den Schüler z.B. als „Opfer seines Milieus“ oder als „Opfer des übersteigerten Ehrgeizes seiner Eltern“ ansieht.

Wenig begabt, nicht anstrengungsbereit. Ein Schüler, der als wenig begabt und nicht anstrengungsbereit wahrgenommen wird, stellt eine leichte Bedrohung für das Selbstwertgefühl des Lehrers dar, da sich dieser zumindest für die Motiviertheit bzw. Anstrengungsbereitschaft des Schülers verantwortlich fühlt. Dementsprechend löst ein solcher Schüler beim Lehrer eher negative Emotionen aus: „Wenn er schon nicht begabt ist, dann sollte er sich wenigstens anstrengen!“ Treten noch zusätzlich Disziplinprobleme auf, dann werden solchen Schülern häufig auch moralische Mängel zugeschrieben – sie werden als faul, frech, unaufmerksam und unordentlich bezeichnet sowie als Schüler, die sich schlecht sozial einpassen können.

Begabt, nicht anstrengungsbereit. Ein Schüler, der als begabt, aber als nicht anstrengungsbereit wahrgenommen wird, bedroht das Selbstwertgefühl des Lehrers stark, da der Lehrer sich für die Anstrengungsbereitschaft des Schülers verantwortlich betrachtet, den Schüler als unkooperativ ansieht und sich in seinen pädagogischen Bemühungen von ihm abgelehnt fühlt. Dementsprechend löst ein solcher Schüler beim Lehrer meist starke negative Affekte aus. Der Lehrer fühlt sich provoziert: Der Schüler könnte, wenn er wollte, durchaus die erforderlichen Leistungen erbringen; er lässt jedoch den Lehrer sich erfolglos bemühen und unterstützt dessen Bemühungen nicht durch eigene Anstrengungen.

8.4 Soziale Kognition: Die Sicht der Lernenden

Das Selbstwertgefühl von Lernenden

Auch Lernende suchen nach Erklärungen für den Verlauf und die Ergebnisse des Lehr-Lern-Prozesses und versuchen gleichzeitig, ihr Selbstwertgefühl aufrechtzuerhalten. Diese Tendenz zeigt sich auch in den Ergebnissen der bereits oben erwähnten Studie von Höhn (1967). In dieser Untersuchung wurden nicht nur Lehrer, sondern auch Schüler nach ihrem Bild des typischen „schlechten Schülers“ gefragt. Dabei fielen die Beschreibungen durch die Schüler deutlich

positiver aus als die durch die Lehrer. In den Schülerbeschreibungen wurde nur zu 12 Prozent auf mangelnde Begabung hingewiesen, 63 Prozent nannten mangelnde Anstrengung und 31 Prozent führten Unaufmerksamkeit als Merkmal des schlechten Schülers an.
Diese Unterschiede gegenüber den Lehrerbeschreibungen lassen sich als Ausdruck eines Attributionsverhaltens interpretieren, das dem Schutz des eigenen Selbstwertgefühls dient, indem die Bedeutung mangelnder Fähigkeiten heruntergespielt wird: Die schlechten Schüler sind nicht dumm, sondern strengen sich einfach zu wenig an. Ein solcher Mangel an Anstrengung beeinträchtigt das Selbstwertgefühl ebenso wenig wie die eigene Unaufmerksamkeit.
Ab einem Alter von ca. elf Jahren unterscheiden Lernende deutlich zwischen Fähigkeit und Anstrengung. Sie erkennen, dass Anstrengung allein oft nicht ausreicht, um gute Leistungen zu erzielen (Covington, 1984). Zugleich wird der Vergleich mit anderen wichtiger. In Schulklassen entsteht dementsprechend eine stärkere Konkurrenzsituation (Ames & Felker, 1979). In dieser Situation wird häufig negativ gewertet, dass ein Lernender sich anstrengen muss, um gute Leistungen zu erbringen (Paris & Byrnes, 1989). Hingegen werden hohe Leistungen aufgrund von hohen Fähigkeiten positiv gewertet. Gute Lernleistungen aufgrund von hohen Fähigkeiten sind deshalb für das Selbstwertgefühl eher dienlich als Lernleistungen aufgrund von hoher Anstrengung.

Das Dilemma individueller Lernanstrengungen

Hat ein Lernender trotz Anstrengung einen Misserfolg, so gefährdet dies sein Selbstwertgefühl mehr, als das Eintreten eines Misserfolgs, ohne dass er sich angestrengt hat. Im ersten Fall kommen als innere Ursachen des Misserfolgs nur geringe Fähigkeiten in Frage, was das Selbstwertgefühl des Lernenden beeinträchtigt. Im zweiten Fall kann auf die geringe Anstrengung als Ursache des Misserfolgs verwiesen werden (vgl. Tabelle 8.1). Damit kann der Lernende bei sich weiterhin hohe Fähigkeiten annehmen, und das Selbstwertgefühl wird nicht beeinträchtigt. Wegen der potentiellen Gefährdung des Selbstwertgefühls bei hoher Anstrengung bietet sich für den Lernenden folgende Konsequenz an: „Strenge dich nicht an!“
Fehlende Lernanstrengung führt allerdings mit hoher Wahrscheinlichkeit zu Misserfolg, den es zu vermeiden gilt, denn ein Misserfolg bleibt auch dann ein Misserfolg, wenn er auf mangelnde Anstrengung zurückzuführen ist. Fehlende Anstrengung des Lernenden führt außerdem beim Lehrenden zu negativen emotionalen Reaktionen, die es ebenfalls zu vermeiden gilt. Unter diesem Gesichtspunkt bietet sich für den Lernenden deshalb folgende Konsequenz an: „Strenge dich an und zeige auch dem Lehrenden, dass du guten Willens bist, dich anzustrengen!“
Das Dilemma, sich einerseits nicht anzustrengen zu wollen, um Beeinträchtigungen des Selbstwertgefühls zu vermeiden, und sich andererseits anstrengen zu wollen, um Misserfolge und negative Reaktionen des Lehrenden zu vermeiden, wird häufig durch einen Kompromiss gelöst. Die entsprechende Konsequenz lautet dann: „Strenge dich an (oder tue so als ob), aber nicht allzu sehr.“

Beeinträchtigung durch selbstwertbezogene Kognitionen

Wenn eine Lernsituation das Selbstwertgefühl bedroht, verwendet der Lernende einen Teil seiner kognitiven Ressourcen zur Bewältigung dieser Bedrohung. Damit steht weniger Verarbeitungskapazität für den eigentlichen Lerngegenstand zur Verfügung, was wiederum den Lernerfolg schmälert. Dadurch kann ein Teufelskreis entstehen, da als Folge des geringeren Lernerfolgs neue Anforderungen noch mehr als Bedrohung des Selbstwertgefühls erlebt werden und somit das Bewältigungsproblem noch akuter wird.

Modell des affektiv gesteuerten Lernprozesses. Diese Zusammenhänge zwischen Emotion und Kognition werden von Boekaerts (1992) in ihrem Modell des affektiv gesteuerten Lernprozesses beschrieben, das in Abbildung 8.1 graphisch dargestellt ist. Boekaerts integriert darin Konzepte der Kognitions- und Emotionspsychologie, der Forschung zur Selbstwirksamkeit und zur Handlungs- oder Lageorientierung. Dem Modell zufolge ist Lernen ein aktiver kognitiver Prozess, der Ressourcen des Arbeitsgedächtnisses beansprucht. Das Arbeitsgedächtnis des Lernenden erhält:

(1) Information über die Aufgabe und den jeweiligen Aufgabenkontext,
(2) Information über das Vorwissen und die Fähigkeiten des Lernenden,
(3) Information über die aktuelle persönliche Befindlichkeit des Lernenden und sein Selbstkonzept.

Bei der Bewertung von aktuellen oder antizipierten Ereignissen greift das Arbeitsgedächtnis auf diese Informationen zurück.

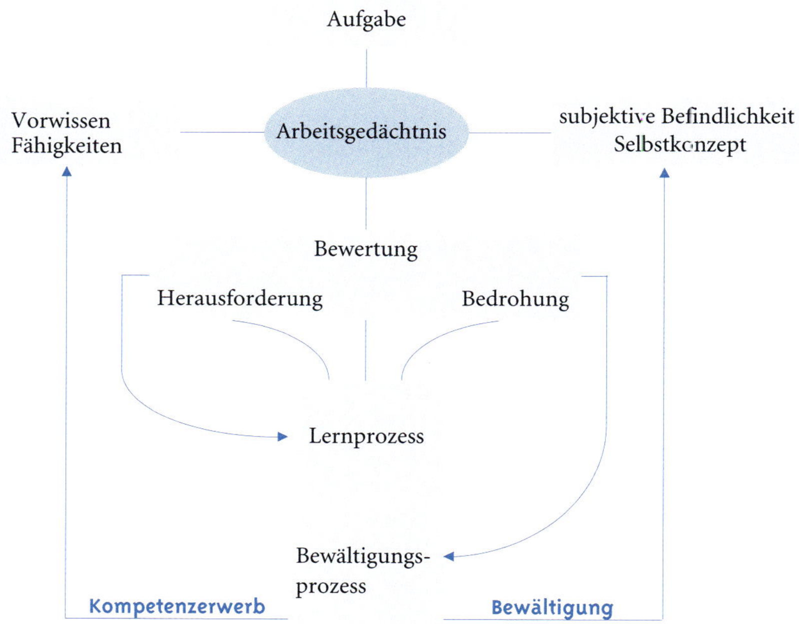

Abbildung 8.1. Modell des affektiv gesteuerten Lernprozesses von Boekaerts (1992, modifiziert). Das Individuum bewertet Ereignisse mit Hilfe des Arbeitsgedächtnisses danach, ob sie das Erreichen eigener Ziele begünstigen, was zu einer Kompetenzerwerbsorientierung führt, oder ob sie das Selbstwertgefühl bedrohen, was zu einer Bewältigungsorientierung führt. Bei einer Bewältigungsorientierung werden Ressourcen des Arbeitsgedächtnisses durch das Bemühen in Anspruch genommen, einer Verringerung des Selbstwertgefühls entgegenzuwirken. Dadurch reduzieren sich die für das Lernen verfügbaren Ressourcen des Arbeitsgedächtnisses, und der Lernprozess wird beeinträchtigt

Kompetenzerwerbs- und Bewältigungsorientierung. Aktuelle oder antizipierte Ereignisse werden danach bewertet, ob sie das Erreichen der eigenen Ziele begünstigen oder ob sie das Selbstwertgefühl bedrohen. Begünstigen sie das Erreichen der eigenen Ziele, so werden sie als Chance für persönliches Wachstum angesehen. Dies führt beim Individuum zu einer → Kompetenzerwerbsorientierung. Bedrohen die Ereignisse das Selbstwertgefühl, so aktivieren sie die Befürchtung eines persönlichen Verlusts. Dies führt beim Individuum zu einer → Bewältigungsorientierung, bei der die kognitiven Ressourcen des Lernenden vor allem durch Bemühungen in Anspruch genommen sind, Selbstwertgefühlverluste zu vermeiden und das persönliche Wohlbefinden aufrechtzuerhalten. Dadurch bleiben für den eigentlichen Lerngegenstand weniger Ressourcen des Arbeitsgedächtnis übrig, und der Lernprozess wird beeinträchtigt. Der → pädagogische Prozess ist umso wirksamer, je mehr bzw. je häufiger die Lernenden auf Kompetenzerwerb orientiert sind und je weniger bzw. je seltener sie auf Bewältigung orientiert sind.

8.5 Zusammenfassung

Leistungserwartungen an einen Lernenden können dessen tatsächliches Leistungsverhalten beeinflussen. Solche → Pygmalion-Effekte sind für einen begrenzten Zeitraum dann zu erwarten, wenn Lehrende und Lernende einander noch nicht kennen und die Lehrenden unzutreffende unflexible Erwartungen haben. Sie sind eher im Bereich von individuellen Einstellungen, dem Selbstbild und dem Lernengagement zu beobachten. Im Bereich von Lernleistungen, die in hohem Maße fähigkeitsabhängig sind, und bei Intelligenztests sind die Effekte nur gering.

Menschen schreiben persönlich bedeutsamen Ereignissen Ursachen zu und nehmen damit Kausalattributionen vor. Die Ursachen für Erfolge und Misserfolge liegen innerhalb oder außerhalb des Individuums, sind stabil oder variabel und vom Individuum kontrollierbar oder nicht kontrollierbar. Die Ursachenzuschreibung ist nicht nur von den objektiven Gegebenheiten, sondern auch von dem Bestreben abhängig, das eigene Selbstwertgefühl aufrechtzuerhalten. Attributionen werden durch → Selbstwirksamkeitsannahmen, durch die motivationale Orientierung des Individuums sowie durch Merkmale des Handlungs- oder Lerngegenstands beeinflusst. Ungünstige Attributionsmuster können durch Lern- bzw. Trainingsprogramme verbessert werden.

Lehrende nehmen ständig → Attributionen vor, um die Zusammenhänge zwischen den eigenen pädagogischen Bemühungen und dem Lernerfolg ihrer Schüler zu erklären und gleichzeitig ihr Selbstwertgefühl aufrechtzuerhalten. Sie sehen sich nicht für die Fähigkeiten, jedoch für die Anstrengungsbereitschaft der Lernenden verantwortlich. Deshalb ist ihr Selbstwertgefühl bedroht, wenn sie meinen, geringe Lernleistungen seien auf mangelnde Anstrengung der Lernenden zurückzuführen.

Anstrengung birgt jedoch für Lernende die Gefahr einer Beeinträchtigung ihres Selbstwertgefühls, da ein Misserfolg dann nicht mehr auf mangelnde Anstrengung zurückgeführt werden kann, sondern auf mangelnde Fähigkeiten geschlossen werden muss. Lernende befinden sich somit in dem Dilemma, den Erwartungen der Lehrenden und ihren eigenen Leistungswünschen nachkommen und gleichzeitig ihr Selbstwertgefühl aufrechthalten zu müssen. Individuen beurteilen Lernsituationen danach, ob diese eher zum Erreichen der eigenen Ziele geeignet sind oder ob sie eher das Selbstwertgefühl bedrohen. Im ersten Fall wird eine → Kompetenzerwerbsorientierung, im zweiten Fall eine Bewältigungsorientierung eingenommen. Werden Teile der kognitiven Verarbeitungskapazität zur Bewältigung von Bedrohungen des Selbstwertgefühls eingesetzt, so bleiben weniger Ressourcen für den eigentlichen Lerngegenstand übrig, wodurch der Lernerfolg beeinträchtigt werden kann.

Bezug zu ...

Die Thematik der Attribution und → sozialen Kognition beim Lehren und Lernen steht in unmittelbarem Bezug zu einem grundlegenden Charakteristikum des → pädagogischen Prozesses. Jeder pädagogische Prozess setzt eine gewisse Kooperation zwischen Lehrendem und Lernendem bzw. zwischen Erzieher und Zögling (Edukandus) voraus. Dennoch verfolgen beide Seiten zum Teil unterschiedliche Interessen, denn der **Versuch, ein positives Selbstwertgefühl aufrechtzuerhalten**, führt bei Lehrenden und bei Lernenden zu unterschiedlichen Ergebnissen. Die Bedeutung eines positiven Selbstwertgefühls für eine gesunde Persönlichkeitsentwicklung wird vor allem in den humanistischen psychologischen Ansätzen betont und steht in der → Bedürfnishierarchie von Maslow (1968) in unmittelbarem Zusammenhang mit den Bedürfnissen nach Zugehörigkeit, Liebe und Wertschätzung.

Wenn Lehrende und Lernende ihre → Attributionen im → pädagogischen Prozess so vornehmen, dass sowohl den objektiven Gegebenheiten als auch dem eigenen Selbstwertgefühl Rechnung getragen wird, handelt es sich um einen Spezialfall einer allgemeinen Tendenz menschlicher Kognition – dem der Kohärenzbildung. Sie besteht darin, dass Individuen versuchen, unterschiedliche Informationen in einen möglichst sinnvollen und in sich schlüssigen Gesamtzusammenhang zu bringen. Auswahl und Verarbei-tung der einzelnen Informationen können dabei allerdings in einen gewissen Gegensatz zueinander geraten. Die Erklärung objektiver Leistungsergebnisse und die subjektive Bewältigung von Selbstwertproblemen können beispielsweise als eine Form des Mehrfachhandelns interpretiert werden, dessen Teilhandlungen teilweise miteinander konkurrieren. Die dabei erforderliche Teilung der Aufmerksamkeit (split attention) durch selbstwertbezogene Kognitionen kann zu einer Beeinträchtigung der Auseinandersetzung mit dem eigentlichen Lerngegenstand führen und so den Lernerfolg reduzieren. Wenn Individuen im Falle von eigenen Misserfolgen Kausalattributionen derart vornehmen, dass damit die Aufrechterhaltung des eigenen Selbstwertgefühls gesichert ist, so versuchen sie aus kognitionswissenschaftliche Sicht, eine Hypothese (nämlich über den Wert der eigenen Peson) beizubehalten, von deren Richtigkeit sie überzeugt sind. D.h., sie versuchen eine kognitive Umstrukturierung bzw. eine Wissensveränderung (conceptual change) zu vermeiden. Sie greifen dazu auf das sogenannte Exhaustionsprinzip zurück, das auch in der Wissenschaft häufig praktiziert wird: Wenn die eigenen Hypothesen, von deren Richtigkeit man überzeugt ist, nicht bestätigt werden, sucht man nach Störeffekten, die angeblich verhindert haben, dass diese Hypothesen bestätigt werden konnten.

8.6 Diskussionsfragen

(1) Wie lassen sich die Attributionstendenzen von Lehrenden und die von Lernenden einander angleichen?

(2) Wie müsste ein Lernklima beschaffen sein, in dem Anstrengungen des Lernenden nicht mit der Gefahr eines Selbstwert-Verlusts verbunden sind?

(3) Kann man höhere Lernerfolge über → sich selbst erfüllende Prophezeiungen dadurch erzielen, dass man gegenüber den Lernenden hohe Erfolgserwartungen artikuliert?

Weiterführende Literatur

Die Thematik des Lernens und der Bewältigung selbstwertbedrohender Situationen wird genauer beschrieben in:

Boekaerts, M. (1992). The adaptable learning process: Initiating and maintaining behavioural change. Applied Psychology: An International Review, 41, 377–397.

Differenziertere Darstellungen von Attributionsprozessen und Prozessen der sozialen Kognition finden sich in:

Försterling, F. & Stiensmeier-Pelster, J. (Hrsg.) (1994). Attributionstheorie. Göttingen: Hogrefe.

Frey, D. & Irle, M. (1993). Theorien der Sozialpsychologie, Bd. 1, Kognitive Theorien. Bern: Huber.

Teil III
Lehren und Lernen

Die in Teil I unter dem Stichwort anthropologische Grundorientierungen dargestellten Sichtweisen über das Wesen des Menschen werden nun im Kontext des Lehrens und Lernens als didaktische Grundorientierungen bezeichnet.

Didaktische Orientierungen. Hier stellt sich die Frage, wie viel beim Lernen im Sinne der empiristischen Ansätze von außen (vom Lehrenden) und wie viel im Sinne der humanistischen Ansätze von innen (vom Lernenden) gestaltet werden sollte. Im ersten Fall setzt man dem Lernenden fertiges Wissen vor und versucht, den Lernprozess von außen zu steuern. Im zweiten Fall lässt man dem Lernenden mehr Freiraum für eigene Entscheidungen und überlässt ihm auch die Entdeckung dieses Wissens. Eine dritte Sichtweise im Sinne der handlungstheoretisch-konstruktivistischen Ansätze stellt vor allem die aktive Teilnahme an einer möglichst echten, authentischen Praxis der jeweiligen Kultur in den Vordergrund. Die verschiedenen didaktischen Orientierungen sowie die Möglichkeit ihrer Integration werden in Kapitel 9 beschrieben.

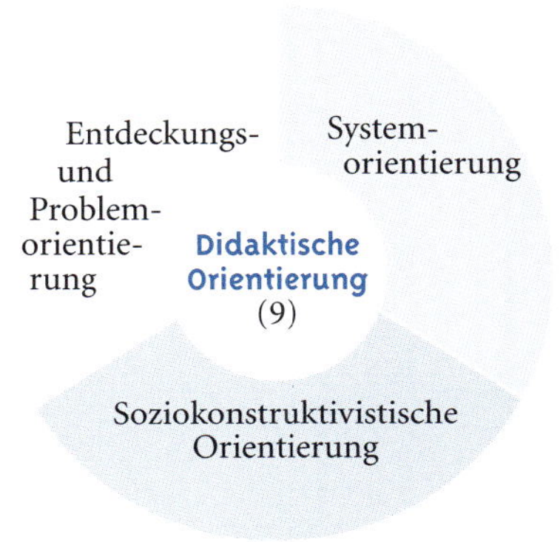

Gestaltung von Lehr-Lern-Prozessen. Jede didaktische Orientierung macht dem Lernenden Informationsangebote, so dass der Lernprozess immer irgendwie (selbst wenn nur in geringem Maße) von außen gestaltet wird. Je stärker man im Sinne der empiristischen Ansätze zur Steuerung des Lernens von außen (zur Fremdsteuerung) neigt, desto größere Bedeutung misst man den Gestaltungsmöglichkeiten von Lehr-Lern-Prozessen bei. Je mehr man im Sinne der humanistischen Ansätze dem Lernenden Freiraum zur Selbststeuerung lässt, desto geringere Bedeutung misst man ihnen bei. Die für die Gestaltung von Lehr-Lern-Prozessen bedeutsamen Theorien und ihre jeweiligen Gestaltungsmöglichkeiten sind Thema von Kapitel 10.

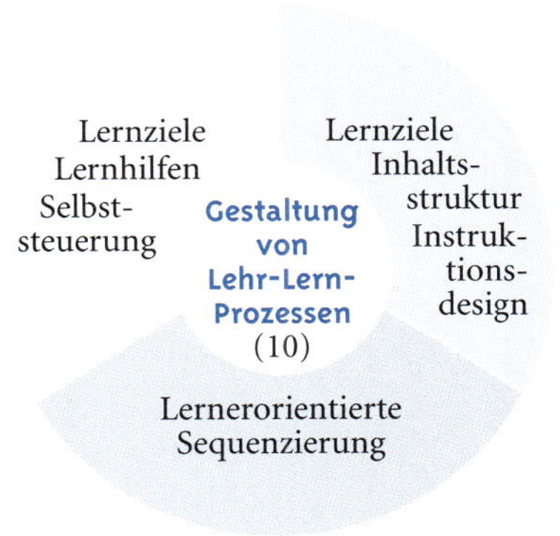

Lehr-Lern-Medien. Jede didaktische Orientierung benötigt für ihre Informationsangebote geeignete Formen der Informationsdarbietung. Damit stellt sich die Frage nach geeigneten Medien als Vermittlern dieser Information. Informationsvermittlung beinhaltet

(1) eine physikalisch-technische Basis (z.B. Schallwellen, Papier, Computerbildschirme),
(2) verschiedene Darstellungsformen der Informationspräsentation (vor allem Text und Bild) und
(3) die Rezeption über verschiedene Sinnesorgane (vor allem über Auge und Ohr).

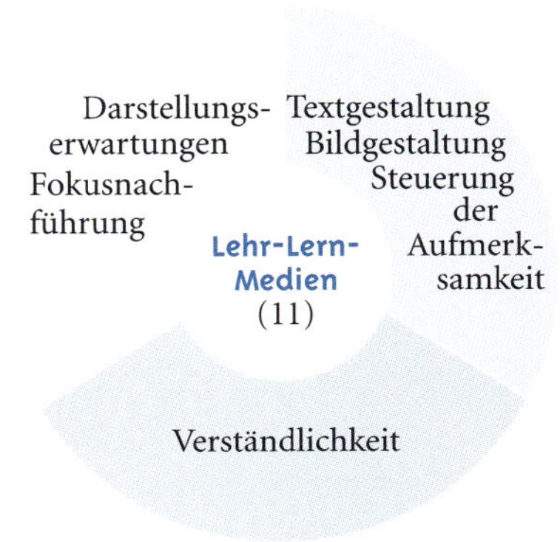

Der Begriff Medium kann sich auf alle drei Aspekte der Informationsvermittlung beziehen. Informationsvermittlung ist nur dann erfolgreich, wenn allen drei Medienaspekten Rechnung getragen wird. Aus psychologischer Sicht interessieren vor allem die Darstellungsform, die Rezeption und das Zusammenspiel von Darstellungsform und Rezeption.
Als Darstellungsform gehört die Verwendung von Sprache zu den ältesten Formen der Informationsvermittlung, gefolgt von der Verwendung von Bildern. Sprachliche und bildhafte Darstellungen haben jeweils Vor- und Nachteile, die einander ergänzen. Gesprochene Sprache hat den Vorteil, von allen Mitgliedern einer Sprachgemeinschaft verstanden zu werden, und den Nachteil der Flüchtigkeit. Geschriebene Sprache erfordert den Erwerb der Kulturtechnik des Lesens, bietet jedoch den Vorteil der permanenten Verfügbarkeit. Wird Sprache gemeinsam mit Bildern zur Informationsvermittlung verwendet, so unterscheiden sich gesprochene und geschriebene Sprache auch hinsichtlich der dem Lernenden verfügbaren Kapazität zur Informationsaufnahme und Informationsverarbeitung. Die Verwendung von Texten und Bildern sowie die verschiedenen Formen ihrer Präsentation und Rezeption in alten und neuen Lehr-Lern-Medien werden in Kapitel 11 beschrieben.

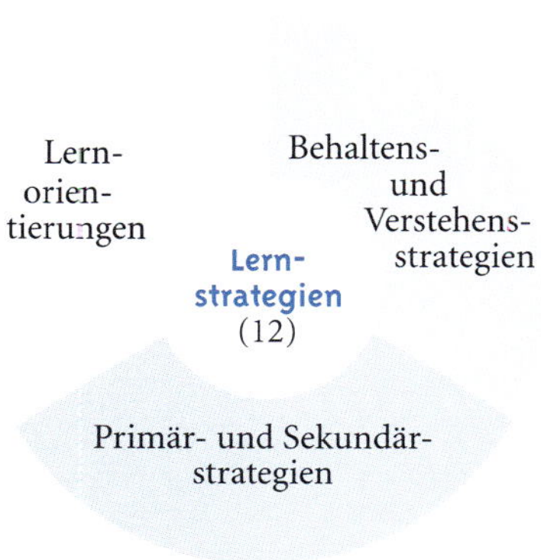

Lernstrategien. Ein Lehr-Lern-Prozess kann nur dann erfolgreich sein, wenn Lehrende und Lernende kooperieren: Die vom Lehrenden angebotenen Informationen müssen vom Lernenden aufgenommen und adäquat verarbeitet werden. D.h., der Lernprozess wird nicht nur vom Lehrenden (von außen), sondern auch vom Lernenden (von innen) gesteuert. Der Lehr-Lern-Prozess ist umso erfolgreicher, je mehr der Lernende bereit und in der Lage ist, mit dem bereitgestellten Informationsangebot adäquat (strategisch und zielorientiert) umzugehen.
Die Steuerung des Lernens von innen durch den Lernenden geschieht mit Hilfe von Lernstrategien. Die Betonung der Selbststeuerung des Lernens entspricht den humanistischen Ansätzen, die die Bedeutung der Eigenaktivität des Lernenden hervorheben. Ineffektive Lernstrategien können aber auch im Sinn der empiristischen Ansätze von außen korrigiert oder durch effektivere Strategien ersetzt werden, indem geeignete Lernstrategien gelehrt werden. Dann werden die Ziele der humanistischen Ansätze, nämlich die Fähigkeit zu autonomem, selbstgesteuertem Lernen zu entwickeln, mit Mitteln der empiristischen Ansätze verfolgt. Um die verschiedenen Formen der spontanen Verwendung von Lernstrategien und die Möglichkeiten, effektive Lernstrategien zu vermitteln, geht es in Kapitel 12.

9 Didaktische Orientierungen

Was Sie in diesem Kapitel erwartet

Welcher didaktische Kurs ist der richtige?

„Effizientes Lernen ohne Mühe", „hochwirksames Lernen, das vor allem Spaß macht" – didaktische Utopien dieser Art erfreuen sich heute ähnlicher Attraktivität wie seinerzeit das Perpetuum mobile in der Physik. Auch wenn diese Utopien nie realisiert wurden, regen sie doch immer wieder die Frage nach dem *einen*, dem *richtigen* didaktischen Vorgehen an.

Lehren und angeleitetes Lernen sind zwei Seiten einer Medaille:

- Lehren besteht darin, Situationen so zu gestalten, dass (angeleitetes) Lernen möglich wird.
- Angeleitetes Lernen bedeutet, Aktivitäten (unter Anleitung) so zu vollziehen, dass dabei neue Kenntnisse und Fähigkeiten erworben werden.

Angeleitetes Lernen basiert immer auf Fremd- und Selbststeuerung: Die Lernaktivitäten werden teils von außen (durch Lernsituation und Lehrende) und teils von innen (den Lernenden selbst) gesteuert. Das optimale Verhältnis von Fremd- und Selbststeuerung hängt von den individuellen Lernvoraussetzungen ab. Lernsteuerung – ob als Fremd- oder Selbststeuerung – bedeutet immer Strukturierung der Lernaktivität. Sie kann sich an der Struktur des zu vermittelnden Wissens oder an der Struktur zu bewältigender Anforderungssituationen orientieren. Sie kann außerdem vom Lernenden in unterschiedlichem Maße selbständiges Entdecken und Problemlöseaktivitäten erfordern.

Lehren folgt in der Regel bestimmten Grundideen über angeleitetes Lernen; diese bezeichnet man als didaktische Orientierungen.

Didaktische Orientierungen vertreten

(1) unterschiedliche Annahmen über das optimale Verhältnis von Fremd- und Selbststeuerung,
(2) unterschiedliche Auffassungen darüber, ob sich Lehr-Lern-Prozesse an der Struktur des zu vermittelnden Wissens oder an der Struktur praktischer Anforderungssituationen orientieren sollen,
(3) unterschiedliche Ansichten über die Bedeutung selbständiger Entdeckungs- und Problemlöseaktivitäten des Lernenden.

Lernziele

Sie sollten am Ende des Kapitels wissen bzw. verstanden haben,

- welche didaktischen Orientierungen sich unterscheiden lassen und welche Maßnahmen spezifisch für die einzelnen Orientierung sind,
- dass angeleitetes Lernen eine Balance von Fremd- und Selbststeuerung je nach individuellen Lernvoraussetzungen erfordert,
- dass Lernen ein aktiver, konstruktiver, situierter Prozess ist, der immer auch Anteile selbständigen Entdeckens beinhaltet,
- dass die Struktur des menschlichen Wissens ein historisch erarbeitetes Kulturprodukt ist, das man sich nicht ausschließlich durch entdeckendes Lernen aneignen kann,
- dass eine starke Situierung von Wissen Anwendungsvorteile in ähnlichen Situationen bietet, die Anwendung in anderen Kontexten jedoch erschweren kann.

9.1 Systemorientierung

Die traditionell vorherrschende didaktische Auffassung ist, dass man Lernenden sachlich wohlstrukturiertes Wissen in gut organisierter Weise vermitteln sollte. Wissen wird hier gewissermaßen als fertiges System dargeboten, so dass man von einem systemorientierten Vorgehen sprechen kann (→ Systemorientierung). Ein prominenter Vertreter dieses Ansatzes in der

→ Pädagogischen Psychologie ist Ausubel (1968) mit seiner Theorie des bedeutungsvollen Lernens; ein weiterer ist Reigeluth mit seiner Elaborationstheorie der Instruktion (Reigeluth & Stein, 1983). Diese Auffassung steht den in Kapitel 3 dargestellten empiristisch-behavioristischen Ansätzen insofern nahe, als die Strukturierung des Lernens sowie der Lernergebnisse im Wesentlichen von außen – nämlich durch den Lehrenden – erfolgt.

Theorie des bedeutungsvollen Lernens

Die von Ausubel (1968) entwickelte Theorie des bedeutungsvollen Lernens bezieht sich auf ein systemvermittelndes Vorgehen, bei dem Lernenden fertige Wissensstrukturen vorgegeben werden. Nach Ausubel ist dabei die Verankerung des Gelernten in der bereits vorhandenen Wissensstruktur des Lernenden wesentlich: Neues Wissen muss also systematisch an bereits vorhandene, stabile und klare Konzepte bzw. Ideen des Lernenden anknüpfen bzw. unter diese subsumiert werden. Diese bereits vorhandenen, übergeordneten Ideen bezeichnet Ausubel als „inklusive“ Ideen. Dabei bleibt allerdings offen, ob eine inklusive Idee eine umfassende (inklusive) Kategorie beschreibt, also eine allgemeine Idee ist, oder ob sie einen komplexen (inklusiven) Sachverhalt beschreibt.

Advance Organizer. Die bereits vorhandenen, verankernden Ideen im Vorwissen des Lernenden sollen nach Ausubel durch eine der Lektion vorangestellte Strukturierungshilfe – einen sogenannten → Advance Organizer – aktiviert werden. Sind beispielsweise einem Lernenden verschiedene Formen der Psychotherapie – etwa die Psychoanalyse und die Verhaltenstherapie – zu erläutern, so könnte ein Advance Organizer wie folgt aussehen.

Beispiel

Advance Organizer für das Thema „Psychotherapie“
„Menschen werden manchmal krank. Ihre Krankheit hat bestimmte Ursachen und kommt in bestimmten Symptomen zum Ausdruck. Ein Arzt muss ausgehend von diesen Symptomen auf die Ursachen der Krankheit schließen und versuchen, diese zu beseitigen. Je nachdem, was er als Ursache der Krankheit ansieht, wird seine Therapie unterschiedlich sein.“

Ein Advance Organizer soll stabile Konzepte im Vorwissen des Lernenden aktivieren. Die Ausführungen zu den Ansichten von Psychoanalyse und Verhaltenstherapie über das Wesen von Neurosen und deren Ursachen sowie die entsprechenden Behandlungsformen werden dann unter diese Konzepte subsumiert.

Progressive Differenzierung. Nach der Präsentation des Advance Organizers findet eine → progressive Differenzierung statt, bei der die übergeordneten Konzepte weiter differenziert bzw. elaboriert werden. Daran anknüpfend sind Maßnahmen zur Kohärenzbildung – von Ausubel als „integrative Aussöhnung“ bezeichnet – zu treffen, indem Vergleiche zwischen verschiedenen Ideen vorgenommen und so Gemeinsamkeiten bzw. Unterschiede herausgearbeitet werden. Schließlich werden Maßnahmen zur Verfestigung in Form von Wiederholung, Übung und Rückmeldung getroffen, die ein Vergessen (von Ausubel als „auslöschende Subsumption“ bezeichnet) vermeiden sollen.

Elaborationstheorie der Instruktion

Die von Reigeluth entwickelte Elaborationstheorie der Instruktion geht davon aus, dass dem Lernenden zunächst eine überblicksartige Darstellung über den zu lehrenden Sachverhalt gegeben werden muss, die mit einem Foto durch ein Weitwinkelobjektiv verglichen werden kann (Reigeluth & Stein, 1983). Im Anschluss an diese Überblicksdarstellung werden die einzelnen Teilinhalte sukzessive genauer dargestellt. Die betreffenden Inhalte werden quasi wie mit einem Zoom „herangeholt“, um sie genauer betrachten zu können. Dieses „Zooming In“ geschieht zum einen in Form einer Vorstrukturierung durch → Epitome und zum anderen durch → elaborative Sequenzierung.

Epitome. Vorangestellte Strukturierungshilfen, die eine Brücke zwischen dem Vorwissen des Lernenden und dem zu vermittelnden neuen Wissen herstellen sollen, bezeichnet Reigeluth als Epitome. Das Konzept des Epitoms ist eine Modifikation des Advance-Organizer-Konzepts von Ausubel. In beiden Fällen wird ein begriffliches Grundgerüst für den Aufbau einer Wissensstruktur vermittelt. In einem Epitom wird der Lernende jedoch nicht wie im → Advance Organizer von übergeordneten zu untergeordneten Ideen geführt, sondern vom Einfachen zum Komplexen: Ein Epitom enthält deshalb wenige, einfache, zentrale bzw. exemplarische Konzepte, möglichst auf anwendungsbezogenem Niveau, und verknüpft diese untereinander durch wesentliche semantische Relationen innerhalb des zu vermittelnden Wissens. Bei diesen Konzepten muss es sich nicht um sehr allgemeine und abstrakte Konzepte handeln, an die sich dann ein deduktives Vorgehen anschließt. Vielmehr kommen auch relativ spezifische und konkrete Konzepte in Frage, an die sich dann ein induktives, verallgemeinerndes Vorgehen anschließt. Voraussetzung ist nur, dass es sich um einfache und zentrale bzw. exemplarische Konzepte der betreffenden Wissensstruktur handelt.

Elaborative Sequenzierung. Nach der Präsentation des Epitoms wird der Inhalt zunächst in verschiedenen Lektionen auf relativ einfache Weise grobkörnig dargestellt. Dies bezeichnet man als die erste Elaborationsstufe. Anschließend erfolgt sukzessive eine immer detailliertere Darstellung aller untergeordneten Teilinhalte. Dabei wird eine einzelne Lektion der ersten Elaborationsstufe jeweils durch mehrere untergeordnete Lektionen weiter elaboriert. Diese Darstellung entspricht der zweiten Elaborationsstufe. Auf diese Weise kann über weitere Elaborationsstufen so lange fortgefahren werden, bis der angestrebte Detailliertheits- bzw. Differenziertheitsgrad erreicht ist. Die Darstellung entspricht insofern einem schrittweisen „Zooming“ in den Lerninhalt. Abbildung 9.1 zeigt dieses Prinzip der elaborativen Sequenzierung in graphischer Form.

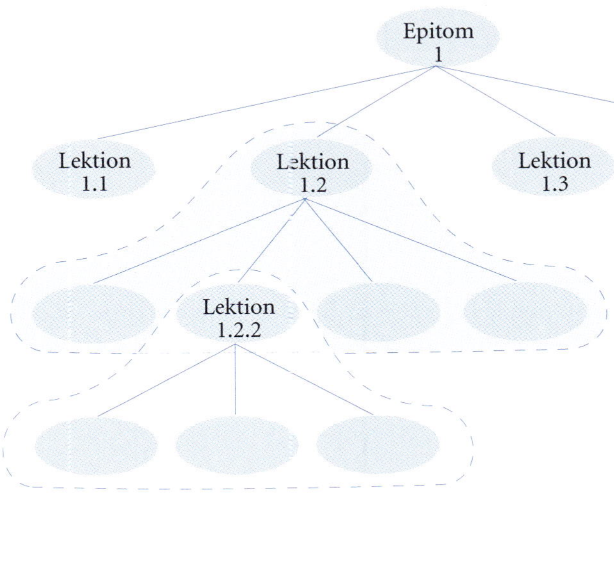

Abbildung 9.1. Prinzip der elaborativen Sequenzierung nach Reigeluth. Ein Inhalt wird zunächst in seinen Grundzügen relativ grob dargestellt. Anschließend werden durch ein „Zooming“ die einzelnen Teilinhalte auf einer niedrigeren Ebene differenzierter beschrieben. Auf diese Weise wird sukzessive fortgefahren, bis der gewünschte Differenziertheitsgrad erreicht ist

Pro und Contra Systemorientierung

Pro. Den Befürwortern eines → systemorientierten Vorgehens zufolge kann man dem Lernenden nicht die Verantwortung für die adäquate Strukturierung seines Wissens übertragen, da ihn dies überfordern würde. Die Strukturierung von Wissen in unterschiedliche Fachdisziplinen ist eine kulturelle Leistung, die Jahrhunderte in Anspruch genommen hat und die sich der einzelnen Lernende nicht ohne weiteres allein erarbeiten kann.

Contra. Den Befürwortern eines entdeckenden und problemorientierten Vorgehens zufolge sollte man dem Lernenden kein fertig vorstrukturiertes Wissen präsentieren, da dieses nur passiv rezipiert werde. Systemorientiertes Vorgehen führe zu sogenanntem → „trägem“ Wissen, das später nicht angewandt werden könne, auch wenn es noch so gut strukturiert sei. Demgegenüber sei durch entdeckendes und problemorientiertes Lernen eine tiefere Verarbeitung und ein besseres Verständnis möglich. Vor allem aber erlange man die Fähigkeit, das erarbeitete Wissen auch anzuwenden und Probleme selbständig erfolgreich zu lösen.

9.2 Entdeckungs- und Problemorientierung

Die Entdeckungs- und Problemorientierung steht den in Kapitel 2 dargestellten humanistischen Ansätzen insofern nahe, als die Strukturierung des Lernens sowie der Lernergebnisse im Wesentlichen von innen – nämlich durch den Lernenden selbst – erfolgt.

Selbständiges Entdecken

Statt fertige Wissensstrukturen zu vermitteln, wird beim entdeckenden Lernen dazu angeregt, Erkenntnisse selbständig zu gewinnen. Der Lernende wird mit Problemsituationen konfrontiert und aufgefordert, diese zu strukturieren. Ausgehend von Einzelfällen soll er induktiv auf gesetzmäßige Zusammenhänge schließen, also Hypothesen bilden und diese dann selbst überprüfen (Wagenschein, 1970). Ein solches Lernen ist jeweils problemorientiert, so dass man von einem entdeckenden problemorientierten Lernen sprechen kann.

Sokratischer Dialog. Collins und Stevens (1983) haben gezeigt, dass entdeckendes Lernen durch eine bestimmte Form des Dialogs zwischen Lehrenden und Lernenden – den → sokratischen Dialog – realisiert werden kann: Der Lehrende gibt durch gezielte Fragen „Forschungsanregungen“ und lenkt so das Denken des Lernenden in eine bestimmte Richtung. Dabei werden zehn Lehrstrategien eingesetzt.

Zehn Strategien des sokratischen Dialogs (nach Collins, 1987)

(1) Positive und negative Beispiele auswählen	Zunächst werden typische und untypische Fälle dargeboten – also Fälle, die entweder alle relevanten Merkmale oder die keines der relevanten Merkmale besitzen. Allmählich sollen dann auch weniger typische und weniger untypische Fälle dargeboten werden.
(2) Beispielmerkmale systematisch variieren	Zur Veranschaulichung eines Zusammenhangs sollen Beispiele ausgewählt werden, die systematisch voneinander abweichen.

(3) Gegenbeispiele auswählen	Wurden vom Lernenden inkorrekte Hypothesen gebildet, so sollte ein Beispiel dargeboten werden, das mit den Vorhersagen des Lernenden nicht übereinstimmt.
(4) Hypothetische Situationen vorgeben	Wenn der Lernende über einen Fall nachdenken soll, der nur schwer zu realisieren ist bzw. in der Realität kaum vorkommt, so sollte der Lehrende hypothetische Situationen vorgeben.
(5) Hypothesen aufstellen lassen	Wenn der Lernende zu einer tieferen Verarbeitung angeregt werden soll, sollte der Lehrende ihn auffordern, über einen Sachverhalt konkrete Vorhersagen zu machen bzw. Hypothesen aufzustellen.
(6) Hypothesen testen lassen	Wenn der Lernende eine konkrete Hypothese formuliert hat, sollte ihm keine unmittelbare Rückmeldung über deren Richtigkeit gegeben werden. Vielmehr sollte der Lernende aufgefordert werden, sich zu überlegen, wie die Hypothese überprüft werden könnte.
(7) Alternative Vorhersagen untersuchen lassen	Wenn der Lernende eine Hypothese formuliert bzw. eine Vorhersage gemacht hat, sollte ihn der Lehrende auffordern, auch andere mögliche Vorhersagen in Betracht zu ziehen.
(8) Kleine Fallen aufstellen	Um zu überprüfen, ob ein Lernender Fehlkonzepte entwickelt hat, kann es sinnvoll sein, ihn für kurze Zeit mit plausiblen, jedoch inhaltlich falschen Hypothesen zu konfrontieren und zu diesen Hypothesen Stellung nehmen zu lassen.
(9) Widersprüche aufzeigen	Um zu überprüfen, ob das vom Lernenden erworbene Wissen konsistent bzw. frei von Widersprüchen ist, sollte der Lehrende konsequent und systematisch nachfragen, um so etwaige Widersprüche aufzudecken.
(10) Zu eigenständigem Denken anregen	Um entdeckendes Lernen zu ermöglichen, sollte der Lehrende inhaltliche Fragen des Lernenden nicht direkt beantworten. Stattdessen sollte der Lehrende versuchen, den Lernenden zu eigenen Schlussfolgerungen oder zur Entwicklung von Verfahren anzuregen, um diese Fragen zu beantworten.

Diese Lehrstrategien sind keine mechanisch abzuarbeitende Liste. Vielmehr ist von Situation zu Situation zu entscheiden, welche Strategie anzuwenden ist.

Um entdeckendes Lernen zu ermöglichen, sollte der Lehrende inhaltliche Fragen des Lernenden nicht direkt beantworten. Stattdessen sollte der Lehrende versuchen, den Lernenden zu eigenen Schlussfolgerungen oder zur Entwicklung von Verfahren anzuregen, um diese Fragen zu beantworten. Das Verfahren erfordert Klarheit der Ziele, geeignete Lehrstrategien sowie Anwendungswissen. D.h.: Der Lehrende muss wissen, welche Kenntnisse und Fähigkeiten der Lernende am Ende des Dialogs haben soll. Er benötigt geeignete Verfahren zur Steuerung der Denkprozesse beim Lernenden. Er muss wissen, wann welche Strategie sinnvoll angewendet werden kann und auf welchem Stand sich der Lernende gerade befindet.

Durch entdeckendes Lernen sollen neben der Vermittlung von inhaltlichem Wissen auch allgemeine heuristische Fähigkeiten des Suchens und Problemlösens gefördert werden (Bruner,

1981). Außerdem soll durch das Induzieren kognitiver Konflikte die → epistemische Neugier geweckt bzw. eine bessere Lernmotivation erzielt werden (Berlyne, 1960; Neber, 1981; siehe 7.1 Motivarten). Wird beim entdeckenden Lernen der tatsächliche Prozess der wissenschaftlichen Erkenntnisgewinnung nachvollzogen, so kann man auch von einem forschungsorientierten Vorgehen sprechen: Der Lernende begreift dann eine bestimmte Wissensstruktur als etwas Gewordenes und lernt die Schritte kennen, die zu diesen Erkenntnissen geführt haben.

Pro und Contra Entdeckungs- und Problemorientierung

Pro. Die Befürworter des problemgeleiteten → entdeckenden Lernens argumentieren, dass dieses Lernen zu einer tieferen Verarbeitung, zu eigenständigem Denken und zu einem besseren Verständnis des Lerninhalts führte. Außerdem werde die Fähigkeit gefördert, das Gelernte selbständig anzuwenden und Probleme zu lösen.

Contra. Gegen ein primär entdeckendes problemorientiertes Lernen wird eingewandt, dass dieses nicht allgemein realisierbar sei, weil es den Lernenden überfordern würde. Die Gewinnung und Strukturierung des gesellschaftlich erarbeiteten Wissens sei eine kulturelle Leistung, die der einzelnen Lernende nicht ohne weiteres selbständig reproduzieren könne.

9.3 Soziokonstruktivistische Orientierung

Die → soziokonstruktivistische Orientierung hat Bezüge zu den in Kapitel 4 dargestellten handlungstheoretisch-konstruktivistischen Ansätzen, da die Strukturierung des Lernens sowie der Lernergebnisse hier im Wesentlichen entsprechend der jeweiligen kulturellen Praxis erfolgt.

9.3.1 Situiertes Lernen

Hinter dem Begriff des → situierten Lernens verbirgt sich kein einheitliches theoretisches Konzept, sondern eher ein Konglomerat theoretischer Positionen mit nur partiellen Übereinstimmungen. Die wichtigsten Grundannahmen über das Lernen und das dabei erworbene Wissen sind:

- Lernen ist ein aktiver konstruktiver Prozess,
- Lernen ist situiert,
- Lernsituationen sind soziale Situationen,
- Wissen ist ein Werkzeug,
- Wissen ist sozialer Natur.

Lernen ist ein aktiver konstruktiver Prozess

Aus soziokonstruktivistischer Sicht sind Wissen, Kenntnisse und Fähigkeiten keine Dinge, die man an eine andere Person weitergeben kann. Sie werden vielmehr vom Lernenden in der Auseinandersetzung mit Aufgaben und Problemen aktiv konstruiert. Diese Kernannahme wird auch in kognitionswissenschaftlichen Ansätzen – beispielsweise in der Gedächtnispsychologie – vertreten.

Nicht jede Aktivität ist gleichermaßen lernwirksam. Wenn es z.B. um Verständnis von Zusammenhängen oder den Erwerb von kognitive Fähigkeiten geht, so bedeuten vielfältige äußerlich wahrnehmbare Verhaltensaktivitäten eines Lernenden noch nicht, dass dabei auch lernrelevante kognitive Prozesse vollzogen werden.

Lernen ist situiert

Lernen ist immer eingebunden in konkrete Situationen. Der Begriff der Situation meint nicht nur die materielle, sondern auch die soziale Umwelt. Lernen kann deshalb nicht losgelöst vom jeweiligen kulturellen, historischen und autobiographischen Hintergrund des Lernenden untersucht werden. Situationen können mehr oder weniger authentisch – d.h. repräsentativ für die Kultur einer Gesellschaft – sein.
Situationen fordern zwar einerseits zum Handeln auf bzw. machen bestimmte Handlungsangebote (engl. affordances), nehmen andererseits aber auch Handlungseinschränkungen (engl. constraints) vor. Ebenso laden sie zum Vollzug bestimmter kognitiver Prozesse ein und nehmen zugleich Einschränkungen dieser Prozesse vor (Greeno, 1989).
Da Wissen stark situations- bzw. kontextgebunden ist, bereitet sein Transfer von einer Situation auf eine andere meist Schwierigkeiten. Wenn eine neue Situation die gleichen Angebote und Einschränkungen macht wie die Lernsituation, kann der Lernende das Gelernte auf die neue Situation übertragen. Lern- und Anforderungssituationen sollten deshalb möglichst ähnlich gestaltet werden.

Lernsituationen sind soziale Situationen

Lernen findet immer in einer sozialen Situation statt: Der Lernende erwirbt mit Unterstützung durch kompetente Sozialpartner die kulturell gültigen Sicht-, Denk- und Handlungsweisen gegenüber dem jeweiligen Lerngegenstand. Lernen geschieht demnach am erfolgreichsten durch angeleitete Teilnahme an sozialen Prozessen (Rogoff, 1990). Deshalb sollte in Lernsituationen ein Austausch zwischen den Beteiligten stattfinden, indem Lernende z.B. kooperativ Probleme lösen oder indem sie zunächst Experten beobachten und dann mit ihnen kommunizieren bzw. kooperieren. Aus pädagogischer Sicht ist demnach zu fragen, welche Kombinationen oder Sequenzen von Lernaktivitäten am besten geeignet sind, um Lernenden eine erfolgreiche Teilnahme an gesellschaftlichen Praktiken zu ermöglichen.

Wissen ist ein Werkzeug

Wissen entsteht aus der sozialen Interaktion zwischen kooperierenden Individuen und ist insofern sozialer Natur (Wygotski, 1964). Die Kooperation zwischen Individuen ist durch den Gebrauch von materiellen und kognitiven Werkzeugen charakterisiert (siehe 4.2 → Vergegenständlichung und → Aneignung von Wissen). Auch Wissen ist ein Werkzeug: Es dient der Orientierung und trägt dazu bei, Gegebenheiten zu ordnen und zielgerichtet zu verändern. Ebenso wie man ein materielles Werkzeug besitzen kann, ohne es anwenden zu können, ist es auch möglich, Wissen zu besitzen, das man nicht anwenden kann. Ein solches Wissen bezeichnet man als „träge“. → Träges Wissen ist zu wenig in realen Lebenssituationen verankert.

Wissen ist sozialer Natur

Der soziokonstruktivistischen Auffassung zufolge erwächst Wissen aus der sozialen Interaktion von Menschen und ist damit sozialer Natur. Vertretern kognitionspsychologischer Ansätze wird deshalb entgegengehalten, Wissen bestünde nicht aus isolierten Datenstrukturen im Kopf vereinzelter Individuum. Wissen existiere vielmehr nur in der Interaktion mit Situationen und den daran teilnehmenden Menschen, mit Objekten und Werkzeugen – also im Rahmen der sozialen Praktiken einer Kultur. Korrekterweise ist allerdings zu sagen, dass die Vertreter kognitionspsychologischer Ansätze gar nicht behaupten, das Wissen eines Individuums bzw. die entsprechenden internen Datenstrukturen existierten isoliert von äußeren Situationen und das Wissen sei vom praktischen Handeln des Individuums unabhängig. Auch behaupten sie nicht, dass Individuen ihr Wissen nur in der Vereinzelung erwerben und anwenden.

Die radikalen Vertreter des → Soziokonstruktivismus sehen das Lernen als einen idiosynkratischen kontextgebundenen Konstruktionsprozess an, der nicht extern zu steuern ist und über den man auch keine Vorhersagen machen kann. In letzter Konsequenz bedeutet dies allerdings, dass es sinnlos ist, Lehre planen zu wollen. Vertreter einer gemäßigten Form des → Soziokonstruktivismus betonen zwar ebenfalls die Bedeutung der aktiven Auseinandersetzung mit der gegenständlichen und sozialen Umwelt für das Lernen. Eine systematische Beeinflussung dieses Prozesses sehen sie allerdings nicht als fragwürdig an. Der Wissenserwerb lässt sich ihrer Ansicht nach durch eine adäquate Gestaltung von Lernumgebungen durchaus sinnvoll unterstützen (Gerstenmeier & Mandl, 1995).

9.3.2 Schulisches Lernen und außerschulische Anforderungen

Die Vertreter des → situierten Lernens kritisieren am schulischen Lernen, dass hier nur abstraktes, alltagsfernes Wissen vermittelt werde, mit dem man zwar Prüfungen bestehen könne, das jedoch zur Bewältigung von Problemen des realen Lebens weitgehend unbrauchbar sei. Nach Resnick (1987) unterscheiden sich schulische Lernsituationen von außerschulischen Anforderungssituationen in folgender Hinsicht:

In schulischen Lernsituationen dominieren

- individuelle Formen des Lernens und der Leistungsforderung, während außerhalb der Schule kooperatives Handeln und Lernen in Gruppen das Bild bestimmen,
- Anforderungen an das „reine Denken" ohne Verwendung von Werkzeugen, während außerhalb der Schule vielfältige Hilfsmittel wie Bücher, Taschenrechner und andere Gegenstände in die kognitiven Aktivitäten eingebunden werden,
- Lernen und Denken mit Hilfe von abstrakten Symbolen, während außerhalb der Schule kognitive Aktivitäten eng mit konkreten Objekten und Ereignissen verbunden sind,
- der Erwerb von allgemeinen Kenntnissen und allgemeinen Fähigkeiten, während außerhalb der Schule spezifische Kenntnisse und Fähigkeiten benötigt werden.

Lernen soll deshalb in authentischen (d.h. echten, „glaubwürdigen") sozialen Situationen stattfinden, die durchaus komplex sein können, so dass nicht nur lokale Fertigkeiten (Fertigkeiten zur Bewältigung lokaler Anforderungen), sondern auch globale Fähigkeiten (Fähigkeiten zur Bewältigung der Gesamtsituation) gefordert sind. Die Vertreter des situierten Lernens argumentieren, dass globale Fähigkeiten von Anfang an – also bereits vor dem Beherrschen der lokalen Einzelfertigkeiten – geübt werden sollen. Authentische Probleme sollen den Lernenden motivieren und ihn vorbereiten, solche Probleme in ähnlichen Situationen selbständig zu lösen. Wenn Wissen stark situationsgebunden ist, bereitet sein Transfer von einer Situation auf eine andere meist Schwierigkeiten. Lern- und Anforderungssituationen sollten deshalb möglichst ähnlich sein.

Den Vertretern des situierten Lernens zufolge soll auch der Lehrende eine neue Rolle einnehmen: Er soll nicht mehr Wissensvermittler, sondern Lernberater sein, indem er dem Lernenden Orientierungshilfen gibt und für ihn als eine Art „Coach" fungiert. Es soll eine Gemeinschaft von Lernenden bzw. eine Lernkultur entstehen, in der über das Lernen kommuniziert wird. In dieser Lernkultur werden auftretende Fehler nicht als Peinlichkeit, sondern als Chance zu gemeinsamer Einsicht angesehen. Die Lernenden werden zu kooperativem Problemlösen angehalten und übernehmen verschiedene Rollen innerhalb der Kooperation. Dabei können Konkurrenzmotive in adäquater Dosierung das Lernen durchaus stimulieren.

9.3.3 Cognitive Apprenticeship

Grundprinzipien

Eine spezifische Form des → situierten Lernens ist das → Cognitive Apprenticeship, was wörtlich übersetzt „kognitive Handwerkslehre" bedeutet. Dabei werden dem Lernenden kognitive Praktiken einer Gemeinschaft in möglichst authentischen Situationen nahe gebracht. Es findet gewissermaßen ein geistiger Enkulturationsprozess statt (Brown et al., 1989; Collins et al., 1989).

Bausteine des Cognitive Apprenticeship

Modelling. Der Lehrende (Meister) zeigt, wie etwas gemacht wird, indem er es vormacht. Er schafft so die Grundlage für ein Lernen am Modell (vgl. 3.3 Lernen durch Beobachtung: → Modelllernen). Der Lernende (Lehrling) macht nach, was ihm der Lehrende vormacht.

Scaffolding. Der Lehrende (Meister) gibt dem Lernenden (Lehrling) eine → Orientierungsgrundlage für die Ausführung der Tätigkeit. (Vgl. hierzu den Begriff der Orientierungsgrundlage bei Galperin, siehe 4.3 → Aneignung geistiger Fähigkeiten)

Coaching. Der Lehrende (Meister) beobachtet den Lernenden (Lehrling) und unterstützt ihn, falls notwendig, bei der Ausführung der Tätigkeit.

Articulation. Der Lernende (Lehrling) artikuliert seine Erfahrungen während des Lernens. Er beschreibt den Ablauf der Tätigkeit und verbalisiert dabei seine Gedanken bzw. Beobachtungen. (Vgl. hierzu die Ebene der äußeren Sprache bei Galperin, siehe 4.3 Aneignung geistiger Fähigkeiten.)

Fading Out. Der Lehrende (Meister) nimmt seine als Modelling und Coaching angebotenen externen Hilfen allmählich zurück, und der Lernende (Lehrling) übernimmt zunehmend selbst die Steuerung seiner Tätigkeit.

Reflection. Der Lernende (Lehrling) vergleicht seine Ausführung der Tätigkeit mit der von anderen Lernenden und denkt über seine eigene Ausführung nach.

Exploration. Der Lernende (Lehrling) vollzieht die Tätigkeit auch in neuen Situationen, stellt sich neuen Probleme und löst diese selbständig.

Beim Cognitive Apprenticeship nehmen die Lernenden an einer Expertenkultur teil, kommunizieren aktiv innerhalb dieser Kultur und beginnen, wie Experten zu denken. Dabei werden sie zum kooperativen Problemlösen angehalten, übernehmen verschiedene Rollen innerhalb der Kooperation. Sie lernen voneinander, indem sie wechselseitig beobachten, wie andere diese Rollen wahrnehmen. Die fremden Problemlösungen werden mit der eigenen verglichen. Durch Schaffung einer entsprechenden Lernkultur sollen auftretende Fehler nicht als Peinlichkeit, sondern als Chance zur gemeinsamen Einsicht in wichtige Zusammenhänge angesehen werden. Bei einer solchen kooperativen Form des Lernens können trotzdem auch Konkurrenzmotive eine Rolle spielen, die aber in adäquater Dosierung das Lernen stimulieren.

Beispiel: Reciprocal Teaching

Ein Beispiel für eine sehr erfolgreiche Anwendungen des Cognitive Apprenticeship ist das von Palincsar und Brown (1984) entwickelte → Reciprocal Teaching (wörtlich: „wechselseitiges Lehren"). Dabei handelt es sich um ein Verfahren zur Förderung des Leseverständnisses bei Kindern, die bereits ohne Schwierigkeiten Worte erkennen und laut lesen können, denen jedoch die Sinnentnahme Probleme bereitet. Beim Reciprocal Teaching spricht ein Lehrer und eine kleinere Gruppe von Kindern über einen Text und seine Bedeutung. Der Text wird abschnittweise gelesen, und die gemeinsame Diskussion über das Gelesene wird vom Inhaber der Lehrer-Rolle gesteuert. Die Lehrer-Rolle wird zunächst vom erwachsenen Lehrer wahrgenommen, dann jedoch der Reihe nach auch an die Kinder vergeben. Der Inhaber der Lehrer-Rolle steuert die Diskussion, indem er systematisch zu folgenden strategischen Leseaktivitäten anregt.

Anregung zu strategischen Leseaktivitäten

Zusammenfassen. Die Lernenden sollen die Hauptideen des Abschnitts herausfinden und in eigenen Worten wiedergeben.

Fragen generieren. Die Lernenden sollen selbst Fragen zum Inhalt generieren. Dabei sollte es sich weniger um Wissensfragen, als vielmehr um Verstehensfragen handeln.

Klären. Die Lernenden sollen feststellen, ob etwas nicht verstanden wurde, und ggf. geeignete Aktivitäten vornehmen, um dieses Verstehensproblem zu lösen. Hierzu kann z.B. gehören, den Textabschnitt noch einmal zu lesen, um Unterstützung zu bitten, im Lexikon nachzuschlagen usw.

Vorhersagen. Die Lernenden sollen Hypothesen darüber aufstellen, wie der Text weitergehen wird.

Scaffolding. Der erwachsene Lehrende gibt erst eine Erläuterung des strategischen Vorgehens. Er erklärt, was das Verstehen eines Texts schwierig machen kann, welche Bedeutung die genannten strategischen Aktivitäten haben und wie dabei vorzugehen ist. Damit bietet er eine → Orientierungsgrundlage für das Vorgehen.

Modelling. Dann wird die Prozedur konkret gezeigt: Der Lehrende leitet zunächst den Dialog und ist dadurch Modell für die Schüler.

Coaching. Anschließend übernehmen diese reihum selbst die Lehrerrolle, indem sie in der genannten Weise strategisch vorgehen. Der Inhaber der Lehrer-Rolle wird dabei noch durch Hinweise, Anregungen oder Kritik des erwachsenen Lehrenden unterstützt.

Fading Out. Die Lernenden folgen dabei nicht nur den Hinweisen des lehrenden Mitschülers. Sie beobachten diesen auch und vergleichen ihre eigene Lehraktivität mit dessen Lehraktivität. Je mehr sie mit der Methode vertraut werden, desto mehr kann der erwachsene Lehrende seine steuernden Aktivitäten zurücknehmen.

Durch dieses Verfahren wird den Lernenden ein neuesVerständnis des Lesens vermittelt: Lesen wird nicht als bloße Dekodierung von Worten und Sätzen, sondern als konstruktive, hypothesengenerierende und -überprüfende Aktivität angesehen. Entsprechend der Idee des → situierten Lernens werden Novizen von vornherein in der globalen Anwendung von Stategien des Experten-Lesens trainiert, wobei sie abwechselnd beobachtend und selbst produktiv tätig sind. Die genannten strategischen Aktivitäten werden allmählich verinnerlicht. Sie werden so zu automatisierten metakognitiven Prozeduren, die den eigenen Verstehensprozess beim Lernen mit Texten überwachen. Empirische Untersuchungen haben gezeigt, dass dieses Verfahren weit effektiver ist als traditionelle Methoden des Unterrichts für ein sinnerfassendes Lesen.

Pro und Contra soziokonstruktivistische Orientierung

Die Vertreter der → soziokonstruktivistischen Orientierung betonen zu Recht, dass Lernen ein aktiver, konstruktiver Prozess ist, dass dieses Lernen immer in einen sozialen und gegenständlichen Kontext eingebunden ist, dass Wissen Werkzeugcharakter hat, dass die Anwendung des Werkzeugs „Wissen" gelernt werden muss und dass die Einbindung des Lernens in authentische Situationen meistens motivierend ist. Problematisch ist allerdings die scharfe Entgegensetzung von herkömmlichem Lernen in der Schule und Lernen im Alltag:

Wissen ist niemals vollständig situiert. Handeln, Denken, Lernen und das daraus resultierende Wissen sind zwar immer in einen Kontext eingebunden, jedoch niemals vollständig durch diesen Kontext determiniert. Wäre Wissen vollständig vom Kontext abhängig, in dem es erworben wurde, so könnte es ausschließlich unter identischen Situationsbedingungen angewandt werden. Das Individuum wäre demnach neuen Situationen immer völlig orientierungslos ausgeliefert, was bekanntlich nicht der Fall ist. Wissen ist deshalb nur in begrenztem Maße situiert (Anderson et al., 1996).

Situiertes Lernen ist nicht immer erfolgreich. Vielmehr kann das derart erworbene Wissen so sehr kontextabhängig sein, dass eine Übertragung auf andere Kontexte kaum gelingt. Um eine zu spezifische → Situiertheit des Wissens zu vermeiden, ist deshalb eine hinreichende Variation der Lernkontexte notwendig. Authentische Situationen an sich bieten keine Gewähr für eine solche Variation, zumal es viele Alltagssituationen gibt, in denen hauptsächlich repetitive Anforderungen zu bewältigen sind. Wichtiger als die Einbettung des Lernens in Alltagssituationen ist deshalb die Frage, welche kognitiven Prozesse durch die Lernsituation angeregt werden.

Abstraktes Wissen bietet auch Anwendungsvorteile. Es sei hier daran erinnert, dass die Einführung allgemeinbildender Schulen als ein Versuch gesehen werden kann, die bis dahin vorherrschende Abhängigkeit des Wissens- und Fähigkeitserwerbs von ganz spezifischen Anwendungssituationen zu lockern. Zwar ist abstraktes Wissen nur mit einem gewissen kognitiven Aufwand auf andere Situationen zu übertragen, allerdings ist dies immer noch leichter möglich, als Wissen, das fest mit bestimmten Situationen verbunden ist, in anderem Kontext anzuwenden. Die relativ hohen Korrelationen zwischen Schulerfolg und Beruf weisen darauf hin, dass zwischen dem Erwerb von abstraktem Wissen und der konkreten Wissensanwendung engere Zusammenhänge bestehen als von den Kritikern behauptet wird (Anderson et al., 1996).

Kooperatives Lernen hat auch negative Effekte. Häufig überlassen leistungsschwächere Gruppenmitglieder den leistungsstärkeren die Arbeit. Die leistungsstärkeren Gruppenmitglieder fühlen sich daher oft von den leistungsschwächeren ausgebeutet und reduzieren dementsprechend ihre Leistungsbereitschaft. Kooperatives Lernen ist deshalb kein universell anwendbares Allheilmittel zur Bewältigung von Problemen des Lehrens und Lernens. Wesentlich ist vielmehr, dass kooperatives Lernen sinnvoll mit individuellem Lernen kombiniert wird. Nicht alle Fähigkeiten müssen ausschließlich in sozialen Situationen gelernt werden. Ein Geiger beispielsweise übt ein Stück zunächst allein, bevor er es zusammen mit einem Orchester spielt (Anderson et al., 1996).

„Globale vor lokalen Fähigkeiten“ gilt nicht generell. So lange die Komplexität einer globalen Anforderung die individuellen Möglichkeiten eines Lernenden übersteigt, kann die komplexe globale Fähigkeit nicht als Ganzes erworben werden. In diesem Fall muss die komplexe Fähigkeit in weniger komplexe Teilfähigkeiten untergliedert werden. Zunächst sind dann diese Teilfähigkeiten zu vermitteln, um diese anschließend zu komplexeren Fähigkeiten zusammenzufügen.

9.4 Integrationsansatz zur didaktischen Orientierung

9.4.1 Sind die didaktischen Orientierungen tatsächlich so unterschiedlich?

Eine genauere Betrachtung der verschiedenen didaktische Orientierungen zeigt, dass die Unterschiede zwischen diesen weit weniger gravierend sind als man vermuten könnte. Häufig verbergen sich einerseits hinter unterschiedlichen Bezeichnungen gleiche oder ähnliche Grundkonzepte, während andererseits konzeptuelle Unterschiede durch terminologische Gemeinsamkeiten verdeckt werden. Im Folgenden soll analysiert werden, wieweit zwischen den didaktischen Orientierungen echte und wieweit nur scheinbare Unterschiede bestehen.

Systemorientierung versus Entdeckungs- und Problemorientierung

Ein system- und ein entdeckungsorientiertes Vorgehen unterscheiden sich voneinander weniger, als es zunächst den Anschein hat. Ein Lernender muss sich Wissen immer individuell aktiv aneignen - allerdings nicht immer völlig selbständig. Wissensvermittlung ist nicht ohne Grund eine gesellschaftliche Aufgabe; ein ausschließlich entdeckendes Lernen würde deshalb das Individuum überfordern (Neber, 1981, 2001).

Im Streit zwischen → Systemorientierung und Entdeckungs- bzw. Problemorientierung wird außerdem häufig übersehen, dass bei einem entdeckenden Vorgehen nicht nur Wissen *anders vermittelt* wird, sondern dass auch inhaltlich *anderes Wissen* vermittelt wird als bei einem systemorientierten Vorgehen. Beispielsweise wird bei einem forschungsorientierten Vorgehen nicht nur der aktuelle Wissensstand über ein Thema dargeboten, sondern auch der Prozess der Erkenntnisgewinnung nachvollzogen, wodurch eben auch Wissen über diesen Prozess vermittelt wird: Das angeeignete Wissen umfasst dann auch jenes frühere Wissen, auf dem das aktuelle Wissen aufbaut, und die Beziehungen zwischen den betreffenden Wissensstrukturen.

Sinnvoller als eine Grundsatzentscheidung für System- oder Entdeckungsorientierung ist es, die richtige Balance zwischen Vorstrukturierung des anzueignenden Wissens und den Möglichkeiten des Lernenden zum selbständigen Entdecken zu finden. Diese Balance ist je nach kognitiven und affektiven Lernvoraussetzungen unterschiedlich. Verschiedene Untersuchungen weisen darauf hin, dass Lernende mit geringeren kognitiven Fähigkeiten oder geringerem Vorwissen sowie ängstliche Lernende eher von einem stärker strukturierten als von einem problemorientierten entdeckenden Vorgehen profitieren. Umgekehrt profitieren Lernende mit höheren kognitiven Fähigkeiten oder umfangreicherem Vorwissen sowie wenig ängstliche Lernende eher von einem problemorientierten entdeckenden als von einem stärker strukturierten Vorgehen (Corno & Snow, 1986).

Entdeckungs- versus Problemorientierung

Entdeckungsorientierung und Problemorientierung werden meist als sehr ähnlich angesehen. Sie wurden dementsprechend oben auch gemeinsam behandelt. Eine genauere Betrachtung zeigt

allerdings, dass hier nicht nur Gemeinsamkeiten, sondern auch wichtige Unterschiede bestehen. Ein entdeckendes Lernen ist grundsätzlich problemorientiert. Umgekehrt ist allerdings problemorientiertes Lernen nicht immer auch ein entdeckendes Lernen. Aktives problemorientiertes Lernen kann nicht nur in Verbindung mit einem entdeckungsorientierten Vorgehen, sondern auch in Verbindung mit einem systemorientierten Vorgehen stattfinden. So besteht beispielsweise die Möglichkeit, mit der Darstellung eines Problems zu beginnen und dann schrittweise die Lösung als „fertiges" Wissen systemorientiert darzubieten.
Vor allem bei einem forschungsorientierten Vorgehen bietet es sich an, Wissen über den Prozess der Erkenntnisgewinnung systemorientiert zu vermitteln. Die Darstellung ist dann einerseits forschungsorientiert, indem von realen Problemen aus der Geschichte der Forschung ausgegangen wird, andererseits systemorientiert, da fertige Teillösungen dargestellt werden. Ein problemorientiertes Vorgehen kann also durchaus sinnvoll mit einem systemorientierten Vorgehen kombiniert werden.

Soziokonstruktivistische Orientierung versus System- und Entdeckungsorientierung

Sieht man von radikalen Positionen des → Soziokonstruktivismus ab, die oft nicht theoretisch stringent und empirisch nicht gut begründet sind, so erweisen sich auch hier die Unterschiede gegenüber den traditionellen didaktischen Orientierungen (dem systemvermittelnden und dem entdeckend-problemorientierten Lernen) als nicht so gravierend, wie es auf den ersten Blick erscheinen mag. Die Bedeutung der Eigenaktivität und Selbständigkeit des Lernenden wird nicht nur von Vertretern des Soziokonstruktivismus, sondern auch von denen des entdeckenden Lernens betont. Ebenso wird Lernen nicht nur von Verfechtern des Soziokonstruktivismus, sondern auch von Vertretern einer systemorientierten, kognitionswissenschaftlich begründeten didaktischen Orientierung als ein aktiver Konstruktionsprozess angesehen.
Das eigentliche Spezifikum einer → soziokonstruktivistischen Orientierung besteht in der Betonung der kontextuellen Einbindung bzw. Situiertheit des Lernens in soziale Praktiken einer Kultur und in der Betonung der sozialen Natur des erworbenen Wissens. Sinnvoller als Grundsatzdebatten über den Gegensatz von soziokonstruktivistischer Orientierung und → Systemorientierung erscheint es deshalb, das jeweils richtige Ausmaß an Situierung des Lernens zu bestimmen, um einerseits durch authentische Kontexte die Motivation des Lernenden sowie die Anwendung des Wissens im jeweiligen Kontext zu unterstützen und andererseits eine zu spezifische → Situiertheit des Wissens zu verhindern.

9.4.2 Dimensionen des didaktischen Raumes

Die Differenzen zwischen den verschiedenen didaktischen Orientierungen sind also weniger gravierend als es zunächst erscheint. Worin bestehen aber dann die tatsächlichen Unterschiede? Wie im Folgenden gezeigt werden soll, lassen sich die verschiedenen Orientierungen als unterschiedliche Orte in einem → didaktischen Raum auffassen, in dem es im Allgemeinen keine scharfen Grenzen, sondern vielmehr gleitende Übergänge gibt.
Angeleitetes Lernen basiert immer auf Fremd- und Selbststeuerung. Dabei überwiegt anfangs die Fremd- und später die Selbststeuerung. Die Steuerung besteht in der Strukturierung der Lernsituation, wobei sich diese an der Struktur des zu vermittelnden Wissens oder an der Struktur praktischer Anwendungssituationen orientieren kann. Außerdem kann die Lernaktivität mehr oder weniger Problembezug haben. Angeleitetes Lernen lässt sich demnach anhand der folgenden drei Dimensionen bzw. Fragen charakterisieren:

(1) **Fremdsteuerung versus Selbststeuerung:** Wie groß ist der Anteil der Fremd- und der Anteil der Selbststeuerung beim Lernen?
(2) **Strukturierung der Lernsituation:** Erfolgt die Strukturierung anhand der Struktur des Wissens oder anhand der Struktur praktischer Anwendungssituationen?
(3) **Grad des Problembezugs:** Wie ausgeprägt ist der Problembezug des Lernens?

Die drei Dimensionen bilden gewissermaßen einen → didaktischen Raum, der in Abbildung 9.2 graphisch dargestellt ist. Die didaktischen Orientierungen entsprechen bestimmten Orten in diesem Raum und lassen sich wie folgt charakterisieren:

- Bei einem systemorientierten Vorgehen erfolgt die Strukturierung im Hinblick auf das zu vermittelnde Wissen. Der Anteil der Selbststeuerung ist hier etwas geringer ausgeprägt, und der Grad des Problembezugs kann von Fall zu Fall variieren.
- Bei einem entdeckungsorientierten Vorgehen sind der Problembezug und der Anteil der Selbststeuerung des Lernens hingegen relativ hoch. Die Strukturierung kann dabei sowohl im Hinblick auf das zu vermittelnde Wissen als auch im Hinblick auf die zu bewältigenden Situationen erfolgen.
- Bei einer → soziokonstruktivistischen Orientierung erfolgt die Strukturierung des Lernens im Hinblick auf praktisch zu bewältigende Situationen. Der Anteil der Selbststeuerung ist hier etwas stärker ausgeprägt als bei einem systemorientierten Vorgehen. Der Grad des Problembezugs kann je nach Art der Situation variieren.

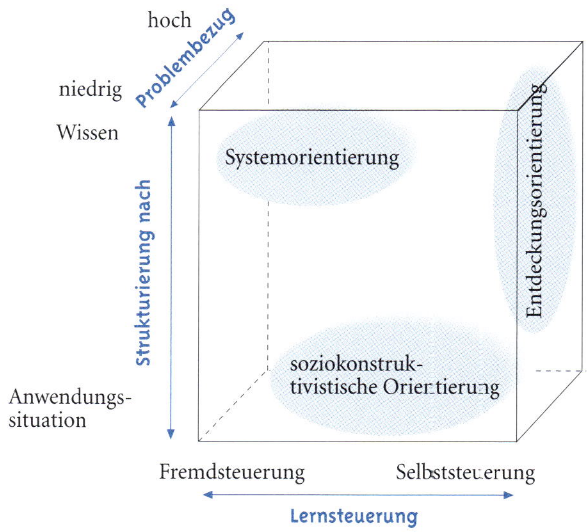

Abbildung 9.2. Dimensionen des didaktischen Raumes. Ein bestimmtes didaktisches Vorgehen lässt sich durch folgende Dimensionen beschreiben: durch das Verhältnis von Fremd- und Selbststeuerung des Lernens; durch die Strukturierung des Lernens nach praktischen Anwendungssituationen oder nach theoretischem Wissen; durch den Grad des Problembezugs. Verschiedene didaktische Orientierungen entsprechen verschiedenen Orten im didaktischen Raum. Ändert man im Verlauf des Lehr-Lern-Prozesses das didaktische Vorgehen, so stellt sich dies im didaktischen Raum als Pfad von einem Ort zu einem anderen Ort dar

Die verschiedenen didaktischen Orientierungen bilden demnach keine klar voneinander abgegrenzten Klassen. Sie heben zum Teil unterschiedliche Merkmale des Lernprozesses hervor. Dadurch widersprechen sie einander unter bestimmten Gesichtspunkten, sind jedoch unter anderen Gesichtspunkten miteinander kompatibel.

Daraus folgt: Es ist im Einzelfall nicht notwendig, sich für genau eine bestimmte didaktische Orientierung zu entscheiden. Wichtiger ist vielmehr, jeweils die richtige Balance zwischen den Merkmalsausprägungen auf den verschiedenen Dimensionen zu bestimmen. Es gilt also, je nach individuellen Lernvoraussetzungen das richtige Verhältnis zwischen der erforderlichen Vorstrukturierung des anzueignenden Wissens und dem möglichen Grad des selbständigen Entdeckens durch den Lernenden zu finden. Ebenso gilt es, das richtige Verhältnis zwischen einer Orientierung an der Struktur des Wissens und einer Orientierung an der Struktur von Anforderungssituationen zu bestimmen (Schnotz et al., 2004).

9.5 Zusammenfassung

Als allgemeine didaktische Vorgehensweisen werden häufig → Systemorientierung, Entdeckungs- und Problemorientierung sowie soziokonstruktivistische Orientierung unterschieden. Die Vertreter der Systemorientierung versuchen, sachlich wohlstrukturiertes Wissen möglichst gut organisiert zu vermitteln.

Die Vertreter der Entdeckungs- und Problemorientierung halten dem entgegen, man solle keine fertigen Wissensstrukturen präsentieren, da so nur → träges Wissen erworben werde. Sie konfrontieren Lernende hingegen mit Problemsituationen und regen sie zu eigenem Nachdenken an.

Die Vertreter der → soziokonstruktivistischen Orientierung kritisieren an der systemorientierten Unterrichtspraxis, dass hier nur abstraktes, alltagsfernes Wissen vermitteln werde, das für die Bewältigung von Alltagsproblemen unbrauchbar sei. Wissen entstehe aus der Interaktion zwischen kooperierenden Individuen und sei deshalb sozialer Natur. Lernen sollte in authentischen sozialen Situationen stattfinden, die hinreichend komplex sind und die Möglichkeit zur Kooperation beinhalten. Der Lehrende sollte dabei nicht Wissensvermittler, sondern Lernberater („Coach") sein, der Orientierungshilfen gibt. Das eigentliche Spezifikum der soziokonstruktivistischen Orientierung ist die Betonung der → Situiertheit des Lernens, also dessen kontextuelle Einbindung in die sozialen Praktiken einer Kultur. Den Vertretern des → Sozio-konstruktivismus wird entgegengehalten, dass Wissen niemals vollständig situiert sei und dass eine zu starke Kontextabhängigkeit des Wissens die Übertragung auf andere Kontexte auch erschweren könne. Die Übertragung von abstraktem Wissen auf neue Situationen erfordere zwar kognitiven Aufwand, sei jedoch leichter als von Wissen, das fest mit bestimmten Situationen verbunden ist. Auch sei kooperatives Lernen keineswegs generell von Vorteil. Wesentlich sei vielmehr, dass kooperatives Lernen sinnvoll mit individuellem Lernen kombiniert werde.

Die verschiedenen didaktischen Orientierungen lassen sich als unterschiedliche Orte in einem mehrdimensionalen → didaktischen Raum repräsentieren, in dem gleitende Übergänge möglich sind. Deshalb ist es nicht notwendig, sich für eine bestimmte didaktische Orientierung zu entscheiden. Vielmehr gilt es, jeweils die richtige Balance zwischen den verschiedenen Merkmalen des didaktischen Vorgehens zu bestimmen.

Bezug zu ...

Die Diskussion über didaktische Orientierungen hat Analogien zur Diskussion über → **Erziehungsstile**: In beiden Fällen geht es darum, die richtige Balance zwischen der noch erforderlichen Fremdsteuerung und der bereits möglichen Selbststeuerung des Individuums zu finden. In beiden Fällen soll das Individuum weder durch zu enge Grenzen allzu sehr in seiner Selbständigkeit eingeengt noch durch zu weite Grenzziehung bzw. durch ein Zuviel an Alternativen überfordert werden. In beiden Fällen soll der Grad der Kontrolle durch den Erzieher bzw. den Lehrenden im Zuge der Entwicklung des Individuums allmählich reduziert werden. Hinsichtlich des didaktischen Vorgehens ist demnach das aktuell (hinsichtlich der Lernvoraussetzungen und Lehrziele) richtige Verhältnis von → Systemorientierung und Entdeckungsorientierung, das richtige Verhältnis von Wissensorientierung und Situationsorientierung sowie das richtige Ausmaß an Problembezogenheit zu bestimmen.

Die verschiedenen didaktischen Orientierungen nehmen implizit oder explizit Bezug auf **kognitions- und motivationspsychologische Ansätze**. So beziehen sich die Vertreter eines systemorientierten Vorgehens auf die Gedächtnispsychologie, insbesondere auf Netzwerkmodelle des semantischen Gedächtnisses. Demnach kann ein systematischer Aufbau einer bestimmten Wissensstruktur dadurch erfolgen, dass im semantischen Gedächtnis zunächst ein grobes Netzwerk von Konzepten konstruiert wird, das dann durch Hinzufügen weiterer, untergeordneter Konzepte immer differenzierter wird. Dies bezeichnet Norman (1978) als → „Web-Teaching". Die Vertreter des entdeckenden Lernens beziehen sich unter anderem auf die Motivationspsychologie von Berlyne (1960), wonach sich beim Lernenden in Problemsituationen anhand von kognitiven Konflikten Neugiermotivation herstellen lässt.

Die → Situiertheit von Wissen bzw. die Einbindung von Wissen in einen bestimmten Kontext entspricht dem aus der Gedächtnispsychologie bekannten Phänomen der kontextspezifischen Enkodierung: Bestimmte Inhalte werden kognitiv jeweils in einem bestimmten Kontext verarbeitet, und die kognitive Verarbeitung hinterlässt Gedächtnisspuren. Da der Kontext latent mitverarbeitet wird, ist das entstehende Ensemble von Gedächtnisspuren jeweils kontextspezifisch. Das Erinnern eines bestimmten Gedächtnisinhalts gelingt deshalb leichter, wenn das Erinnern im gleichen Kontext stattfindet wie der ursprüngliche Prozess der Enkodierung. Das Gelernte ist insofern mit der Lernsituation verbunden, was unter anderem als Grundlage für die Situiertheit von Wissen angesehen werden kann.

Die didaktischen Orientierungen unterscheiden sich teilweise hinsichtlich der beim Lernen im Vordergrund stehenden Wissensarten, insbesondere hinsichtlich der relativen Gewichtung von deklarativem und prozeduralem Wissen. Bei einem systemorientierten Vorgehen steht zunächst der Erwerb deklarativen Wissens im Vordergrund, wobei es sich sowohl um deklaratives Wissen über Fakten und Zusammenhänge als auch um deklaratives Wissen über Prozeduren (Verfahren und Methoden) handeln kann. Die Prozeduralisierung von Wissens, also die Übertragung in unmittelbar anwendbare Fähigkeiten und Fertigkeiten, steht erst an zweiter Stelle. Bei einer → soziokonstruktivistischen Orientierung hingegen steht der Erwerb unmittelbar anwendbaren prozeduralen Wissens im Vordergrund, und der systematische Aufbau wohl organisierter deklarativer Wissensstrukturen ist dem prozeduralen Wissenserwerb eher nachgeordnet. Die allgemeinen Problemlösefähigkeiten, die bei einem entdeckungsorientierten Vorgehen und bei einem soziokonstruktivistisch orientierten Vorgehen angestrebt werden, bezeichnet man in der allgemeinen pädagogischen Diskussion häufig auch als Schlüsselqualifikation.

9.6 Diskussionsfragen

(1) Welche Argumente sprechen für ein systemorientiertes Vorgehen bei der Gestaltung von Lehr-Lern-Prozessen? Welche sprechen dagegen?

(2) Welche Argumente sprechen für ein entdeckungs- und problemorientiertes Vorgehen bei der Gestaltung von Lehr-Lern-Prozessen? Welche sprechen dagegen?

(3) Welche Argumente sprechen für ein soziokonstruktivistisch orientiertes Vorgehen bei der Gestaltung von Lehr-Lern-Prozessen? Welche sprechen dagegen?

(4) Welche Merkmale verschiedener didaktischer Orientierungen können miteinander kombiniert werden?
(5) Welche Merkmale verschiedener didaktischer Orientierungen sind miteinander nicht kompatibel?

Weiterführende Literatur

Eine systematische Darstellung traditioneller Ansätze des systemvermittelnden Lehrens und Lernens im Rahmen des Instruktionsdesigns findet sich in:
Reigeluth, C.M. (Hrsg.) (1983). Instructional-design theories and models: An overview of their current status. Hillsdale, N.J.: Erlbaum.

Die Prinzipien des situierten Lernens und des soziokonstruktivistisch orientierten Lehrens und Lernens werden genauer beschrieben in:
Brown, J.S., Collins, A. & Duguid, P. (1989). Situated cognition and the culture of learning. Educational Researcher, Jan./Feb., 32–42.

10 Gestaltung von Lehr-Lern-Prozessen

Was Sie in diesem Kapitel erwartet

Gestaltung von Lehr-Lern-Prozessen ist komplexes Problemlösen

Wie erreichen Lehrende ihr Ziel, Lernenden etwas beizubringen? Wie erreichen Lernende ihr Ziel, etwas zu wissen, zu verstehen oder zu können? Um ein Ziel zu erreichen, müssen von einem bestimmten Ausgangspunkt her geeignete Wege eingeschlagen werden. Um einen geeigneten Weg oder ein adäquates Mittel zu finden, muss das Ziel hinreichend klar bestimmt und müssen die Bedingungen der Zielerreichung hinreichend genau analysiert sein.

Bei der Gestaltung von Lehr-Lern-Prozessen geht es darum, Lernende durch geeignete Formen der Unterrichtung zu bestimmten → Lehr-Lern-Zielen zu führen. Zu den Bedingungen der Zielerreichung gehören

- die Lernvoraussetzungen des Individuums,
- die strukturellen Eigenschaften des Lerngegenstands und
- die jeweilige Lernsituation.

An den Lernenden werden bestimmte Anforderungen in einer möglichst lernfördernden Sequenzierung gestellt. Außerdem werden ihm Lernhilfen angeboten. Theorien des Instruktionsdesigns und allgemeine Prinzipien der Sequenzierung von Lehrinhalten geben dem Lehrenden Orientierungshilfen zur Gestaltung von Lehr-Lern-Prozessen.

Ähnlich wie beim Kreuzworträtsellösen – wo jeweils mehrere Bedingungen gleichzeitig zu berücksichtigen sind – müssen auch beim Instruktionsdesign verschiedene Bedingungen gleichzeitig bedacht werden. Diese Bedingungen schränken den Bereich der möglichen Unterrichtsmaßnahmen zwar ein, schreiben sie jedoch nicht im Detail vor. Die Gestaltung von Lehr-Lern-Prozessen bleibt damit ein komplexes Problemlösen und beinhaltet immer eine kreative Komponente, wobei der Lehrende auf Erfahrung und Intuition zurückgreifen muss.

Lernziele

Sie sollten am Ende des Kapitels wissen bzw. verstanden haben,

- was man unter Instruktionsdesign versteht und welche Konzepte ihm zugrunde liegen,
- wie sich Lehr-Lern-Ziele präzisieren lassen,
- wie eine Strukturanalyse von Lehrinhalten vorgenommen werden kann und wozu sie dient,
- nach welchen Prinzipien sich Lehrinhalte sinnvoll sequenzieren lassen,
- welche spezifischen Auswirkungen unterschiedliche Lernhilfen auf den Lernprozess haben,
- warum die Gestaltung von Lehr-Lern-Prozessen ein komplexes Problem darstellt, für das es keine einfachen Rezepte geben kann.

10.1 Instruktionstheorien

Im realen Lehr-Lern-Prozess sind fortwährend didaktische Entscheidungen zu treffen. Wer diese Entscheidungen trifft – ob der Lehrende oder der Lernende – ist nicht wesentlich. Wichtig ist nur, dass sie getroffen werden und dass es richtige Entscheidungen sind. Richtige Entscheidungen zu treffen, setzt gewisse Kompetenzen voraus. Da der Lernende diese nicht von vornherein besitzt, werden didaktische Entscheidungen anfangs eher vom Lehrenden und erst allmählich auch vom Lernenden getroffen. Es findet also ein Übergang von anfänglicher Fremdsteuerung zu zunehmender Selbststeuerung des Lernens statt.

Werden Lehr-Lern-Prozesse von Lehrenden systematisch geplant, so steht die Fremdsteuerung des Lernens im Vordergrund. Eine solche systematische Planung von Lehr-Lern-Prozessen bezeichnet man als Instruktionsdesign. Deren Grundideen stammen aus der empiristisch-behavioristischen Tradition der → Pädagogischen Psychologie. Die Entwicklung des Instruktionsdesigns wurde vor allem während des Zweiten Weltkriegs vorangetrieben, als plötzlich ein enormer Bedarf an systematischer Schulung von US-amerikanischen Soldaten bestand. Die Grundhaltung ist dementsprechend pragmatisch und ergebnisorientiert.
Anliegen des Instruktionsdesigns ist es, wissenschaftlich fundierte Hilfestellung für die Entwicklung von Lehrangeboten zu geben, bei denen die Instruktionsziele, die Eigenschaften der Lernenden und des Lerngegenstands sowie eine Vielzahl weiterer Rahmenbedingungen berücksichtigt werden.
Entscheidungen beim Instruktionsdesign werden beeinflusst durch allgemeine didaktische Orientierungen (siehe Kapitel 9 Didaktische Orientierungen) sowie durch Theorien, welche einerseits Lehr-Lern-Prozesse *be*schreiben und andererseits *vor*schreiben, wie erfolgreiches Lehren und Lernen zu realisieren ist. Der theoretische Gehalt dieser Ansätze besteht in der Annahme, dass Lernen dann optimiert wird, wenn die vorgeschriebenen Maßnahmen getroffen werden. Da hier weniger deskriptive (beschreibende) und explanative (erklärende) Aussagen, sondern vor allem präskriptive (vorschreibende) Aussagen gemacht werden, handelt es sich beim Instruktionsdesign eigentlich um Technologien bzw. um technologische Anwendungen von Theorien (siehe Kapitel 1 Gegenstand und Aufgaben der Pädagogischen Psychologie).

10.1.1 Grundkonzepte

Wichtige Konzepte im Rahmen des Instruktionsdesigns sind das Konzept des → Spiralcurriculums, das Konzept des → Web-Teaching, das Konzept der → Lernhierarchien und das der rationalen Aufgabenanalyse.

Spiralcurriculum

Das von Bruner (1960, 1966) entwickelte Konzept geht davon aus, dass man alle pädagogisch relevanten Wissensgebiete bereits in den ersten Schuljahren behandeln kann, wobei zunächst natürlich nur einfache grundlegende Begriffe vermittelt werden können. Im Verlauf der Schulzeit werden diese Wissensgebiete dann in größeren Abständen immer wieder aufgegriffen, wobei die einzelnen Themen zunehmend differenzierter behandelt werden.
Da ein solches wiederholtes Behandeln von Themen auf immer differenzierterer Ebene als eine spiralförmige Bewegung durch die Gesamtheit der zu vermittelnden Lehrinhalte aufgefasst werden kann, hat Bruner sein Konzept als „Spiralcurriculum" bezeichnet.

Web-Teaching

Das von Norman (1978) entwickelte Konzept des Web-Teaching wiederholt die Idee des Spiralcurriculums im Mikrobereich. Statt einer additiven Aneinanderreihung von Wissen soll hier – an vorhandenes Wissen anknüpfend – zunächst ein grobmaschiges Netz von Konzepten entwickelt werden, welches die Umrisse der Wissensstruktur verdeutlicht. Diese Konzepte werden dann immer weiter differenziert, so dass ein immer engmaschigeres Netz entsteht, das die neue Information in vielfältiger Weise mit dem vorhandenen Wissen verknüpft.

Lernhierarchien

Wenn innerhalb des Lerninhalts bestimmte Wissenseinheiten schon bekannt sein müssen (oder sollten), damit eine andere Wissenseinheit erworben werden kann, spricht man von einer → Lernhierarchie. Das Konzept der Lernhierarchie geht auf Robert Gagné (1965) zurück, der – noch von behavioristischen Annahmen über das menschliche Lernen ausgehend – acht Lernarten unterschieden hat, die seiner Ansicht nach aufeinander aufbauen und insofern eine Hierarchie bilden (siehe Tabelle 10.1).

Tabelle 10.1. Hierarchie der acht Lernarten nach Gagné (1965)

Bezeichnung	Beschreibung
Signallernen	Das Individuum lernt eine allgemeine, diffuse Reaktion auf ein Signal. (Dies entspricht der → klassischen Konditionierung.)
Reiz-Reaktions-Lernen	Das Individuum lernt eine präzise Reaktion auf einen genau unterschiedenen Reiz. (Dies entspricht der → operanten Konditionierung.)
Kettenbildung	Das Individuum lernt eine Kette von drei oder mehr Reiz-Reaktions-Verbindungen.
Sprachliche Assoziationen	Sprachliche Assoziationen sind identisch mit sprachlichen Ketten: Das Individuum lernt eine Kette von Sprachäußerungen.
Diskriminationslernen	Das Individuum lernt unterschiedliche Reaktionen auf unterschiedliche Reize, die sich mehr oder weniger stark ähneln.
Begriffslernen	Der Lernende erwirbt die Fähigkeit, auf eine Gruppe von Reizen, die sich in ihrer äußeren Erscheinung stark voneinander unterscheiden können, mit einer einheitlichen Reaktion zu antworten.
Regellernen	Das Individuum lernt eine Kette von zwei oder mehreren Begriffen. (Regeln haben die Funktion, Verhalten nach der Form „Wenn A, dann B" zu kontrollieren.)
Problemlösen	Problemlösen besteht darin, dass zwei oder mehr zuvor erworbene Regeln miteinander kombiniert werden, so dass eine neue Leistungsmöglichkeit entsteht.

Von einer Lernhierarchie im engeren Sinn spricht man, wenn bestimmte Wissenseinheiten bekannt sein müssen, damit eine andere Wissenseinheit erworben werden kann. In einer solchen Lernhierarchie sind die untergeordneten Einheiten notwendige Voraussetzung für die übergeordneten. Von einer Lernhierarchie im weiteren Sinn spricht man, wenn von den untergeordneten Wissenseinheiten ein lernerleichternder Effekt (bzw. ein positiver Transfer) für den Erwerb der übergeordneten Wissenseinheiten ausgeht, wenn also die untergeordneten Einheiten den Erwerb der höheren *begünstigen*, ohne dass man hier von einer notwendigen Bedingung sprechen kann.

Rationale Aufgabenanalyse

Die → rationale Aufgabenanalyse ist ein Verfahren zur Bestimmung von → Lernhierarchien. Bei einer rationalen Aufgabenanalyse wird eine zu erbringende Leistung in einfachere Teilleistungen oder ein zu verstehendes Konzept in Teilkonzepte zerlegt. Zwischen der Gesamtleistung und den Teilleistungen bzw. dem Gesamtkonzept und den Teilkonzepten bestehen deshalb Inklusionsbeziehungen.

Beispielsweise basiert in der Mathematik das Potenzieren auf dem Multiplizieren und dieses wiederum auf dem Addieren. Analog baut das Wurzelziehen auf dem Dividieren und dieses wiederum auf dem Subtrahieren auf. Entsprechend beinhaltet der Begriff des Leihens den Begriff des Gebens, der Begriff des Borgens den Begriff des Nehmens, der Begriff der Beschleunigung den Begriff der Geschwindigkeit usw.

Aus den Inklusionsbeziehungen ergeben sich Einschränkungen für die Sequenzierung der einzelnen Inhalte, da die Teilleistungen vor den komplexeren Leistungen bzw. die einfacheren Konzepte vor den komplexeren Konzepten erworben werden müssen.

10.1.2 Instruktionstheorie von Gagné und Biggs

Die Instruktionstheorie von Gagné und Briggs (1979) war ein erster Versuch, die vorliegenden Befunde über Prozesse des Lehrens und Lernens in eine einheitliche Theorie zu bringen. Lernen wird als interner Prozess im Individuum angesehen, der durch Lehren angeregt wird.

Instruktionale Ziele

Gagné und Briggs unterscheiden fünf Kategorien von zu vermittelnden Fähigkeiten und Merkmalen:

(1) **Verbale Information:** Erfolgreiches Lernen zeigt sich darin, dass der Lernende sich an die verbale Information erinnern, d.h. sie in mündlicher oder schriftlicher Form wiedergeben kann.

(2) **Intellektuelle Fähigkeiten:** Erfolgreiches Lernen zeigt sich darin, dass der Lernende mittels seiner intellektuellen Fähigkeiten intellektuelle Anforderungen bewältigt. Dabei werden fünf Arten intellektueller Fähigkeiten unterschieden; sie entsprechen einer vereinfachten Version der ursprünglichen acht Lernarten.
- Diskriminationen kann der Lernende vornehmen, wenn er in der Lage ist, Gemeinsamkeiten und Unterschiede zwischen Sachverhalten festzustellen.
- Konkrete Konzepte beziehen sich auf konkrete Gegebenheiten, für die keine klare Definition besteht. Der Lernende beherrscht diese Konzepte, wenn er entsprechende Gegebenheiten richtig kategorisieren kann.
- Definierte Konzepte sind Konzepte, für die eine Definition besteht. Der Lernende beherrscht diese Konzepte, wenn er die Definition auf neue Gegebenheiten anwendet, um diese zu kategorisieren.
- Gesetzmäßigkeiten bzw. Regeln stellen Beziehung zwischen zwei oder mehreren Konzepten dar. Der Lernende beherrscht eine Gesetzmäßigkeit bzw. Regel, wenn er diese auf neue Fälle anwenden kann.
- Problemlösen besteht darin, dass Gesetzmäßigkeiten bzw. Regeln entsprechend den Anforderungen einer neuen Situationen neu kombiniert werden. Der Lernende zeigt die Fähigkeit zum Problemlösen, wenn er zur Bewältigung einer neuen Anforderung die richtigen Regeln auswählen und adäquat kombinieren kann.

(3) **Kognitive Strategien:** Erfolgreiches Lernen zeigt sich darin, dass der Lernende selbständig kognitive Strategien einsetzt, um effektiver zu lernen und zu denken.

(4) **Einstellungen:** Hierbei handelt es sich um komplexe kognitiv-affektive Zustände, die das Verhalten eines Menschen gegenüber anderen Menschen, Dingen und Ereignissen beeinflussen. Einstellungen können sich beispielsweise in der Bevorzugung einer bestimmten Art der Unterhaltung, in Hilfsbereitschaft, in der Beachtung von Regeln und dergleichen äußern. Erfolgreiches Lernen zeigt sich darin, dass der Lernende in entsprechenden Situationen eine bestimmte Einstellung bevorzugt.

(5) **Motorische Fähigkeiten:** Erfolgreiches Lernen zeigt sich darin, dass der Lernende körperliche Anforderungen – beispielsweise beim Rad- oder Autofahren, beim Klettern oder beim Spielen eines Musikinstruments – routiniert bewältigt, da er die entsprechenden motorischen Fähigkeiten beherrscht.

Instruktionale Maßnahmen

Für jedes der instruktionalen Ziele schreiben Gagné und Briggs eine bestimmte instruktionale Maßnahme vor. Sie unterscheiden neun instructional events.
Die instruktionalen Maßnahmen müssen in eine sinnvolle Reihenfolge gebracht werden. Gagné und Briggs empfehlen, dabei der bereits oben erwähnten Hierarchie der intellektuellen Fähigkeiten (siehe S. 134f.) zu folgen. Hierfür wird eine rationale Aufgabenanalyse empfohlen, um daraus → Lernhierarchien abzuleiten. Verbale Informationen, kognitive Strategien, Einstellungen und motorische Fähigkeiten sollen dann an geeigneten Stellen hinzugefügt werden.

(1) Aufmerksamkeit des Lernenden gewinnen	Dies geschieht durch einen Stimulus-Wechsel wie z.B. durch Gestik, Zeigen auf den Gegenstand, Erheben der Stimme, Präsentation eines unerwarteten Ereignisses und ähnliche, die → Neugiermotivation des Lernenden erregende Handlungen.
(2) Informieren des Lernenden über die Lehr-Lern-Ziele	Der Lernende soll seine Lernaktivitäten entsprechend ausrichten können und wissen, woran er seinen Lernerfolg bemessen kann.
(3) An bereits Gelerntes anknüpfen	Neue Lerninhalte sollen auf bekannten aufbauen. Der Lernende wird angeregt, sich an bereits Gelerntes – das mit den neuen Lerninhalten zusammenhängt – zu erinnern, um daran anzuknüpfen.
(4) Darbietung des Lehrmaterials	Ein Thema soll so dargeboten werden, dass es sich hinreichend von anderen Themen abgrenzt. Dies kann z.B. mit Hilfe von Überschriften, Bildern, Diagrammen, einer anderen Schriftart oder der Stimme des Lehrenden geschehen.
(5) Lernunterstützung anbieten	Das Lehrmaterial soll für den Lernenden so verständlich wie möglich dargeboten werden. Bei abstrakten Inhalten können konkrete Beispiele genannt, bei unbekannten Inhalten können Analogien zu bekannten hergestellt werden.
(6) Leistung fordern	Der Lernende soll zeigen, ob und in welchem Maße er die zu erlernenden Fähigkeiten bzw. Merkmale erworben hat.

(7) Informative Rückmeldung anbieten

Der Lernende soll über das von ihm erreichte Leistungsniveau informiert werden. Diese Rückmeldung kann auf Anfrage des Lernenden oder auch unaufgefordert angeboten werden. Sie kann auch integraler Bestandteil einer computerbasierten Lernumgebung sein.

(8) Überprüfen des Lernerfolgs

Dadurch, dass der Lernende das Gelernte auf andere Situationen übertragen soll, wird sichergestellt, dass die zu erlernenden Fähigkeiten bzw. Merkmale bei unterschiedlichen Anforderungen zuverlässig zur Verfügung stehen. Außerdem wird so eine zusätzliche Übungsmöglichkeit geschaffen, die der Vertiefung und Stabilisierung des Gelernten dient.

(9) Behalten und Transfer unterstützen

Durch zusätzliches Üben anhand einer Vielzahl unterschiedlicher Anforderungen, soll die Übertragbarkeit des Gelernten auf neue Situationen verbessert werden.

10.1.3 Elaborationstheorie der Instruktion von Reigeluth

Neben der von Gagné und Briggs entwickelten Theorie gehört die bereits erwähnte Elaborationstheorie der Instruktion (siehe 9.1 → Systemorientierung) von Reigeluth zu den besonders einflussreichen Theorien des Instruktionsdesigns. Reigeluths Theorie versucht, die Theorie des bedeutungshaltigen Lernens von Ausubel (1968), das Konzept des → Spiralcurriculums von Bruner (1966), das Konzept des → Web-Teaching von Norman (1978) und das Konzept der Lernhierarchien von Gagné (1965) in ein praktikables Gesamtsystem des Instruktionsdesigns zu integrieren (Reigeluth & Stein, 1983).

Inhaltsstrukturen. Der Elaborationstheorie der Instruktion zufolge ist zunächst eine Strukturanalyse des zu vermittelnden Inhalts vorzunehmen. Dabei werden drei Arten von Inhalten und dementsprechende drei Arten von Inhaltsstrukturen unterschieden:

(1) Begriffe (begriffliche Strukturen),
(2) Prinzipien (theoretische Strukturen) und
(3) Prozeduren (prozedurale Strukturen).

Die einzelnen Inhalte werden zunächst diesen drei Kategorien zugeordnet. Anschließend wird festgestellt, welche der drei Arten der Hauptinhalt ist und welche die Nebeninhalte bilden.
Reigeluth geht in Anlehnung an Bruners Konzept des Spiralcurriculums und Normans Konzept des Web-Teaching davon aus, dass dem Lernenden zunächst ein Überblick über den zu lehrenden Sachverhalt gegeben werden muss, bevor dann eine detailliertere Darstellung gegeben werden kann. Reigeluth schlägt deshalb vor, zu Beginn einer Lektion jeweils eine Vorstrukturierung durch ein → Epitom vorzunehmen, an das sich eine → elaborative Sequenzierung anschließt (siehe 9.1 Systemorientierung).

Verstehensvoraussetzungen. Man schreitet vom Einfachen zum Komplexen voran und berücksichtigt dabei die innerhalb des Lehrstoffs vorhandenen Verstehensvoraussetzungsbeziehungen.

Fehlende, jedoch für das Verständnis komplexerer Lehrinhalte notwendige Verstehensvoraussetzungen müssen innerhalb der Lektion mitvermittelt werden. Die notwendigen Verstehensvoraussetzungen sollen nicht gleich am Anfang der Lektion en bloc, sondern vielmehr möglichst spät vermittelt werden – nämlich erst unmittelbar bevor sie tatsächlich gebraucht werden. Dadurch sind die Verstehensvoraussetzungen dem Lernenden noch unmittelbar präsent, so dass er besser an sie anknüpfen kann. Würde man die im Rahmen einer Lektion erforderlichen Verstehensvoraussetzungen gleich am Anfang vermitteln, so müssten diese später reaktiviert werden, was bei längeren Zeitintervallen zunehmend schwieriger wird.

Strategie-Aktivatoren. Dies sind Maßnahmen, die den Lernenden zum Einsatz bestimmter Lernstrategien veranlassen sollen. Dabei wird zwischen abgesetzten und eingebetteten Strategie-Aktivatoren unterschieden. Abgesetzte → Strategie-Aktivatoren sind explizite Aufforderungen zu bestimmten Lernaktivitäten wie z.B.: „Bilden Sie sich eine anschauliche Vorstellung des Beschriebenen!" Solche Aufforderungen dienen direkt der Aktivierung der betreffenden Lernstrategie und sind unmittelbar in ihrer Funktion erkennbar. Eingebettete Strategie-Aktivatoren sind implizite Aufforderungen zu bestimmten Lernaktivitäten. Beispiele hierfür sind Bilder, Diagramme, Gedächtnishilfen und dergleichen. Sie fordern den Lernenden indirekt zur Aktivierung einer Lernstrategie auf. Ihre Funktion ist insofern nicht unmittelbar erkennbar.

Selbststeuerungsmöglichkeiten. Dem Lernenden werden über unterschiedliche Darstellungsformate Selbststeuerungsmöglichkeiten angeboten. Die zu lernenden Teilinhalte werden äußerlich klar erkennbar voneinander unterschieden, so dass Wahlmöglichkeiten bezüglich der zu lernenden Inhalte und der Sequenzierung bestehen. Nach Möglichkeit sollte auch die Lerngeschwindigkeit vom Lernenden wählbar sein.

Summarizer. Jeweils am Ende einer Lektion wird der Inhalt durch einen Summerizer zusammengefasst. Im Gegensatz zu einem → Epitom, das auf das Verstehen der Lektion vorbereitet, setzt ein Summarizer voraus, dass die Lektion bereits durchgearbeitet und verstanden worden ist.

Synthesizer. Nach dem Summarizer am Ende einer Lektion werden durch einen → Synthesizer Bezüge zu früheren Lektionen und Querverbindungen zu bereits bekannten Themen hergestellt. Epitome, Strategie-Aktivatoren sowie Summarizer und Synthesizer sollten durch das gewählte Darstellungsformat leicht erkennbar sein, so dass der Lernende problemlos und flexibel darauf zugreifen kann.

Kritik

Reigeluth (1999) sieht neuerdings die herkömmlichen Theorien des Instruktionsdesigns als zu sehr den Denkmustern des Industriezeitalters verhaftet an: Statt Anpassung an die situativen und individuellen Gegebenheiten stehe Standardisierung und Konformität im Vordergrund, indem alle Lernenden dasselbe auf dieselbe Weise in derselben Zeit lernen sollten. Dies führe notwendigerweise zu einer Selektion der Lernenden anstelle einer optimalen Ausnutzung ihrer Lernfähigkeit. Die bisherigen Instruktionstheorien würden die Initiative vor allem dem Lehrenden und nicht dem Lernenden zuerkennen und ließen keine Vielfalt bzw. Variabilität zu. Damit stünden sie im Widerspruch zu den neuen Anforderungen, denen sich Lernende heute im Beruf ausgesetzt sähen.
Reigeluth zufolge spielt in unserer heutigen Informationsgesellschaft Bürokratie eine geringere Rolle als bisher. Kleinere Firmen, Teams und andere kooperative Einheiten organisieren sich im

Rahmen von übergreifenden Handelsbeziehungen selbst, um schneller auf neue Anforderungen und Kundenwünsche reagieren zu können. Dabei sind Kundenorientierung, Teamfähigkeit, Eigeninitiative, geordnete Vielfalt und ganzheitliches, prozessorientiertes Denken als neue Schlüsselqualifikationen von Bedeutung. Künftige Instruktionstheorien müssten deshalb stärker lerner- und lernprozessorientiert sein.

10.2 Zielanalyse

Der → pädagogische Prozess setzt immer eine Kooperation zwischen Lehrenden und Lernenden voraus (siehe 1.2.2 Praktische Aufgaben). Jede Kooperation erfordert, dass sich die Kooperationspartner auf gemeinsame Ziele verständigen und diese gemeinsam verfolgen. Diese Ziele stellen für den Lehrenden Lehrziele und für den Lernenden Lernziele dar. Der pädagogische Prozess ist umso erfolgreicher, je besser Lehrziele und Lernziele übereinstimmen. In diesem Fall kann man von Lehr-Lern-Zielen sprechen.

Die Bestimmung von → Lehr-Lern-Zielen ist eine gesellschaftspolitische Frage, die nicht in den Aufgabenbereich der → Pädagogischen Psychologie fällt. Die Pädagogische Psychologie kann allerdings helfen, diese Ziele sinnvoll zu kategorisieren und sie klar zu formulieren. Außerdem kann sie Wissen darüber bereitstellen, wie diese Ziele erreicht werden können.

Taxonomie von Lehr-Lern-Zielen

Lehr-Lern-Ziele können in Taxonomien eingeordnet werden. Eine Taxonomie ist ein Kategoriensystem, bei dem zwischen den Kategorien bestimmte Ordnungsbeziehungen bestehen. Eine Arbeitgruppe um Benjamin S. Bloom hat in den 1950er Jahren eine Taxonomie von Lehr-Lern-Zielen im kognitiven Bereich entwickelt, die bis heute eine gewisse praktische Bedeutung bewahrt hat (Bloom et al., 1956). Bloom unterscheidet sechs hierarchisch geordnete Kategorien von Lehr-Lern-Zielen, wobei die höheren Ziele der Hierarchie die niedrigeren Ziele voraussetzen. Damit wird hier die Idee einer → Lernhierarchie aufgegriffen. Die Kategorien der Taxonomie sind in hierarchisch aufsteigender Reihenfolge: Wissen, Verstehen, Anwenden, Analyse, Synthese und Evaluation.

- **Wissen:** Die Fähigkeit, sich an gelernte Inhalte anhand bestimmter Hinweise zu erinnern. (Beispiel: Die Tonart von Beethovens erstem Klavierkonzert nennen können.)
- **Verstehen:** Die Fähigkeit, anhand von Informationen über einen Gegenstand eine kohärente mentale Repräsentation dieses Gegenstandes zu konstruieren. (Beispiel: Beschreiben können, unter welchen Umständen ein See „umkippt".)
- **Anwenden:** Die Fähigkeit, in bestimmten Situationen Konzepte, Regeln, Prinzipien oder Methoden angemessen zu nutzen. (Beispiel: Eine Diät für eine bestimmte Krankheit zusammenstellen können.)
- **Analyse:** Die Fähigkeit, einen Sachverhalt in seine konstitutiven Elemente aufzugliedern. (Beispiel: Die gedankliche Gliederung eines wissenschaftlichen Artikels nachzeichnen können.)
- **Synthese:** Die Fähigkeit, Teile selbständig zu einem kohärenten Ganzen zusammenzufügen, so dass eine neue Struktur entsteht. (Beispiel: Ein Computerprogramm für die Errechnung von Chi-Quadrat-Koeffizienten schreiben können.)

- **Evaluation:** Die Fähigkeit zu beurteilen, wie weit ein Sachverhalt, eine Methode usw. bestimmten Kriterien genügt. (Beispiel: Die These beurteilen können, physische Gewalt sei in Konfliktsituationen grundsätzlich abzulehnen.)

Theoretische und empirische Mängel. Die Bloomsche Taxonomie hat sowohl theoretische als auch empirische Mängel. Die theoretischen Mängel liegen darin, dass die Kategorien zum Teil nicht trennscharf sind und sich die behaupteten Voraussetzungsbeziehungen nicht aus ihr ableiten lassen. Insbesondere sind die zwischen „Anwenden", „Analyse" und „Synthese" behaupteten Voraussetzungsbeziehungen fragwürdig, denn man kann auch argumentieren, dass man einen Sachverhalt erst analysieren muss, bevor man daraus Regeln, Prinzipien oder Methoden ableiten kann. Die empirischen Mängel liegen darin, dass sich die behaupteten Lernvoraussetzungsbeziehungen nicht durch Untersuchungen nachweisen ließen. Die Idee einer → Lernhierarchie erwies sich somit als unangemessen.
Trotz ihrer Mängel wird diese Taxonomie nach wie vor als hilfreich angesehen, weil sie die Vielfalt möglicher → Lehr-Lern-Ziele verdeutlicht und die Kommunikation über diese Ziele erleichtert. Der praktische Gewinn macht gewissermaßen die theoretischen und empirischen Mängel wett.

Tyler-Matrix. Kombiniert man die (z.B. zeilenweise angeordneten) Kategorien der Zieltaxonomie mit den (z.B. spaltenweise angeordneten) Inhaltskategorien eines Lerngegenstands, so entsteht eine Tabelle, die man – nach ihrem Begründer – → „Tyler-Matrix" nennt (Tyler, 1964). In die Zellen einer solchen Tyler-Matrix kann man für jede Kombination von Zielkategorie und Inhaltskategorie die jeweiligen Lehr-Lern-Ziele eintragen. Auf diese Weise wird mit einem Blick erkennbar, wie sich die einzelnen Lehr-Lern-Ziele über die verschiedenen Kategorien verteilen. Eine Tyler-Matrix eignet sich gut für Defizitanalysen: Diese zeigten beispielsweise, dass in früheren amerikanischen Geschichtslehrbüchern 95 Prozent der Fragen dem Wissens- oder Verstehensniveau angehörten und taxonomisch höhere Lehr- bzw. Lernziele kaum berücksichtigt wurden (Trachtenberg, 1974).

Präzisierung von Lehr-Lern-Zielen

Erfolgreiches Lehren und Lernen setzt eine hinreichende Präzisierung von Zielen voraus, um die notwendige Passung zwischen dem Lehren, dem Lernen und der Überprüfung des Lernerfolgs herzustellen. Ohne hinreichend klare Ziele blieben diese Aktivitäten letztlich orientierungslos. Es wäre weder feststellbar, ob die Lehrtätigkeit den Zielen entspricht noch ob diese Ziele auch tatsächlich erreicht werden.

Operationalisierung von Lehr-Lern-Zielen. Eine extreme und zugleich umstrittene Form der Zielpräzisierung ist die → Operationalisierung von Lehr-Lern-Zielen, die – noch unter dem Einfluss des Behaviorismus – von Mager (1962) vertreten wurde. Dabei werden die Ziele des Lehr-Lern-Prozesses in objektiven Verhaltensbegriffen beschrieben. Die Operationalisierung von Lehr-Lern-Zielen erfordert Angaben über:
- die Art des angestrebten Verhaltens (Was muss der Lernende tun, um zu zeigen, dass er das Lehr-Lern-Ziel erreicht hat?),
- die Prüfungssituation (Unter welchen Rahmenbedingungen soll das Verhalten gezeigt werden? Welche Hilfsmittel können benutzt werden?),
- den Beurteilungsmaßstab (Welche Mindestausprägung des Verhaltens muss erreicht werden?).

Zur Verdeutlichung der Leistungsanforderungen werden zusätzlich typische Beispielaufgaben angeführt.

Kritik und Gegenkritik. Die Operationalisierung von Lehr-Lern-Zielen wurde teilweise heftig kritisiert. Die Einwände sind allerdings oft nur wenig durchdacht:

Pro & Contra

Kritik an der Operationalisierung von Lehr-Lern-Zielen und Gegenkritik

Kritik	Gegenkritik
Die Operationalisierung von Lehrzielen schränkt die Lehrfreiheit des Unterrichtenden zu sehr ein. Gute Lehrer haben oft gerade deshalb Erfolg, weil sie ihre Unterrichtsziele nicht in Verhaltensbegriffen definieren.	Hier werden Weg und Ziel verwechselt: Ein bestimmtes, präzise beschriebenes Ziel zu verfolgen, bedeutet nicht notwendig, dass auch der Weg dorthin vorgeschrieben ist.
Die Operationalisierung von Lehr- bzw. Lernzielen ist inkompatibel mit dem Konzept des selbstgesteuerten Lernens.	Auch hier werden Weg und Ziel verwechselt: Wenn ein Individuum sein eigenes Lernen selbständig steuert, kann es dabei durchaus ein bestimmtes, präzise beschriebenes Ziel verfolgen.
Die unvorhergesehenen Wendungen und Ergebnisse des Unterrichts sind oft die wichtigsten.	Wieder werden Weg und Ziel verwechselt: Unvorhergesehene Wendungen des Unterrichts können unbestreitbar sehr wichtig sein, aber ihre Wichtigkeit bemisst sich immer an bestimmten Zielen.
Humanistische Lehrziele sind präzisen Verhaltensbeschreibungen nicht zugänglich. Kreativität, Gefühle und persönliche Wertungen entziehen sich einer Beurteilung nach Verhaltensmaßstäben.	Auch das Erreichen humanistischer Ziele manifestiert sich letztlich im Verhalten des Lernenden. Es entspricht außerdem durchaus dem Anliegen der humanistischen Psychologie, Lernende über die zu erreichenden Ziele nicht im Ungewissen zu lassen, sondern ihnen eine möglichst klare Orientierung zu geben.
Die Orientierung an prüfbarem Verhalten führt zu einer Verflachung des Unterrichts, weil das leicht Prüfbare meist das weniger Wichtige ist.	Einfache Lehr- bzw. Lernziele lassen sich oft leichter operationalisieren als komplexere Ziele. Insofern besteht in der Tat die Gefahr, dass taxonomisch niedrige Lernziele dominieren. Allerdings ist dies kein Einwand gegen die Operationalisierung, sondern gegen eine unzureichende Anwendung.

Ein wesentlicher hier nicht genannter Einwand gegen eine durchgängige → Operationalisierung von Lehr-Lern-Zielen ist, dass der damit verbundene Aufwand praktisch kaum zu leisten ist. Das ist für sich genommen richtig. Allerdings ist ein solcher Aufwand auch gar nicht notwendig, denn für ein erfolgreiches Lehren und Lernen ist keineswegs das Maximum an möglicher Zielpräzision erforderlich. Wichtig ist nur, dass eine hinreichende Übereinstimmung zwischen den Aktivitäten des Lehrens, den Aktivitäten des Lernens sowie der Evaluation des Lehrens und Lernens hergestellt werden kann. Auch ist zu berücksichtigen, dass Lehr- und Lernziele nur dann praktisch wirksam werden, wenn sie von den Beteiligten als notwendig und nützlich angesehen werden.

Vereinfachtes Vorgehen. Inzwischen wurden deshalb einfachere, weniger anspruchsvolle Verfahren zur Präzisierung von → Lehr-Lern-Zielen entwickelt. Eisner (1969) hat vorgeschlagen, jeweils die Situation zu spezifizieren, in die sich der Lernende begeben soll, sowie die Aktivität, die er in dieser Situation ausführen soll. Nach Gronlund (1991) sollte zunächst eine allgemeine Beschreibung des Ziels gegeben werden. Diese ist dann durch Beispiele jener Tätigkeiten zu ergänzen, an denen das Erreichen des Ziels erkennbar wird.

10.3 Bedingungsanalyse

Eine adäquate Gestaltung von Lehr-Lern-Prozessen muss nicht nur zielorientiert sein, sondern auch den vorliegenden lernrelevanten Bedingungen Rechnung tragen: einerseits den inneren Lernbedingungen – d.h. den inneren Lernvoraussetzungen des Individuums – und andererseits den äußeren Lernbedingungen – d.h. den Eigenschaften des Lerngegenstands sowie der Lernsituation. Die Analyse der lernrelevanten Bedingungen ist von großer praktischer Bedeutung, da sie die Möglichkeiten des didaktischen Vorgehens einschränkt und damit die Gestaltung des jeweiligen Lehr-Lern-Prozesses vereinfacht.

Analyse der individuellen Lernvoraussetzungen

Instruktionale Maßnahmen müssen auf die individuellen – insbesondere auf die kognitiven und motivationalen – Voraussetzungen der Lernenden abgestimmt sein. Hierzu gehören:

- die Kenntnisse, Fähigkeiten und Fertigkeiten der Lernenden im Hinblick auf den Lerngegenstand,
- Lerngewohnheiten und Lernstrategien im Umgang mit bestimmten Lerngegenständen,
- die Interessen der Lernenden sowie ihre intrinsische und extrinsische Motivation zum Erreichen der jeweiligen Lehr-Lern-Ziele,
- Lerngewohnheiten und Lernstrategien im Umgang mit der eigenen → Motivation und den eigenen Affekten.

Um sich dem Ideal einer optimal auf die Lernenden abgestimmten Instruktion möglichst weit anzunähern, müsste der Lehrende der Diagnose der individuellen Lernvoraussetzungen einen ganz besonderen Stellenwert einräumen und entsprechend differenzierte Erhebungsmethoden anwenden. In der Praxis kann dem allerdings nur in geringem Maße entsprochen werden. Man orientiert sich an Erfahrungswerten und verzichtet auf den breiten Einsatz pädagogisch-diagnostischer Methoden.

Dies ist durchaus rational: Angesichts begrenzter zeitlicher, personeller und finanzieller Ressourcen bedeutet eine differenzierte Erhebung der individuellen Lernvoraussetzungen immer auch eine Einschränkung des eigentlichen Lehr-Lern-Prozesses. Im Extremfall hätte man die Lernvoraussetzungen höchst differenziert beschrieben, jedoch keine Zeit mehr für das eigentliche Lehren und Lernen. Insofern besteht ein Trade-Off zwischen diagnostischen und instruktionalen Maßnahmen (Sedlmaier & Wettler, 1998).

Analyse des Lerngegenstands

Die Struktureigenschaften eines Lerngegenstandes sind für die Gestaltung des Lehr-Lern-Prozesses von zentraler Bedeutung. Für die Analyse dieser Eigenschaften gibt es unterschiedlich anspruchsvolle Möglichkeiten. Eine einfache Möglichkeit besteht darin, die einzelnen Teile des

Lehr-Lern-Inhalts bestimmten Strukturtypen zuzuordnen, eine etwas differenziertere, den Gesamtinhalt einer relationalen Strukturanalyse zu unterziehen.

Strukturtypen. Nach der bereits erwähnten Elaborationstheorie der Instruktion von Reigeluth (siehe 9.1 Systemorientierung und 10.1.3 Elaborationstheorie der Instruktion von Reigeluth) lassen sich drei grundlegende Strukturtypen des Wissens unterscheiden, die durch unterschiedliche semantische Relationen gekennzeichnet sind (Reigeluth & Stein, 1983):

(1) **Begriffssysteme** ordnen Sachverhalte aufgrund ihrer Gemeinsamkeiten und Unterschiede oder nach ihrer Stellung in einem komplexeren Ganzen. Zwischen den einzelnen Begriffen bestehen entweder Unter- bzw. Überordnungsbeziehungen in Form von Ist-ein-Relationen (Beispiel: Ein Rotkehlchen ist ein Vogel) oder Teil-Ganzes-Relationen (Beispiel: Ein Haifisch hat Zähne) oder Nebenordnungsbeziehungen (Beispiele: Rotkehlchen, Spatz, Amsel …; Zähne, Flossen, Kiemen …).

(2) **Prinzipien** beschreiben allgemeine Grundsätze im Verhalten oder beim Funktionieren von Sachverhalten. Die betreffenden Wisseneinheiten sind durch Grund-Folge-Relationen kausal, funktional oder intentional miteinander verknüpft.

(3) **Prozeduren** beschreiben bestimmte Schrittfolgen, die im Umgang mit einem Gegenstand bzw. Sachverhalt zum Erreichen bestimmter Ziele geeignet sind. Die betreffenden Wissenseinheiten sind durch Mittel-Zweck-Relationen miteinander verknüpft.

Jeder einzelne Lerninhalt kann einem dieser Strukturtypen zugeordnet werden. Dabei ist einer der Strukturtypen dominant und definiert damit den Hauptinhalt. Die Inhalte der beiden anderen Strukturtypen werden damit zu Nebeninhalten. Dieses sehr einfache Verfahren gibt einen groben Überblick über die Struktureigenschaften des Lerngegenstands.

Relationale Strukturanalyse. Ein etwas differenzierteres Verfahren wurde von Bonnie Meyer (1975, 1981) auf der Grundlage von Arbeiten aus der Textlinguistik entwickelt: Die übergeordneten semantischen Relationen werden innerhalb des Lerninhalts identifiziert, um anhand dieser Relationen das formale „Skelett" des Inhalts zu rekonstruieren. Meyer unterscheidet fünf grundlegende semantische Relationen: Response, Kausalität, Vergleich, Deskription und Kollektion.

(1) **Response** verknüpft Wissenseinheiten, die zueinander im Verhältnis von Problem und Lösung, Frage und Antwort oder Behauptung und Erwiderung stehen.

(2) **Kausalität** verknüpft Wissenseinheiten anhand von Kausalzusammenhängen. Dabei werden zwei Varianten unterschieden. Bei der Variante „Kovarianz" besteht zwischen zwei Sachverhalten eine Ursache-Wirkungs- bzw. Grund-Folge-Relation. Bei der Variante „Erklärung" wird ein Sachverhalt auf ein allgemeines übergeordnetes Gesetz zurückgeführt, das eine Ursache-Wirkungs- bzw. Grund-Folge-Relation beinhaltet.

(3) **Vergleich** verknüpft zwei oder mehrere Sachverhalte, die miteinander verglichen werden, um Gemeinsamkeiten und Unterschiede zwischen ihnen zu bestimmen.

(4) **Deskription** verknüpft Wissenseinheiten über einen Sachverhalt mit anderen Wissenseinheiten, die zusätzliche spezifischere Informationen zu diesem Sachverhalt vermitteln.

(5) **Kollektion** verknüpft Wissenseinheiten über bestimmte Sachverhalte aufgrund von Ähnlichkeit, Nähe und dergleichen.

Diese Relationen lassen sich so miteinander verknüpfen, dass das entstehende Relationsgefüge die Grundstruktur des Lerninhalts darstellt. Es entsteht eine Hierarchie von Themen, die durch semantische Relationen miteinander verknüpft sind und in der die übergreifenden, globalen

Themen an übergeordneter und die untergeordneten, lokalen Themen an untergeordneter Stelle stehen. Diese Themenhierarchie bildet das „Skelett" der betreffenden Wissensstruktur.
Dieses Verfahren der Inhaltsstrukturanalyse nach Meyer lässt sich auf alle Inhaltsgebiete anwenden, für die sich Sachtexte formulieren lassen. Als Illustrationsbeispiel dient im Folgenden ein Sachtext, in dem kurz dargestellt wird, wie sich das Auftreten einer durch Tankerunglücke verursachten Ölpest vermeiden lässt. Die Analyse des Inhalts führt zu der in Abbildung 10.1 verdeutlichten hierarchischen Struktur.

Beispiel

Wie lässt sich eine Ölpest vermeiden? – Strukturanalyse eines Lerninhalts (Meyer, 1981)

Die Ölverschmutzung der Meere durch Supertanker wird immer mehr zum Problem. Zahlreiche Tankerunglücke haben in den letzten Jahrzehnten zu gravierenden Umweltzerstörungen geführt. Meist waren diese Unglücke auf Antriebs- und Steuerungsprobleme der Schiffe zurückzuführen. Dennoch können Supertanker nicht von den Weltmeeren verbannt werden, da 80% des Ölbedarfs mit diesen Schiffen gedeckt wird. Eine Lösung des Problems könnte darin bestehen, die Besatzungen besser auszubilden, Schiffe mit mehr Sicherheitsvorkehrungen zu bauen und bessere Navigationssysteme bereitzustellen.

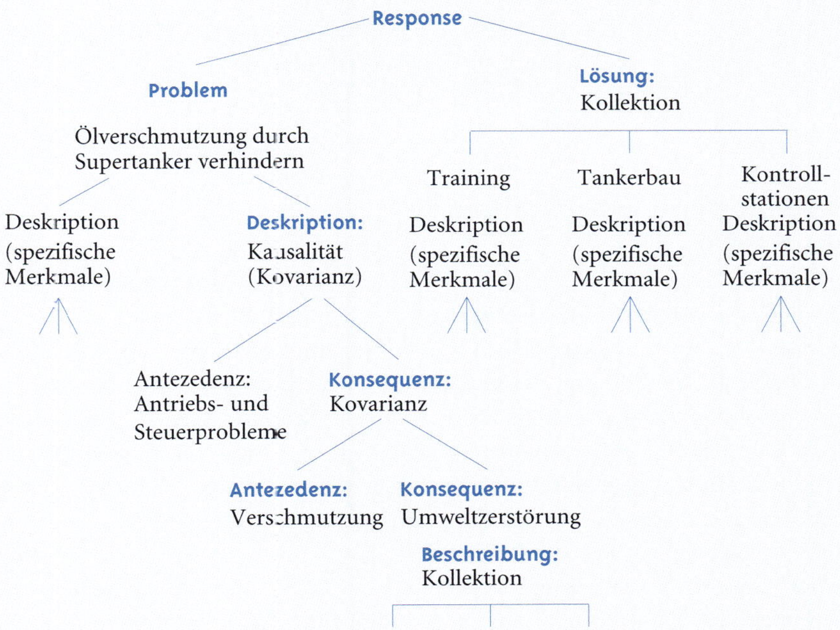

Abbildung 10.1. Beispiel für die Strukturanalyse eines Lerninhalts nach Meyer (1981). Supertanker sind immer wieder in Havarien verwickelt, die zu erheblichen Umweltzerstörungen führen. Als Lösung dieses Problems wird eine Kombination dreier Maßnahmen vorgeschlagen: Eine bessere Ausbildung der Schiffsbesatzungen, bessere Schiffskonstruktionen sowie bessere Navigationssysteme. Die Grundstruktur des Inhalts gehört zum Typ „Response", da ein Problem präsentiert und eine entsprechende Lösung vorgeschlagen wird

Solche Strukturanalysen sind eine wichtige Hilfe, die Kohärenz des zu vermittelnden Inhalts zu überprüfen. Autoren von Lehrtexten sind sich oft der übergeordneten Struktur des zu vermittelnden Wissens zu wenig bewusst und verlieren beim Schreiben das eingangs formulierte Ziel aus den Augen, so dass es zu Kohärenzbrüchen kommt. Kohärenzbrüche können z.B. darin bestehen, dass Fragen gestellt werden, auf die keine Antwort erfolgt. Umgekehrt können Antworten auf Fragen gegeben werden, die gar nicht gestellt wurden. Ebenso kann es vorkommen, dass Methoden dargestellt werden, deren Zweck unklar ist. Häufig werden einzelne Inhalte dargestellt, die zwar interessant sind, aber in keinem erkennbaren Zusammenhang mit dem eigentlichen Darstellungsziel stehen. Derartige Kohärenzbrüche werden durch eine solche Strukturanalyse unmittelbar erkennbar.

Analyse der Lernsituation

Lernen findet immer in einer bestimmten materiellen und sozialen Situation statt und ist insofern „situiert". Lernsituationen sind meist von hoher Komplexität und lassen sich deshalb unter einer Vielzahl von Aspekten analysieren.

Gegenständliche Aspekte der Lernsituation:

- materielle Ausstattung mit Lernmaterial,
- Zugangsmöglichkeiten zu Informationsquellen wie Bibliotheken oder Internet,
- räumliche Bedingungen des Lernens,
- Gegebenheiten des näheren und weiteren Umfelds,
- zeitliche Rahmenbedingungen des Lernens,
- klimatische Bedingungen usw.

Soziale Aspekte der Lernsituation:

- soziale Organisation des Lernens,
- sozial-emotionalen Beziehungen innerhalb der Gruppe der Lernenden,
- Beziehungen zwischen Lehrenden und Lernenden,
- Möglichkeiten des Zugangs zu Experten bzw. zu einer Expertenkultur,
- administrativen Vorgaben wie Schulordnung, Lehrpläne, Prüfungsordnungen usw.

10.4 Sequenzierung von Lehrinhalten

Ein wesentlicher Teil der Gestaltung von Lehr-Lern-Prozessen ist die Sequenzierung der Lehrinhalte. Zwar wird von sozio-konstruktivistischer Seite oft argumentiert, der Lernende sollte selbst entscheiden, in welcher Reihenfolge er die einzelnen Inhalte bearbeitet, faktisch ist er jedoch damit meist überfordert. Die Sequenzierung von Lehrinhalten kann nicht nach einem feststehenden Rezept vorgenommen werden, sondern verlangt ein Abwägen mehrerer Aspekte. Jeder dieser Aspekte schränkt die Zahl der Sequenzierungsmöglichkeiten ein, so dass weniger Möglichkeiten verbleiben und die Entscheidung für ein bestimmtes Vorgehen entsprechend leichter wird.
Sequenzierungsentscheidungen können sich vor allem am Lernenden und/oder am Lerngegenstand bzw. Lerninhalt und/oder am Prozess der Lösung eines Problems orientieren. Dementsprechend kann man zwischen lernerorientierter, inhaltsorientierter und problemorientierter Sequenzierung unterscheiden. Diese Kategorien sind allerdings nicht sehr trennscharf, so dass Überschneidungen möglich sind (vgl. Posner & Strike, 1976).

Lernerorientierte Sequenzierung

Lehr-Lern-Prozesse können nur dann erfolgreich sein, wenn sie an die individuellen Voraussetzungen der Lernenden anknüpfen. Dies betrifft nicht nur den Anfangszustand, mit dem ein Individuum in die Lernsituation eintritt, sondern auch die Zwischenzustände, die im Verlauf des Lehr-Lern-Prozesses hergestellt werden: Die einzelnen Teilinhalte sind jeweils so zu sequenzieren, dass die bisherigen Inhalte die Verstehensvoraussetzungen für die folgenden Inhalte vermitteln. Jeder Lehr-Lern-Prozess muss deshalb lernerorientiert sein. Relevante Eigenschaften des Lernenden sind vor allem dessen Vorkenntnisse und Fähigkeiten, seine Interessen und seine Darstellungserwartungen.

Vorkenntnisse und Fähigkeiten. Zu den wichtigsten Determinanten des Lehr-Lern-Prozesses gehören die Vorkenntnisse und Fähigkeiten des Lernenden. Sie bestimmen vor allem, was in welcher Ausführlichkeit und mit wie viel Lernunterstützung zu vermitteln ist (Bransford et al., 2000). Bei einer lernorientierten Sequenzierung sind, von den vorhandenen Vorkenntnissen und Fähigkeiten ausgehend, die Lernvoraussetzungsbeziehungen der jeweiligen → Lernhierarchie zu berücksichtigen. Lernhierarchien können als Grundlage für Sequenzierungsentscheidungen verwendet werden, da sie eine bestimmte Abfolge von Lernschritten erfordern oder zumindest nahe legen (siehe 10.1.1 Grundkonzepte). Das von der Elaborationstheorie der Instruktion vertretene Sequenzierungsprinzip, vom Einfachen zum Komplexen voranzuschreiten, entspricht vom Ansatz her ebenfalls dem Konzept einer Lernhierarchie (siehe 10.1.3 Weitere Entwicklungen).

Interessen. Eine Abstimmung der Sequenzierung auf die Interessen des Lernenden kann dessen Lernbereitschaft bzw. → Motivation positiv beeinflussen (siehe Kapitel 7 Motivation). Wird mit jenen Inhalten begonnen, an denen der Lernende besonders interessiert ist, so motiviert ihn dies, sich mit der Gesamtthematik näher zu beschäftigen.

Darstellungserwartungen. Die Darstellungserwartungen des Lernenden gehen auf dessen Erfahrungen mit bestimmten Darstellungskonventionen zurück, die sich in der alltäglichen Kommunikationspraxis herausgebildet haben. Ein bekanntes Beispiel für solche Konventionen – wenngleich nicht aus dem Bereich des Lehrens und Lernens – sind Märchen, die sich durch einen bestimmten, konventionell festgelegten formalen Strukturaufbau auszeichnen. Auch Sachtexte wie z.B. Polizeiberichte, Zeitungsartikel, empirische Forschungsberichte und dergleichen folgen einer bestimmten Darstellungskonvention.
Man kann davon ausgehen, dass sich konventionelle Darstellungsstrukturen als besonders kommunikationswirksam herausgestellt haben und deshalb zu einer Konvention wurden. Insofern beinhalten solche Darstellungsstrukturen implizites gesellschaftliches Wissen über Prozesse des Mitteilens und Verstehens. Entspricht die tatsächliche Darstellung den Erwartungen des Lernenden, so erleichtert dies den Verstehensprozess (van Dijk & Kintsch, 1983).

Beispiel

Konventionelle Darstellungsstrukturen

Märchen
Märchen beginnen trotz aller inhaltlichen Unterschiede meist nach dem einführenden „Es war einmal …“ mit einer Beschreibung der Situation und der Hauptpersonen. Dann wird ein Problem eingeführt, das die Beteiligten zu lösen versuchen, was meistens erst nach verschiedenen Versuchen gelingt. Abschließend werden die Folgen des Geschehens beschrieben und manchmal durch eine „Moral der Geschichte“ ergänzt mit der Schlussformel „… und wenn sie nicht gestorben sind, dann leben sie noch heute“.

Empirische Forschungsberichte
Empirische Forschungsberichte beginnen zunächst mit der Darstellung eines Problems und seines theoretischen Hintergrunds. Dann wird das Ziel der Arbeit bzw. die Forschungsfrage formuliert. Es folgt die Darstellung der Methode zum Erreichen des Ziels bzw. zur Beantwortung der Frage, also die Beschreibung der empirischen Untersuchung. Anschließend werden die Ergebnisse mitgeteilt und vor dem Hintergrund verschiedener theoretischer Sichtweisen diskutiert.

Inhaltsorientierte Sequenzierung

Einen wesentlichen Gesichtspunkt bei der Sequenzierung der Lehrinhalte bilden die Struktureigenschaften des Lehrinhalts (siehe 10.3 Bedingungsanalyse). Je nachdem, welche semantischen Relationen innerhalb des Lehrinhalts dominieren, bieten sich unterschiedliche Sequenzierungsprinzipien an. Stehen die räumliche und zeitliche Relationen innerhalb eines realen Sachverhalts im Vordergrund, so bietet sich eine realitätsorientierte Sequenzierung an. Stehen die semantischen Relationen zwischen den Begriffen innerhalb einer Wissensstruktur im Vordergrund, so bietet sich eine konzeptorientierte Sequenzierung an.

Realitätsorientierte Sequenzierung. Bei der realitätsorientierten Sequenzierung folgt man der Struktur des dargestellten Gegenstands. Beispielsweise kann man einen Baum beschreiben, indem man Stamm, Krone und Wurzeln als Teile benennt und dann vom Stamm ausgehend zu den Ästen, den Zweigen, den Blättern bis zu den Blüten voranschreitet. Eine solche Beschreibung kann auf verschiedenen Detailliertheitstufen stattfinden. So kann man sich nach einem Überblick über die Struktur des Baumes der Feinstruktur seiner Teile zuwenden, also der Struktur der Rinde, der Form der Blätter usw. Dies entspricht einem Ebenenwechsel in der jeweiligen → Komplexionshierarchie. Das Prinzip, einen Sachverhalt zunächst grobkörnig und dann zunehmend detaillierter zu beschreiben, entspricht einer elaborativen Sequenzierung (Reigeluth & Stein, 1983; siehe 9.1 → Systemorientierung und 10.1.3 Weitere Entwicklungen).
Die Darstellung eines historischen Prozesses gemäß seiner Chronologie ist ebenfalls eine realitätsorientierte Sequenzierung. Auch die am praktischen Gebrauch einer Sache orientierte Sequenzierung kann als realitätsorientiert angesehen werden. Bei einer solchen gebrauchsorientierten Sequenzierung folgt man der zeitlichen Folge oder der Wichtigkeit von Handlungen. Dies gilt beispielsweise für Gebrauchsanweisungen. Allgemein folgt man bei einer realitätsorientierten Sequenzierung den räumlich-zeitlichen Relationen sowie den Teil-Ganzes-Relationen innerhalb des Lerngegenstands.

Konzeptorientierte Sequenzierung. Bei der konzeptorientierten Sequenzierung bewegt man sich systematisch durch das System von Begriffen einer Wissensstruktur. Dieses System kann z.B. durch Oberbegriff-Unterbegriff-Beziehungen strukturiert sein, indem eine übergeordnete Kategorie in untergeordnete Kategorien zerlegt wird. Ein Begriffssystem kann jedoch auch durch Ursache-Wirkungs-Beziehungen, Grund-Folge-Beziehungen, durch die Beziehung zwischen Prämissen und Conclusio oder die Beziehung zwischen Behauptung und Widerspruch strukturiert sein.
In dem folgenden Beispiel einer konzeptorientierten Sequenzierung anhand einer → Abstraktionshierarchie wird eine übergeordnete Kategorie systematisch in untergeordnete Kategorien zerlegt. D.h. es wird ein übergeordnetes allgemeines Konzept in spezifischere Konzepte ausdifferenziert.

Beispiel

Konzeptorientierte Sequenzierung anhand einer Abstraktionshierarchie

„Unter den Stoffen unterscheidet man reine Stoffe und Stoffgemenge. Reine Stoffe sind Verbindungen und chemische Elemente. Chemische Elemente sind z.B. Sauerstoff, Stickstoff, Wasserstoff. Verbindungen unterscheiden sich von Elementen darin, dass sie sich durch chemische Reaktionen in Elemente zerlegen lassen. Ein Zerlegungsprozess heißt in der Chemie Analyse, während man den Aufbau von Verbindungen Synthese nennt. Beispiele für Syntheseprozesse sind …“ (nach Dörner, 1975).

Problemorientierte Sequenzierung

Folgt man in der Darstellung dem tatsächlichen Verlauf oder der Logik eines Problemlösungsprozesses, so nimmt man eine problemorientierte Sequenzierung vor. Hierbei wird ein Problem präsentiert oder eine Frage gestellt, und anschließend eine Lösung angeboten bzw. eine Antwort gegeben. Eine spezielle Variante der problemorientierten Sequenzierung ist die forschungsorientierte Sequenzierung, bei der man dem tatsächlichen Verlauf oder der Logik eines wissenschaftlichen Entdeckungsprozesses folgt (siehe 9.2 Entdeckungs- und Problemorientierung).
Bei der forschungsorientierten Sequenzierung kann zum einen induktiv vorgegangen werden, indem man von Beobachtungen ausgehend Verallgemeinerungen vornimmt. Zum andern kann deduktiv vorgegangen werden, indem man von Theorien und Hypothesen ausgehend zu deren Überprüfung voranschreitet. Bei dieser Art der Sequenzierung folgt man vor allem Problem-Lösungs-Relationen und Frage-Antwort-Relationen. Außerdem spielen Oberbegriffs-Unterbegriffs-Relationen eine Rolle wie z.B. die zwischen allgemeiner Regel und Beispiel oder zwischen Beobachtungen und Verallgemeinerung.

10.5 Lernhilfen

Als Lernhilfen werden alle Informationsangebote für den Lernenden bezeichnet, die über den eigentlichen Lerninhalt hinausgehen und den Lernprozess unterstützen. Lernhilfen können unter anderem darin bestehen, dem Lernenden die Lehrziele mitzuteilen, eine Vorstrukturierung des Lehrinhalts vorzunehmen, den Lernenden durch Fragen zu einer intensiveren Auseinandersetzung mit dem Inhalt anzuregen, den Inhalt abschließend zu strukturieren oder in größere Zusammenhänge einzuordnen und vieles mehr.
Lernhilfen sind nur dann wirksam, wenn sie auch vom Lernenden genutzt werden. Ihre Nutzung aber beinhaltet wiederum zusätzliche Verarbeitungsschritte, die kognitive Ressourcen des Lernenden beanspruchen. Ein Zuviel an Lernhilfen kann den Lernenden überfordern und den Lernprozess durch eine Fehlbelastung des Arbeitsgedächtnisses (Extraneous Cognitive Load) hemmen, statt ihn zu fördern (Sweller et al., 1998). Deshalb sollten Lernhilfen jeweils nur wohldosiert angeboten werden (Kalyuga et al., 1998).

Mitteilung der Lehrziele

Kennt der Lernende die Lehrziele, so weiß er, woran er seinen Lernerfolg zu bemessen hat. Er kann somit entscheiden, ob er noch weiteren Lernaktivitäten nachgehen sollte oder nicht.
Außerdem ermöglichen Lehrziele dem Lernenden eine selektive Verarbeitung der angebotenen Information. Im positiven Sinn bedeutet dies, dass der Lernende sich auf das Wesentliche konzentriert und irrelevante Inhalte weglässt. Im negativen Sinn kann dies aber auch bedeuten, dass der Lernende sich nur noch auf die unmittelbar zielrelevanten Inhalte konzentriert und die im Lehrangebot dargestellten übergreifenden Zusammenhänge außer Acht lässt.

Vorangestellte Strukturierungshilfen

Die Verankerung des zu lernende Inhalts im Vorwissen des Lernenden gelingt leichter, wenn inhaltsrelevante Konzepte im Vorwissen bereits voraktiviert sind. Dies kann durch einen → Advance Organizer oder ein → Epitom erfolgen (siehe 9.1 Systemorientierung und 10.1.3 Elaborationstheorie der Instruktion von Reigeluth).

Lernfragen

Als Lernfragen bezeichnet man Fragen zum Lehrinhalt, die in das Lehrmaterial eingestreut werden. Der Lernende soll diese selbständig beantworten, damit dessen Auseinandersetzung mit dem Inhalt anregt wird. Im weiteren Sinne kann man darunter sämtliche Anforderungen („test like events") an den Lernenden verstehen, die diesen zur vertieften Beschäftigung mit dem Inhalt anregen (Rothkopf, 1970). Lernfragen beeinflussen Richtung und Tiefe der Verarbeitung, indem sie Hinweise auf die Mitteilungsabsicht des Lehrenden geben, bestimmte Verarbeitungsstrategien aktivieren, Möglichkeiten zur Anwendung des Gelernten bieten und dem Lernenden als Grundlage für seine (metakognitive) Selbstbewertung dienen.

Lernfragen können einem Instruktionsabschnitt vorangestellt oder nachgestellt sein. Vorangestellte Lernfragen bewirken einen vorwärtsgerichtete Prozess: Sie lenken die Aufmerksamkeit auf fragenrelevante Information, führen allerdings gleichzeitig zu einer geringeren Beachtung fragenirrelevanter Information. Nachgestellte Lernfragen bewirken einen rückwärts- und einen vorwärtsgerichteten Prozess: Sie führen (rückwärts) zum Rekapitulieren der fragenrelevanten Information und schaffen gleichzeitig eine bestimmte Aufgabenorientierung, die dann (vorwärts) zu einer entsprechende Verarbeitung führt, indem weitere ähnliche Fragen erwartet werden.

Lernfragen sollten einerseits nicht zu selten gestellt werden, damit ihre lernaktivierende Funktion erhalten bleibt, aber andererseits auch nicht zu häufig, damit der beim Verstehensprozess stattfindende Sinnfluss nicht zu oft unterbrochen wird. Sie sind vor allem dann wirksam, wenn sie vom Lernenden als hilfreich angesehen werden und bei ihm entsprechende Verarbeitungsstrategien aktivieren. Reichen die individuellen Voraussetzungen des Lernenden hierzu nicht aus, so ist keine positive Wirkung zu erwarten. Verarbeitet der Lernende den Lerninhalt bereits von sich aus entsprechend, dann ist ebenfalls keine positive Wirkung zu erwarten.

Nachgestellte Strukturierungshilfen

Am Ende eines Lehr-Lern-Prozesses können dem Lernenden Hilfen für die Strukturierung des Inhalts sowie Hinweise für dessen Einordnung in größere Zusammenhänge gegeben werden. Als solche nachgestellten Strukturierungshilfen kann man im Sinne der Elaborationstheorie der Instruktion Zusammenfassungen (Summerizer) und Einordnungshinweise (→ Synthesizer) anbieten (siehe 10.1.3 Elaborationstheorie der Instruktion von Reigeluth).

10.6 Zusammenfassung

Bei der Gestaltung von Lehr-Lern-Prozessen sind jeweils didaktische Entscheidungen zu treffen. Diese Entscheidungen werden am Anfang des Lehr-Lern-Prozesses eher vom Lehrenden und dann zunehmend vom Lernenden selbst getroffen. Es findet ein Übergang von anfänglicher Fremdsteuerung zu zunehmender Selbststeuerung des Lernens statt.

Theorien des Instruktionsdesigns konzentrieren sich vor allem auf die Fremdsteuerung des Lernens. Ihr Grundanliegen ist es, wissenschaftlich fundierte Hilfestellung für die Entwicklung von Lehrangeboten zu geben, bei denen die → Lehr-Lern-Ziele, die Eigenschaften der Lernenden und die des Lerngegenstands sowie eine Vielzahl weiterer Rahmenbedingungen berücksichtigt werden. Prominente Beispiele sind die Instruktionstheorie von Gagné und Briggs sowie die Elaborationstheorie der Instruktion von Reigeluth. Sie basieren auf der Annahme, dass Lernen dann optimiert wird, wenn die vorgeschriebenen Maßnahmen getroffen werden.

Lehr- und Lernprozesse sind so zu gestalten, dass → Lehr-Lern-Ziele unter den gegebenen Bedingungen erreicht werden. Die Ziele sind hinreichend präzise zu beschreiben, damit eine Passung zwischen dem Lehren, dem Lernen und der Überprüfung des Lernerfolgs möglich ist. Eine Präzisierung von Lehr-Lern-Zielen ist durch Operationalisierung oder durch andere Formen der Verhaltensbeschreibung möglich. Lehr-Lern-Ziele lassen sich unterschiedlichen Kategorien zuordnen, die sich zu einer Lehr-Lern-Ziel-Taxonomie verknüpfen lassen.
Zu den Bedingungen des Lehr-Lern-Prozesses gehören die Lernvoraussetzungen des Individuums, die Eigenschaften des Lerngegenstands sowie die Eigenschaften der Lernsitution.
Ein wesentlicher Bestandteil der Gestaltung von Lehr-Lern-Prozessen ist die Sequenzierung der Lehrinhalte. Die Sequenzierung muss prinzipiell lernerorientiert erfolgen, indem an die Vorkenntnisse und Fähigkeiten, aber auch an die Interessen und Erwartungen des Lernenden angeknüpft wird. Die Sequenzierung kann darüber hinaus inhaltsorientiert erfolgen, indem die strukturellen Eigenschaften des Lerninhalts zur Grundlage genommen werden. Dabei kann es sich um reale gegenständliche Strukturen oder um konzeptuelle Strukturen handeln. Die Sequenzierung kann auch problemorientiert sein, indem sie dem tatsächlichen Verlauf oder der Logik eines Problemlösungsprozesses folgt.
Lernhilfen sind zusätzliche Informationsangebote, die den Lernprozess unterstützen sollen. Sie sind wohldosiert einzusetzen, um den Lernenden weder zu überfordern noch mit Überflüssigem zu belästigen.

Bezug zu ...

Im Lehr-Lern-Prozess findet ein allmählicher Übergang von anfänglicher Fremdsteuerung zu zunehmender Selbststeuerung des Lernens statt. Diese allmähliche Zurücknahme äußerer Steuerung (Fading Out) findet sich auch bei der **Verhaltensmodifikation**, wo diskriminative Hinweisreize und die Häufigkeit von Verstärkung allmählich reduziert werden. Dass didaktische Entscheidungen gewissermaßen arbeitsteilig entweder vom Lehrenden oder vom Lernenden getroffen werden, entspricht dem allgemeinen Prinzip, dass ein → pädagogischer Prozess nur als Kooperation zwischen Lehrendem und Lernendem stattfinden kann (siehe 1.2.2 Praktische Aufgaben).
Eine rationale Aufgabenanalyse beruht im Wesentlichen auf Teil-Ganzes-Relationen, wie sie auch im Rahmen einer **Wissensstrukturanalyse** herausgearbeitet werden. Eine Wissensstrukturanalyse kann insofern auch als Grundlage für eine rationale Aufgabenanalyse dienen. Die Methoden zur Wissensstrukturanalyse haben ihren Ursprung oft in der Textlinguistik, wo man versucht, die Struktureigenschaften von Texten zu identifizieren. Da in einem Text häufig Wissen über einen Sachverhalt vermittelt wird, beinhaltet die Analyse der Textstruktur dann zugleich die Analyse der zu vermittelnden Wissensstruktur. Eine wesentliche Eigenschaft von Texten ist deren Kohärenz. Eine Textstrukturanalyse hilft, etwaige Kohärenzbrüche aufzudecken. Analog dazu hilft eine Wissensstrukturanalyse, etwaige Kohärenzbrüche innerhalb des zu vermittelnden Wissens aufzudecken.
Die Elaborationstheorie der Instruktion von Reigeluth basiert ebenso wie die ihr zugrundeliegende Theorie des bedeutungsvollen Lernens von Ausubel implizit auf einer **Theorie kognitiver Schemata**.
Verglichen mit den in den 1980er Jahren entwickelten Schematheorien sind die hier zugrunde gelegten kognitionspsychologischen Annahmen zwar noch relativ undifferenziert, stimmen aber mit moderneren Theorie kognitiver Schemata in den Grundzügen überein. Das Konzept des → Web-Teaching von Norman knüpft explizit an schematheoretische Auffassungen menschlicher Kognition an.
Die Empfehlung der Elaborationstheorie der Instruktion, Verstehensvoraussetzungen möglichst spät – nämlich erst unmittelbar bevor sie tatsächlich benötigt werden – zu vermitteln, basiert auf gedächtnispsycho-

logischen Annahmen über das Wechselspiel zwischen Arbeitsgedächtnis und Langzeitgedächtnis. Wenn man die Verstehensvoraussetzungen erst unmittelbar bevor sie tatsächlich benötigt werden vermittelt, so sind sie mit hoher Wahrscheinlichkeit noch im Arbeitsgedächtnis präsent. Würde man sie gleich zu Anfang einer Lektion vermitteln, so müssten diese zunächst im Langzeitgedächtnis gespeichert werden, um sie dann von dort abzurufen und wieder ins Arbeitsgedächtnis zu bringen.

Insgesamt lässt sich die Gestaltung von Lehr-Lern-Prozessen als ein komplexes Problemlösen charakterisieren, bei denen eine große Zahl von Lösungsbedingungen gleichzeitig zu berücksichtigen sind (multiple constraints satisfaction). Diese Bedingungen können zwar zum Teil sehr genau spezifiziert werden. Allerdings ergeben sich daraus für die Gestaltung von Lehr-Lern-Prozessen immer nur Hinweise, welche die Zahl der in Frage kommenden Maßnahmen einschränkt. Die Gestaltung selbst beinhaltet letztlich immer ein kreatives Moment und benötigt ein gewisses Maß an Erfahrung und Intuition.

10.7 Diskussionsfragen

(1) Wann sollten didaktische Entscheidungen vom Lehrenden und wann sollten sie vom Lernenden getroffen werden?

(2) Unter welchen Voraussetzungen führt eine → Operationalisierung von Lehrzielen zu einer Verflachung des Unterrichts?

(3) Welche Einschränkungen ergeben sich aus einer Strukturanalyse des Lehrinhalts für das didaktische Vorgehen?

(4) Lassen sich die Prinzipien der Sequenzierung von Lehrinhalten nach Priorität ordnen? Wenn ja: Welche Prinzipien haben höhere Priorität und welche sind gleichgeordnet?

Weiterführende Literatur

Einen Zusammenstellung der traditionellen Ansätze des Instruktionsdesigns gibt:

Reigeluth, C.M. (Hrsg.) (1983). Instructional-design theories and models: An overview of their current status. Hillsdale, N.J.: Erlbaum.

Neuerere Entwicklungen des Instruktionsdesigns als Reaktion auf soziokonstruktivistische Ansätze finden sich in:

Reigeluth, C.M. (Hrsg.) (1999). Instructional-design theories and models. A new paradigm of instructional theory. Mahwah, NJ: Erlbaum.

11 Lehr-Lern-Medien

Was Sie in diesem Kapitel erwartet

Im Zweifelsfall: Weniger ist mehr!

Wir leben in einem Zeitalter der Medien. Doch was sind Medien eigentlich? Medien sind Mittler – sie übertragen Informationen zwischen Individuen. Die Informationsübertragung erfolgt mit Hilfe unterschiedlicher Arten von Zeichen, vor allem mit Texten und Bildern. Man kann unterscheiden zwischen

- der Zeichenproduktion (z.B. dem Sprechen, dem Schreiben oder dem Zeichnen),
- dem Zeichenträger (z.B. den Schallwellen, dem Papier, dem Bildschirm),
- der Art der Zeichen (z.B. den Texten, den Bildern) und
- der Zeichenrezeption (z.B. durch das Auge oder das Ohr).

Lehr-Lern-Medien können Lernenden Wissen und Fähigkeiten nicht direkt vermitteln. Sie können lediglich kognitive Prozesse anregen, die beim Lernenden zum Aufbau von Wissensstrukturen und Fähigkeiten führen. Die Konstruktion von Wissen und Fähigkeiten wird dabei immer durch das „Nadelöhr" der menschlichen Informationsverarbeitung – die Kapazität des Arbeitsgedächtnisses – eingeschränkt.

Das Verstehen von Hörtexten ist eine natürlich erworbene Fähigkeit; das Verstehen von Lesetexten hingegen bedarf eines langjährigen schulischen Trainings. Lesetexte und statische Bilder sind meist permanent verfügbar. Dadurch ermöglichen sie eine höhere Verarbeitungskontrolle als Hörtexte und animierte Bilder, die eher flüchtiger Natur sind.

Kombiniert man verschiedene Medien in Form von Multimedia, muss man die Abhängigkeiten zwischen menschlicher Wahrnehmung und Informationsverarbeitung berücksichtigen. Lehren und Lernen mit Multimedia kann nur dann effektiv sein, wenn die Funktionsweise des menschlichen kognitiven Systems und die Gesetzmäßigkeiten beim Aufbau von Wissensstrukturen berücksichtigt werden. Ein Weniger ist dabei häufig mehr.

Lernziele

Sie sollten am Ende des Kapitels wissen bzw. verstanden haben,

- was man unter der → Verständlichkeit von Texten versteht,
- warum sich die Aufmerksamkeitssteuerung von Hörern oder Lesern als ein angeleiteter Suchprozess interpretieren lässt,
- welche Arten von Bildern sich unterscheiden lassen und welche Funktionen diese wahrnehmen können,
- wie beim Verstehen von Bildern automatisierte und bewusst kontrollierte Prozesse zusammenspielen,
- worauf sich die verschiedenen Aspekte des Begriffs „Multimedia" beziehen und warum einfache Daumenregeln für die Gestaltung von multimedialen Lehrangeboten nicht ausreichen,
- warum sich die Verwendung von Animationen nicht generell lernfördernd auswirkt,
- warum Interaktivität und Nicht-Linearität von Informationsangeboten sich nicht generell lernfördernd auswirken.

11.1 Texte

11.1.1 Lernen mit Texten

Sprache ist das wichtigste Kommunikationsinstrument des Menschen. Darum sind Texte beim Lehren und Lernen meist Leitmedium. Texte können mündlich oder schriftlich präsentiert werden. Mündlich präsentierte Texte haben den Vorteil, dass sie auch von Analphabeten verstanden werden können. Sie haben jedoch den Nachteil einer hohen Flüchtigkeit und einer geringeren Verarbeitungskontrolle durch den Hörer. Schriftlich präsentierte Texte haben den Nachteil, dass der Lernende zunächst einen langwierigen Prozess des Lesenlernens vollziehen muss. Sie haben jedoch den Vorteil der permanenten Verfügbarkeit der Information und erlauben so eine höhere Verarbeitungskontrolle.

Textverstehen bedeutet, dass anhand eines Texts mentale Repräsentationen konstruiert werden. Dies ist auch dann möglich, wenn die Information dem Individuum bereits bekannt ist. Lernen mit Texten bedeutet, dass der Text nicht nur verstanden wird, sondern dass sich auch das Wissen des Individuums im Langzeitgedächtnis nachhaltig verändert.

Mentale Repräsentationen beim Textverstehen

Wer lesend oder hörend einen Text versteht, konstruiert im Kopf unterschiedliche Arten von internen (mentalen) Repräsentationen, die aufeinander aufbauen (van Dijk & Kintsch, 1983; vgl. Graesser et al. 1997):

- eine → Repräsentation der Textoberfläche; sie enthält die genauen Formulierungen des Texts und ermöglicht dem Individuum ein wortwörtliches Wiederholen, auch wenn es den Text nicht verstanden hat.
- eine → propositionale Repräsentation des Sinngehalts; sie erfasst nur noch den Sinngehalt des Texts (propositionale Sinneinheiten), nicht mehr die genauen Formulierungen, und ermöglicht dem Individuum ein sinngemäßes Wiedergeben dessen, was im Text gesagt wurde, auch wenn es sich unter dem Gesagten noch nichts vorstellen kann.
- ein mentales Modell des gemeinten Sachverhalts; im Gegensatz zur Repräsentation der Textoberfläche oder zur propositionalen Repräsentation ist ein → mentales Modell eine *gegenstandsnahe* Repräsentation. Es ermöglicht die Beantwortung von inhaltlichen Fragen, da die gesuchte Information einfach abgelesen werden kann.

Textkohärenz und Sinnfluss

Ein Text unterscheidet sich von einer beliebigen Aneinanderreihung von Sätzen durch seine Kohärenz. Das heißt: Die Textsätze stehen in einem semantischen Gesamtzusammenhang, indem sie einen einheitlichen Sachverhalt in konsistenter Weise beschreiben. Dabei kann man zwischen → lokaler und → globaler Kohärenz unterscheiden. Lokal kohärent ist ein Text dann, wenn zwischen unmittelbar aufeinanderfolgenden Sätzen ein thematischer Zusammenhang besteht. Global kohärent ist ein Text, wenn sämtliche Sätze in einem thematischen Gesamtzusammenhang stehen. Das Verstehen eines Texts verlangt, die lokalen und die globalen Kohärenzbeziehungen zu rekonstruieren.

Beispiel

Lokal kohärenter Text

„Der Energieaustausch in Ökosystemen geschieht wesentlich über Nahrungsketten. Energieaustausch findet auch in Kohlekraftwerken statt. Diese Kraftwerke verursachen eine erhebliche Belastung der Umwelt. Die Umwelt des Menschen besteht aus seiner gegenständlichen und aus seiner sozialen Umwelt. Der Mensch hat sich in den letzten hunderttausend Jahren fast über die gesamte Erde verbreitet. Im Gegensatz zu anderen Planeten unseres Sonnensystems hat die Erde nur einen Mond."

Lokal und global kohärenter Text

„Der Energieaustausch in Ökosystemen geschieht wesentlich über Nahrungsketten. Den Anfang der Nahrungsketten bilden die Produzenten. Diese wandeln Lichtenergie in Nahrungsenergie um. Produzenten sind vor allem Pflanzen, die aus anorganischen Stoffen mit Sonnenenergie organische chemische Verbindungen aufbauen. Die Fortsetzung der Nahrungsketten bilden die Konsumenten. Diese sind selbst nicht in der Lage, aus anorganischen Bausteinen organische Stoffe zu bilden. Sie ernähren sich von anderen Lebewesen, von Produzenten oder von anderen Konsumenten."

Bei einem nur lokal kohärenten „Text" ist es ist fraglich, ob man überhaupt von einem Text sprechen kann. Zwar hängt jeder Satz irgendwie mit dem vorhergehenden zusammen, es gibt jedoch keinen globalen Zusammenhang, da ein übergeordnetes Thema fehlt. Im → lokal und → global kohärenten Text hingegen gibt es ein solches Thema, im Beispiel oben den Energieaustausch in Ökosystemen. Dieses zieht sich durch den gesamten Text. Diesem globalen Thema ist das Thema „Nahrungsketten" untergeordnet, diesem wiederum das Thema „Produzenten" und diesem das Thema „Pflanzen". Somit lassen sich mehrere, hierarchisch geordnete thematische Ebenen unterscheiden.

Das Verstehen eines Texts wird erleichtert, wenn dieser thematisch kontinuierlich aufgebaut ist (Schnotz, 1994). Das Beispiel des lokal und global kohärenten Texts ist thematisch kontinuierlich aufgebaut, da unnötige Themenwechsel vermieden werden. Der Leser oder Hörer kann so ohne unnötige Unterbrechung themenspezifische → mentale Modelle konstruieren, die von Satz zu Satz mitgetragen und mit neuer Information angereichert werden. Dieses gedankliche Mittragen von themenspezifischen mentalen Teilmodellen bezeichnet man als → Sinnfluss (Chafe, 1994). Ein thematisch kontinuierlicher Textaufbau führt zu einem kontinuierlichen und reichhaltigeren Sinnfluss. Ein thematisch diskontinuierlicher Textaufbau hingegen verlangt vom Leser oder Hörer immer wieder, den bisherigen Sinnfluss zu unterbrechen und mit der Konstruktion eines neuen themenspezifischen Teilmodells zu beginnen oder – wenn ein früheres Thema erneut aufgegriffen wird – das frühere Teilmodell zu reaktivieren.

Fokusnachführung

Um einen Text zu verstehen, muss man wissen, wovon gerade die Rede ist, um die Aufmerksamkeit auf das betreffende Thema richten und sein entsprechendes Vorwissen aktivieren zu können. Einen Themenwechsel muss der Leser oder Hörer als solchen erkennen und den Fokus seiner Aufmerksamkeit entsprechend verschieben. Diesen Prozess bezeichnet man als → Fokusnachführung. Bei der Fokusnachführung steuern Autor oder Sprecher die Aufmerksamkeit von Leser oder Hörer mit Hilfe der sogenannten → Topikinformation. In jedem Satz oder Textabschnitt kann man zwei Informationsbestandteile unterscheiden:

(1) Die → Topikinformation: Sie gibt an, wovon die Rede ist.
(2) Die → Commentinformation: Sie gibt an, was über den Topik gesagt wird.

Die Topikinformation signalisiert dem Leser oder Hörer,

- ob das bisherige Thema beibehalten wird oder nicht,
- ob eine kleinere oder größere Aufmerksamkeitsverschiebung erforderlich ist,
- woran man den neu zu fokussierenden Topik erkennt (was sein „Steckbrief" ist).

Wird das bisherige Thema beibehalten? Wenn die Topikinformation mit dem bisherigen Thema übereinstimmt, wird der Fokus der Aufmerksamkeit beibehalten. Wenn nicht, wird in der bisher konstruierten mentalen Repräsentation ein Suchprozess nach einem geeigneten Referenten begonnen. Falls sich nichts Geeignetes findet, wird das Thema als neu angesehen und entsprechend ein neuer Gegenstand konstruiert. Da der Fokus der Aufmerksamkeit beibehalten bleibt, wenn die Topikinformation mit dem bisherigen Thema übereinstimmt, muss dann, wenn tatsächlich ein Themenwechsel vorliegt, eine Übereinstimmung mit dem bisherigen Thema unbedingt vermieden werden.

Beispiel

Inadäquater Topikwechsel

„Hans nahm den Bus nach London. Er war ein altes Modell."
Die Formulierung des zweiten Satzes ist inadäquat.

Hörer oder Leser bemerken den Topikwechsel zunächst nicht, weil das Pronomen „er" mit dem bisherigen Topik „Hans" kompatibel ist und der Fokus deshalb beibehalten wird. Erst anschließend wird klar, dass eigentlich vom Bus und nicht mehr von Hans die Rede ist.

Ist eine kleinere oder größere Aufmerksamkeitsverschiebung erforderlich? Im Falle eines Topikwechsels wird durch die Hervorhebung der Topikinformation signalisiert, ob eine kleinere oder größere Aufmerksamkeitsverschiebung erforderlich ist. Wenn beispielsweise von Verkehrsmitteln und gerade speziell von der Bundesbahn die Rede ist, so kann der aktuelle Topik (die Bahn) je nach Wortwahl und Syntax unterschiedlich stark hervorgehoben sein.

Beispiel

Starke und schwache Topikhervorhebungen

Starke Hervorhebung:	„Was die Bahn betrifft, so ist sie meist unpünktlich."
Schwache Hervorhebung:	„Sie ist meist unpünktlich."

Bei schwacher Topikhervorhebung gehen Hörer oder Leser davon aus, dass kein oder nur ein kleiner Topikwechsel stattgefunden hat und keine oder nur eine geringe Fokusverschiebung erforderlich ist. Bei starker Topikhervorhebung gehen sie hingegen von einem größeren Topikwechsel aus, der eine größere Fokusverschiebung erforderlich macht.

Größe der erforderlichen Fokusverschiebung und Grad der Topikhervorhebung müssen einander entsprechen.

Wie präzise ist der Such-Steckbrief? Bei einem Topikwechsel wird ein Suchprozess nach dem neuen Topik ausgelöst, wobei die Topikinformation als Beschreibung (Steckbrief) für die Suche des betreffenden Gegenstands dient. Der Steckbrief muss umso ausführlicher sein, je größer der Suchbereich ist und je mehr andere Gegenstände darin enthalten sind, die dem neuen Thema ähnlich sind. Die sparsamste Topikinformation bieten Pronomen, da hier nur das Geschlecht und die Anzahl mitgeteilt werden. Demgegenüber bietet ein Nomen eine viel reichhaltigere Beschreibung des Gemeinten.

11.1.2 Textgestaltung

Dimensionen der Verständlichkeit

Lehrtexte sollten für ihre Adressaten verständlich sein. Die traditionelle Forschung zur Textverständlichkeit sieht Verständlichkeit meist nur als Texteigenschaft. Tatsächlich kann man von Textverständlichkeit jedoch nur in Bezug auf bestimmte Adressaten sprechen. Beispielsweise kann ein Text für einen Leser mit höherem Vorwissen und höheren kognitiven Fähigkeiten gut verständlich sein, während er für einen Leser mit geringerem Vorwissen und geringeren Fähigkeiten kaum verständlich ist.

Im Rahmen der traditionellen Textverständlichkeitsforschung haben Langer et al. (1981) in Hamburg versucht, mittels Faktorenanalysen Dimensionen der → Verständlichkeit zu identifizieren. Sie gelangten zu folgenden vier Dimensionen: sprachliche Einfachheit, Gliederung/Ordnung, → Kürze/Prägnanz und → zusätzliche Stimulanz. Dieses sogenannte Hamburger Verständlichkeitskonzept ist zwar relativ theorielos, bietet aber dennoch brauchbare Hinweise für die praktische Gestaltung von Lehr- und Sachtexten.

Sprachliche Einfachheit. Diese Dimension betrifft die Wortwahl, die Satzlänge und den Satzbau in einem Text. Sie beinhaltet, dass geläufige, anschauliche Worte zu kurzen einfachen Sätzen zusammengefügt werden. Merkmale dieser Dimension sind:

- kurze, einfache Formulierungen;
- geläufige Wörter, Erklärung von Fremdwörtern;
- konkrete, anschauliche Formulierungen.

Für ein Maximum an Verständlichkeit ist laut Hamburger Verständlichkeitskonzept ein Maximum an → sprachlicher Einfachheit anzustreben.

Gliederung/Ordnung. Diese Dimension bezieht sich zum einen auf die äußere Gliederung und zum anderen auf die innere Ordnung. Äußere Gliederung bedeutet, dass der Aufbau des Textes sichtbar gemacht wird: Zusammengehörige Teile sind durch Überschriften oder durch Vor- und Zwischenbemerkungen kenntlich gemacht; Wesentliches wird von weniger Wesentlichem durch Hervorhebungen oder Zusammenfassungen unterschieden. Innere Ordnung bedeutet, dass die Sätze nicht beziehungslos nebeneinander stehen, sondern folgerichtig aufeinander bezogen sind. Die Informationen werden in einer sinnvollen Reihenfolge dargeboten. Merkmale dieser Dimension sind:

- übersichtliche Gliederung;
- folgerichtige Reihenfolge;
- roter Faden;
- gute Unterscheidung von Wesentlichem und Unwesentlichem.

Für ein Maximum an Verständlichkeit ist laut Hamburger Verständlichkeitskonzept ein Maximum an → Gliederung/Ordnung anzustreben.

Kürze/Prägnanz. Diese Dimension bezieht sich auf die Frage, ob die Länge des Textes im angemessenen Verhältnis zum Informationsziel steht. Merkmale des einen Extrems dieser Dimension sind:

- kurze, knappe, gedrängte Darstellung;
- Konzentration auf das Wesentliche bzw. auf das Lehrziel;
- Notwendigkeit jedes Wortes.

Merkmale des anderen Extrems sind:

- Weitschweifige Darstellungen mit unnötigen Einzelheiten, überflüssigen Erläuterungen;
- Abschweifungen vom Thema;
- umständliche Ausdrucksweise;
- Wiederholungen;
- Füllwörter und leere Phrasen.

Für ein Maximum an → Verständlichkeit ist laut Hamburger Verständlichkeitskonzept ein mittleres Maß an → Kürze/Prägnanz anzustreben.

Zusätzliche Stimulanz. Diese Dimension bezieht sich auf Maßnahmen zur Erzeugung von Interesse, Lesemotivation und Anteilnahme. Anregende Zusätze reduzieren notwendigerweise die Kürze/Prägnanz des Textes. Merkmale dieser Dimension sind:

- Ausrufe;
- witzige Formulierungen;
- wörtliche Rede;
- Auftreten von Menschen;
- direkte Ansprache des Lernenden;
- rhetorische Fragen zum Mitdenken;
- Verwendung lebensnaher Beispiele;
- Einbetten der Information in eine Geschichte.

Für ein Maximum an Verständlichkeit ist laut Hamburger Verständlichkeitskonzept ein mittleres Maß an zusätzlicher Stimulanz anzustreben.

Textaufbau

Da thematisch kontinuierlich aufgebaute Texte leichter zu verstehen sind als diskontinuierliche, sollte bei der Textgestaltung möglichst hohe thematische Kontinuität hergestellt werden. Dies kann geschehen, indem ein begonnenes Thema, die Art des Themenwechsels und eine gewählte Darstellungsebene möglichst lange beibehalten werden.

Beibehaltung eines begonnen Themas. Die Zahl der Themenwechsel sollte so gering wie möglich gehalten werden, indem ein begonnenes Thema möglichst lange beibehalten wird. Hiermit ist nicht gemeint, dass man überhaupt nur ein Thema behandeln bzw. auf Themenwechsel ganz verzichten sollte. Gemeint ist, dass ein übergeordnetes Thema nach Möglichkeit nicht verlassen werden sollte, wenn es noch nicht abschließend behandelt worden ist, weil sonst später auf dieses Thema zurückgekommen werden muss und damit zwei zusätzliche Themenwechsel stattfinden.

Beibehaltung der Art des Themenwechsels. Bei einem Themenwechsel sind altes und neues Thema meist durch bestimmte semantische Relationen verbunden (z.B. Ursache-Wirkungs-Relationen oder Zweck-Mittel-Relationen). Wenn einem neuen Themenwechsel wieder die gleiche Relation zugrunde liegt wie zuvor, so fällt dem Lernenden die Verarbeitung leichter, weil er auf die gleichen Schemata zurückgreifen kann. Deshalb bietet sich beispielsweise an, eine

Kette von Ursache-Wirkungs-Relationen oder von Zweck-Mittel-Relationen als Ganzes darzustellen und nicht die einzelnen Glieder dieser Kette verstreut darzubieten.

Beibehaltung der Darstellungsebene. Ein Sachverhalt lässt sich immer auf unterschiedlichen Detailliertheitsebenen darstellen, wobei diese Ebenen zwischen einer grobkörnigen Weitwinkelbetrachtung und einer differenzierten Nahaufnahme variieren können. Bei der Darstellung sollte nicht zwischen distanzierter Weitwinkelbetrachtung und Nahaufnahme hin und her gesprungen werden. Vielmehr sollte der Gegenstand zunächst als Ganzes betrachtet werden, bevor man die einzelnen Teile genauer inspiziert. Dementsprechend beschreibt man den Gegenstand zunächst relativ grob und geht erst dann zu einer detaillierteren Beschreibung über. Auch die Abstraktionsebene sollte nach Möglichkeit beibehalten werden. Allerdings ist es häufig notwendig, abstrakte Aussagen anhand von Beispielen zu konkretisieren, da sie sonst nicht hinreichend verständlich sind. In diesem Fall *muss* natürlich die Abstraktionsebene gewechselt werden.

Steuerung der Aufmerksamkeit

Um einen Text verstehen bzw. um dem Autor „folgen" zu können, muss der Leser ständig wissen, wovon gerade die Rede ist, um die erforderliche → Fokusnachführung vornehmen, also den Fokus seiner Aufmerksamkeit auf das betreffende Thema richten zu können. Hierzu muss dem Leser die → Topikinformation zur Verfügung gestellt werden. Die Topikinformation signalisiert, ob eine Fokusverschiebung erforderlich ist und dient als Auslöser für einen mentalen Suchprozess nach dem betreffenden neuen Thema. Bei der Gestaltung der Topikinformation muss sich der Autor folgende Leitfragen stellen:

- Was befindet sich gerade im Fokus der Aufmerksamkeit des Lesers?
- Welches Vorwissen ist gerade aktiviert?
- Hat ein Topikwechsel stattgefunden oder nicht? Wenn ja: Ist eine größere oder eine kleinere Fokusverschiebung erforderlich?
- Wie groß ist der Suchbereich, in dem der Topik zu finden ist?
- Wie ist der Topik zu beschreiben? D.h.: Wie sollte sein „Steckbrief" lauten, damit das Gesuchte auch gefunden wird?

Im Fall eines Themenwechsels müssen die Größe der erforderlichen Fokusverschiebung und der Grad der Topikhervorhebung einander entsprechen. Es wäre deshalb nicht nur falsch, die Topikinformation bei einer größeren Fokusverschiebung nur wenig hervorzuheben. Es wäre auch falsch, sie stark hervorzuheben, wenn in Wirklichkeit keine oder nur eine geringe Fokusverschiebung notwendig ist. Der Leser würde dann eine Suche nach dem vermeintlich neuen Thema beginnen, obwohl gar kein neues Thema vorliegt bzw. das neue Thema in unmittelbarer Nähe des bisherigen liegt.

11.2 Bilder

11.2.1 Lernen mit Bildern

Bereits im 17. Jahrhundert hat Comenius auf die Bedeutung der Anschaulichkeit beim Wissenserwerb hingewiesen. Seither spielen Bilder eine wesentliche Rolle in Lehr-Lern-Prozessen. Dabei kann man zwischen verschiedenen Bildarten unterscheiden, die jeweils unterschiedliche Funktionen wahrnehmen können.

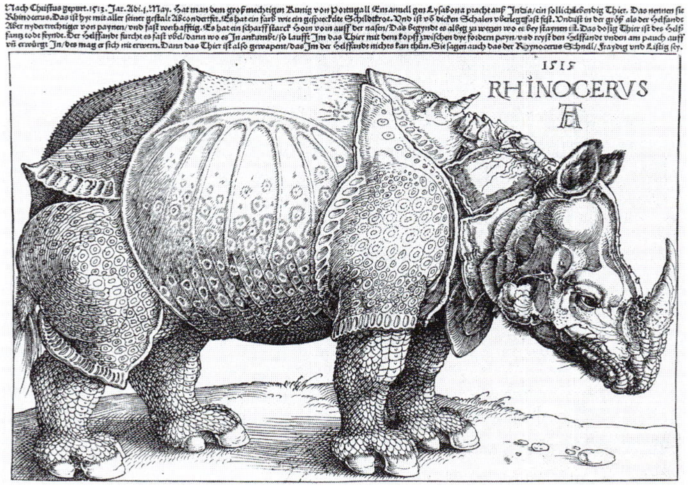

Abbildung 11.1. Beispiel für ein realistisches Bild. Den hier gezeigten Kupferstich eines Rhinozerosses hat Albrecht Dürer nicht aus eigener Anschauung, sondern vor allem anhand der verbalen Beschreibung eines Augenzeugen angefertigt. Trotz einiger Fehler im Detail besteht insgesamt eine Ähnlichkeit mit einem echten Nashorn

Bildarten

Realistische Bilder. Strichzeichnungen, naturalistische Gemälde, Fotos, aber auch Cartoons, Piktogramme und Landkarten bezeichnet man als → realistische Bilder, weil sie einer dargestellten Realität ähneln. Eine Ähnlichkeit kann selbst dann angenommen werden, wenn der dargestellte Sachverhalt – wie z.B. in Science-Fiction-Szenen – in der realen Welt gar nicht existiert. Auch das in Abbildung 11.1 gezeigte Beispiel – ein von Dürer gezeichnetes Rhinozeros – ist insofern ein → realistisches Bild. Der Künstler hat nie ein Rhinozeros gesehen, sondern das Bild anhand der verbalen Beschreibung eines Augenzeugen angefertigt. Das Bild gibt die Realität nur zum Teil korrekt wieder und besitzt dennoch Ähnlichkeit mit einem echten Nashorn.

Analogiebilder. Bilder, die nicht den gemeinten Sachverhalt zeigen, sondern einen anderen, der zum eigentlich Gemeinten in einer Analogiebeziehung steht, bezeichnet man als Analogiebilder. Wenn beispielsweise die Funktionsweise eines Transistors gezeigt werden soll, könnte ein → Analogiebild eine fiktive Schleuse zeigen, in der ein Wasserstrom durch einen anderen Wasserstrom mit Hilfe einer Sperre gesteuert wird. Dementsprechend lassen sich dann die Teile der Schleuse mit den Namen der entsprechenden Transistorteile bezeichnen. Solche Analogiebilder sollen helfen, vorhandenes Wissen aus dem abgebildeten Quellbereich in den neu zu lernenden Zielbereich zu übertragen.

Logische Bilder. Erst seit dem 18. Jahrhundert werden → logische Bilder in größerem Umfang verwendet. Sie sind jedoch heute aus der Bildkommunikation nicht mehr wegzudenken. Logische Bilder haben keine Ähnlichkeit mit dem Gemeinten. Sie dienen zur Veranschaulichung von abstrakten Sachverhalten, die zum Teil nicht unmittelbar wahrnehmbar sind. Zu den logischen Bildern zählt man vor allem Struktur-, Kreis-, Säulen-, Linien- und Streudiagramme (siehe Abbildung 11.2). In Strukturdiagrammen werden die Beziehungen zwischen qualitativen Merkmalen veranschaulicht, in Kreis- und Säulendiagramme die Beziehungen zwischen qualitativen und quantitativen Merkmalen und in Linien- sowie Streudiagramme die Beziehungen zwischen quantitativen Merkmalen.

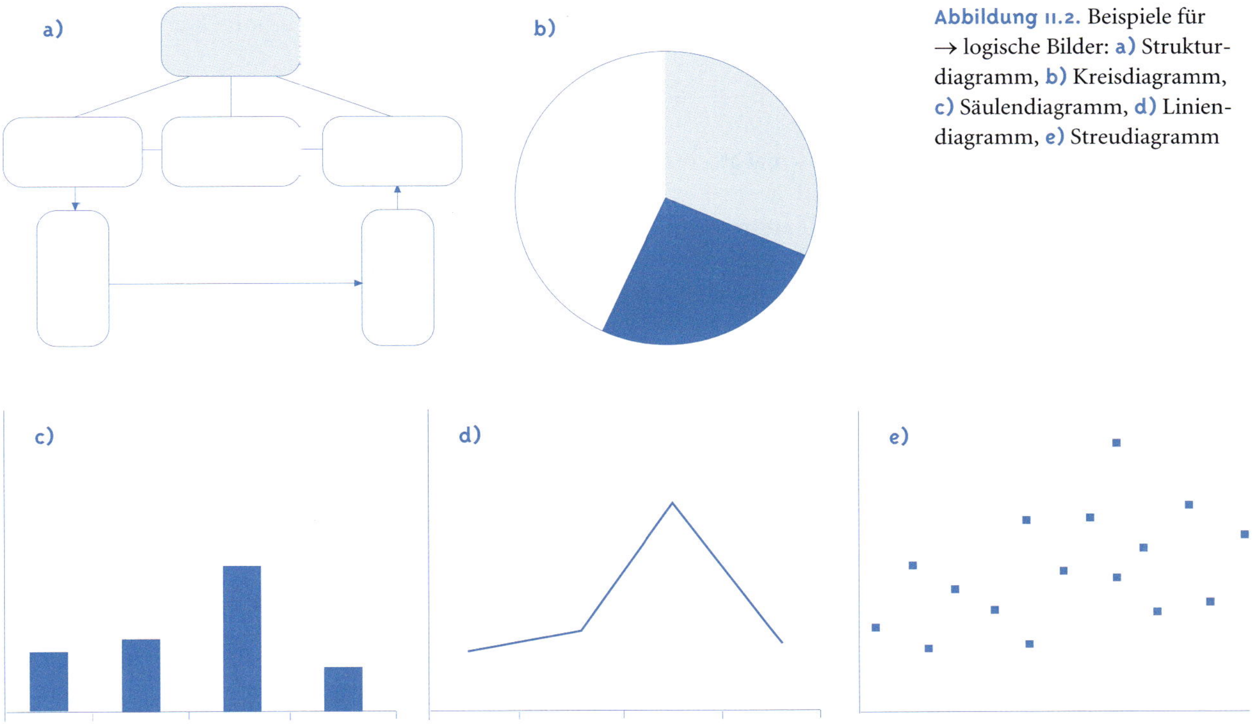

Abbildung 11.2. Beispiele für → logische Bilder: **a)** Strukturdiagramm, **b)** Kreisdiagramm, **c)** Säulendiagramm, **d)** Liniendiagramm, **e)** Streudiagramm

Bildfunktionen

Bilder können → kognitive, → motivationale und → dekorative bzw. ästhetische Funktionen wahrnehmen.

- **Kognitive Funktionen:**
  - **Konkretisierungsfunktion:** Bilder können einen verbal beschriebenen Sachverhalt veranschaulichen bzw. konkretisieren.
  - **Interpretationsfunktion:** Bilder können eine schwer verständliche verbale Beschreibung eines Sachverhalts verständlicher machen.
  - **Organisationsfunktion:** Bilder können einen Überblick über einen komplexen Sachverhalt geben und damit einen Bezugsrahmen für weitere detailliertere Informationen bereitstellen.
  - **Transformationsfunktion:** Bilder können zur Verankerung von Lerninhalten (gewissermaßen zur „Transformation in den Gedächtniscode") beitragen.
- **Motivationsfunktion:** Bilder können beim Lernenden Interesse wecken und damit eine höhere Motivation zur kognitiven Verarbeitung des Lerninhalts schaffen.
- **Dekorationsfunktion:** Bilder können auch als Instruktionsmaterial ästhetisch ansprechend wirken und damit Bedürfnisse nach Schönheit bzw. Wohlgeformtheit befriedigen.

Verstehen von Bildern

Um anhand eines Bildes etwas über den abgebildeten Sachverhalt zu lernen, muss das Bild zunächst wahrgenommen und verstanden werden. Die Wahrnehmung eines Bildes basiert auf präattentiven, also nicht bewusst kontrollierbaren Prozessen (Neisser, 1976). Diese verlaufen parallel, beinhalten automatisierte visuelle Routinen (z.B. entsprechend den Gestaltgesetzen der

Wahrnehmung) und sind primär datengeleitet, also relativ unabhängig vom Vorwissen und den Zielsetzungen des Individuums.
Um ein Bild nicht nur wahrzunehmen, sondern es auch zu verstehen, sind semantische Verarbeitungsprozesse erforderlich. D.h.: An die präattentive Wahrnehmung schließen attentive, also bewusst kontrollierte Analyseprozesse an, durch die das Bild interpretiert wird. Diese Prozesse laufen seriell ab, sind sowohl daten- als auch konzeptgeleitet und werden vom Vorwissen sowie den Zielsetzungen des Individuums beeinflusst. Diese konzeptgeleitete Verarbeitung setzt die Aktivierung geeigneter kognitiver Schemata voraus. Dabei unterscheiden sich das Verstehen von realistischen Bildern, → Analogiebildern und → logischen Bildern hinsichtlich ihrer kognitiven Voraussetzungen.

Realistische Bilder. Wird ein → realistisches Bild oberflächlich verstanden, so greift der Betrachter auf kognitive Schemata der alltäglichen Wahrnehmung zurück und erkennt einfach, was auf dem Bild dargestellt ist. Ein tieferes Verstehen hingegen beinhaltet auch Überlegungen, warum der Bildproduzent (Fotograf, Maler oder Zeichner) den Sachverhalt so und nicht anderes dargestellt oder der Bildredakteur dieses und kein anderes Bild ausgewählt hat. Das Verstehen bezieht sich hier auch auf die „hinter“ dem Bild stehende Mitteilungsabsicht (Weidenmann, 1988).

Analogiebilder. Wird ein Analogiebild verstanden, so wird zunächst – wie bei einem realistischen Bild – der unmittelbar dargestellte Sachverhalt erkannt. Darauf aufbauend muss dann die Analogierelation zwischen dem unmittelbar dargestellten und dem eigentlich gemeinten Sachverhalt verstanden werden. D.h.: Das Individuum muss bestimmte Strukturen innerhalb des unmittelbar dargestellten Sachverhalts erkennen und auf den eigentlich gemeinten Sachverhalt übertragen.

Logische Bilder. Wird ein logisches Bild verstanden, so kann das Individuum nicht auf kognitive Schemata der alltäglichen Wahrnehmung zurückgreifen. Das Bild besitzt keine Ähnlichkeit mit dem repräsentierten Gegenstand, sondern ist mit diesem durch abstraktere strukturelle Gemeinsamkeiten verbunden. Die Fähigkeit zum Verstehen logischer Bilder ist deshalb eine spezifische Kulturtechnik, die erlernt werden muss. Der Lernende benötigt spezielle kognitive Schemata, mit deren Hilfe an den graphischen Konfigurationen des logischen Bildes bestimmte Informationen abgelesen werden können (Pinker, 1990). Durch ein solches Schema wird beispielsweise eine Fieberkurve nicht als Bild eines Gebirges, sondern als Darstellung eines Temperaturverlaufs mit Minima, Maxima und unterschiedlich starken Änderungen interpretiert. Verfügt ein Individuum nicht über die entsprechenden Schemata, so kann es das logische Bild nicht verstehen. Logische Bilder werden umso besser verstanden, je besser die vom Individuum wahrgenommene graphische Konfiguration mit der Struktur des darzustellenden Sachverhalts übereinstimmt und je besser das Individuum in der Lage ist, diese Übereinstimmung zu erkennen.
Bilder können allgemein das Behalten von (vor allem illustrierten) Textinformationen wesentlich verbessern (Levie & Lentz, 1982). Erklärende Bilder (also Bilder, die das Verfolgen von

Definition

Verstehen eines Bildes bedeutet, dass anhand des Bildes eine mentale Repräsentation des dargestellten Sachverhalts konstruiert wird – unabhängig davon, ob die vermittelte Information für das Individuum neu ist oder nicht.

Von einem **Lernen mit Bildern** kann man dann sprechen, wenn die Information für den Betrachter neu ist und sich dessen Wissen durch das Bildverstehen nachhaltig verändert.

Kausalketten ermöglichen) können in Verbindung mit erklärenden Texten speziell bei Lernenden mit niedrigem Vorwissen auch das Verstehen eines Sachverhalts wesentlich fördern (Mayer, 2001). Allerdings besteht sowohl bei → realistischen Bildern als auch bei → Analogiebildern und → logischen Bildern die Gefahr, dass Lernende meinen, dem Bild mit einem Blick genügend Informationen entnehmen zu können, und deshalb nur eine oberflächliche Verarbeitung vornehmen (vgl. Mokros & Tinker, 1987; Weidenmann, 1989). Beim Lernen mit Texten und Bildern besteht außerdem die Gefahr, dass Lernende das Bild anstelle des Texts verwenden und den Text weniger intensiv verarbeiten als ohne Bild (Schnotz & Bannert, 1999).

11.2.2 Bildgestaltung

Bei der Gestaltung von Bildern zum Zweck des Lehrens und Lernens gilt es, die Bildinformation so aufzubereiten, dass Wahrnehmung und konzeptuelles Wissen optimal zusammenspielen. Dabei gelten für die Gestaltung von → realistischen Bildern, von → Analogiebildern und von → logischen Bildern jeweils spezifische Kriterien.

Gestaltung von realistischen Bildern. Neben der Berücksichtigung elementarer Wahrnehmungsanforderungen bezüglich der Erkennbarkeit, Diskriminierbarkeit und Identifizierbarkeit von graphischen Elementen gilt es bei der Gestaltung von realistischen Bildern, eine adäquate Darstellungsperspektive, die richtige Detailliertheit sowie eine geeignete Kontextualisierung zu gewährleisten. Die Darstellungsperspektive sollte die wesentlichen Bestandteile des gezeigten Sachverhalts und deren Beziehungen optimal hervorheben und – soweit möglich – an die Vorerfahrungen bzw. Sehgewohnheiten des Lernenden anknüpfen. Realistische Bilder können einen Sachverhalt mit unterschiedlicher Detailliertheit und mit unterschiedlicher Differenziertheit (von farbig bis zu schwarz-weiß) darstellen. Der Grad der Schematisierung und Abstraktion kann also variieren. Im Gegensatz zur These, dass bildhafte Darstellungen immer möglichst naturalistisch sein sollten, ermöglichen weniger detaillierte, schematische Bilder vor allem bei Individuen mit geringeren Lernvoraussetzungen oft höhere Lernleistungen, weil die relevanten Strukturen leichter erkennbar sind (Dwyer, 1978).

Gestaltung von Analogiebildern. Neben der Berücksichtigung elementarer Wahrnehmungsanforderungen gelten für die Gestaltung von Analogiebildern die gleichen Regeln wie für realistische Bilder. Allerdings ist hier für die Wahl der Darstellungsperspektive, der Detailliertheit und Differenziertheit ausschlaggebend, dass die Struktur des gezeigten Sachverhalts (die auf den eigentlich gemeinten Sachverhalt übertragen werden soll) möglichst gut erkennbar ist. Darüber hinaus sollten die strukturellen Gemeinsamkeiten zwischen dem gezeigten und dem gemeinten Sachverhalt im Begleittext und/oder in der Bildunterschrift explizit beschrieben werden.

Gestaltung von logischen Bildern. Logische Bilder sind so zu gestalten, dass die vom Individuum wahrgenommene graphische Struktur möglichst gut mit der Struktur des darzustellenden Sachverhalts übereinstimmt. Andernfalls muss das Individuum erst eine Reorganisation auf der Wahrnehmungsebene vornehmen, bevor eine adäquate Interpretation möglich ist. Die graphische Gestaltung sollte sparsam sein. Tufte (1983) hat hierzu vorgeschlagen, den sogenannte Daten-Tinte-Quotienten zu maximieren. D.h.: Der auf die Datendarstellung entfallende Anteil der insgesamt verwendeten Druckerschwärze sollte jeweils möglichst hoch sein. D.h.: Auf visuelle Effekte, die nicht der Informationsvermittlung dienen, sollte verzichtet werden.

Definition

Syntaktische Gestaltungskriterien betreffen die Beziehungen der Bildzeichen untereinander.
Semantische Gestaltungskriterien betreffen die Bedeutung der Bildzeichen.
Pragmatische Gestaltungskriterien betreffen die Verwendung der Bildzeichen durch den Bildbetrachter.

Syntaktische Gestaltungskriterien. Kriterien syntaktischer Art erfordern, dass die graphischen Elemente problemlos erkennbar, voneinander unterscheidbar und so angeordnet sind, dass eindeutig wahrzunehmende Konfigurationen entstehen. D.h.: Zusammengehörige Komponenten werden aufgrund von Ähnlichkeit, räumlicher Nähe, Umrahmungen und dergleichen als Einheit wahrgenommen. Dies gilt auch für die Anordnung von Beschriftungen, wobei zwischen direkten und indirekten Beschriftungen unterschieden werden kann. Bei direkten Beschriftungen wird die Zugehörigkeit zwischen Beschriftung und beschriftetem Objekt durch räumliche Nähe oder durch Hilfslinien signalisiert. Bei indirekten Beschriftungen bedient man sich einer Legende. Dabei geschieht die Zuordnung zwischen Beschriftung und beschriftetem Objekt über eine begrenzte Anzahl von gut unterscheidbaren visuellen Merkmalen wie „Farbe“ oder „Textur“. Wenn beispielsweise die Säulen eines Säulendiagramms unterschiedlich farbig oder unterschiedlich schraffiert sind, kann die Legende für die einzelnen Farben und Schraffuren mitteilen, was diese bedeuten.

Semantische Gestaltungskriterien. Kriterien semantischer Art erfordern, dass die wahrgenommene visuell-räumliche Konfiguration möglichst gut mit der Struktur des darzustellenden Sachverhalts übereinstimmt. Die dabei verwendbaren visuellen Merkmale haben unterschiedliche semantische Funktionalität. Beispielsweise eignet sich das Merkmal „Farbe“, um qualitative, jedoch nicht um quantitative Unterschiede darzustellen, da Farbe nicht als ein eindimensionales Merkmal wahrgenommen wird. Für die Darstellung quantitativer Unterschiede eignen sich geometrische Merkmale wie Länge, Breite oder Winkel. Dabei sollte man allerdings berücksichtigen, dass die Größenwahrnehmung von Winkeln und Winkelunterschieden relativ ungenau ist. Generell sollten die Merkmale „Fläche“ und „Volumen“ nicht zur Darstellung von Größenunterschieden verwendet werden, da beim Vergleich von Flächen und Volumina die vorhandenen Unterschiede vom Betrachter grundsätzlich unterschätzt werden.

Pragmatische Gestaltungskriterien. Kriterien pragmatischer Art berücksichtigen, für welche Zwecke ein Bild verwendet werden soll. Hierzu gehört unter anderem, dass ein Bild dem Betrachter keine falsche Verwendung nahe legen und ihn nicht zu Schlüssen verleiten sollte, die ungerechtfertigt sind.
Das in Abbildung 11.3 gezeigte, scheinbar „harmlose“ Diagramm ist ein solches Negativbeispiel. Es handelt sich um ein multiples Liniendiagramm, in dem die Entwicklung der Bildungsausgaben und die Entwicklung der Schulleistungen in den USA von 1978 bis 1990 dargestellt sind. Das Diagramm legt den Schluss nahe, dass trotz einer nur geringfügigen Erhöhung der Bildungsausgaben pro Schüler die Schulleistungen deutlich angestiegen sind. Es bedarf jedoch nur einer anderen Skalierung der beiden Ordinaten, um dem Betrachter genau den umgekehrten Schluss nahe zu legen: Dann wären die Bildungsausgaben in der fraglichen Zeit scheinbar deutlich erhöht worden, ohne dass dies zu einer nennenswerten Steigerung der Schulleistungen geführt hätte. Faktisch ist weder die eine noch die andere Schlussfolgerung zulässig. Vielmehr wird durch die Art der Darstellung dem Betrachter ein Vergleich zwischen unterschiedlichen Trends nahe gelegt, ohne dass die hierzu erforderlichen Voraussetzungen gegeben wären (Wainer, 1992).

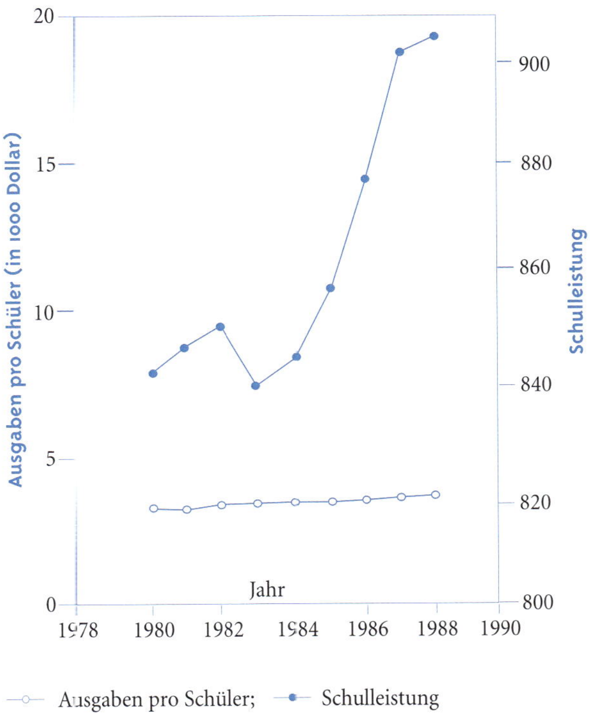

Abbildung 11.3. Diagramm zur Entwicklung der Bildungsausgaben und der Schulleistungen. Das Diagramm legt den Schluss nahe, dass trotz einer nur geringfügigen Erhöhung der Bildungsausgaben die Schulleistungen deutlich gestiegen sind. Eine andere Skalierung der beiden Ordinaten (durch Spreizen der linken und Stauchen der rechten Achse) könnte jedoch mit den gleichen Daten den entgegengesetzten Schluss provozieren: Demnach wären die Bildungsausgaben deutlich erhöht worden, ohne dass dies zu einer nennenswerten Steigerung der Schulleistungen geführt hätte. Diagramme mit verschiedenen Ordinaten sollten deshalb vermieden werden, da sie ungerechtfertigte Schlüsse nahe legen (Wainer, 1992)

11.3 Neue Medien

Der Begriff „neue Medien“ eignet sich nicht als wissenschaftliches Konzept, da ein neues Medium immer nur eine zeitlang neu ist. Im Folgenden wird der Begriff nur aus pragmatischen Gründen als Kurzbezeichnung für zwei derzeit (noch) relativ neue Medien verwendet: für Multimedia und für → Hypermedien.

Multimedia. Als → Multimedia bezeichnet man Informationsangebote, bei denen die Informationen durch eine Vielfalt von Medien (Mittlern) an den Adressaten vermittelt werden. Innerhalb dieser Vielfalt von Medien kann man den technischen Aspekt, den Darstellungsaspekt und den Rezeptionsaspekt unterscheiden.

- **Technischer Aspekt:** Bei der Informationsvermittlung kommen unterschiedliche → technische Systeme zur Anwendung wie z.B. Computer, digitale Massenspeicher, und AV-Geräte. D.h.: Es werden unterschiedliche Zeichenträger verwendet, um dem Individuum Informationen zu vermitteln.
- **Darstellungsaspekt:** Bei der Informationsvermittlung werden unterschiedliche → Darstellungsformen eingesetzt wie z.B. geschriebene oder gesprochene Texte, realistische oder logische Bilder. D.h.: Es werden unterschiedliche Zeichensysteme verwendet, in denen die Mitteilungen über den Lerngegenstand jeweils in unterschiedlicher Form kodiert sind.
- **Rezeptionsaspekt:** Bei der Informationsvermittlung werden unterschiedliche Sinnesmodalitäten des Adressaten (bei audiovisuellen Medien der Hörsinn und Sehsinn) angesprochen. D.h.: Die Zeichenrezeption erfolgt mit Hilfe unterschiedlicher Sinnesorgane.

Hypermedien. Als → Hypermedien bezeichnet man elektronisch bereitgestellte Informationsangebote, in denen Informationen in Form eines Netzwerk organisiert sind, das aus Knoten und Verknüpfungen zwischen diesen Knoten besteht. Die Knoten enthalten jeweils gesprochene oder geschriebene Texte, statische oder animierte Bilder, Filme, Diagramme, Tonaufzeichnungen usw. Die Verknüpfungen haben die Funktion, von einem Knoten bzw. der darin enthaltenen Information zu einem anderen Knoten zu gelangen. Während bei den traditionellen, linear organisierten Printmedien wie z.B. illustrierten Lehrbüchern die Abfolge der Erarbeitung des Lehrinhalts weitgehend festgelegt ist, bieten Hypermedien die Möglichkeit zu einer stärkeren Selbststeuerung des Lernens, indem sich das Individuum zwischen verschiedenen Lernwegen entscheiden und die einzelnen Informationsangebote in der Reihenfolge abrufen kann, die ihm für seinen Lernprozess am sinnvollsten erscheint.

11.3.1 Lernen mit neuen Medien

Ungeachtet der technologischen Möglichkeiten bleiben die Prozesse des Wissenserwerbs immer den Einschränkungen der menschlichen Informationsverarbeitung und den psychologischen Gesetzmäßigkeiten des Aufbaus von Wissensstrukturen unterworfen. Deshalb ist die Frage, ob der Einsatz von Multimedia das Lernen verbessert, falsch gestellt. Entscheidend für den Erfolg des Lehrens und Lernens sind Inhalt und Organisation des Lehrangebots und die dabei verwendeten Formen der Informationsdarbietung (Mayer, 2001; Weidenmann, 1996). Die wesentliche Frage dabei ist, welche kognitiven Aktivitäten beim Lernenden durch die Lehrangebot angeregt werden und ob diese den Lehr- bzw. Lernzielen entsprechen. Das technische Medium ist lediglich eine Art Transportmittel für Informationen, das den eigentlichen Lernprozess nicht direkt beeinflusst (Clark, 1994).

Modell des multimedialen Lernens

Multimediales Lernen bedeutet Wissenserwerb anhand von Informationen, die in unterschiedlichen Darstellungsformen (Text und Bild) und über unterschiedliche Sinnesmodalitäten (Auge und Ohr) angeboten werden. Das dabei stattfindende Zusammenspiel von Text- und Bildverstehen unter verschiedenen sensorischen Verarbeitungsbedingungen lässt sich anhand von Modellen des multimedialen Lernens beschreiben (Mayer, 2001; Schnotz, 2005). Das in Abbildung 11.4 gezeigte Modell besteht aus verschiedenen Sinnesorganen (Auge und Ohr) mit sensorischen Registern, dem Arbeitsgedächtnis mit begrenzter Kapazität und dem Langzeitgedächtnis, in dem das Wissen des Individuums aufbewahrt wird.

Über den auditiven Kanal werden Informationen von Hörtexten und Klängen, über den visuellen Kanal Informationen von Lesetexten und visuellen Bildern aus dem jeweiligen sensorischen Register in das Arbeitsgedächtnis gebracht. Die weitere Verarbeitung im Arbeitsgedächtnis findet über zwei Kanäle für verschiedene Darstellungsformen statt: einen Kanal für verbale Informationen und einen Kanal für bildhafte Informationen. Der Kanal für verbale Informationen führt im Zusammenspiel mit dem Vorwissen zu einer Repräsentation des jeweiligen Sinngehalts in Form einer → propositionalen Repräsentation. Der Kanal für bildhafte Informationen führt im Zusammenspiel mit dem Vorwissen zu einem mentalen Modell des Lerngegenstands. Die propositionale Repräsentation des Sinngehalts und das → mentale Modell stehen dabei in Interaktion.

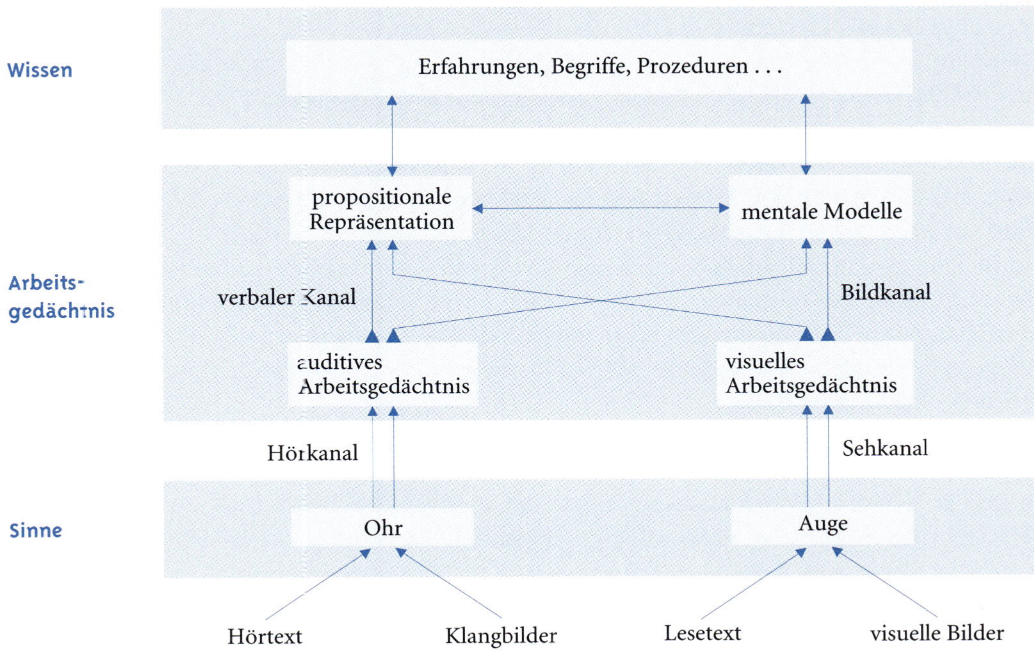

Abbildung 11.4. Modell des multimedialen Lernens. Information gelangt von den sensorischen Registern durch sensorische Kanäle ins Arbeitsgedächtnis und wird dort in verschiedenen Repräsentationskanälen weiterverarbeitet. Dieser Prozess führt zur Konstruktion einer → propositionalen Repräsentation und von → mentalen Modellen (Schnotz, 2005)

Multimedia-Effekte

Zahlreiche Untersuchungen haben gezeigt, dass Lernende mit Text und Bild besser lernen als mit Text ohne Bild (Levin & Lentz, 1982). Den lernfördernden Effekt einer Kombination von Text und Bild bezeichnet Mayer (2001) als (positiven) Multimedia-Effekt. Der positive Effekt ist allerdings an bestimmte Bedingungen gebunden. Text- und Bildinformation müssen zusammenhängen und sich gleichzeitig im Arbeitsgedächtnis befinden. Aufgrund der begrenzten kognitiven Verarbeitungskapazität ist dies immer nur für eine begrenzte Menge von Sprach- und Bildinformationen möglich (Baddeley, 1992). Daraus ergibt sich die Forderung nach Kohärenz und → Kontiguität: Text- und Bildinformation müssen semantisch zusammenhängen und zeitlich oder räumlich benachbart dargeboten werden.

Zeitliche Kontiguität bei der Darbietung von Sprach- und Bildinformationen ist dann gegeben, wenn z.B. ein animiertes Bild oder ein Film gleichzeitig mit einem gesprochenen Kommentar gezeigt wird. Räumliche Kontiguität liegt vor, wenn ein Bild und ein schriftlicher Text räumlich eng benachbart dargeboten werden. Eine räumlich oder zeitlich koordinierte Darbietung von Sprach- und Bildinformationen führt zu einem höheren Lernerfolg als eine räumlich oder zeitlich getrennte Darbietung.

Bei höheren Lernvoraussetzungen fällt der positive Multimedia-Effekt meist nur noch gering aus: Die Lernenden sind hier in der Lage, auch ohne Bildunterstützung ein → mentales Modell des Lerngegenstands zu konstruieren (Mayer, 2001). Bei noch höheren Lernvoraussetzungen ist es sogar möglich, dass ein hinzugefügtes Bild den Lernenden vom Text ablenkt und die Verarbeitung des Bildes kognitive Ressourcen unnötig verbraucht. In diesem Fall liegt ein negativer Multimedia-Effekt vor, der auch als „expertise reversal effect" bezeichnet wird (Kalyuga et al., 1998).

Modalitätseffekte

Wird ein Bild zusammen mit einem geschriebenen Text präsentiert, so konkurrieren Sprach- und Bildinformation um die begrenzte visuelle Verarbeitungskapazität. Das Auge muss zwischen Bild und Text hin- und herwandern, und je nach Fokussierung der Aufmerksamkeit ist mehr die Sprach- oder die Bildinformation im Arbeitsgedächtnis präsent, während die aktuell nicht fokussierte Information rasch aus dem Arbeitsgedächtnis verschwindet. Wird hingegen ein Bild mit einem gesprochenen Text präsentiert, so steht der visuelle Teil des Arbeitsgedächtnisses vollständig für die Aufnahme und Enkodierung der Bildinformation und der auditive Teil des Arbeitsgedächtnisses vollständig für die Aufnahme und Enkodierung der Textinformation zur Verfügung. Durch das Vermeiden einer Aufmerksamkeitsteilung und durch die Nutzung eines größeren Teils des Arbeitsgedächtnisses ergibt sich ein Lernvorteil, der als Modalitätseffekt bezeichnet wird (Mayer, 2001)

Unter bestimmten Bedingungen ist allerdings auch mit einem gegenteiligen Modalitätseffekt zu rechnen. Wird ein Bild mit einem gesprochenen Text präsentiert, so muss die Textverarbeitung wegen der Flüchtigkeit des Zeichenträgers – der akustischen Schallwellen – entsprechend der vorgegebenen Präsentationsgeschwindigkeit erfolgen. Für eine selbstgesteuerte Informationsverarbeitung bleibt so kein Raum. Bei einem permanent verfügbaren schriftlichen Text hingegen kann die Verarbeitung stärker selbstgesteuert erfolgen, so dass durch wiederholtes Lesen bestimmter Textstellen die Sprachinformation immer wieder im Arbeitsgedächtnis reaktiviert wird. Im Falle schwieriger Lerninhalte kann dieser Vorteil der flexibleren Selbststeuerung stärker ins Gewicht fallen als der Nachteil der geteilten visuellen Aufmerksamkeit.

Animationseffekte

Soll ein Lernender einen dynamischen Sachverhalt verstehen, so muss er ein „lauffähiges" → mentales Modell konstruieren, mit dessen Hilfe sich Veränderungen des Sachverhalts in Form von mentalen Simulationen nachvollziehen lassen. In diesem Fall bietet sich die Verwendung von Animationen an, da diese die Dynamik des Sachverhalts unmittelbar veranschaulichen und eine visuelle Unterstützung der mentalen Simulation ermöglichen (Salomon, 1994).

Allerdings steht im Falle animierter Bilder dem Lernenden nur noch eine flüchtige Reizquelle zur Verfügung, bei der die Möglichkeiten einer differenzierten Bildanalyse eingeschränkt sind. Diese Schwierigkeit lässt sich allerdings reduzieren, wenn der Lernende eine Animation schrittweise oder mit verschiedener Geschwindigkeit ablaufen lassen oder an beliebiger Stelle anhalten kann (vgl. Mayer & Chandler, 2001).

Animationen bieten dem Lernenden manchmal eine Unterstützung an, die er gar nicht benötigt. Statt einen mentalen Simulationsprozess aktiv und selbständig durchzuführen, kann der Lernende einfach den äußeren Prozess beobachten und passiv nachvollziehen. Animationen können so das Individuum ungewollt am Vollzug lernrelevanter mentaler Prozesse hindern (Schnotz et al., 1999).

Interaktivität und Nicht-Linearität

Computerbasierte multimediale Lernsysteme können auf Eingaben des Lernenden wie ein Kommunikationspartner reagieren. Durch diese Interaktivität wird dem Lernenden ein aktives, selbstgesteuertes Lernen ermöglicht. Entscheidend für den Lernerfolg ist allerdings nicht die Aktivität auf der Verhaltensebene, sondern ob lernrelevante kognitive Aktivitäten angeregt werden.

Je höher die Zahl der Freiheitsgrade der Interaktion, desto höher sind auch die Anforderungen an den Lernenden. Grundsätzlich muss damit gerechnet werden, dass beim Wissenserwerb mit interaktiven multimedialen Lernumgebungen ein Teil des Arbeitsgedächtnisses durch die Handhabung des Mediums beansprucht wird und somit für die semantische Verarbeitung des Lerninhalts weniger kognitive Ressourcen zur Verfügung stehen. Das Interaktionspotential von multimedialen Lernumgebungen wird deshalb von vielen Lernenden nicht spontan genutzt.
→ Hypermedien bieten die Möglichkeit eines flexiblen Zugriffs auf ein nicht-lineares Informationsangebot. Häufig wird die These vertreten, dass ein nicht-lineares Informationsangebot zu nicht-linearem, vernetztem Verstehen und Denken führen würde. Dabei wird übersehen, dass ein linearer Text ebenso wie ein Hypertext menschliche Sprachäußerungen enthält und dass die menschliche Sprache immer auf einer sequentiellen Zeichenproduktion basiert. Sowohl bei einem traditionellen, linearen Text als auch bei einem Hypertext erfolgt die kognitive Informationsverarbeitung linear. Dennoch entstehen bei beiden nicht-lineare, vernetzte Wissensstrukturen. Der Unterschied besteht darin, dass bei einem traditionellen Text ein Weg des linearen Lesens vorgegeben ist, während ein Hypertext eine Vielzahl von (jeweils linear organisierten) Wegen anbietet, wobei der Lernende auch die Möglichkeit hat, einen ungünstigen Weg zu wählen.

11.3.2 Gestaltung von neuen Medien

Der Einsatz von Multimedia ist häufig mit der Erwartung verknüpft, das Lernen werde auf diese Weise leichter und effektiver. Gleichzeitig werden bei der Gestaltung multimedialer Lernumgebungen oft in naiver Weise einfache Daumenregeln befolgt. Beispielsweise wird angenommen, dass ein reichhaltiges Informationsangebot automatisch zu vielfältigen kognitiven Aktivitäten und damit zu erfolgreicherem Lernen führt. Dementsprechend wird versucht, die technischen Möglichkeiten voll auszunutzen, indem man unterschiedliche Darbietungsformen verwendet, unterschiedliche Sinnesmodalitäten anspricht, Animationen und Videoclips einbindet, unterschiedliche Interaktionsmöglichkeiten anbietet usw.
Tatsächlich kommt es jedoch nicht auf den Gebrauch möglichst vieler technischer Leistungsmerkmale an. Es gilt vielmehr, multimediale Angebote auf die jeweiligen Lernvoraussetzungen, Zielsetzungen und vor allem auf die Funktionweise des kognitiven Systems abzustimmen. Die Gestaltung multimedialer Lernumgebungen ist nicht eine Sache einiger didaktischer Daumenregeln. Solche Regeln führen häufig zu falschen Entscheidungen, die im günstigen Fall nicht schaden, aber auch nichts Positives bewirken, und die im ungünstigen Fall (neben der Fehlinvestition von Zeit und Geld) das Lernen eher behindern als fördern.

Verwendung multipler Darstellungsformen

Multimediale Lehrangebote müssen inhaltlich kohärent sein. Außerdem müssen die aufeinander zu beziehenden Darstellungsformen entsprechend dem Kontiguitätsprinzip in räumlich-zeitlicher Nähe präsentiert werden, um dem Lernenden eine integrative Verarbeitung zu ermöglichen. Multiple Darstellungsformen anzubieten, ist jedoch nur dann sinnvoll, wenn der Aufwand der integrativen Verarbeitung für den Lernenden nicht zu hoch ist und wenn der kognitive Nutzen an tieferem Verständnis die Kosten der integrativen Verarbeitung übersteigt. Bei hohem Vorwissen, bei hohen kognitiven Fähigkeiten und bei Inhalten, die vom Lernenden auch ohne Hilfe leicht vorgestellt werden können, ist das Hinzufügen von Visualisierungen in Form von Bildern und Diagrammen häufig entbehrlich.

Ansprechen verschiedener Sinnesmodalitäten

Durch Ansprechen unterschiedlicher Sinnesmodalitäten besteht die Möglichkeit, die zu vermittelnden Information auf unterschiedliche Sinneskanäle zu verteilen und so eine möglichst optimale Auslastung des Arbeitsgedächtnisses zu erreichen. Dabei sollten die aufeinander bezogenen Text- und Bildinformationen möglichst gleichzeitig angeboten werden, um die Wahrscheinlichkeit der gleichzeitigen Verfügbarkeit im Arbeitsgedächtnis zu erhöhen und die Kohärenzbildung zu erleichtern. Jedoch sollte nicht ein und dieselbe Textinformation auditiv und zugleich visuell in Kombination mit einem Bild dargeboten werden. Eine solche Form der multiplen Textdarbietung führt zu einer Teilung der visuellen Aufmerksamkeit und zu Interferenzen zwischen Hör- und Leseverstehen.

Die Verwendung von Geräuschen und Musik kann dazu dienen, ein bestimmtes Setting herzustellen, den Lernenden auf ein Thema einzustimmen und entsprechendes Vorwissen zu aktivieren, aber auch dazu, verschiedene Phasen der Informationsdarbietung zeitlich voneinander abzugrenzen. Es ist jedoch nicht sinnvoll, Musik oder Geräusche während der Informationsverarbeitung des Lernenden darzubieten, da dies einen Teil der auditiven Verarbeitungskapazität beansprucht und damit die für den Lernprozess verfügbaren Ressourcen reduziert.

Verwendung von Animationen

Die verbreitete Annahme, ein dynamischer Gegenstand sollte grundsätzlich möglichst naturalistisch per Animation in seiner natürlichen Dynamik gezeigt werden, ist nicht haltbar. Animationen können die Aufmerksamkeit des Lernenden auf Wichtiges (und ebenso auf Unwichtiges) lenken. Sie können verwendet werden, um Lernenden kurzfristig das (zumindest oberflächliche) Beherrschen von Bedienungsschritten eines Gerätes zu ermöglichen. Sie können auch sinnvoll eingesetzt werden, um schwächeren Lernenden zu helfen, kognitive Prozesse zu vollziehen, zu denen sie ohne äußere Unterstützung nicht in der Lage wären.

Animationen bieten allerdings ein flüchtiges Informationsangebot, das die Möglichkeiten einer differenzierteren Analyse einschränkt. Sie sollten deshalb mit der Option versehen sein, die Präsentation mit verschiedener Geschwindigkeit vollziehen und an beliebiger Stelle anhalten zu können. Animationen sollten nicht verwendet werden, wenn die Lernenden genügend kognitive Voraussetzungen mitbringen, um die mentale Simulation eines dynamischen Prozesses selbständig, also ohne äußere Hilfe zu vollziehen. Andernfalls werden diese Lernenden in ihrem Fortschritt gehemmt, indem ihnen eine Unterstützung angeboten wird, die sie gar nicht mehr benötigen.

Verwendung von Interaktivität und Nicht-Linearität

Da interaktive Informationsangebote an den Lernenden zusätzliche Anforderungen stellen, reduzieren sie die für den eigentlichen Wissenserwerb verfügbaren kognitiven Ressourcen. Deshalb sollte der Grad der Interaktivität jeweils an das Lernniveau und die Fähigkeiten der Selbststeuerung des Lernenden angepasst werden. Interaktivität in Verbindung mit einer externen Unterstützung mentaler Prozesse kann aber auch zu einer Unterforderung des Lernenden führen, die den Lernfortschritt beeinträchtigt. Hier bietet sich das von Wygotski (1964) formulierte Konzept der → „Zone der nächsten Entwicklung" als eine Heuristik an, um Überforderung und Unterforderung zu vermeiden (siehe 4.1 Lernen als → Enkulturation).

Nicht-lineare Informationsangebote in Form von → Hypermedien bieten jeweils mehrere Varianten von linearen Instruktionen, zwischen denen sich der Lernende entscheiden kann. Diese

Entscheidungen binden jeweils kognitive Ressourcen. Außerdem besteht die Möglichkeit, dass der Lernende didaktisch schlechte Entscheidungen trifft, indem er eine ungünstige Sequenzierung wählt. Deshalb sollte der Grad der Nicht-Linearität jeweils sorgfältig an das Lernniveau und die Fähigkeiten der Selbststeuerung des Lernenden angepasst werden.

11.4 Zusammenfassung

Die Vermittlung von Information zum Zweck des Lehrens und Lernens geschieht vor allem in Form von gesprochenen oder geschriebenen Texten und statischen oder animierten Bildern. Texte sollten → lokal und → global kohärent und durch möglichst hohe thematische Kontinuität gekennzeichnet sein. Dabei ist die Aufmerksamkeit des Hörers oder Lesers durch adäquat dosierte Signale zu steuern. Verständliche Texte sollten sprachlich möglichst einfach formuliert sowie inhaltlich geordnet und formal gegliedert sein. Sie sollten ein mittleres Maß an → Kürze und → Prägnanz besitzen und zusätzliche motivierende Stimuli enthalten. Hörtexte erreichen auch Adressaten mit geringer Lesefähigkeit, erlauben dem Hörer jedoch aufgrund ihrer Flüchtigkeit nur eine geringe Verarbeitungskontrolle. Lesetexte sind permanent verfügbar und ermöglichen dem Leser so eine höhere Verarbeitungskontrolle.
Bilder dienen der Konkretisierung und der Interpretation von Aussagen, der Organisation von Informationen, der Transformation von Informationen ins Gedächtnis, der → Motivation sowie der Dekoration. Dabei kann es sich um → realistische Bilder, → Analogiebilder und → logische Bilder handeln. Realistische Bilder haben Ähnlichkeit mit dem Gemeinten. Analogiebilder zeigen nicht das Gemeinte, sondern einen analogen Sachverhalt. Logische Bilder veranschaulichen abstrakte Sachverhalte, die nicht unmittelbar wahrnehmbar sind. Für ein oberflächliches Verstehen realistischer Bilder reichen Schemata der alltäglichen Wahrnehmung aus. Beim tieferen Verstehen gilt es, auch die Mitteilungsintention zu erkennen. Beim Verstehen von Analogiebildern muss der dargestellte Sachverhalt verstanden und dann dessen Struktur auf das Gemeinte übertragen werden. Für das Verstehen von logischen Bildern sind spezielle kognitive Schemata erforderlich.
Zu den neuen Medien gehören Multimedia und → Hypermedien. Der Begriff „Multimedia“ steht für die Verwendung verschiedener technischer Geräte, die Kombination verschiedener Darstellungsformen und das Ansprechen verschiedener Sinnesmodalitäten beim Adressaten. Bei der Kombination von Text und Bild sind Kohärenz und → Kontiguität der Sprach- und Bildinformation wesentlich. Die auditive Textpräsentation bietet den Vorteil, dass die visuelle Verarbeitungskapazität vollständig für die Verarbeitung des Bildes zur Verfügung steht, während bei visueller Textdarbietung Sprach- und Bildinformation um die begrenzte visuelle Verarbeitungskapazität konkurrieren. Animierte Bilder können die Aufmerksamkeit des Lernenden steuern, Handlungsabläufe demonstrieren und die mentale Simulation von Prozessen unterstützen. Allerdings sind die Möglichkeiten der konzeptgeleiteten Analyse durch die Flüchtigkeit der Darstellung eingeschränkt. Außerdem besteht die Gefahr, dass Lernenden eine Unterstützung angeboten wird, die sie gar nicht benötigen.
Hypermedien bieten im Gegensatz zu traditionellen linearen Informationsangeboten eine Vielzahl von Lernwegen an, von denen jeder allerdings linear organisiert ist. Die Nutzung von Hypermedien und von interaktiven multimedialen Informationsangeboten bietet einerseits die Möglichkeit eines selbstgesteuerten Lernens. Andererseits beansprucht die Handhabung des Mediums einen Teil der kognitiven Ressourcen, so dass für die Verarbeitung des Lehrinhalts

weniger Kapazität zur Verfügung steht. Der Grad der Interaktivität und Nichtlinearität sollte deshalb an das Lernniveau und die Fähigkeiten zur Selbststeuerung angepasst sein.

Bezug zu ...

Die verschiedenen Darstellungsformen entstanden in der **Geschichte der Kommunikation** zu sehr unterschiedlichen Zeitpunkten. Sprache (als gesprochener Text) entwickelte sich vor über 100.000 Jahren. → Realistische Bilder spielen seit mindestens 20.000 Jahren eine Rolle. Aus realistischen Bildern entwickelten sich etwa ab 5.000 v.Chr. allmählich geschriebene Texte, die zunächst in Ideogrammschriften (basierend auf Zeichen für Ideen) und ab etwa 1.500 v. Chr. in den heute gebräuchlichen Phonogrammschriften (basierend auf Zeichen für Sprachlaute) verfasst waren. Hingegen wurden → logische Bilder erst vor ca. 200 Jahren entwickelt. Animierte Bilder spielen, wenn man von historischen Vorläufern wie den chinesischen Schattenspielen absieht, erst seit der im 20. Jahrhundert erfundenen Filmtechnik eine Rolle.

Die **Kombination von Sprache und Bildern** wird in der Didaktik mit dem Prinzip der Anschaulichkeit begründet. In der Psychologie wird meist auf die duale Kodierungstheorie von Paivio (1986) verwiesen, wonach (abstrakte) verbale Informationen ausschließlich im verbalen kognitiven System, piktoriale Informationen hingegen im imaginalen und im verbalen kognitiven System verarbeitet werden. Demnach bieten Bilder den Vorteil einer doppelten Kodierung im menschlichen Gedächtnis. Texte und Bilder unterscheiden sich aber nicht nur in der Zahl ihrer mentalen Kodes. Vielmehr handelt es sich um unterschiedliche Zeichensysteme mit unterschiedlichen Repräsentations- und Nutzungseigenschaften, die einander jeweils ergänzen.

Die Annahme unterschiedlicher kognitiver Repräsentationsformate spielt auch in der Theorie des Arbeitsgedächtnisses von Baddeley (1992) eine Rolle, wo für Sprachinformation eine phonologische Schleife und für Bildinformation ein visuell-räumlicher Notizblock angenommen werden. Der visuell-räumliche Notizblock kann sowohl visuelle Vorstellungen als auch → mentale Modelle enthalten. Vorstellungen und mentale Modelle werden gelegentlich als gleichartig angesehen. Es erscheint jedoch sinnvoller, visuelle Vorstellungen als modalitätsspezifische (visuelle) analoge mentale Repräsentationen anzusehen, während mentale Modelle modalitätsunspezifische analoge Repräsentation sind, da ein mentales Modell auch anhand anderer Sinnesinformation konstruiert werden kann.

Beim Text- und Bildverstehen gibt es neben den oben angenommenen Repräsentationsebenen noch weitere Ebenen: die Kommunikationsebene und die Genreebene. Die Kommunikationsebene bezieht sich auf den pragmatischen kommunikativen Kontext, in den Text und Bild eingebettet sind. Die Genreebene bezieht sich auf das Textgenre (z.B. narrativer Text, expositorischer Text, Berichtstext usw.) oder Bildgenre (z.B. Dokumentationsbild, Comic, Werbungsbild usw.) und die entsprechenden Funktionen. Wenn beim Text- oder Bildverstehen auch die Mitteilungsintention und die Mitteilungsart des Autors reflektiert wird, so sind damit die Kommunikationsebene und die Genreebene angesprochen.

Ähnlich wie es im Bereich der → Erziehung und → Sozialisation auf eine adäquate (nicht zu enge und nicht zu weite) Grenzziehung ankommt, gilt es im Bereich des Lehrens und Lernens, das richtige Maß von **Fremd- und Selbststeuerung** zu finden. Dementsprechend müssen multimediale Lernumgebungen so gestaltet sein, dass sie den Lernenden weder durch ein Übermaß an Interaktionsanforderungen und Entscheidungen überfordern, noch dass sie ihn unterfordern, indem ihm Hilfen angeboten werden, die er gar nicht benötigt, und ihn so vom Vollzug lernrelevanter kognitiver Prozesse abhalten. Insgesamt gesehen können auch optimal gestaltete Instruktionsmedien nur in dem Maß erfolgreich sein, wie Lernende in der Lage sind, mit diesem Instruktionsangebot adäquat umzugehen, indem sie geeignete Lernstrategien einsetzen.

11.5 Diskussionsfragen

(1) Sollten Instruktionstexte möglichst einfach zu verstehen und deshalb sprachlich möglichst einfach formuliert sein?

(2) Welche Möglichkeiten bestehen bei der Gestaltung von Instruktionstexten, die Aufmerksamkeit des Lesers bzw. Hörers zu erhöhen und zu steuern?

(3) Unter welchen Bedingungen ist durch das Hinzufügen von Bildern zu einem Instruktionstext ein Lernvorteil zu erwarten und unter welchen Bedingungen nicht?

(4) Welche Möglichkeiten bestehen, beim Lernen mit Bildern eine größere Verstehenstiefe zu erreichen?

(5) Was ist zu berücksichtigen, um den richtigen Grad an Interaktivität und Nicht-Linearität einer multimedialen Lernumgebung zu bestimmen?

Weiterführende Literatur

Eine systematische Darstellung der psychologischen Forschung zum Lernen mit Texten findet sich in:
Schnotz, W. (1994). Aufbau von Wissensstrukturen. Weinheim: Beltz.

Eine systematische Darstellung der psychologischen Forschung zum Lernen mit Bildern findet sich in:
Weidenmann, B. (Hrsg.) (1994). Wissenserwerb mit Bildern. Berlin: Huber.

Neuere Forschungsergebnisse zum Lernen mit Multimedia werden beschrieben in:
Mayer, R.E. (2001). Multimedia learning. New York: Cambridge University Press.
Mayer, R.E. (Hrsg.) (2005). Cambridge handbook of multimedia learning. New York: Cambridge University Press.

12 Lernstrategien

Was Sie in diesem Kapitel erwartet

Richtig lernen – aber wie?

Kann man das Lernen erlernen? Die Frage erscheint zunächst paradox und überflüssig, denn jeder Mensch kann lernen, und man lernt auch nie aus, wie der Volksmund sagt. Tatsächlich gilt: Jeder Mensch kann lernen, aber nicht alle Menschen lernen gleich effektiv. Man kann lernen, effektiver zu lernen.

Ein Lehr-Lern-Prozess kann nur dann erfolgreich sein, wenn der Lernende mit dem Lehrenden kooperiert und geeignete Lernaktivitäten durchführt. Umgekehrt bleiben die besten Lehrangebote unwirksam, wenn der Lernende damit nicht richtig umgeht. Um dem Lernenden einen adäquaten Umgang mit Lehrangeboten zu ermöglichen, können Lernstrategien vermittelt werden.

Lernstrategien sind allgemeine innere Programme zur Steuerung von Lernprozessen. Jedes absichtsvolle Lernen wird von einer Lernstrategie (oder Strategiekombination) gesteuert. Dies gilt auch dann, wenn die Strategie dem Lernenden selbst nicht bewusst ist und sogar, wenn es sich um eine ineffektive Strategie handelt. Effektive Strategien können einem Lernenden aber auch bewusst vermittelt und von ihm eingeübt werden. Eine solche Vermittlung von Lernstrategien bedeutet häufig, dass der Lernende seine bisherigen Lerngewohnheiten aufgibt. Dies ist meist schwierig und kann zu vorübergehenden Konflikten zwischen alten und neuen Strategien führen.

Lernstrategien können in globale und spezifische Lernstrategien untergliedert werden. Innerhalb der spezifischen Lernziele kann man je nach der primären Zielsetzung des Lernens Behaltens- und Verstehensstrategien unterscheiden. Komplexe Lernstrategieprogramme berücksichtigen nicht nur die kognitiven, sondern auch die motivationalen und affektiven Bedingungen des Lernens. Die untergeordneten operativen Teile von Lernstrategien bezeichnet man häufig als Lerntechniken, wobei die Grenze zwischen Strategien und Techniken fließend ist.

Lernziele

Sie sollten am Ende des Kapitels wissen bzw. verstanden haben,

- nach welchen Gesichtspunkten sich Lernstrategien unterscheiden lassen,
- worin sich → Primär- und → Sekundärstrategien unterscheiden,
- auf welche Weise → Behaltensstrategien wirksam sind,
- warum eine zu geringe ebenso wie eine zu exzessive elaborative Verarbeitung die Behaltensleistungen beeinträchtigt,
- auf welche Weise → Verstehensstrategien wirksam sind,
- warum Lernstrategieprogramme bei manchen Lernenden positive und bei anderen negative Effekte haben.

12.1 Lernorientierungen

Die von Lernenden spontan verwendeten Lernstrategien treten häufig in Verbindung mit einer bestimmten Zielsetzung und Lernmotivation auf. Marton und Säljö (1984) fanden, dass sich Studierende, die für Prüfungen lernen, häufig hinsichtlich der angestrebten Tiefe der Verarbeitung unterscheiden. Die Autoren differenzieren dementsprechend zwischen einer Surface-Level-Orientierung und einer Deep-Level-Orientierung.

Definition

Surface-Level- Orientierung bedeutet, dass sich der Lernende auf das Einprägen von Fakten und von unzusammenhängenden Informationen konzentriert. Allgemeines Ziel des Lernens ist hier, das Gelernte später wiedergeben zu können.

Deep-Level-Orientierung bedeutet, dass sich der Lernende um das Verständnis von Zusammenhängen bemüht und deshalb Verbindungen zwischen den angebotenen Informationen, seinem Vorwissen und anderen vorfindbaren Informationen herstellt.

Entwistle und Ramsden (1983) stellten fest, dass Individuen mit einer Surface-Level-Orientierung vor allem durch Furcht vor Misserfolg extrinsisch motiviert sind, während Individuen mit einer Deep-Level-Orientierung vor allem intrinsisch motiviert sind (vgl. 7.1 Motivarten) und sich hinsichtlich ihres Lernens insgesamt autonomer verhalten (vgl. Wild & Schiefele, 1994).

12.2 Globale Lernstrategien

Globale Lernstrategien geben allgemeine Hinweise für den Wissenserwerb anhand von Lehrmaterial. Eine häufig empfohlene globale Lernstrategie ist die → PQ4R-Methode (Thomas & Robinson, 1972). Sie ist die Weiterentwicklung der etwas einfacheren SQ3R-Methode. Die PQ4R-Methode besteht in der Anwendung von sechs aufeinander aufbauenden Schritten: **P**review, **Q**uestion, **R**ead, **R**eflect, **R**ecite und **R**eview.

PQ4R-Methode

(1) **Preview (Vorprüfung):** Verschaffe dir einen Überblick über die allgemeinen Themen, die in dem Kapitel behandelt werden! Lege die Abschnitte fest, die als Einheiten gelesen werden können! Wende die folgenden vier Stufen auf jeden dieser Abschnitte an!

(2) **Question (Fragenstellen):** Stelle Fragen zu dem betreffenden Abschnitt! Man kann sich dabei zum Teil an den Überschriften orientieren (z.B. „Was ist X?“, „Was sind die Folgen von X?“, „Wie kommt es zu X?“).

(3) **Read (Lesen):** Lies den Abschnitt sorgfältig durch und versuche, die Fragen zu beantworten, die zu dem Abschnitt formuliert wurden!

(4) **Reflect (Nachdenken):** Denke beim Lesen über den Inhalt nach. Überlege dir Beispiele zum Gelesenen und beziehe diese auf dein bisheriges Wissen!

(5) **Recite (Wiedergeben):** Wenn du einen Abschnitt gelesen hast, dann versuche, die enthaltene Information wiederzugeben! Beziehe auch die dazu gestellten Fragen ein und die Antworten, die du darauf beim Lesen gefunden hast!

(6) **Review (Rückblick):** Wenn du einen Abschnitt gelesen hast, dann gehe ihn noch einmal im Geiste durch! Versuche, die wichtigsten Punkte wiederzugeben! Beziehe dabei auch die Fragen und die darauf gefundenen Antworten ein!

Die → PQ4R-Methode leitet den Lernenden zu organisiertem Lesen und Lernen an. Sie hilft, die übergeordnete Struktur des Lehrmaterials hervorzuheben und den Inhalt zu elaborieren. Die Hinweise sind allerdings relativ undifferenziert und spezifizieren nicht näher, unter welchen Bedingungen welche Lernaktivitäten angemessen sind.

12.3 Behaltensstrategien

→ Behaltensstrategien sind Verfahren, welche die Kodierung von Informationen im Gedächtnis und die Abrufbarkeit dieser Informationen aus dem Gedächtnis verbessern. Abgesehen vom einfachen Wiederholen bestehen diese Strategien im Wesentlichen in der gezielten Anwendung von Elaborationen, d.h. der Anreichung des Lerninhalts durch Vorwissen (Weinstein & Mayer, 1986).

Elaborationen können das Behalten verbessern, indem sie verschiedene Zugänge zu den gelernten Inhalten ermöglichen. Allerdings gilt dies nur für themennahe Elaborationen, die den Zusammenhalt (die Kohärenz) der entstehenden Wissensstruktur vergrößern. Ein Übermaß an Elaborationen hingegen kann die Kohärenz der Wissensstruktur beeinträchtigen, da dann der Anteil der themenfernen Elaborationen zu sehr zunimmt (Mandl & Ballstaedt, 1982). Strategieprogramme, die den Vollzug elaborativer Prozesse systematisch trainieren, regen die Lernenden dazu an, wichtige Sätze zu paraphrasieren, Analogien herzustellen, Schlussfolgerungen zu ziehen sowie Querverbindungen des Gelernten zu anderen Inhalten herzustellen (Weinstein, 1978).

Für das Behalten von semantisch unverbundenen Gedächtnisinhalten empfiehlt sich der Einsatz von Mnemotechniken. Hierzu gehören vor allem die → Loci-Methode, die Verwendung von → Gedächtnistafeln und die → Schlüsselwortmethode.

Loci-Methode

Die Loci-Methode besteht darin, dass bestimmte Gedächtnisinhalte in Form von Vorstellungen mit unterschiedlichen Orten eines dem Lernenden sehr gut bekannten und systematisch absuchbaren Geländes assoziiert werden. Sehr beliebt ist beispielsweise der individuelle Weg von zu Hause zur Schule, zur Arbeit usw. Wenn man sich unterschiedliche Gruppen von Gedächtnisinhalten merken muss, bietet sich die Verwendung verschiedener Wege an, um Interferenzen zu vermeiden.

Eine Variante der Loci-Methode ist die angeblich auf den griechischen Dichter Simonides zurückgehende „Architekturmethode" der antiken Rhetorik, bei welcher der Redner den Inhalt seiner Rede gedanklich nach einem bestimmten System auf die Räume eines Hauses verteilt und die Räume in einer festgelegten Abfolge durchschreitet.

Gedächtnistafeln

Gedächtnistafeln bestehen aus einer mehr oder weniger langen Sequenz von natürlichen Zahlen, die aufgrund ihrer äußeren Form mit ähnlichen Objekten assoziiert und entsprechend gezeichnet werden können. Beispielsweise kann die „1" in Anlehnung an einen Bleistift, die „2" in Anlehnung an einen Schwan, die „3" in Anlehnung an eine Brille gezeichnet werden usw. Abbildung 12.1 veranschaulicht das Grundprinzip.

Die Nutzung einer solchen Gedächtnistafel besteht darin, die einzuprägenden Gedächtnisinhalte mit diesen Objekten bildhaft zu assoziieren. Beispielsweise könnte die Begriffskette „TANZ,

Abbildung 12.1. Auszug aus einer Gedächtnistafel. Das Schriftbild der natürlichen Zahlen wird aufgrund einer Formähnlichkeit fest mit einem bestimmten Anker-Objekt assoziiert. Nachdem diese Assoziationen gelernt sind, kann das Individuum sich eine Auflistung der verschiedensten Inhalte merken, indem es der Reihe nach Inhalt für Inhalt mit dem Objekt der jeweiligen Zahl zu einem Phantasie-Szenarium verbindet. Beim Abruf führt die Zahl zum Erinnern des Szenariums, an dem wiederum der zu merkende Inhalt abgelesen werden kann

BAUMSTAMM, SALAT . . .“ durch die Vorstellung von bildhaften Szenarien wie „Der Bleistift tanzt auf dem Papier“, „Ein Schwan schwimmt neben einem treibendem Baumstamm“, „Die Brille ist in den Salat gefallen“ repräsentiert werden. Da Zahlen eine feste, sehr gut gelernte Reihenfolge haben, können dann beliebige Elemente der gelernten Sequenz schnell und mühelos abgerufen werden.

Eine den → Gedächtnistafeln verwandte Methode ist die → Kennwortmethode. Anstelle von Zahlen werden hier die Buchstaben des Alphabets verwendet und mit bestimmten Objekten assoziiert wie z.B. A – Affe, B – Bär, C – Chamäleon, D – Dachs usw. Die den Buchstaben zugeordneten Objektnamen nennt man Kennworte. Die zu merkenden Inhalte werden mit den betreffenden Objekten zu einem bildhaften Szenarium verknüpft, an das man sich dann mit Hilfe des jeweiligen Buchstabens leicht erinnern kann.

Schlüsselwortmethode

Die → Schlüsselwortmethode wird häufig als Gedächtnishilfe beim Lernen von Wortassoziationen empfohlen. Ein Beispiel ist das Vokabellernen. Die Methode nutzt hier die Klangähnlichkeit zwischen einem fremdsprachlichem Wort und einem Wort der Muttersprache, das einen konkreten, anschaulichen Inhalt hat. Das Wort der Muttersprache bezeichnet man als Schlüsselwort.

Wenn beispielsweise das englische Wort „duck“ (das ENTE bedeutet) gelernt werden soll, so kann man die Klangähnlichkeit mit dem deutschen Wort „Dock“ nutzen und eine Verknüpfung zwischen dem Schlüsselwort „Dock“ und dem englischen Wort „duck“ herstellen. Hierzu werden die beiden Wortbedeutungen DOCK und ENTE bildhaft miteinander assoziiert, z.B. indem man sich eine überdimensionale Ente vorstellt, die in einem Dock sitzt.

Diese bildhafte Vorstellung kann dann in beiden Richtungen genutzt werden: Will man wissen, was „Ente“ auf englisch heißt, so führt die Vorstellung der Ente über das Dock, in dem sie sitzt, zum klangähnlichen englischen „duck“. Will man wissen, was „duck“ auf deutsch heißt, so führt die Klangähnlichkeit mit dem deutschen Schlüsselwort „Dock“ über die Vorstellung des Docks, in dem eine Ente sitzt, zum deutschen Wort „Ente“. Natürlich ist eine flüssige Kommunikation in einer fremden Sprache mit dieser Methode nicht möglich.

Allgemein betrachtet bestehen Mnemotechniken im kontrollierten Herstellen von Elaborationen, indem der zu lernende Inhalt systematisch durch Vorwissen angereichert wird. Als Vorwissen wird jeweils ein bestimmtes Ordnungssystem verwendet, das der Lernende bereits vor dem Einprägen des Inhalts perfekt beherrschen muss. Dieses Ordnungssystem besteht entweder in der Anordnung von vertrauten Objekten in einem vertrauten Raum (bei der → Loci-Methode) oder in einem System von geordneten Zahlen (bei den Gedächtnistafeln) oder von Buchstaben (bei der Kennwortmethode), mit denen bestimmte Inhalte bereits fest assoziiert sind. Bei der Schlüsselwortmethode wird dagegen einfach auf leicht erlernbare Assoziationen zurückgegriffen. Die beim Einsatz von Mnemotechniken erzeugten Elaborationen führen nicht – wie man vermuten könnte – zu einer höheren Gedächtnisbelastung, sondern erleichtern den Abruf des Gelernten.

12.4 Verstehensstrategien

→ Verstehensstrategien sind Verfahren, die dem Lernenden das Erkennen größerer Zusammenhängen und das Einordnen von Informationen in diese Zusammenhänge ermöglichen sollen. Sie bestehen im Wesentlichen darin, dass der Lernende – von einer detaillierten Darstellung ausgehend – übergeordnete Strukturen bildet, in denen die übergreifenden Zusammenhänge repräsentiert werden. D.h.: Der Lernende konstruiert zusätzlich zu den ihm präsentierten Mikrostrukturen, in denen die Detailinformationen enthalten sind, übergeordnete Makrostrukturen, in denen die wesentlichen Inhalte und die übergreifenden Zusammenhänge repräsentiert sind. Durch den Übergang von einer Mikrostruktur zu einer Makrostruktur wird eine große Informationsmenge auf eine kleinere Informationsmenge reduziert. Deshalb bezeichnet man solche Verstehensstrategien auch als reduktive oder organisierende Lernstrategien (Weinstein & Mayer, 1986). Wichtige reduktiv-organisierende Lernstrategien sind das Zusammenfassen von Texten und das Erarbeiten von Netzwerkdarstellungen.

Zusammenfassen von Texten

Das Zusammenfassen von Texten wird allgemein als ein Mittel zur Förderung der Makrostrukturbildung empfohlen. Friedrich et al. (1987) haben ein Trainingsprogramm zum Zusammenfassen von Texten entwickelt. Trainiert wird vor allem die Anwendung von Makroregeln und die Analyse von Darstellungsstrukturen. Makroregeln sind:

- das Tilgen irrelevanter und/oder redundanter Aussagen,
- das Auswählen relevanter Aussagen,
- das Generalisieren von in Aussagen enthaltenen Begriffen und
- die Konstruktion zusammenfassender Aussagen.

Die Analyse von Darstellungsstrukturen basiert auf der Kenntnis von Darstellungskonventionen (siehe 10.4 Sequenzierung von Lehrinhalten).

Die Anwendung von Makroregeln und die Analyse von Darstellungsstrukturen müssen in Kombination erfolgen, damit die „von unten nach oben" gerichtete Informationsreduktion durch Makroregeln und die „von oben nach unten" gerichtete Organisationsfunktion der Darstellungsstrukturen optimal ineinander greifen. Dementsprechend sind folgende Schritte durchzuführen:

- orientierendes Lesen (Überblick verschaffen),
- Analyse der formalen Struktur des Lehrtexts,
- Auswahl der relevanten Textabschnitte,
- Zusammenfassen (abschnittweise).

Dieses Programm wurde von Friedrich (1995) zu dem Selbstinstruktionsprogramm REDUTEX zur Förderung von reduktiv-organisierenden Strategien beim Lernen mit Texten weiterentwickelt, das sich speziell an Erwachsene wendet. REDUTEX trainiert die reduktive Verarbeitung von Sätzen, die reduktive Verarbeitung von Textabschnitten, die Analyse der formalen Struktur von Texten und vermittelt schließlich eine allgemeine Heuristik zum Zusammenfassen von Texten.

Erarbeiten von Netzwerkdarstellungen

Beim Erarbeiten von → Netzwerkdarstellungen werden die Hauptbestandteile eines Lerninhalts graphisch repräsentiert. Der Lernende vollzieht dabei eine Strukturanalyse des Lerngegenstands, die der Strukturanalyse durch den Lehrenden analog ist (siehe 10.3 Bedingungsanalyse). Die Knoten des Netzwerks stellen Konzepte, die Verbindungslinien des Netzwerks (die sogenannten Kanten) semantische Relationen dar. Man kann eine solche Netzwerkdarstellung als graphische Zusammenfassung ansehen. Abbildung 12.2 zeigt als Beispiel eine komplexe Netzwerkstruktur, in der die Inhalte eines Lehrbuchs für Krankenschwestern dargestellt sind. Innerhalb dieser Netzwerkdarstellungen lassen sich hierarchische Strukturen, Kettenstrukturen und Clusterstrukturen unterscheiden.

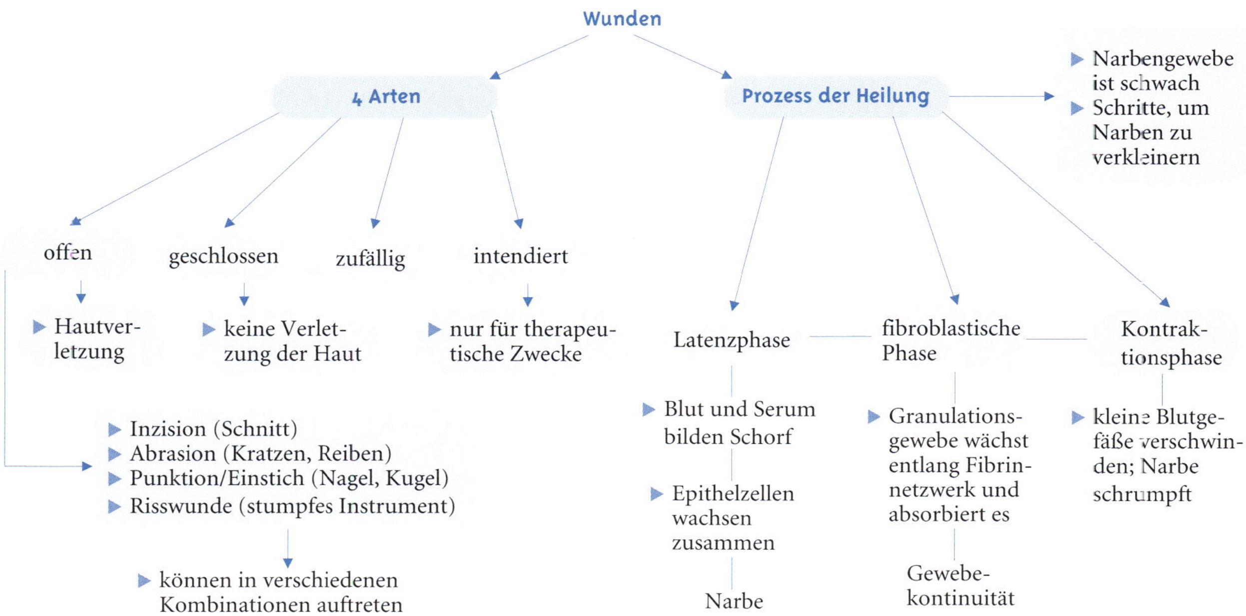

Abbildung 12.2. Beispiel für die Netzwerkdarstellung eines Lehrinhalts für Krankenschwestern. In dieser Netzwerkdarstellung lassen sich aufgrund der verschiedenen semantischen Relationen **hierarchische Strukturen** (z.B. „offene Wunden sind Hautverletzungen", „Prozess der Heilung besteht aus ..."), **Kettenstrukturen** (z.B. „von Latenzphase über fibroblastische Phase zur Kontraktionsphase") und **Clusterstrukturen** (z.B. „vier Arten von Wunden") unterscheiden (modifiziert nach Holley et al., 1979)

Hierarchische Strukturen. Sie beruhen auf Teil-Ganzes-Relationen oder auf Ist-Ein-Relationen. Hinweise auf solche Teil-Ganzes-Relationen sind z.B. Formulierungen wie „ist ein Teil von" oder „ist ein Ausschnitt von". Hinweise auf Ist-Ein-Relationen geben z.B. Formulierungen wie „ist ein Beispiel von", „ist eine Art von" oder „gehört zur Kategorie der".

Kettenstrukturen. Sie beruhen auf Kauselrelationen und auf Mittel-Zweck-Relationen. Hinweise auf solche Kausalrelationen sind z.B. Formulierungen wie „führt zu", „bewirkt" oder „erzeugt". Hinweise auf Mittel-Zweck-Relationen sind z.B. Formulierungen wie „damit", „um zu" oder „dient dazu, dass".

Clusterstrukturen. Sie beruhen auf Ähnlichkeits- und Analogierelationen, auf Attributrelationen und auf Bestätigungsrelationen. Hinweise auf Analogierelationen sind z.B. Formulierungen wie „ist analog“, „ist ähnlich“, „ist wie“ oder „entspricht“. Hinweise auf Attributrelationen sind z.B. Formulierungen wie „hat“ oder „ist gekennzeichnet durch“. Hinweise auf Bestätigungsrelationen sind z.B. Formulierungen wie „wird belegt/bestätigt/bewiesen durch“.

Holley et al. (1979) fanden, dass sich das Erarbeiten von → Netzwerkdarstellungen vor allem auf die → globale Kohärenzbildung positiv auswirkt, also auf die Organisation des Wissens und das Herstellen übergreifender Zusammenhänge. Für die → lokale Kohärenzbildung bzw. das Verstehen von Details lassen sich meist keine Effekte nachweisen.

Insgesamt ist bei der Vermittlung von reduktiven Lernstrategien zu berücksichtigen, dass Individuen aufgrund ihrer bisherigen Lerngewohnheiten meist bestimmte Verarbeitungspräferenzen haben, die mit einer neu vorgegebenen Strategie interferieren können. Bei erwachsenen, lernerfahrenen Individuen kann ein Training von reduktiven Lernstrategien deshalb vorübergehend auch zu negativen Effekten führen (Friedrich, 1995).

12.5 Komplexe Lernstrategieprogramme

Da die Verwendung isolierter Einzelstrategien häufig nicht zu dem erhofften Erfolg führt, wird unter anderem versucht, durch komplexe Lernstrategieprogramme diese Einzelstrategien besser aufeinander abzustimmen und in ein sinnvolles Ganzes zu integrieren. Ein solches Programm wurde von Dansereau et al. (1979) entwickelt. Darin wird zwischen Primär- und Sekundärstrategien unterschieden. → Primärstrategien dienen der Verbesserung des Verstehens und des Abrufs sowie der Anwendung des Gelernten. → Sekundärstrategien zielen darauf ab, die inneren und äußeren Rahmenbedingungen des Lernens zu optimieren.

12.5.1 Primärstrategien

MURDER 1: Verstehensstrategien

Verstehensstrategien sollen dem Lernenden bei der Integration, Reorganisation, Verknüpfung und Elaboration des Lernmaterials helfen. Hierfür wurde das Strategiepaket → MURDER 1 entwickelt.

M Setting the Mood to Study:
Der Lernende versetzt sich in eine lernbereite Stimmung.

U Reading for Understanding:
Der Lernende wird aus der Rolle eines passiven Rezipienten heraus in die Rolle eines aktiven Problemlösers gebracht, der seine Verstehensprobleme selbst bewältigt. Beispielsweise wird er dazu angehalten, nicht verstandene Textabschnitte zu markieren und andere Informationsquellen (z.B. Lexika, andere Lehrbücher usw.) heranzuziehen.

R Recalling the Material:
Der Lernende gibt das Gelernte nach dem Lesen in eigenen Worten (paraphrasiert) wieder, generiert Vorstellungen zum Lerninhalt oder entwickelt Netzwerkdarstellungen des Lerninhalts und arbeitet so die Hauptideen heraus.

D Digesting the Material:
Der Lernende identifiziert wichtige Informationen und verknüpft diese mit anderen.

E **E**xpanding Knowledge via Self-Inquiry:
Der Lernende wird dazu angeleitet, Fragen zu stellen, die sich an den Autor des Lehrmaterials richten könnten. Solche Fragen sind beispielsweise: Wie hängt der Lerninhalt mit einem bestimmten anderen Inhalt zusammen? Wie kann der Lerninhalt angewandt werden?

R **R**eviewing the Effectiveness of Studying:
Der Lernende geht den Lerninhalt noch einmal gedanklich durch, hält Fehler, die ihm vorher eventuell unterlaufen sind, fest und analysiert, was zu diesen Fehlern geführt hat.

MURDER 2: Abruf- und Anwendungsstrategien

Abruf- und Anwendungstrategien sollen dem Lernenden helfen, das Gelernte abzurufen und anzuwenden. Hierfür wurde das Strategiepaket → MURDER 2 entwickelt.

M Setting the **M**ood to Study:
Der Lernende versetzt sich in eine test- bzw. anwendungsorientierte Stimmung.

U **U**nderstanding the Task Requirements:
Der Lernende analysiert die Anforderungen der Aufgabe.

R **R**ecalling Relevant Main Ideas:
Der Lernende ruft die Hauptinhalte aus dem Gedächtnis ab.

D **D**etailing Main Ideas with Specific Information:
Der Lernende ergänzt die Hauptinhalte durch weitere, spezifischere Informationen.

E **E**xpanding Information into Outline:
Der Lernende stellt Hauptinhalte und ergänzende spezifischere Information zusammenfassend in einer Gesamtskizze dar.

R **R**eviewing Adequacy of Final Response:
Der Lernende bewertet die erarbeitete Aufgabenlösung im Hinblick auf ihre Angemessenheit.

12.5.2 Sekundärstrategien

→ Sekundärstrategien zielen darauf ab, die Rahmenbedingungen des Lernens zu optimieren. Diese betreffen den psychischen Gesamtzustand des Individuums, die Setzung von Zielen, die Zeitplanung, das Konzentrationsmanagement sowie die Möglichkeiten zur Selbstwahrnehmung und Selbstdiagnose beim Lernen.

- **Setzung von Zielen und Zeitplanung:** Das Individuum lernt, sich Tages-, Wochen-, Monats- oder Semesterziele zu setzen und ein Arbeitsbuch zur Fixierung der Ziele und Teilziele zu führen.
- **Konzentrationsmanagement:** Das Individuum lernt, durch positive Selbstgespräche oder die Anwendung von Konditionierungsprinzipien (siehe Kapitel 3 Empiristisch-behavioristische Ansätze) eine positive Lerneinstellung zu schaffen. Ebenso lernt es, die positive Lerneinstellung durch das Vermeiden bzw. Bewältigen von Ablenkungen beizubehalten. Ein Training von Entspannungstechniken soll dazu dienen, die verfügbaren kognitiven Ressourcen optimal einzusetzen.
- **Selbstbeobachtung und Selbstdiagnose:** Das Individuum lernt, sich beim Lernen selbst zu beobachten, seine Konzentrationsprobleme festzustellen und sein eigenes Verstehen in den einzelnen Lernabschnitten zu bewerten.

12.5.3 Wirksamkeit von komplexen Lernstrategieprogrammen

Allgemeine Wirksamkeit

Bei einer Überprüfung der Wirksamkeit ihres Lernstrategieprogramms, in der 15 Wochen lang ein Training von wöchentlich jeweils zwei Stunden stattfand, stellten Dansereau et al. (1979) signifikante Verbesserungen in den Verstehens- und Behaltensleistungen sowie positivere Kursbeurteilungen fest. Die Verbesserungen traten bei Kurzaufsatzaufgaben deutlicher zu Tage als bei Multiple-Choice-Aufgaben. Das Training scheint sich demnach vor allem positiv auf die → globale Kohärenzbildung, also auf die Organisation des Wissens und das Herstellen übergreifender Zusammenhänge, und weniger auf die → lokale Kohärenzbildung bzw. auf das Verstehen von Details auszuwirken.
Außerdem zeigte sich bei den → Verstehensstrategien, dass die Erarbeitung von → Netzwerkdarstellungen zu höheren Lernerfolgen führte als das Paraphrasieren oder das Generieren bildlicher Vorstellungen. Dies weist darauf hin, dass die Erarbeitung von Netzwerkdarstellungen eher zur globalen Kohärenzbildung beiträgt, während das Paraphrasieren oder das Generieren bildlicher Vorstellungen eher im Bereich der lokalen Kohärenzbildung verbleibt.

Differentielle Wirksamkeit

Lernstrategieprogramme zeigen vor allem bei Kindern und bei lernschwachen Erwachsenen positive Wirkungen. Bei lernerfahrenen Erwachsenen hingegen sind häufig keine oder nur geringe positive Wirkungen zu verzeichnen, und manchmal kommt es auch zu einer (zumindest vorübergehenden) Verschlechterung der Lernleistungen (Friedrich, 1995; Krapp, 1993).
Kinder und lernschwache Erwachsene haben offenbar noch kaum eigene Lernstrategien und Lerngewohnheiten ausgebildet. Da sie den ihnen angebotenen neuen Lernstrategien folgen können, ohne dass es zu Interferenzen kommt, wird ihr Lernen effizienter. Lernerfahrene Erwachsenen hingegen haben bereits eigene Lernstrategien und Lerngewohnheiten ausgebildet, die sich in der Vergangenheit zumindest als hinreichend erwiesen haben. Diese müssen im Rahmen eines Strategietrainings aufgebrochen und neu organisiert werden, was den Lernenden zunächst Probleme bereitet. Auf diese Weise können die bereits vorhandenen Lernstrategien mit den neuen Lernstrategien interferieren.
Außerdem wird während eines Strategietrainings die Aufmerksamkeit des Lernenden sowohl vom Trainingsprogramm selbst als auch vom jeweiligen Lerninhalt in Anspruch genommen. D.h.: So lange die Anwendung der neuen Lernstrategien noch nicht automatisiert erfolgt, steht für den Lerninhalt deshalb nur eine reduzierte kognitive Verarbeitungskapazität zur Verfügung. Auch dadurch können sich die Lernleistungen zumindest vorübergehend verschlechtern.

12.6 Zusammenfassung

Lernstrategien sind Programme zur Steuerung von Lernprozessen. Die spontan verwendeten Strategien von Lernenden unterscheiden sich hinsichtlich der angestrebten Tiefe der Verarbeitung und der zugrunde liegenden Lernmotivation. Effektive Lernstrategien können auch gelehrt und trainiert werden.
Globale Lernstrategien wie z.B. die → PQ4R-Methode geben lediglich allgemeine Hinweise für den Umgang mit Lernmaterial.

→ Behaltensstrategien sind Verfahren, welche die Enkodierung von Informationen im Gedächtnis und die Abrufbarkeit dieser Informationen aus dem Gedächtnis verbessern. Sie bestehen in der systematischen Anreicherung des Lerninhalts in Form von Elaborationen mit Hilfe von Mnemotechniken wie der → Loci-Methode, der Verwendung von → Gedächtnistafeln oder der → Schlüsselwortmethode. Die Elaborationen führen *nicht* zu einer höheren Gedächtnisbelastung, sondern erhöhen die Erinnerbarkeit des Gelernten.

→ Verstehensstrategien sind Verfahren, die dem Lernenden das Erkennen von größeren Zusammenhängen erleichtern sollen. Sie bestehen darin, dass der Lernende durch Zusammenfassen von Texten und Erarbeiten von → Netzwerkdarstellungen übergeordnete Makrostrukturen bildet, die den Inhalt in komprimierter Form repräsentieren. Es handelt sich insofern um eine reduktiv-organisierende Verarbeitung.

Komplexe Lernstrategieprogramme versuchen, die Verwendung von Einzelstrategien aufeinander abzustimmen. Dabei kann man zwischen → Primärstrategien (Verstehens-, Abruf- und Anwendungsstrategien) und → Sekundärstrategien (Hinweise zur Setzung von Zielen, zur Zeitplanung, zu Konzentrationsmanagement, Selbstbeobachtung und Selbstdiagnose) unterscheiden. Positive Auswirkungen sind vor allem bei der Organisation des Wissens und dem Herstellen übergreifender Zusammenhänge, weniger beim Verstehen und Behalten von Details zu verzeichnen. Lernstrategieprogramme zeigen bei Kindern und lernschwachen Erwachsenen oft positive Wirkungen, während sie bei lernerfahrenen Erwachsenen vorübergehend sogar zu negativen Effekten führen können. Lernerfahrene Erwachsene haben bereits eigene Lernstrategien und Lerngewohnheiten, welche erst aufgebrochen werden müssen. Außerdem steht – so lange die Anwendung einer neuen Lernstrategie noch nicht automatisiert erfolgt – für den Lerninhalt nur eine reduzierte kognitive Verarbeitungskapazität zur Verfügung, wodurch sich die Lernleistungen ebenfalls vorübergehend verschlechtern können.

Bezug zu ...

Nach Marton und Säljö (1984) hängen die von Lernenden spontan verwendeten Lernstrategien mit den Lernzielen und der damit einhergehenden Verarbeitungstiefe zusammen. Die Forschung über Lernstrategien hat damit Bezüge zum **Levels-of-Processing-Ansatz in der Gedächtnispsychologie**, wonach das Behalten eines Inhalts von der Tiefe der Verarbeitung abhängt, mit welcher der Inhalt kognitiv verarbeitet wird (Craik & Lockhart, 1972). In den erweiterten Varianten des Levels-of-Processing-Ansatzes wird auch die von den Behaltensstrategien angeregte elaborative Verarbeitung (die „Verarbeitungsbreite" als Ergänzung zur „Verarbeitungstiefe") als wichtige Determinante der kognitiven Verarbeitung angesehen (Cermak & Craik, 1979). Die Lernstrategieforschung hat insofern direkte Bezüge zur gedächtnispsychologischen Grundlagenforschung.

Ähnlich wie Marton und Säljö (1984) mit ihrer Differenzierung zwischen Surface-Level-Orientierung und Deep-Level-Orientierung unterscheidet Pask (1976) zwischen Operation Learners und Comprehension Learners. Operation Learners gehen schrittweise von einem Inhalt zum anderen, befassen sich dabei vor allem mit einzelnen Fakten und Prozeduren. Comprehension Learners hingegen bemühen sich um das Verstehen von Zusammenhängen.

Die bewusste Anwendung von Lernstrategien geht immer einher mit Metakognitionen, d.h. dem Erkennen der eigenen kognitiven Zustände (des Lernniveaus, des Verstehens und Nichtverstehens), um die nächsten Verarbeitungsschritte an den aktuellen Lernstand anzupassen. Insofern beinhaltet die absichtsvolle Anwendung von bestimmten Lernstrategien immer eine metakognitive Komponente. Diese der Lernsteuerung dienenden metakognitiven Prozesse können aber auch selbst zum Inhalt spezieller Strategien werden, indem diese Prozesse explizit angeleitet werden. In diesem Fall treten neben die kognitiven Lernstrategien, die sich auf die unmittelbare Informationsaufnahme und -verarbeitung beziehen, spezielle metakognitive Lernstrategien, die auf die Überprüfung des aktuellen Lernstandes und die Planung der weiteren Lernschritte gerichtet sind (Mandl & Friedrich, 1992; Pintrich & Garcia, 1994).

12.7 Diskussionsfragen

(1) Sollte man Lernstrategien den Lernenden generell und möglichst früh beibringen oder nur den Lernenden, deren spontane Strategieverwendung defizitär ist?

(2) Ist der Erwerb von Lernstrategien immer mit zusätzlichen metakognitiven (auf das eigene Denken und Lernen gerichteten) Anforderungen verbunden, welche die verfügbare kognitive Kapazität reduzieren, so dass die Auseinandersetzung mit dem eigentlichen Lerninhalt beeinträchtigt wird?

(3) Sollte man zuerst die untergeordneten Lerntechniken vermitteln und dann erst deren strategische Verwendung oder sollte man gleich von Anfang an die übergeordneten Strategien vermitteln?

(4) Sollte man Lernstrategieprogramme, deren Anwendung in einer Evaluationsuntersuchung nicht zur Verbesserung der Lernergebnisse geführt hat, nicht mehr weiter an Lernende vermitteln?

Weiterführende Literatur

Einen Überblick über die psychologische Lernstrategieforschung bietet:
Mandl, H. & Friedrich, H.F. (Hrsg.) (1992). Lern- und Denkstrategien. Analyse und Intervention. Göttingen: Hogrefe.

Mit der Anwendung von Lernstrategien sowohl unter kognitions- als auch unter motivationspsychologischen und emotionalen Gesichtspunkten befassen sich:
Pintrich, P.R. & Garcia, T. (1994). Self-regulated learning in college students: Knowledge, strategies, and motivation. In P.R. Pintrich, D.R. Brown & C.E. Weinstein (Hrsg.), Student motivation, cognition, and learning (S.113–133). Hillsdale, NJ: Erlbaum.

Strategien des Lernens mit Texten und die Möglichkeiten deren Verbesserung werden differenzierter beschrieben in:
Friedrich, H.F. (1995). Training und Transfer reduktiv-organisierender Strategien für das Lernen mit Texten. Münster: Aschendorf.

Glossar

Als Hilfe für den Einstieg in die englischsprachige Literatur ist hinter dem Glossarbegriff die englische Bezeichnung angegeben. Wenn keine gängige Übersetzung existiert oder der Begriff ohnehin aus dem Englischen stammt, wird keine Angabe gemacht.

Abstraktionshierarchie. Begriffshierarchie, in der die untergeordneten Begriffe mit den übergeordneten Begriffen durch Ist-ein-Relationen verknüpft sind.

Advance Organizer. Vorangestellte Strukturierungshilfe, die beim Lernenden relevantes Vorwissen aktivieren und so eine Brücke zwischen dem vorhandenen und dem neuen Wissen herstellen soll. Ein Advance Organizer enthält klare, stabile übergeordnete Konzepte.

Analogiebild. Bild eines Sachverhalts, der in einer Analogierelation zu dem eigentlich gemeinten Sachverhalt steht.

Aneignung. Prozess des Erwerbs von Kenntnissen und Fähigkeiten durch aktiven Gebrauch von Werkzeugen, in denen diese Kenntnisse und Fähigkeiten infolge des vorgesehenen Gebrauchs vergegenständlicht sind.

Anstrengungskalkulation. Prozess des (nicht notwendig bewussten) Abwägens von Situationsergebnis-, Handlungsergebnis- und Ergebnisfolgen-Erwartungen einer Handlung in Verbindung mit der subjektiven Wertigkeit dieser Ergebnisse und Ergebnisfolgen, aus dem sich dann der Grad der aktuellen Motiviertheit ergibt.

Attributionen (attribution). Zuschreibung von Merkmalen oder Ursachen im Hinblick auf persönlich bedeutsame Ereignisse.

Authentizität (authenticity). Wörtliche Bedeutung: Wahrhaftigkeit, Echtheit. Bezogen auf die zwischenmenschliche Kommunikation meint Authentizität, dass ein Individuum sich selbst einbringt, klar und offen seine eigenen Überzeugungen und Gefühle darlegt und sich nicht hinter einer Fassade versteckt.

Autonom orientierte Lernmotivation (autonomous learning motivation). Motivation zum Lernen, bei der der Vergleich des erreichten Leistungsstands mit den eigenen früheren Leistungen im Vordergrund steht.

Autonome Lernorientierung (autonomous learning orientation). Orientierung beim Lernen, bei der der Vergleich des erreichten Leistungsstands mit den eigenen früheren Leistungen im Vordergrund steht.

Bedürfnishierarchie (Auch Bedürfnispyramide genannt) (needs hierarchy). Von Abraham Maslow entwickeltes Motivationsmodell, wonach sich die Bedürfnisse des Menschen in hierarchisch niedrige Defizitbedürfnisse und in hierarchisch höhere Wachstumsbedürfnisse unterteilen lassen. Die höheren Bedürfnisse kommen demnach nur dann zum Tragen, wenn die niedrigeren befriedigt sind.

Behaltensstrategien (retention strategies). Verfahren, die die Enkodierung von Informationen im Gedächtnis und die Abrufbarkeit dieser Informationen aus dem Gedächtnis verbessern.

Beratung (pädagogisch-psychologische) (counselling). Hilfestellung bei der Entscheidungsfindung im pädagogischen Prozess.

Bestrafung (punishment). Prozess, durch den das der Strafe vorangegangene Verhalten unterdrückt wird. Das Verhalten tritt, so lange weiter Bestrafung droht, seltener auf. Bei der aversiven Bestrafung wird ein unangenehmer Reiz dargeboten. Bei der verweigernden Bestrafung wird ein angenehmer Reiz entzogen.

Bewältigungsorientierung (coping orientation). Ausrichtung der kognitiven Aktivität auf die Abwehr von Bedrohungen des Selbstwertgefühls, da eine Situation als potentielle persönliche Beeinträchtigung wahrgenommen wird.

Bildfunktionen (pictorial functions). Beabsichtigte Wirkungen von Bildern im Kommunikationsprozess. Dabei können unterschieden werden: (1) Konkretisierungsfunktion, (2) Interpretationsfunktion, (3) Organisationsfunktion, (4) Transformationsfunktion, (5) Motivationsfunktion, (6) Dekorationsfunktion.

Bildung (education). Pädagogischer Prozess mit dem Ziel, bei einem Individuum kognitive Veränderungen durch Erwerb von Kenntnissen und Fähigkeiten sowie durch Einsichten zu bewirken.

Cognitive Apprenticeship. Instruktionspsychologisches Verfahren, bei dem Kenntnisse und Fähigkeiten in möglichst authentischen Situationen durch Bereitstellung von Orientierungsgrundlagen (Scaffolding), Vormachen (Modelling), allmähliche Reduktion handlungsbegleitender Hilfen (Coaching, Fading Out), handlungsbegleitendes Verbalisieren (Articulation), Reflexion und Exploration des Lernenden in Anlehnung an die traditionelle Handwerkslehre angeeignet werden.

Comment (Commentinformation). Bestandteil eines Satzes oder größeren Textsegmenten, durch den Information über den jeweiligen Topik (den Gegenstand der Topikinformation) vermittelt wird.

Dekorationsfunktion (von Bildern) (decorative function of pictures). Beabsichtigte Wirkung von Bildern im Kommunikationsprozess, durch die das Informationsmaterial ästhetisch ansprechender wirkt.

Diagnose (pädagogisch-psychologische) (educational-psychological diagnosis). Bestimmung von Ausgangspunkt, Zwischenergebnissen und Ankunftspunkt im pädagogischen Prozess.

Didaktischer Raum. Konzeptualisierung der Unterschiede zwischen verschiedenen didaktischen Orientierungen in Form eines mehrdimensionalen Raumes mit den Merkmalen (Dimensionen) „Fremdsteuerung/Selbststeuerung", „Strukturierung der Lernsituation", „Grad des Problembezugs" und weiteren möglichen Merkmalen.

Diskriminativer Reiz (discriminative simulus). Bestandteil der Reizsituation, bei dessen Vorhandensein ein bestimmtes Verhalten mit hoher Wahrscheinlichkeit verstärkt wird.

Eineiige Zwillinge (homocygote twins, identical twins). Genetisch identische Geschwister. Eineiige Zwillinge entstehen, indem eine Eizelle durch eine Samenzelle befruchtet wird und sich nach der Befruchtung in zwei getrennte Keimanlagen teilt.

Elaborative Sequenzierung (elaborative sequencing). Sequentielle Darstellung eines Lehrinhalts nach Reigeluth: Zunächst wird der Lehrinhalt als Ganzes relativ grob und dann in seinen Teilen immer differenzierter präsentiert. (Es besteht weitgehende Übereinstimmung mit dem Konzept der → progressiven Differenzierung.)

Empathie (empathy). Einfühlendes Verstehen im Rahmen der zwischenmenschlichen Kommunikation. Hierzu gehört die Sensibilität für die Motive, Gefühle, Einstellungen und Werthaltungen des anderen und die Bereitschaft, Sachverhalte aus der Perspektive des anderen zu sehen.

Enkulturation (enculturation). Prozess des geistigen, emotionalen und handelnden „Hineinwachsens" in eine Kultur.

Entdeckendes Lernen (discovery learning). Lernen unter einer didaktischen Problemorientierung, bei der der Lernende mit undurchsichtigen Problemsituationen konfrontiert und aufgefordert wird, diese selbständig zu strukturieren, indem er z.B. ausgehend von Einzelfällen Hypothesen bildet und diese dann selbst überprüft.

Epistemische Neugier (epistemic curiosity). Von Berlyne untersuchtes Motiv des Individuums, die Realität zu erkunden und über sie informiert zu sein. Epistemische Neugier wird vor allem durch überraschende Ereignisse ausgelöst, die zu Verunsicherung, Ratlosigkeit und Zweifel an den bisherigen Überzeugungen führen.

Epitom (epitome). Vorangestellte Strukturierungshilfe, die eine Brücke zwischen dem Vorwissen des Lernenden und dem zu vermittelnden neuen Wissen herstellen soll. Ein Epitom enthält wenige einfache, relativ konkrete und repräsentative Ideen des Hauptinhalts, möglichst auf anwendungsbezogenem Niveau.

Erblichkeit (heridity). Anteil der genetisch bedingten Varianz einer Eigenschaft an der phänotypischen Varianz der Eigenschaft innerhalb einer Population.

Erfolgsmotivation. Form der Leistungsmotivation, bei der die Hoffnung auf Erfolg gegenüber der Furcht vor Misserfolg dominiert.

Ergebnisfolgenerwartungen. Annahmen des Individuums darüber, welche weiteren Folgen das Ergebnis seines Handelns haben werden.

Erlernte Hilflosigkeit (learned helplessness). Aufgrund häufiger Erfahrung der Nicht-Kontrollierbarkeit von Situationen verallgemeinerte Annahme des Individuums, dass es seine Lage nicht selbst verändern kann, meist in Verbindung mit massiven emotionalen Störungen wie Angst und Depression.

Erwartungs-mal-Wert-Hypothese (expectancy × value hypothesis). Motivationstheoretische Annahme, wonach sich Menschen umso eher für eine Handlung entscheiden, je mehr sie von deren Erfolg überzeugt sind und je wertvoller das erwartete Ergebnis ist.

Erziehung (education). Pädagogischer Prozess mit dem Ziel, bei einem Individuum motivationale und affektive Veränderungen sowie Änderungen des Sozialverhaltens durch Erwerb von Werthaltungen und Einstellungen zu bewirken.

Erziehung, gebotsorientierte. Erziehungsverhalten, das durch häufige Bekräftigung bzw. Verstärkung gekennzeichnet ist und von den Zu-Erziehenden als unterstützend erlebt wird.

Erziehung, verbotsorientierte. Erziehungsverhalten, das durch häufige Strafen oder Strafandrohungen charakterisiert ist und von den Zu-Erziehenden als streng und Angst einflößend erlebt wird.

Erziehungsstil (education style). Häufig auftretendes Muster erzieherischen Verhaltens. Man unterscheidet zwischen autoritärem, demokratischem und Laissez-faire-Stil. Diese Stile können anhand der Grunddimensionen „Grad der Lenkung" und „emotionale Wärme/Kälte" beschrieben werden.

Erziehungsziele (educational objectives). Kognitive, affektive und motivationale Aspekte der Persönlichkeit eines Individuums, die durch Erziehung angestrebt werden.

Evaluation (pädagogisch-psychologische). Bewertung des Erfolgs einer pädagogischen Maßnahme bzw. des tatsächlich erreichten Ankunftspunktes im pädagogischen Prozess anhand der Zielvorgaben.

Extinktion (bei der klassischen Konditionierung) (extinction). Verlernen einer konditionierten Reiz-Reaktions-Verbindung durch Darbietung des konditionierten Reizes ohne unkonditionierten Reiz.

Extinktion (bei der operanten Konditionierung) (extinction). Beseitigung eines (unerwünschten) Verhaltens durch Nicht-Verstärkung.

Flow. Positiver Erlebniszustand im Falle einer hohen intrinsischen Motivation, bei dem das Individuum lustvoll völlig in einer komplexen Tätigkeit aufgeht und den räumlichen und zeitlichen Kontext seines Handelns nur noch eingeschränkt wahrnimmt.

Fokusnachführung (focus tracking). Prozess der Aufmerksamkeitssteuerung beim Lesen oder Hören eines Texts im Falle eines Themenwechsels.

Gedächtnistafeln (mnemonic tables). Mnemotechnische Hilfe, die auf der festen Assoziation zwischen natürlichen Zahlen und Objekten mit einer den Ziffern ähnlichen Form besteht. Bei ihrer Anwendung werden die einzuprägenden Inhalte mit den durch die Zahlenfolge geordneten Objekten assoziiert.

Genotyp (genotype). Gesamtheit der genetischen Eigenschaften eines Organismus, die teils in der äußeren Erscheinungsform des Organismus (im Phänotyp) Ausdruck finden und teils nur latent vorhanden sind. Beispielsweise kann der Genotyp eines Menschen mit braunen Augen ein Gen für blaue Augen beinhalten. Da jedoch das Gen für braune Augen gegenüber dem für blaue Augen dominant ist, kommt das Gen für blaue Augen nicht zum Ausdruck.

Genotyp-Umwelt-Interaktion (genotype-environment-interaction). Aktives Aufsuchen von bestimmten Umweltreizen durch einen bestimmten Genotyp. Im Falle einer Genotyp-Umwelt-Interaktion variieren genetische Ausstattung und Umwelt nicht mehr unabhängig voneinander, sondern sind korreliert.

Genotypische Varianz (genotype variance). Interindividuelle Varianz der genetischen Eigenschaften von Organismen innerhalb einer Population.

Gesetz der Übung (law of effect). Von Thorndike formuliertes Lerngesetz, wonach die Verbindungen zwischen einer Reizsituation und einer Reaktion (sofern die Reaktion befriedigende Folgen hat) durch Wiederholung dieser Reaktion verstärkt werden.

Gesetz des Effekts (law of exercise). Von Thorndike formuliertes Lerngesetz, wonach die Verbindungen zwischen einer Reizsituation und einer Reaktion durch befriedigende Folgen (Effekte) der Reaktion verstärkt werden.

Gliederung/Ordnung. Dimension der Verständlichkeit, die das Ausmaß der äußeren Gliederung sowie der inneren Ordnung (inhaltliche Kohärenz und Folgerichtigkeit der Darstellung) eines Texts erfasst. Für eine hohe Textverständlichkeit sind eine maximale Gliederung und Ordnung optimal.

Handlungsergebniserwartungen. Annahmen des Individuums darüber, welches Ergebnis sein Handeln haben wird.

Heritabilität. → Erblichkeit.

Hochbegabung (giftedness). Weit überdurchschnittliche kognitive Leistungsfähigkeit, die zu einem (nicht genauer bestimmbaren) Teil genetisch bedingt ist und sich in einer Fähigkeitsausprägung von mindestens zwei Standardabweichungen über dem Mittelwert bzw. in einem Rangplatz von über 98 der Population zeigt.

Hospitalismus (hospitalism). Irreversible psychische Störung bei Kindern (vor allem Kleinkindern) bei zu langen Krankenhaus- oder Heimaufenthalten aufgrund mangelnder zwischenmenschlicher Zuwendung.

Hypermedium. Elektronisches technisches Medium, das aus Informationsknoten und aus Verknüpfungen zwischen diesen Informationsknoten besteht. Die Knoten enthalten Texte, Bilder, Filme, Diagramme, Tonaufzeichnungen usw. Die Verknüpfungen haben die Funktion, von einem Knoten bzw. der darin enthaltenen Information zu einem anderen Knoten zu gelangen.

Interiosation (interiorisation). Verinnerlichung von ursprünglich äußeren Handlungen, die damit zu Denkprozessen werden.

Interpretationsfunktion (von Bildern). Beabsichtigte Wirkung von Bildern im Kommunikationsprozess, durch die eine schwer verständliche sprachliche Beschreibung verständlicher gemacht wird.

Interpsychisches. Vorgänge, die zwischen der Psyche eines Menschen und der eines anderen Menschen (z.B. einem Lehrenden und einem Lernenden) stattfinden.

Intervention (pädagogisch-psychologische). Eingriffe, um erwünschte Veränderungen im pädagogischen Prozess herbeizuführen.

Intrapsychisches. Vorgänge, die innerhalb der Psyche eines Menschen stattfinden.

Kennwortmethode (peg word method). Mnemotechnik, bei der die Buchstaben des Alphabets fest mit bestimmten konkreten Begriffe assoziiert sind. Die einzuprägenden Inhalte werden mit den durch das Alphabet geordneten Objekten in Verbindung gebracht.

Klassische Konditionierung (classical conditioning). Prozedur, durch die ein konditionierter Stimulus nach ausreichend häufiger Kombination mit einem unkonditionierten Stimulus die gleiche Reaktion hervorruft wie der unkonditionierte Stimulus.

Kognitive Dissonanz (cognitive dissonance). Eine von Festinger eingeführte Bezeichnung für einen kognitiven Spannungszustand als Folge von Informationen, die das eigene Handeln und Wahrnehmen in Frage stellen. Festingers Theorie zufolge versucht das Individuum kognitive Dissonanz zu reduzieren, indem es bevorzugt solche Informationen beachtet, welche die Richtigkeit dieser Entscheidung bestätigen, und Informationen abwehrt, die sie in Frage stellen.

Kognitive Wende (in der Psychologie) (cognitive revolution). In den 60er Jahren des 20. Jahrhunderts fand ein Paradigmenwechsel in der Psychologie statt: Die psychologische Forschung wandte sich vom bis dahin vorherrschenden Behaviorismus ab, wonach nur beobachtbare Reizsituationen und beobachtbares Verhalten Gegenstand wissenschaftlicher psychologischer Forschung seien. Stattdessen wurden nun auch innere Erkenntnisvorgänge (kognitive Prozesse) als Forschungsgegenstand zugelassen.

Kohärenz, globale (beim Textverstehen) (global coherence). Thematischer Gesamtzusammenhang zwischen allen Einheiten (Sätzen, Abschnitten, Kapiteln) eines Texts.

Kohärenz, lokale (beim Textverstehen) (local coherence). Thematischer Zusammenhang zwischen unmittelbar aufeinander folgenden Sätzen eines Texts.

Konditionierte Reaktion (conditioned reaction). Reaktion, die durch einen konditionierten Reiz hervorgerufen wird.

Konditionierter Reiz (conditioned stimulus). Reiz, der anfangs keine Reaktion hervorruft, aber durch kontingentes Auftreten mit einem unkonditionierten Reiz schließlich (annähernd) die gleiche Reaktion wie der unkonditionierte Reiz erzeugt.

Konfluenzmodell (confluence model). Eine von R.B. Zajonc entwickelte Theorie über Intelligenzunterschiede sieht das allgemeine intellektuelle Niveau einer Familie in Abhängigkeit von der Zahl der Kinder in der Familie und ihres Altersunterschieds sowie der Tatsache, ob die Kinder von beiden Eltern oder nur von einem Elternteil erzogen werden. Die Theorie besagt, dass die Intelligenz der Kinder einer Familie im Durchschnitt umso geringer ist, je mehr Kinder in der Familie leben und je geringer der Altersunterschied zwischen den Kindern ist.

Kompetenzerwerbsorientierung (competence orientation). Ausrichtung der kognitiven Aktivität auf den Erwerb von Kompetenz. Dabei werden bestimmte Situationen als Chance zur Weiterentwicklung wahrgenommen.

Komplexionshierarchie. Begriffshierarchie, in der die untergeordneten Begriffe mit den übergeordneten durch Ist-Teil-von-Relationen verknüpft sind.

Konkretisierungsfunktion (von Bildern). Beabsichtigte Wirkung von Bildern im Kommunikationsprozess, durch die eine sprachliche Beschreibung eines Sachverhalts veranschaulicht bzw. konkretisiert wird.

Kontiguität (beim multimedialen Lernen) (contiguity). Gleichzeitige oder räumlich benachbarte Präsentation von Sprach- und Bildinformation.

Kontrollerfahrungen (experience of control). Erfahrungen des Individuums, die Umwelt und eigene Lebenssituation selbst beeinflussen zu können.

Kontrollkognitionen (control assumptions). Aufgrund bisheriger Kontrollerfahrungen entstandene Annahmen eines Individuums darüber, ob und in welchem Maße es seine Umwelt und die eigene Lebenssituation beeinflussen kann.

Korrelationskoeffizient (correlation coefficient). Statistische Größe, die das Ausmaß des Zusammenhangs zwischen verschiedenen Variablen angibt und Werte zwischen +1.00 (perfekter positiver Zusammenhang) und –1.00 (perfekter negativer Zusammenhang) annimmt. Ein Wert von 0.00 bezeichnet das völlige Fehlen eines Zusammenhangs.

Kürze/Prägnanz. Dimension der Verständlichkeit, die einerseits durch den Pol einer extrem kurzen, knappen und gedrängten, auf das Wesentliche beschränkten Darstellung und andererseits durch den Pol einer weitschweifigen, breit ausholenden Darstellung mit überflüssigen Details, inhaltsarmen Formulierungen und Wiederholungen gekennzeichnet ist. Für eine hohe Textverständlichkeit ist eine mittlere Kürze und Prägnanz optimal.

Lehr-Lern-Ziele (educational objectives). Die vom Lehrenden bzw. Lernenden verfolgten Ziele hinsichtlich der durch den Lehr-Lern-Prozess anzueignenden Kenntnisse und Fähigkeiten.

Lernhierarchie (learning hierarchy). Untergliederung eines Lerninhalts anhand von Lernvoraussetzungsbeziehungen, aus der sich Sequenzierungsmöglichkeiten für die Vermittlung des Inhalts ableiten lassen.

Lesbarkeitsformeln (readability formulas). Berechnungsverfahren, die mit Hilfe weniger quantitativer Parameter (vor allem der durchschnittlichen Wortlänge und durchschnittlichen Satzlänge) abzuschätzen versuchen, wie leicht bzw. wie schwer ein Text zu lesen ist.

Loci-Methode (method of loci). Mnemotechnik, bei der Gedächtnisinhalte als Vorstellungen mit bestimmten Orten eines dem Lernenden gut bekannten Weges oder Raumes assoziiert werden.

Logisches Bild (graph). Graphisches Gebilde, das einen Sachverhalt nicht aufgrund von Ähnlichkeit, sondern aufgrund einer abstrakten Analogierelation mittels qualitativer und quantitativer Merkmale darstellt.

Marburger Erziehungsstil-Konzept. Unterscheidung zwischen gebotsorientierter und verbotsorientierter Erziehung nach Häufigkeit von Verstärkung und Bestrafung im Erziehungsverhalten.

Mastery Orientation. Orientierung beim Lernen mit dem primären Ziel, die eigene Kompetenz zu verbessern.

Materialisierte Handlung. Handeln mit einem Ersatzgegenstand, der die für den Handlungsvollzug wesentlichen Eigenschaften oder entsprechende analoge Eigenschaften besitzt.

Mentales Modell (mental model). Analoge mentale Repräsentation des in einem Text oder einem Bild dargestellten Sachverhalts.

Misserfolgsmotivation. Form der Leistungsmotivation, bei der die Furcht vor Misserfolg gegenüber der Hoffnung auf Erfolg dominiert.

Modelllernen (observational learning). Erwerb komplexen Verhaltens durch Beobachtung des Verhaltens anderer. Der Erwerb der dem Modellverhalten entsprechenden Verhaltenskompetenz setzt Aufmerksamkeit und Gedächtnisprozesse voraus: Das Modell muss beobachtet und die beobachteten Verhaltensmuster müssen gespeichert werden. Das tatsächliche Auftreten des gelernten Verhaltens beim Beobachter setzt dann entsprechende Motivation und Ausführungskompetenzen voraus.

Moralisches Dilemma (moral dilemma). Sozialethische Konfliktsituation, in der unterschiedliche Wertsysteme unterschiedliche Verhaltensweisen nahe legen und der Protagonist eine Entscheidung treffen muss.

Motiv. Situationsüberdauernde Personeneigenschaft, aufgrund derer bestimmte Tätigkeiten und bestimmte Situations- oder Handlungsergebnisse einen hohen Anreizwert für entsprechende Handlungen des Individuums haben.

Motivation. Aktuell bzw. situativ gegebene Aktiviertheit eines Individuums mit hoher Bereitschaft, Handlungen im Sinne entsprechender Motive zu initiieren, auszurichten und aufrechtzuerhalten.

Motivationsfunktion (von Bildern). Beabsichtigte Wirkung von Bildern im Kommunikationsprozess, durch die beim Betrachter Interesse geweckt und eine höhere Verarbeitungsmotivation geschaffen wird.

Multimedia: Darstellungsaspekt. Verwendung mehrerer Darstellungsformen (z.B. Texte und Bilder) bzw. mehrerer Zeichensysteme zur Informationsvermittlung.

Multimedia: Rezeptionsaspekt. Ansprechen mehrerer Sinnesmodalitäten des Rezipienten bei der Informationsvermittlung.

Multimedia: technischer Aspekt. Verwendung mehrerer technischer Geräte als Zeichenträger zur Informationsvermittlung.

MURDER 1. Sequenz von Verstehensstrategien im komplexen Lernstrategieprogramm der Forschungsgruppe von Dansereau, bestehend aus: Mood to Study, Reading for Understanding, Recalling Material, Digesting Material, Expanding Knowledge und Review Study Effectiveness.

MURDER 2. Sequenz von Abruf- und Anwendungsstrategien im komplexen Lernstrategieprogramm der Forschungsgruppe von Dansereau, bestehend aus: Mood to Study, Understanding Task, Recalling Main Ideas, Detailing Main Ideas, Expanding into Outline, Review Final Response.

Negativ beschleunigte Intelligenzentwicklung (negatively accelerated development of intelligence). Auf Arbeiten von Benjamin S. Bloom zurückgehende Annahme, dass sich die Intelligenz in den ersten Lebensjahren am schnellsten und dann immer langsamer entwickelt. Tatsächlich werden allerdings mit zunehmendem Lebensalter nur die in einer Population pro Altersgruppe vorfindbaren *Intelligenzunterschiede* zunehmend stabil.

Negative Verstärkung (negative reinforcement). Erhöhung der Wahrscheinlichkeit des dem Verstärker vorangegangenen Verhaltens, indem ein Reiz weggenommen bzw. eine unangenehme Situation aufgehoben wird.

Netzwerkdarstellungen (als Lernstrategie) (networking). Verfahren zum Herausarbeiten der Makrostruktur eines Texts oder einer Lektion mit Hilfe einer graphischen Zusammenfassung.

Neugiermotivation (epistemic motivation). → epistemische Neugier

Offener Unterricht (open education). Eine Form des Lehrens und Lernens, bei der den Lernenden viele Möglichkeiten der kooperativen Selbstorganisation eingeräumt werden, bei der eine reichhaltige Lernumgebung bereitgestellt sowie ein emotional offenes Lernklima geschaffen wird und bei der die Unterrichtsorganisation räumlich, zeitlich und organisatorisch flexibel ist.

Operante Konditionierung (operant conditioning). Prozess, in dem sich die Wahrscheinlichkeit des Auftretens einer Reaktion in einer Reizsituation als Folge von Verstärkung erhöht.

Operantes Verhalten (operant behavior). Verhalten des Individuums, das nicht eine erkennbare direkte Reaktion auf bestimmte Reize ist.

Organisationsfunktion (von Bildern). Beabsichtigte Wirkung von Bildern im Kommunikationsprozess, durch die ein Überblick über einen komplexen Sachverhalt gegeben bzw. ein Bezugsrahmen für weitere Informationen bereitgestellt wird.

Orientierungsgrundlage (scaffolding). System der zur adäquaten Ausführung einer Handlung wesentlichen Eigenschaften des Handlungsobjekts, des Handlungsinstruments und der Handlungssituation.

Ort der Kontrolle (locus of control). Selbstwahrnehmung einer Person bezüglich der Frage, ob sie die Ursachen für ihre Erfolge oder Misserfolge eher innerhalb oder außerhalb der eigenen Person sieht. Ein interner Ort der Kontrolle entspricht einer positiven Selbstwirksamkeitsannahme.

Over-Achiever. Individuum, das höhere Lernleistungen erbringt, als man aufgrund seiner intellektuellen Fähigkeiten erwarten würde.

Pädagogik (gr.) (education). ursprünglich „Knabenführung". Zum Führen gehören Ausgangspunkt, Ziel, Weg, Überwinden von Hindernissen, Ankunftspunkt sowie Kooperation zwischen Führendem und Geführtem.

Pädagogische Psychologie (educational psychology). (1) Als Wissenschaft eine Teildisziplin der Psychologie, die psychische Aspekte pädagogischer Prozesse beschreibt und erklärt. (2) Als Handlungslehre ein System von praktischen Anweisungen, die Auskunft darüber geben, durch welche Maßnahmen unter welchen Bedingungen pädagogisch Erwünschtes erreicht und pädagogisch Unerwünschtes vermieden werden kann.

Pädagogischer Prozess (educational process). Führung von Menschen durch einen anderen Menschen zu bestimmten kognitiven, motivationalen und affektiven Zielen.

Performance Orientation. Orientierung beim Lernen mit dem primären Ziel, besser zu sein als andere.

Phänotyp (phenotype). Die äußere Erscheinungsform eines Organismus.

Phänotypische Varianz (phenotypical variance). Interindividuelle Varianz der äußeren Erscheinungsform von Organismen innerhalb einer Population.

Positive Verstärkung (positive reinforcement). Erhöhung der Wahrscheinlichkeit des dem Verstärker vorangegangenen Verhaltens durch Darbietung eines Reizes (bzw. Schaffung einer angenehmen Situation).

PQ4R-Methode. Globale Lernstrategie, die aus sechs aufeinander aufbauenden Schritten (Preview, Question, Read, Reflect, Recite, Review) besteht und den Lernenden zu organisiertem Lesen und Lernen anleitet.

Prävention (pädagogisch-psychologische) (prevention). Eingriffe, um im pädagogischen Prozess unerwünschte Veränderungen zu verhindern.

Premack-Prinzip (Premack principle). Bevorzugte Aktivitäten können positive Verstärker für weniger bevorzugte Aktivitäten sein.

Primärstrategien (primary strategies). Verfahren, die das Verstehen und Behalten sowie den Abruf und die Anwendung des Lerninhalts verbessern.

Prognose (pädagogisch-psychologische) (prediction). Bestimmung des mutmaßlichen Ankunftspunktes/Ergebnisses im pädagogischen Prozess.

Progressive Differenzierung (progressive differentiation). Sequentielle Darstellung eines Lehrinhalts nach Ausubel: Zunächst werden übergeordnete, umfassende Konzepte dargestellt, und dann werden diese schrittweise weiter ausdifferenziert. (Es besteht weitgehende Übereinstimmung mit dem Konzept der → elaborativen Sequenzierung.)

Propositionale Repräsentation (propositional representation). Symbolische mentale Repräsentation des Sinngehalts eines Texts oder Bildes in Form einer inneren Beschreibung mit Hilfe einer (hypothetischen) Begriffssprache.

Pygmalion-Effekt (im pädagogischen Prozess). Außergewöhnlicher Lernerfolg als Folge einer hohen Leistungserwartung gegenüber dem Lernenden. Es handelt sich also um eine sich selbst erfüllende Prophezeiung.

Rationale Aufgabenanalyse (rational task analysis). Analyse einer Anforderung, bei der die zu erbringende Leistung in einfachere Teilleistungen oder ein zu verstehendes Konzept in Teilkonzepte zerlegt wird.

Realistisches Bild. Oberfläche, die so gestaltete wurde, dass ihr Anblick aufgrund von Ähnlichkeit mit dem dargestellten Sachverhalt beim Betrachter zu einer Wahrnehmung führt, die weitgehend mit der direkten Wahrnehmung dieses Sachverhalts übereinstimmt.

Reciprocal Teaching. Didaktisches Verfahren zur Förderung der Fähigkeiten zum sinnerfassenden Lesen nach den Prinzipien des → Cognitive Apprenticeship.

Reizdiskriminierung (stimulus discrimination). Bei der operanten Konditionierung: Prozess, durch den das Individuum lernt, ein bestimmtes Verhalten nur noch in spezifischeren Situationen als bisher zu zeigen. Bei der klassischen Konditionierung: Das Individuum zeigt eine konditionierte Reaktion nur noch bei spezifischeren Reizen als bisher.

Reizgeneralisierung (stimulus generalisation). Bei der operanten Konditionierung: Prozess, durch den das Individuum lernt, ein bestimmtes Verhalten auch in anderen Situationen als bisher zu zeigen. Bei der klassischen Konditionierung: Das Individuum zeigt eine konditionierte Reaktion auch auf andere, dem bisherigen konditionierten Reiz mehr oder weniger ähnliche Reize.

Repräsentation der Textoberfläche (text surface representation). Symbolische mentale Repräsentation der sprachlichen

Oberflächenstruktur eines Texts, die den genauen Wortlaut des Gelesenen/Gehörten beinhaltet

Respondentes Verhalten (respondent behavior). Unkonditionierte oder klassisch konditionierte Reaktion auf einen Reiz bzw. Reizkomplex. Das Individuum reagiert hier unmittelbar auf bestimmte Reize.

Schlüsselwortmethode (key-word method). Mnemotechnik zum Behalten von Paarassoziationen, bei der die Klangähnlichkeit zwischen Worten als Grundlage für bildhafte Assoziationen verwendet wird.

Sekundärstrategien (secondary strategies). Verfahren, die den psychischen Zustand des Individuums für das Lernen optimieren, indem sie dessen Zielsetzungen, Zeitpläne, Konzentrationsfähigkeit sowie Selbstwahrnehmung thematisieren.

Selbstwirksamkeitsannahmen (self-efficacy assumptions). Aufgrund bisheriger Kontrollerfahrungen entstandene Annahmen eines Individuums darüber, ob und in welchem Maße es durch eigenes Handeln seine Lebenssituation beeinflussen kann.

Sensible Phase (sensitive period). Periode im Leben eines Organismus, in der bestimmte Lernprozesse leichter möglich sind als in anderen Perioden.

Sich selbst erfüllende Prophezeiung (self-fulfilling prophecy). Eigentlich unbegründete Erwartung, die jedoch das Handeln von Menschen beeinflusst und dadurch in Erfüllung geht.

Sinnfluss (flow of consciousness). Prozess beim Textverstehen, der im gedanklichen Mittragen themenspezifischer mentaler Teilmodelle im Arbeitsgedächtnis über die einzelnen Sätze hinweg besteht.

Situationsergebniserwartungen. Annahmen des Individuums darüber, wie sich seine Situation ohne eigenes Zutun vermutlich entwickeln wird.

Situiertes Lernen (situated learning). Bezeichnung für das allgemeine Merkmal jeder Art von Lernen, in einer bestimmten Situation bzw. in einem bestimmten Kontext stattzufinden, wodurch dieser Kontext zu einem impliziten Bestandteil des Lerninhalts wird.

Situiertheit (situatedness). Allgemeines Merkmal von Lern-, Denk- und Problemlöseprozessen, das darin besteht, dass diese immer in einer bestimmten Situation stattfinden und dass das so Gelernte mit dieser Situation verbunden bleibt.

Sokratischer Dialog (Socratic dialogue). Verfahren der didaktischen Gesprächsführung, bei der der Lehrende dem Lernenden durch gezielte Fragen Forschungsanregungen gibt und so das Denken des Lernenden in eine bestimmte Richtung lenkt.

Sozial orientierte Lernmotivation. Motivation zum Lernen, bei der der Vergleich des erreichten Leistungsstands mit den Leistungen der anderen Lernenden im Vordergrund steht.

Soziale Kognition (social cognition). Prozess des individuellen Wahrnehmens und Verstehens der eigenen Person und anderer Personen im Rahmen sozialer Interaktionen.

Soziale Lernorientierung. Orientierung beim Lernen, bei der der Vergleich des erreichten Leistungsstands mit den Leistungen der anderen Lernenden im Vordergrund steht.

Sozialisation (socialization). Durch Lernprozesse vermitteltes Hineinwachsen eines Individuums in eine soziale Gemeinschaft.

Soziokonstruktivismus (socio-constructivism). Lern- und entwicklungstheoretische Sichtweise, wonach das von einem Individuum zu lernende Wissen sozialer Natur ist und vom Lernenden unter Anleitung in einem sozialen Kontext individuell konstruiert wird.

Soziokonstruktivistische Orientierung. Didaktische Orientierung, bei der versucht wird, den Lernenden in möglichst authentischen Situationen durch Teilnahme an den sozialen Praktiken einer Kultur seine eigenen Wissens- und Fähigkeitsstrukturen aktiv konstruieren zu lassen.

Spiralcurriculum (spiral curriculum). Allgemeine Form der Organisation eines Curriculums, bei der bestimmte Wissensgebiete in größeren Abständen immer wieder aufgegriffen werden, wobei die einzelnen Themen dann zunehmend differenzierter behandelt werden.

Sprachliche Einfachheit. Dimension der Verständlichkeit, welche die Häufigkeit von kurzen, einfachen Formulierungen, geläufigen Wörtern, Erklärung von Fremdwörtern sowie konkreten und anschaulichen Formulierungen erfasst. Für eine hohe Textverständlichkeit ist eine maximale sprachliche Einfachheit optimal.

Strategie-Aktivatoren (strategy activators). Offene oder verdeckte Maßnahmen, die den Lernenden zum Einsatz bestimmter Lernstrategien veranlassen sollen. Offene Maßnahmen werden als abgesetzte, verdeckte Maßnahmen als eingebetteten Strategie-Aktivatoren bezeichnet.

Synthesizer. Einer Lektion oder einem Kapitel nachgestellte Einordnungshilfe, welche die wesentlichen Verknüpfungen zwischen dem vermittelten Wissen und anderen Wissensbeständen explizit darstellt.

Systemorientierung. Didaktische Orientierung, bei der versucht wird, den Lernenden sachlich strukturiertes Wissen in psychologisch-didaktisch organisierter Weise zu vermitteln. Wissen wird hier als fertiges System dargeboten.

Token-Ökonomie (token economy). Verfahren zur Verhaltensmodifikation inklusive Motivationsförderung, bei dem ein Lernender mit einer begrenzten Zahl von Wertmarken (Tokens) ökonomisch wirtschaften muss, indem er versucht, diese möglichst gewinnträchtig zu investieren. Die Investition besteht im Kauf von Lehrangeboten für das gewünschte Verhalten. Gewinne werden erzielt, indem das Gelernte angewandt wird, wobei die Höhe des Gewinns vom Ausmaß des gewünschten Handelns abhängt.

Topik (Topikinformation) (topic). Bestandteil eines Satzes oder größeren Textsegments, durch den angegeben wird, wovon gerade die Rede ist.

Träges Wissen (inert knowledge). Wissen, das zu wenig in realen Lebenssituationen verankert ist und deshalb vom Individuum nicht angewandt werden kann.

Transformationsfunktion (von Bildern). Beabsichtigte Wirkung von Bildern im Kommunikationsprozess, durch die zur Verankerung der vermittelten Information im Gedächtnis beigetragen wird.

Tyler-Matrix. Tabellarische Darstellung der Verteilung von Lehr-Lern-Zielen einer Lektion über die verschiedenen Zielkategorien (Zeilen) und Inhaltskategorien (Spalten).

Under-Achiever. Individuum, das niedrigere Lernleistungen erbringt als man aufgrund seiner intellektuellen Fähigkeiten erwarten würde.

Unkonditionierte Reaktion (unconditioned response). Nicht gelernte, biologisch bedingte Reaktion, die durch einen unkonditionierten Reiz hervorgerufen wird.

Unkonditionierter Reiz (unconditioned stimulus). Reiz, der auf natürlichem Weg eine bestimmte Reaktion hervorruft.

„Unverwundbare" Persönlichkeiten (invulnerable personalities). Nicht wörtlich zu verstehende Bezeichnung für Menschen, die unter extrem ungünstigen Umweltbedingungen aufgewachsen sind und sich dennoch zu psychisch gesunden Persönlichkeiten entwickelt haben.

Vergegenständlichung (von Kenntnissen und Fähigkeiten). Aspekt der Herstellung von Werkzeugen, die jeweils für einen bestimmten antizipierten Gebrauch gestaltet und insofern auf den Erwerb entsprechender Kenntnisse und Fähigkeiten abgestimmt sind.

Verständlichkeit. Laut Hamburger Verständlichkeitskonzept eine Texteigenschaft, die sich aus vier Dimensionen zusammensetzt: (1) sprachliche Einfachheit, (2) Gliederung und Ordnung, (3) Kürze und Prägnanz, (4) zusätzliche Stimulanz.

Verstärker (reinforcer). Reiz, durch dessen Darbietung oder Beseitigung die Wahrscheinlichkeit des vorangegangenen operanten Verhaltens erhöht wird.

Verstärkung (reinforcement). Prozess, durch den die Wahrscheinlichkeit des dem Verstärker vorangegangenen operanten Verhaltens erhöht wird.

Verstehensstrategien (comprehension strategies). Verfahren, die dem Lernenden das Erkennen von größeren Zusammenhängen und das Einordnen von Informationen in diese Zusammenhänge ermöglichen sollen.

Wachstumshindernisse (obstacles of growth). Nach Maslow das übersteigerte Streben nach Sicherheit bzw. die Angst vor dem Eingehen von Risiken sowie die Angst vor Freiheit, Unabhängigkeit und Getrenntsein. Die Defizitbedürfnisse innerhalb der Bedürfnishierarchie dominieren hier so sehr, dass die individuelle Persönlichkeitsentwicklung behindert wird.

Wachstumskräfte (forces of growth). Nach Maslow das in den Wachstumsbedürfnissen (d.h. den höheren Bedürfnissen in der Bedürfnishierarchie) verankerte Streben des Individuums nach vollem Funktionieren seiner Person, nach Ganzheit und Einzigartigkeit sowie nach der Fähigkeit der Person, ihr Selbst zu akzeptieren.

Web-Teaching. Didaktisches Konzept, bei dem zunächst anknüpfend an vorhandenes Wissen ein grobmaschiges Netz von Konzepten entwickelt und dann zunehmend ausdifferenziert wird, so dass ein immer engmaschigeres Netz entsteht.

Werte-Klärung (value clarification). Verfahren der indirekten moralischen Erziehung, bei dem Individuen dazu angeregt werden, ihre eigenen Wertesysteme zu analysieren.

Zone der nächsten Entwicklung (zone or proximal development). Bereich zwischen dem ohne Hilfe und dem mit Hilfe aktuell erreichbaren Leistungsniveau eines Lernenden.

Zusätzliche Stimulanz. Dimension der Verständlichkeit, die den Umfang der Maßnahmen zur Erzeugung von Interesse, Lesemotivation und Anteilnahme einbezieht. Für eine hohe Textverständlichkeit ist ein mittleres Maß an zusätzlicher Stimulanz optimal.

Zweieiige Zwillinge (heterocygote twins, fraternal twins). Geschwister, die aus der annähernd gleichzeitigen Befruchtung zweier Eizellen durch zwei Samenzellen entstehen. Zweieiige Zwillinge haben miteinander genetisch nicht mehr gemeinsam als andere Geschwisterpaare.

Sachverzeichnis

A
Adoption 59, 64–66, 70
affektiv gesteuerter Lernprozess 112
Animationseffekte 170
Anlage 57, 59, 60, 66, 69–71
Anschlussmotiv 90, 99
Anschlussmotivation 95
anthropologische Grundorientierungen 11, 12, 115
Aptitude-Treatment-Interaction 95
Attribution 104, 107, 113, 114
Attributionstheorie 105
Autonomie 37, 73–75, 80, 81

B
Bedürfnispyramide 89, 99
Beobachtungslernen 36
Bildungsprozesse 2, 9, 89

D
Darstellungsstrukturen 149
Deep-Level-Orientierung 178, 186
Defizitbedürfnisse 15, 16
Defizitmotiv 90, 99
didaktische Differenzierung 95, 101
didaktische Orientierung 115, 117, 128, 129–132, 136
didaktisches Dreieck 48
Disziplinprobleme 32, 40, 85, 110
Drill and Practice 32

E
Elaborationstheorie der Instruktion 118, 140, 146, 149, 152
Elternverhalten 19
emotionale Reaktion 27, 28
empiristisch-behavioristische Ansätze 11, 40, 41, 55, 63, 70, 92, 100, 118
empiristische Ansätze 115, 116
Entdeckungsorientierung 120, 128, 131
Erziehung
– freie 15
– moralische 57, 73, 81, 82, 84, 86, 87
– offene 18
– personzentrierte 18, 23
Erziehungsklima 79
Erziehungsmittel 73, 75, 76, 79
Erziehungsprozesse 2, 9, 89
Erziehungsstil
– autoritärer 76, 77, 86, 97
– autoritativer 76, 77, 86, 97
– demokratischer 76, 77, 79, 86, 97
– dominativer 76, 77
– laissez-faire 76, 77, 78, 79, 86, 97
– permissiv-nachgiebiger 77, 86
– sozial-integrativer 76, 77
– vernachlässigender 77, 86
Experte 44, 46, 53, 125
expertise reversal effect 169

F
Fading Out 38, 92, 126, 131
Fremdsteuerung 25, 40, 115, 117, 129, 132, 135, 136, 152, 174

G
Gegenstandsbezug 48, 55
Gestaltungskriterien (bei Bildern)
– pragmatische 166
– semantische 166
– syntaktische 166
Gesundheit
– seelische 73, 74
Grenzen der Erziehung 73, 75, 76, 78, 80, 132

H
Hamburger Verständlichungskonzept 159, 160
handlungstheoretische Ansätze 55, 100
handlungstheoretisch-konstruktivistische Ansätze 11, 24, 41, 115, 122
Hempel-Oppenheim-Schema 3, 4, 5
humanistische Ansätze 11, 13, 18, 19, 23, 41, 55, 60, 69, 89, 91, 100, 113, 115, 116, 120
humanistische Psychologie 13, 15, 16

I
individuelle Perspektive 16
Informationsvermittlung 115
Inhaltsstrukturanalyse (s. Strukturanalyse) 147
Inklusionsbeziehung 138
instruktionale Maßnahmen (instructional event) 139
Instruktionsdesign 135, 136, 140, 141, 152
Instruktionstheorie 138, 141, 142, 152
Intelligenz 60, 61, 63–65, 68–70
Intelligenzquotient (IQ) 63, 65–67
Intervallplan 31

K
Kausalattributionen, (s. Attributionen)
Kohärenz 147, 131, 156, 169, 173, 179
– globale (beim Textverstehen) 156, 157, 173
– lokale (beim Textverstehen) 156, 157, 173
Kohärenzbildung 114, 118, 172
Kommunikation 13, 41, 45, 48, 55, 65, 70, 180
Kompetenz 35, 36, 91
Konditionierung
– instrumentelle 32
Kooperation 7, 8, 35, 40, 41, 46, 48, 57, 58, 89, 113, 123, 125, 131
Kultur 12, 41, 43, 46, 47, 52, 54, 123, 129, 131
kulturhistorische Schule der Psychologie 43, 45, 49

L
Lehr-Lern-Prozess 48
Lehrstrategie 120, 121

Leistungsmotivation 89, 90, 94, 96–98, 100, 107
Lernarten 137
Lernfragen 152
Lernhilfe 131, 135, 151
Lernklima 13, 17, 20, 23, 41, 98, 100, 114
Lernmotivation 89, 90, 91, 122, 177, 185
Lernstrategien 39, 40, 116, 141, 145, 174, 177, 181, 183, 185, 187

M

Machtmotiv 90, 99
Machtmotivation 96
materialisierte Handlung 50
mentale Repräsentation 142, 156, 158, 164, 174
Mnemotechnik 179, 180, 186
Modalitätseffekte 170
Moral 57
moralische Motivation 85
moralische Sensitivität 85, 86
moralisches Denken 82, 83, 85, 86
Motivation
– extrinsische 91, 99, 145, 178
– intrinsische 91, 99, 101, 145, 178
– Unterminierung der intrinsischen Motivation 92
Multimedia 155, 167, 168, 171, 173
Multimedia-Effekt 169

N

neue Medien 167
Novize 44, 46, 53, 126

O

Organonmodell 48, 55
Orientierungsreaktion 26

P

Pädagogische Psychologie
– als Wissenschaft 1–4, 9, 10
– als Handlungslehre 3, 4, 9, 10
Performanz 36, 37
Personalisierung von Information 17
Problemorientierung 120, 128, 131
prosoziales Verhalten 37, 73, 74, 80

Q

Quotenplan 31, 34

R

Reflex
– bedingter 25, 26
Reformpädagogik 13, 14, 15, 23, 52, 55
Reiz
– neutraler 26–28
– unkonditionierter 26–28
– konditionierter 26–28
Reizkontingenz 25

S

seelische Gesundheit 80
Selbstaktualisierung 18
Selbstorganisation 19
Selbststeuerung 25, 40, 115–117, 129, 130, 132, 135, 152, 168, 170, 173, 174
Selbstwertgefühl, Lehrender 109
Selbstwertgefühl, Lernender 110, 111
Sequenzierung 135, 138, 141, 148, 131, 132, 173
– forschungsorientierte 151
– inhaltsorientierte 148
– konzeptorientierte 150
– lernerorientierte 148
– problemorientierte 148, 151
– realitätsorientierte 150
Sozialbezug 48, 55
soziale Anpassung 37, 73, 74, 80
sozial-kognitive Lerntheorie 36, 38
Sprache 12, 25, 48, 51, 55, 116, 156, 174, 180
– äußere 45, 50, 125
– innere 45, 50
Strategieprogramm 39
Strukturanalyse 132, 135, 140, 146–148, 182
Strukturtypen des Wissens 146
Summerhill 15
Summerizer 141, 152
Surface-Level-Orientierung 178, 186

T

Tätigkeitspsychologie 43
Taxonomie
– von Lehr-Lern-Zielen 131, 142, 143
Token 32, 33, 98

U

Umwelt 57, 59, 63, 64, 66, 71
Unterricht
– offener 19–23
– programmierter 32
Unterrichtsform 21

V

Verstärker
– primäre 30, 98
– sekundäre 30, 32, 98
– soziale 30
Verstärkung
– intermittierende 31, 34
– kontinuierliche 31, 34
Verstärkungsplan 31

W

Wachstumsbedürfnisse 15, 16
Wachstumsmotiv 90, 99
Werkzeuge 9, 43, 46, 47, 48, 53–55, 122–124, 127

Z

Zusammenfassen von Texten (als Verstehensstrategie) 181

Literatur

Ames, C. & Felker, D.E. (1979). Effects of self-concept on children's causal attributions and self-reinforcement. Journal of Educational Psychology, 71, 613–619.

Ames, C. (1990). Motivation: What teachers need to know. Teachers College Record, 91, 409–421.

Anastasi (1958). Differential psychology. New York: Macmillan.

Anderson, J.R. (1983). The architecture of cognition. Cambridge, Mass.: Harvard University Press.

Anderson, J.R., Reder, L.M. & Simon, H.A. (1996). Situated learning and education. Educational Researcher, 25 (4) 5–11.

Ausubel, D.P. (1968). Educational psychology: A cognitive view. New York: Holt, Rinehart & Winston.

Baddeley, A. (1992). Working memory. Science, 255, 556–559.

Baltes, P.B. (1984). Intelligenz im Alter. Spektrum der Wissenschaft, 5, 46–60.

Bandura, A. (1965). Influences of models' reinforcement contingencies on the acquisition of initiative responses. Journal of Personality and Social Psychology, 1, 589–593.

Bandura, A. (1977). Self-efficacy: Toward a unifying theory of behavioral change. Psychological Review, 84, 191–215.

Bandura, A. (1977). Social learning theory. Englewood Cliffs, NJ: Prentice-Hall. Dt. Ausgabe (1979): Sozial-kognitive Lerntheorie. Stuttgart: Klett-Cotta.

Bandura, A. (1986). Social foundations of thought and action: A social cognitive theory. Englewood Cliffs, NJ: Prentice-Hall.

Baumrind, D. (1971). Harmonious parents and their preschool children. Developmental Psychology, 4, 99–102.

Becker, P. (1986). Theoretischer Rahmen. In P. Becker & B. Minsel (Hrsg.), Psychologie der seelischen Gesundheit, Band 2 (S. 1–90). Göttingen: Hogrefe.

Benninga, J.S. (1988). An emerging synthesis in moral education. Phi Delta Kappan, 69, 415–418.

Berlyne, D.E. (1960). Conflict, arousal, and curiosity. New York: McGraw-Hill.

Bernstein, E. (1968). What does a Summerhill old school tie look like? Psychology Today, 2 (5), 37–41.

Bloom, B.S. (1964). Stability and change in human characteristics. New York: Wiley.

Bloom, B.S., Englehart, M.B., Furst, E.J., Hill, W.H. & Krathwohl, D.R. (1956). Taxonomy of educational objectives. The classification of educational goals. Handbook I: Cognitive domain. New York: Longmans Green.

Boekaerts, M. (1992). The adaptable learning process. Initiating and maintaining behavioral change. Applied Psychology. An International Review, 41, 377–397.

Bransford, J.D., Brown, A.L. & Cocking R.R. (2000) (Hrsg.). How people learn: Brain, Mind, Experience, and School. Committee on Developments in the Science of Learning. Seattle, WA: National Academic Press.

Brophy, J.E. & Good, T.L. (1974). Teacher-student relationships: Causes and consequences. New York: Holt, Rinehart & Winston.

Brown, J.S., Collins, A. & Dugnid, P. (1989). Situated cognition and the culture of learning. Educational Researcher, Jan./Feb., 32–42.

Bruner, J.S. (1960). The process of education. New York: Vintage Books.

Bruner, J.S. (1966). Toward a theory of instruction. New York: Norton.

Bruner, J.S. (1981). Der Akt der Entdeckung. In H. Neber (Hrsg.), Entdeckendes Lernen (S. 15–29). Weinheim: Beltz.

Bühler, K. (1934). Sprachtheorie. Jena: Fischer.

Campbell, V.N. (1964). Self-direction and programmed instruction for five different types of learning objectives. Psychology in the Schools, 1, 348–359.

Cermak, L.S. & Craik, F.I.M. (Hrsg.) (1979). Levels of processing in human memory. Hillsdale, N.J.: Erlbaum

Chafe, W.L. (1994). Discourse, consciousness, and time. Chicago: University of Chicago Press.

Clark, R.E. (1994). Media will never influence learning. Educational Technology Research and Development, 42, 21–30.

Cohen, H.L. (1973). Behavior modification and socially deviant youth. In C.E. Thoresen (Hrsg.), Behavior modification in education. Seventy-second Yearbook of the National Society for the Study of Education, 72 (Part I). Chicago: University of Chicago Press.

Collins, A. (1987). A Sample Dialogue Based on a Theory of Inquiry Teaching. In C.M. Reigeluth (Hrsg.), Instructional Theories in Action (S. 181–200). Hillsdale, NJ: Erlbaum.

Collins, A., Brown J.S. & Newman, S.E. (1989). Cognitive apprenticeship: Teaching the crafts of reading, writing and mathematics. In L.B. Resnick (Hrsg.), Knowing, learning and instruction. Essays in the Honor of Robert Glaser (S. 452–494). Hillsdale, NJ: Erlbaum.

Collins, A. & Stevens, A. L. (1983). A cognitive theory of inquiry teaching. In C.M. Reigeluth (Hrsg.), Instructional design theories and models: An overview (S. 247–278): Hillsdale, NJ: Erlbaum.

Combs, A.W., Blume, R.A., Newman, A.J. & Wass, H.L. (1974). The professional education of teachers (2. Aufl.). Boston: Allyn & Bacon.

Corno, L. & Snow, R.E. (1986). Adapting teaching to individual differences among learners. In M.C. Wittrock (Hrsg.), Handbook of research on teaching (S. 605–629). London: MacMillan.

Covington, M.V. (1984). The self-worth theory of achievement motivation: Findings and implications. Elementary School Journal, 85, 5–20.

Craik, F.I.M. & Lockhart, R.S. (1972). Levels of processing. A framework for memory research. Journal of Verbal Learning and Verbal Behavior, 11, 671–684.

Csikzentmihalyi, M. (1985). Das flow-Erlebnis. Stuttgart: Klett-Cotta.

Dansereau, D.F., Collins, K.W., McDonald, B.A., Holley, C.D., Garland, J., Diekhoff, G. & Evans, S.H. (1979). Development and evaluation of a learning strategy training program. Journal of Educational Psychology, 71, 64–73.

DeCharms, R. (1970). Motivation change in low-income black children. Vortrag beim jährlichen Treffen der American Educational Research Association, Minneapolis.

DeCharms, R. (1973). Ein schulisches Trainingsprogramm zum Erleben eigener Verursachung. In W. Edelstein & D. Hopf (Hrsg.), Bedingungen des Bildungsprozesses (S. 60–78). Stuttgart: Klett.

DeCharms, R. (1984). Motivation enhancement in educational settings. In R. Ames & C. Ames (Hrsg.), Research on motivation in education, Vol. 1: Student motivation (S. 275–310). Orlando, FL: Academic Press.

DeCharms, R. & Moeller, G. H. (1962). Values expressed in American children's readers: 1800–1950. Journal of Abnormal and Social Psychology, 64, 136–142.

Dewey, J. (1974). Psychologische Grundfragen der Erziehung. München: Ernst Reinhardt Verlag.

Dietrich, G. (1985). Erziehungsvorstellungen von Eltern. Göttingen: Hogrefe.

Dörner, D. (1975). Kognitionstheoretische Aspekte der Darbietung von Lehrinhalten. In K. Frey (Hrsg.), Curriculum Handbuch (S. 84–93). München: Piper.

Drabman, R., Spitalnik, R. & O'Leary, K. (1973). Teaching selfcontrol to disruptive children. Journal of Abnormal Psychology, 82, 10–16.

Dweck, C.S. (1985). Intrinsic motivation, perceived control, and self-evaluation maintenance: an achievement goal analysis. In C. Ames & R. Ames (Hrsg.), Research on motivation in education. Vol. 2: the classroom milieau. Orlando, FL: Academic Press.

Dwyer, F.M. (1978). Strategies for improving visual learning. Pennsylvania: Learning Services.

Ehlers, T., Afflerbach, M.-L. & Moch, M. (1978). Zur Veränderung der Mutteransichten über die Selbständigkeitserziehung in den letzten 20 Jahren. Berichte aus dem Fachbereich Psychologie der Philipps-Universität Marburg, Nr. 63. Marburg: Universität.

Eisner, E.W. (1969). Instructional and expressive educational objekctives: Their formulation and use in curriculum. In W.J. Popham, E.W. Eisner, H.J. Sullivan & L.L. Tyler (Hrsg.), Instructional objekctives (S.1–31). AERA Monograph Series on Curriculum Evaluation, No. 3. Chicago: Rand McNally.

Entwistle, N.J. & Ramsden, P. (1983). Understanding student learning. London: Croom Helm.

Festinger, L.A. (1957). A theory of cognitive dissonance. Evanston, IL: Ron, Peterson.

Försterling, F. & Stiensmeier-Pelster, J. (Hrsg.) (1994). Attributionstheorie. Göttingen: Hogrefe.

Forsyth, D.R. (1986). An attributional analysis of students' reactions to success and failure. In R.S. Feldman (Hrsg.), The social psychology of education. Cambridge: Cambridge University Press.

Frey, D. & Irle, M. (1993). Theorien der Sozialpsychologie, Bd. 1, Kognitive Theorien. Bern: Huber.

Friedrich H.F. (1995). Training und Transfer reduktiv-organisierender Strategien für das Lernen mit Texten. Münster: Aschendorf.

Friedrich, H.F., Fischer, P.M., Mandl H. & Weis, T. (1987). Vom Umgang mit Lehrtexten. Ein Lern- und Lesestrategieprogramm. Tübingen: Deutsches Institut für Fernstudien an der Universität Tübingen.

Gage, N.L. & Berliner, D.C. (1996). Pädagogische Psychologie. Weinheim: Beltz/Psychologie Verlags Union.

Gagné, R.M. (1965). The conditions of learning. New York: Holt, Rinehart & Winston.

Gagné, R.M. & Briggs, L.J. (1979). Principles of instructional design (2. Aufl.). New York: Holt, Rinehart & Winston.

Galperin, P.J. (1972). Die geistige Handlung als Grundlage für die Bildung von Gedanken und Vorstellungen. In P.J. Galperin & A.N. Leontjew et al. (Hrsg.), Probleme der Lerntheorie (S. 33–49). Berlin (DDR): Volk und Wissen.

Garber, M. & Ware, W.B. (1970). Relationships between measures of home environment and intelligence scores. American Psychological Association Proceedings, 5, 647–648.

Gardner, J.W. (1963). Self-renewal. New York: Harper & Row.

Genon, P. (2002). Georg Kerschensteiner: Der Begriff der Arbeitsschule. Darmstadt: Wissenschaftliche Buchgesellschaft.

Gerstenmaier, J. & Mandl, H. (1995). Wissenserwerb unter konstruktivistischer Perspektive. Zeitschrift für Pädagogik, 41, 867–888.

Giaconia, R.M. & Hedges, L.V. (1982). Identifying features of effective open education. Review of Educational Research, 52, 579–602.

Gold, M.W. & Ryan, V.M. (1979). Vocational training for the mentally retarded. In I.H. Frieze, D. Bar-Tal & J.S. Carroll (Hrsg.), New approaches to social problems: Applications of attribtion theory. San Francisco: Jossey-Bass.

Graesser, A.C., Millis, K.K. & Zwaan, R.A. (1997). Discourse comprehension. Annual Review of Psychology, 48, 163–189.

Greeno, J. G. (1989). Situations, mental models and generative knowledge. In D. Klahr & K. Kotovsky (Hrsg.), Complex information processing: The impact of Herbert A. Simon (S. 285–318). Hillsdale, NJ: Erlbaum.

Gronlund, N.E. (1991). How to write and use instructional objectives (4. Aufl.). New York: Macmillan.

Hacker, W. (1986). Arbeitspsychologie. Psychische Regulation von Arbeitstätigkeiten. Berlin: VEB Deutscher Verlag der Wissenschaften.

Hebb, D. O. (1978). Open letter who thinks the IQ is a social evil. American Psychologist, 33, 1143.

Heckhausen, H. (1977). Motiv und Motivation. In T. Herrmann, P.R. Hofstätter, H.P. Huber & F.E. Weinert (Hrsg.), Handbuch psychologischer Grundbegriffe (S. 296–313). München: Kösel.

Heckhausen, H. & Rheinberg, F. (1980). Lernmotivation im Unterricht erneut betrachtet. Unterrichtswissenschaft, 8, 7–47.

Heider, F. (1977). Psychologie der interpersonalen Beziehungen. Stuttgart: Klett.

Herbart, J.F. (1841). Über Erziehung unter öffentlicher Mitwirkung. In W. v. Asmus (Hrsg.), Pädagogische Schriften, Bd. 1. Düsseldorf: Küpper.

Herrmann, T., Schwitajewski, E. & Ahrens, H.J. (1968). Untersuchungen zum elterlichen Erziehungsstil: Strenge und Unterstützung. Archiv für die gesamte Psychologie, 120, 74–105.

Hersh, R. H., Paolitto, D. & Reimer, J. (1979). Promoting moral growth. White Plains, NY: Longman.

Höhn, E. (1967). Der schlechte Schüler. Weinheim: Beltz.

Hoff, E. & Grüneisen, V. (1978). Arbeitserfahrungen, Erziehungseinstellungen und Erziehungsverhalten von Eltern. In K.A. Schneewind & H. Lukesch (Hrsg.), Familiäre Sozialisation (S. 65–89). Stuttgart: Klett.

Holley, C.D., Dansereau, D.F., McDonald, B.A., Garland, J.C. & Collins, K.W. (1979). Influence of a re-organization strategy on performance with naturally occuring prose. Vortrag beim jährlichen Treffen der American Educational Research Association, San Francisco.

Horn, J.L. (1979). Systematisierung von Daten zur Entwicklung menschlicher Fähigkeiten über die Lebensspanne hinweg. In Baltes, P.B. (Hrsg.), Entwicklungspsychologie der Lebensspanne (S. 263–307). Stuttgart: Klett-Cotta.

James, W. (1899). Psychologie und Erziehung. Leipzig: Engelmann.

Jensen, A. R. (1969). How much can we boost IQ and scholastic achievement? Harvard Educational Review, 39, 1–123.

Jensen, A. R. (1985). Compensatory education and the theory of intelligence. Phil Delta Kappan, 66, 554–558.

Kalyuga, S., Chandler, P. & Sweller, J. (1998). Levels of expertise and instructional design. Human Factors, 40, 1–17.

Kemmler, L. & Heckhausen, H. (1959). Mütteransichten über Erziehungsfragen. Psychologische Rundschau, 10, 82–93.

Kohlberg, L. (1964). Development of moral character and moral ideology. In M. L. Hoffmann & L.W. Hoffman (Hrsg.), Review of child development research. New York: Russell Sage Foundation.

Kohlberg, L. (1976). Moral stages and moralization. In T. Lickona (Hrsg.), Moral development and behavior: Theory, research, and social issues. New York: Holt, Rinehart & Winston.

Kramer, R. (1995). Maria Montessori – Leben und Werk einer großen Frau. Hamburg: Fischer.

Krampen, G. (Hrsg.) (1989). Diagnostik von Attributionen und Kontrollüberzeugungen. Göttingen: Hogrefe.

Krapp, A. (1993). Lernstrategien: Konzepte, Methoden und Befunde. Unterrichtswissenschaft, 21, 291–311.

Krug, S. & Hanel, J. (1976). Motivänderung: Erprobung eines theoriegeleiteten Trainingsprogramms. Zeitschrift für Entwicklungspsychologie und Pädagogische Psychologie, 8, 274–287.

Langer, I., Schulz von Thun, F. & Tausch, R. (1981). Sich verständlich ausdrücken. München: Reinhardt.

Leontjew, A.N. (1971). Probleme der Entwicklung des Psychischen. Berlin (DDR): Volk und Wissen.

Lepper, M.R., Greene, D. & Nisbett, R.E. (1973). Undermining children's intrinsic interest with extrinsic rewards: A test of the overjustification hypothesis. Journal of Personality and Social Psychology, 28, 129–137.

Levie, H.W. & Lentz, R. (1982). Effects of text illustrations: A review of research. Educational Communication and Technology Journal, 30, 195–232.

Lewin, K., Lippitt, R. & White, R. K. (1939). Patterns of aggressive behavior in experimentally created social climates. Journal of Social Psychology, 10, 271–299.

Lewis, M. & Weinraub, M. (1976). The father's role in the child's social network. In M. E. Lamb (Hrsg.), The role of

the father in child development (S. 157–184). New York: Wiley.
Lickona, T. (1988). Educating the moral child. Principal, 68, 6–10.
Mager, R.F. (1962). Preparing instructional objectives. Palo Alto, CA: Fearon Publishers.
Mandl, H. & Ballstaedt, S.-P. (1982). Effects of elaboration on recall of texts. In A. Flammer & W. Kintsch (Hrsg.), Discourse processing (S. 482–494). Amsterdam: North-Holland.
Mandl, H. & Friedrich, H.F. (Hrsg.) (1992). Lern- und Denkstratgien. Analyse und Intervention. Göttingen: Hogrefe.
Mandl, H., Schnotz, W. & Friedrich, H.F. (1991). Lehr-Lern-Modelle und Forschungsstrategien. In H. Mandl & H.F. Friedrich (Hrsg.), Wissenschaftliche Weiterbildung und Selbststudium (S. 311–334). Weinheim: Beltz.
Marshall, H. (1981). Open classroom: Has the term outlived its usefulness? Review of Educational Research, 51, 181–192.
Marton, F. & Säljö, R. (1984). Approaches to learning. In F. Marton, D.J. Hounsell & N.J. Entwistle (Hrsg.), The experience of learning (S. 36–55). Edinburgh: Scottisch Academic Press.
Maslow, A.H. (1968). Toward a psychology of being (2. Aufl.). New York: Van Nostrand.
Mayer, R.E. (1997). Multimedia Learning: Are we asking the right questions? Educational Psychologist, 32, 1–19.
Mayer, R.E. (2001). Multimedia learning. New York: Cambridge University Press.
Mayer, R.E. & Chandler, P. (2001). When learning is just a click away: Does simple user interaction foster deeper understanding of multimedia messages? Journal of Educational Psychology, 93, 390–397.
McCombs, B.L. (1994). Strategies for assessing and enhancing motivation: Keys to promoting self-regulated learning and performance. In H.F. O'Neil & M. Drillings (Hrsg.), Motivation: Theory and research (S. 49–69). Hillsdale, NJ: Erlbaum.
McKeachie, W.J. (1961). Motivation, teaching methods, and college learning. In M.R. Jones (Hrsg.), The Nebraska symposium on motivation, 1961 (S. 111–142). Lincoln: University of Nebraska Press.
McLaughlin, T.F. (1975). The applicability of token reinforcement systems in public school systems. Psychology in the Schools, 12, 84–89.
Meichenbaum, D. (1977). Cognitive behavior modification: An integrative approach. New York: Plenum.
Meyer, B.J.F. (1975). The organization of prose and its effects on memory. Amsterdam: North-Holland.
Meyer, B.J.F. (1981). Prose analysis: Procedures, purposes, and problems. Vortrag in dem Invited Symposium on Expository Text: Comprehension and Structure at the AERA Convention in Los Angeles.
Mokros, J.R. & Tinker, R.F. (1987). The impact of microcomputer based labs on children's ability to interpret graphs. Journal of Research in Science Teaching, 24 (4), 369–383.
Neber, H. (Hrsg.) (1981). Entdeckendes Lernen. Weinheim: Beltz.
Neber, H. (2001). Entdeckendes Lernen. In D. Rost (Hrsg.), Handbuch Pädagogische Psychologie (S. 115–121). Weinheim: Beltz/Psychologie Verlags Union.
Neill, A.S. (1971) Das Prinzip Summerhill: Fragen und Antworten, Reinbek bei Hamburg: Rowohlt.
Neisser, U. (1976). Cognition and reality. Principles and implications of cognitive psychology. San Francisco: Freeman.
Norman, D.A. (1978). Notes toward a theory of complex learning. In A.M. Lesgold, J.W. Pellegrino, S.D. Fokkema & R. Glaser (Hrsg.), Cognitive psychology and instruction (S. 39–48). New York: Plenum Press.
Ogden, L.K. & Richards, J.A. (1923). The meaning of meaning. London: Routledge & Kegan Paul.
Paivio, A. (1986). Mental representations: A dual coding approach. Oxford: Oxford University Press.
Palincsar, A.S. & Brown, A. (1984). Reciprocal teaching of comprehension-fostering and comprehension monitoring activities. Cognition and Instruction, 1, 117–175.
Paris, S.G. & Byrnes, J.P. (1989). The constructivist approach to self-regulation and learning in the classroom. In B.J. Zimmerman & D.H. Schunk (Hrsg.), Self-regulated learning and academic achievement: Theory, research, and practice. New York: Springer.
Pask, G. (1976). Styles and strategies of learning. British Journal of Educational Psychology, 46, 128–148.
Petersen, P. (2001). Der kleine Jena-Plan. Weinheim: Beltz.
Piaget, J. (1969). Das Erwachen der Intelligenz beim Kinde. Stuttgart: Klett.
Pinker, S. (1990). A theory of graph comprehension. In R. Freedle (Hrsg.), Artificial intelligence and the future of testing (S. 73–126), Hillsdale, NJ: Erlbaum.
Pintrich, P.R. & Garcia, T. (1994). Self-regulated learning in college students: Knowledge, strategies, and motivation. In P.R. Pintrich, D.R. Brown & C.E. Weinstein (Hrsg.), Student motivation, cognition, and learning (S. 113–133). Hillsdale, NJ: Erlbaum.
Posner, G.J. & Strike, K.A. (1976). A categorization schema for principles of sequencing content. Review of Educational Research, 46, 665–690.
Potthoff, W. (1992). Einführung in die Reformpädagogik. Von der klassischen zur aktuellen Reformpädagogik. Freiburg: Reformpädagogischer Verlag Jörg Potthoff.

Reigeluth, C.M. & Stein, F.S. (1983). The elaboration theory of instruction. In C.M. Reigeluth (Hrsg.), Instructional-design theories and models: An overview of their current status (S. 335–381). Hillsdale, N.J.: Erlbaum.

Reigeluth, C.M. (1999). What is instructional-design theory and how is it changing? In. C.M. Reigeluth (Hrsg.), Instructional – design theories and models. A new paradigm of instructional theory (S. 5–29).

Resnick, L.B. (1987). Learning in school and out. Educational Researcher, 16 (9), 13–20.

Rheinberg, F. (2000). Motivation. Stuttgart: Kohlhammer.

Rogers, C.R. (1969). Freedom to learn. Columbus, OH: Merrill.

Rogers, C.R. (1973). Die Entwicklung der Persönlichkeit. Stuttgart: Klett-Cotta.

Rogers, C.R. (1983). Freedom to learn for the 80's. Columbus, OH: Merrill.

Rogoff, B. (1990). Apprenticeship in thinking: Cognitive development in social context. New York: Oxford University Press.

Rosen, B.C. & d'Andrade, R. (1974). The psychosocial origins of achievement motivation. Sociometry, 22, 185–218.

Rosenthal, R. & Jacobson, L. (1968). Pygmalion in the classroom. New York: Holt, Rinehart & Winston.

Rothkopf, E.Z. (1970). The concept of mathemagenic activities. Review of Educational Research, 40, 325–336.

Rotter, J. (1954). Social learning and clinical psychology. Englewood Cliffs, NJ: Prentice-Hall.

Rotter, J. (1966). Generalized expectancies for internal versus external control of reinforcement. Psychological Monographs, 81, 1 (whole No. 609).

Ruble, D.N. (1980). A developmental perspective on theories of achievement motivation. In L.J. Fyans, Jr. (Hrsg.), Achievement motivation. New York: Plenum.

Salomon, G. (1994). Interaction of media, cognition, and learning. Hillsdale, NJ: Erlbaum.

Scarr, S. & Weinberg, R.A. (1978). Attitudes, interests and IQ. Human Nature, 1, 33.

Scarr, S. & Weinberg, R.A. (1983). The Minnesota adoption studies: Genetic differences and malleability. Child Development, 54, 260–267.

Schaefer, E.S. (1959). A circumplex model of maternal behavior. Journal of Abnormal and Social Psycholgy, 59, 226–235.

Schaie, K.W. (1979). Mit Alter einhergehende Veränderungen in der kognitiven Struktur und Funktionsweise – neu interpretiert. In Baltes, P.B. (Hrsg.), Entwicklungspsychologie der Lebensspanne (S. 309–331). Stuttgart: Klett-Cotta.

Schneewind, K. A. (1983). Autonomes Handeln: Einige Anmerkungen zur Geschichte, Theorie und Empirie eines umstrittenen Konzepts. In G. Bittner (Hrsg.), Personale Psychologie (S. 135–151). Göttingen: Hogrefe.

Schneewind, K. A. (1994). Persönlichkeitsentwicklung im Kontext von Erziehung und Sozialisation. In K. A. Schneewind (Hrsg.), Psychologie der Erziehung und Sozialisation (S. 197–225). Göttingen: Hogrefe.

Schnotz, W. (1994). Aufbau von Wissensstrukturen. Weinheim: Beltz.

Schnotz, W. (2005) An integrated model of text and picture comprehension. In R.E. Mayer (Hrsg), Cambridge handbook of multimedia learning (S. 49–69). New York: Cambridge University Press.

Schnotz, W. & Bannert, M. (1999). Einflüsse der Visualisierungsform auf die Konstruktion mentaler Modelle beim Bild- und Textverstehen. Zeitschrift für experimentelle Psychologie, 46, 216–235.

Schnotz, W., Böckheler, J. & Grzondziel, H. (1999). Individual and co-operative learning with interactive animated pictures. European Journal of Psychology of Education, 14, 245–265.

Schnotz, W., Molz, M. & Rinn, U. (2004). Didaktik, Instruktionsdesign und Konstruktivismus: Warum so viele Wege nicht nach Rom führen. In U. Rinn, & D.M. Meister (Hrsg.), Didaktik und Neue Medien - Konzepte und Anwendungen in der Hochschule (S. 123–146). Münster: Waxmann.

Schoenfeld, A. (1985). Mathematical Problem Solving. New York: Academic Press.

Schreiner, G. (1983). Die Entwicklung moralischer Handlungsfähigkeit. In B. Fittkau (Hrsg.), Pädagogisch-psychologische Hilfen für Erziehung, Unterricht und Beratung, Bd. 2 (S. 428–460). Braunschweig: Westermann-Pedersen.

Sedlmaier, P. & Wettler, M. (1998). Was sollte ein Tutorsystem wissen. Zeitschrift für Pädagogische Psychologie, 12, 219–235.

Seligman, M. (1975). On depression, development and death. San Francisco: Freeman.

Simon, S. B., Howe, L. W. & Kirschbaum, H. (1972). Values clarification: A handbook of practical strategies for teachers and students. New York: Hart.

Skinner, B.F. (1938). The behavior of organisms. New York: Appleton-Century-Crofts.

Skodak, M. & Skeels, H.M. (1949). A final follow-up of one hundred adopted children. Journal of Genetic Psychology, 75, 85–125.

Slavin, R.E. (1988). Educational psychology: Theory into practice (2. Aufl.). Englewood Cliffs, NJ: Prentice-Hall.

Slavin, R.E. (1997). Educational Psychology: Theory and Practice. Boston: Allyn & Bacon.

Sprinthall, N. A., Sprinthall, R.C. & Oja, S.N. (1994). Educational psychology. A developmental approach. New York: McGraw Hill.

Stapf, K., Herrmann, T., Stapf, A. & Stäcker, K. (1972). Psychologie des elterlichen Erziehungsstils. Bern/Stuttgart: Huber/Klett.

Sweller, J., van Merrienböer, J.J.G. & Paas, F. (1998). Cognitive architecture and instructional design. Educational Psychological Review, 10, 251–296.

Tausch, R. & Tausch, A.M. (1963). Erziehungspsychologie. Göttingen: Hogrefe

Tausch, R. & Tausch, A.-M. (1977). Erziehungspsychologie. Begegnung von Person zu Person (8. Aufl.) Göttingen: Hogrefe.

Tausch, R. & Tausch, A.-M. (1981). Erziehungspsychologie (8. Aufl.). Göttingen: Hogrefe.

Terman, L.M. & Oden, M. H. (1925). Genetic studies of genius: Mental and physical traits of a thousand gifted children. Stanford, CA: Stanford University Press.

Terman, L.M. & Oden, M. H. (1947). The gifted child grows up. In L.M. Terman (Hrsg.), Genetic studies of genius (Bd. 4). Stanford, CA: Stanford University Press.

Terman, L.M. & Oden, M. H. (1959). The gifted group in midlife. In L.M. Terman (Hrsg.), Genetic studies of genius (Bd. 5). Stanford, CA: Stanford University Press.

Textor, M.R. (1985). Integrative Familientherapie. Eine systematische Darstellung der Konzepte, Hypothesen und Techniken amerikanischer Therapeuten. Springer: Berlin.

Thomas, E.L. & Robinson, H.A. (1972). Improving reading in every class: A sourcebook for teachers. Boston: Allyn & Bacon.

Thorndike, E.L. (1911). Animal intelligence: Experimental studies. New York: Macmillan.

Tomlinson-Keasey, C. & Little, T.D. (1990). Predicting educational attainment, occupational achievement intellectual skill, and personal adjustment among gifted men and women. Journal of Educational Psychology, 82, 442–455.

Trachtenberg, D. (1974). Student tasks in text material: What cognitive skills do they tap? Peabody Journal of Education, 52, 54–57.

Trudewind, C. (1975). Häusliche Umwelt und Motiventwicklung. Göttingen: Hogrefe.

Tufte, E.R. (1983). The visual display of quantitative information. Cheshire, Connecticut: Graphics Press.

Tyler, R.W. (1964). Some persistent questions on the defining of objectives. In C.M. Lindvall (Hrsg.), Defining educational objectives (S. 77–83). Pittsburgh: University of Pittsburgh Press.

Uguroglu, M. & Walberg, H.J. (1979). Motivation and achievement: A quantitative synthesis. American Educational Research Journal, 16, 375–389.

van Dijk, T.A. & Kintsch, W. (1983). Strategies of discourse comprehension. New York: Academic Press.

Wagenschein, M. (1970). Verstehen lehren. Weinheim: Beltz.

Wainer, H. (1992). Understanding graphs and tables. Educational Researcher, 21 (1), 14–23.

Watson, J.B. & Rayner, R. (1920). Conditioned emotional reactions. Journal of Experimental Psychology, 17, 187–194.

Watzlawick, P., Beavin, J.B. & Jackson (1969). Menschliche Kommunikation. Bern: Huber.

Weidenmann, B. (1988). Psychische Prozesse beim Verstehen von Bildern. Bern: Huber.

Weidenmann, B. (1989). When good pictures fail: An information-processing approach to the effects of illustrations. In H. Mandl & J.R. Levin (Hrsg.), Knowledge acquisition from text and pictures (S. 157–170). Amsterdam: North-Holland.

Weidenmann, B. (1996). Instruktionsmedien. In F.E. Weinert (Hrsg.), Psychologie des Lernens und der Instruktion (S. 319–368). Göttingen: Hogrefe.

Weiner, B. (1972). Theories of motivation: From mechanism to cognition. Chicago: Markham.

Weiner, B. (1979). A theory of motivation for some classroom experiences. Journal of Educational Psychology, 71, 3–25.

Weiner, B. & Kukla, A. (1970). An attributional analysis of achievement motivation. Journal of Personality and Social Psychology, 15, 1–20.

Weinstein, C.E. (1978). Elaboration skills as a learning strategy. In H.F. O'Neil, Jr. (Hrsg.), Learning strategies (S. 31–55). New York: Academic Press.

Weinstein, C.E. & Mayer, R.E. (1986). The teaching of learning strategies. In M.C. Wittrock (Hrsg.), Handbook of research in teaching (S. 315–327). New York: Macmillan.

Werner, E. E. & Schmith, R. S. (1982). Vulnerable but invicible. A longitudinal study of resilient children and youth. New York: McGraw-Hill.

Wild, K.P. & Schiefele, U. (1994). Lernstrategien im Studium. Ergebnisse zur Faktorenstruktur und Reliabilität eines neuen Fragebogens. Zeitschrift für Differentielle und Diagnostische Psychologie, 15, 185–200.

Wygotski, L.S. (1964). Denken und Sprechen. Berlin: Akademie Verlag.

Wynne, E. A. (1988). Balancing character development and academics in the elementary school. Phi Delta Kappan, 69, 424–426.

Youngs, R.C., Farmer, L. & Damm, F. (1970). The efficiency of selected instructional methods for developing independet learning. Illinois School of Research, 6 (3), 5–15.

Zajonc, R.B. (1976). Family configuration and intelligence. Science, 192, 227–236.